한국의 토익 수험자 여러분께,

토익 시험은 세계적인 직무 영어능력 평가 시험으로, 지난 40여 년간 비즈니스 현장에서 필요한 영어능력 평가의 기준을 제시해 왔습니다. 토익 시험 및 토익스피킹, 토익라이팅 시험은 세계에서 가장 널리 통용되는 영어능력 검증 시험으로, 160여 개국 14,000여 기관이 토익 성적을 의사결정에 활용하고 있습니다.

YBM은 한국의 토익 시험을 주관하는 ETS 독점 계약사입니다.

ETS는 한국 수험자들의 효과적인 토익 학습을 돕고자 YBM을 통하여 'ETS 토익 공식 교재'를 독점 출간하고 있습니다. 또한 'ETS 토익 공식 교재' 시리즈에 기출문항을 제공해 한국의 다른 교재들에 수록된 기출을 복제하거나 변형한 문항으로 인하여 발생할 수 있는 수험자들의 혼동을 방지하고 있습니다.

복제 및 변형 문항들은 토익 시험의 출제의도를 벗어날 수 있기 때문에 기출문항을 수록한 'ETS 토익 공식 교재'만큼 시험에 잘 대비할 수 없습니다.

'ETS 토익 공식 교재'를 통하여 수험자 여러분의 영어 소통을 위한 노력에 큰 성취가 있기를 바랍니다.

감사합니다.

Dear TOEIC Test Takers in Korea,

The TOEIC program is the global leader in English-language assessment for the workplace. It has set the standard for assessing English-language skills needed in the workplace for more than 40 years. The TOEIC tests are the most widely used English language assessments around the world, with 14,000+ organizations across more than 160 countries trusting TOEIC scores to make decisions.

YBM is the ETS Country Master Distributor for the TOEIC program in Korea and so is the exclusive distributor for TOEIC Korea.

To support effective learning for TOEIC test-takers in Korea, ETS has authorized YBM to publish the only Official TOEIC prep books in Korea. These books contain actual TOEIC items to help prevent confusion among Korean test-takers that might be caused by other prep book publishers' use of reproduced or paraphrased items.

Reproduced or paraphrased items may fail to reflect the intent of actual TOEIC items and so will not prepare test-takers as well as the actual items contained in the ETS TOEIC Official prep books published by YBM.

We hope that these ETS TOEIC Official prep books enable you, as test-takers, to achieve great success in your efforts to communicate effectively in English.

Thank you.

입문부터 실전까지 수준별 학습을 통해 최단기 목표점수 달성!

ETS TOEIC® 공식수험서
스마트 학습 지원

www.ybmbooks.com에서도 무료 MP3를 다운로드 받을 수 있습니다.

ETS 토익 모바일 학습 플랫폼!
ETS 토익기출 수험서 [어플]

구글플레이   앱스토어

교재 학습 지원
- 교재 해설 강의
- LC 음원 MP3
- 교재/부록 모의고사 채점 분석
- 단어 암기장

부가 서비스
- 데일리 학습(토익 기출문제 풀이)
- 토익 최신 경향 무료 특강
- 토익 타이머

모의고사 결과 분석
- 파트별/문항별 정답률
- 파트별/유형별 취약점 리포트
- 전체 응시자 점수 분포도

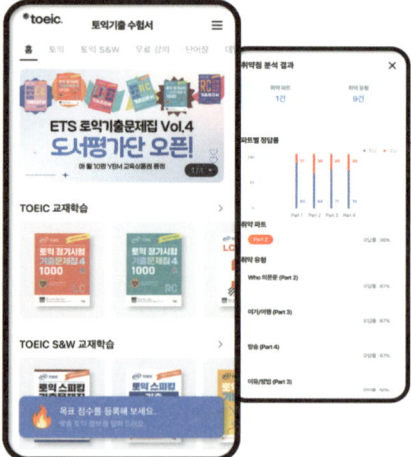

ETS 토익 학습 전용 온라인 커뮤니티!
ETS TOEIC® Book [공식카페]

etstoeicbook.co.kr

강사진의 학습 지원 토익 대표강사들의 학습 지원과 멘토링

교재 학습관 운영 교재별 학습게시판을 통해 무료 동영상 강의 등 학습 지원

학습 콘텐츠 제공 토익 학습 콘텐츠와 정기시험 예비특강 업데이트

*toeic

토익 정기시험 기출문제집

ETS 실전 5세트

**토익® 정기시험
기출문제집
LC**

발행인	허문호
발행처	YBM
편집	노경미
디자인	DOTS
마케팅	정연철, 박천산, 고영노, 박찬경, 김동진, 김윤하
초판발행	2017년 12월 12일
24쇄발행	2025년 4월 1일
신고일자	1964년 3월 28일
신고번호	제 1964-000003호
주소	서울시 종로구 종로 104
전화	(02) 2000-0515 [구입문의] / (02) 2000-0304 [내용문의]
팩스	(02) 2285-1523
홈페이지	www.ybmbooks.com
ISBN	978-89-17-22884-7

ETS, TOEIC and 토익 are registered trademarks of Educational Testing Service, Princeton, New Jersey, U.S.A., used in the Republic of Korea under license. Copyright © 2017 by Educational Testing Service, Princeton, New Jersey, U.S.A. All rights reserved. Reproduced under license for limited use by YBM. These materials are protected by United States Laws, International Copyright Laws and International Treaties. In the event of any discrepancy between this translation and official ETS materials, the terms of the official ETS materials will prevail. All items were created by ETS. All item annotations and test-taking tips were reviewed by ETS.

서면에 의한 저자와 출판사의 허락 없이 내용의 일부 혹은 전부를 인용 및 복제하거나 발췌하는 것을 금합니다.
낙장 및 파본은 교환해 드립니다.
구입철회는 구매처 규정에 따라 교환 및 환불처리 됩니다.

*toeic.
토익 정기시험 기출문제집

ETS 실전 5세트

Preface

Dear test taker,

English-language proficiency has become a vital tool for success. It can help you excel in business, travel the world, and communicate effectively with friends and colleagues. The TOEIC® test measures your ability to function effectively in English in these types of situations. Because TOEIC scores are recognized around the world as evidence of your English-language proficiency, you will be able to confidently demonstrate your English skills to employers and begin your journey to success.

The test developers at ETS are excited to help you achieve your personal and professional goals through the use of the TOEIC® 정기시험 기출문제집. This book contains practice-test questions taken from actual TOEIC tests that have been retired so that the questions can be used in this prep book. These practice questions will help you become familiar with the TOEIC test's format and content. This book also contains detailed explanations of the question types and language points contained in the TOEIC test. These test questions and explanations have all been prepared by the same test specialists who develop the actual TOEIC test, so you can be confident that you will receive an authentic test-preparation experience.

Features of the TOEIC® 정기시험 기출문제집 include the following.

- Five authentic, full-length test forms complete with answer keys and official scripts
- Specific and easy to understand explanations for learners
- The very same ETS voice actors that you will hear in an official TOEIC test administration

By using the TOEIC® 정기시험 기출문제집 to prepare for the TOEIC test, you can be assured that you have a professionally prepared resource that will provide you with accurate guidance so that you are more familiar with the tasks, content, and format of the test and that will help you maximize your TOEIC test score. With your official TOEIC score report, you will be ready to show the world what you know!

We are delighted to assist you on your TOEIC journey with the TOEIC® 정기시험 기출문제집 and wish you the best of success.

신토익 기출문제 최초 공개!

유일무이

'출제기관이 독점 제공한' 기출 문제가 담긴 유일한 교재!

이 책에 수록된 5세트의 LC 문제는 토익 출제기관인 ETS의 정기 시험 기출 문제이다. 진짜 토익 문제로 '실전 감각'을 키우자!

국내최고

'정기 시험 성우 음성'으로 준비하는 최고의 토익 리스닝 교재!

이 책에 수록된 5세트의 LC 음원은 모두 실제 시험에서 나온 정기 시험 성우의 음원이다. 시험장에서 실제로 듣게 될 음성으로 공부하면 까다로운 영국·호주식 발음도 걱정 없다.

독점제공

'ETS가 제공하는' 표준 점수 환산표!

출제기관 ETS가 독점 제공하는 표준 점수 환산표를 수록했다. 문제를 풀었다면 환산표를 통해 자신의 실력이 어느 정도인지 가늠해 보자!

What is the TOEIC?

TOEIC은 어떤 시험인가요?

Test of English for International Communication(국제적 의사소통을 위한 영어 시험)의 약자로서, 영어가 모국어가 아닌 사람들이 일상생활 또는 비즈니스 현장에서 꼭 필요한 실용적 영어 구사 능력을 갖추었는가를 평가하는 시험이다.

시험 구성

구성	Part	내용		문항수	시간	배점
듣기(L/C)	1	사진 묘사		6	45분	495점
	2	질의 & 응답		25		
	3	짧은 대화		39		
	4	짧은 담화		30		
읽기(R/C)	5	단문 빈칸 채우기(문법/어휘)		30	75분	495점
	6	장문 빈칸 채우기		16		
	7	독해	단일 지문	29		
			이중 지문	10		
			삼중 지문	15		
Total	7 Parts			200문항	120분	990점

TOEIC 접수는 어떻게 하나요?

TOEIC 접수는 한국 토익 위원회 사이트(www.toeic.co.kr)에서 온라인 상으로만 접수가 가능하다. 사이트에서 매월 자세한 접수 일정과 시험 일정 등의 구체적 정보 확인이 가능하니, 미리 일정을 확인하여 접수하도록 한다.

시험장에 반드시 가져가야 할 준비물은요?

신분증 규정 신분증만 가능
(주민등록증, 운전면허증, 기간 만료 전의 여권, 공무원증 등)
필기구 연필, 지우개 (볼펜이나 사인펜은 사용 금지)

시험은 어떻게 진행되나요?

09:20	입실 (09:50 이후는 입실 불가)
09:30 – 09:45	답안지 작성에 관한 오리엔테이션
09:45 – 09:50	휴식
09:50 – 10:05	신분증 확인
10:05 – 10:10	문제지 배부 및 파본 확인
10:10 – 10:55	듣기 평가 (Listening Test)
10:55 – 12:10	독해 평가 (Reading Test)

TOEIC 성적 확인은 어떻게 하죠?

시험일로부터 약 10~11일 후, 오후 3시부터 인터넷과 ARS(060-800-0515)로 성적을 확인할 수 있다. TOEIC 성적표는 우편이나 온라인으로 발급 받을 수 있다(시험 접수시, 양자 택일). 우편으로 발급 받을 경우는 성적 발표 후 대략 일주일이 소요되며, 온라인 발급을 선택하면 유효기간 내에 홈페이지에서 본인이 직접 1회에 한해 무료 출력할 수 있다. TOEIC 성적은 시험일로부터 2년간 유효하다.

TOEIC은 몇 점 만점인가요?

TOEIC 점수는 듣기 영역(LC) 점수, 읽기 영역(RC) 점수, 그리고 이 두 영역을 합계한 전체 점수 세 부분으로 구성된다. 각 부분의 점수는 5점 단위이며, 5점에서 495점에 걸쳐 주어지고, 전체 점수는 10점에서 990점까지이며, 만점은 990점이다. TOEIC 성적은 각 문제 유형의 난이도에 따른 점수 환산표에 의해 결정된다.

신토익 경향 분석

PART 1 사진 묘사 Photographs   총 6문제

1인 등장 사진
주어는 He/She, A man/woman 등이며 주로 앞부분에 나온다.

2인 이상 등장 사진
주어는 They, Some men/women/people, One of the men/women 등이며 주로 중간 부분에 나온다.

사물/배경 사진
주어는 A car, some chairs 등이며 주로 뒷부분에 나온다.

사람 또는 사물 중심 사진
주어가 일부는 사람, 일부는 사물이며 주로 뒷부분에 나온다.

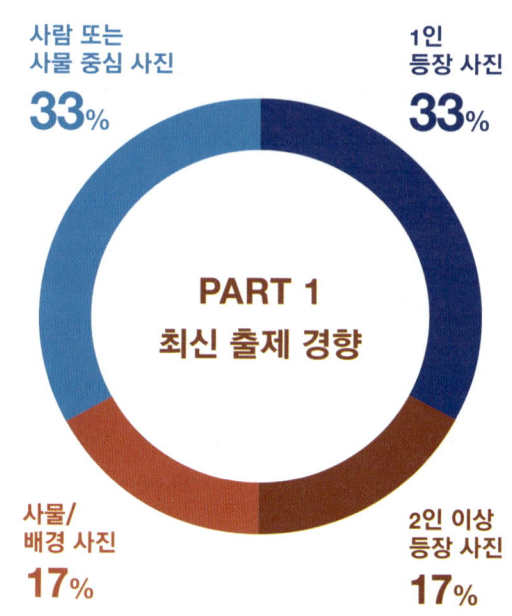

PART 1 최신 출제 경향
- 사람 또는 사물 중심 사진 33%
- 1인 등장 사진 33%
- 사물/배경 사진 17%
- 2인 이상 등장 사진 17%

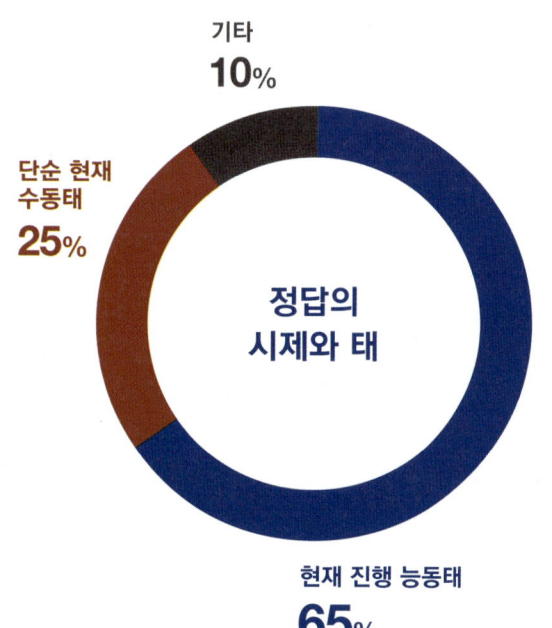

정답의 시제와 태
- 기타 10%
- 단순 현재 수동태 25%
- 현재 진행 능동태 65%

현재 진행 능동태
⟨is/are + 현재분사⟩ 형태이며 주로 사람이 주어이다.

단순 현재 수동태
⟨is/are + 과거분사⟩ 형태이며 주로 사물이 주어이다.

기타
⟨is/are + being + 과거분사⟩ 형태의 현재 진행 수동태, ⟨has/have + been + 과거 분사⟩ 형태의 현재 완료 수동태, '타동사 + 목적어' 형태의 단순 현재 능동태, There is/are와 같은 단순 현재도 나온다.

PART 2 질의 응답 Question-Response

총 25문제

평서문
질문이 아니라 객관적인 사실이나 화자의 의견 등을 나타내는 문장이다.

명령문
동사원형이나 Please 등으로 시작한다.

의문사 의문문
각 의문사마다 1~2개씩 나온다. 의문사가 단독으로 나오기도 하지만 What time ~?, How long ~?, Which room ~? 등에서처럼 다른 명사나 형용사와 같이 나오기도 한다.

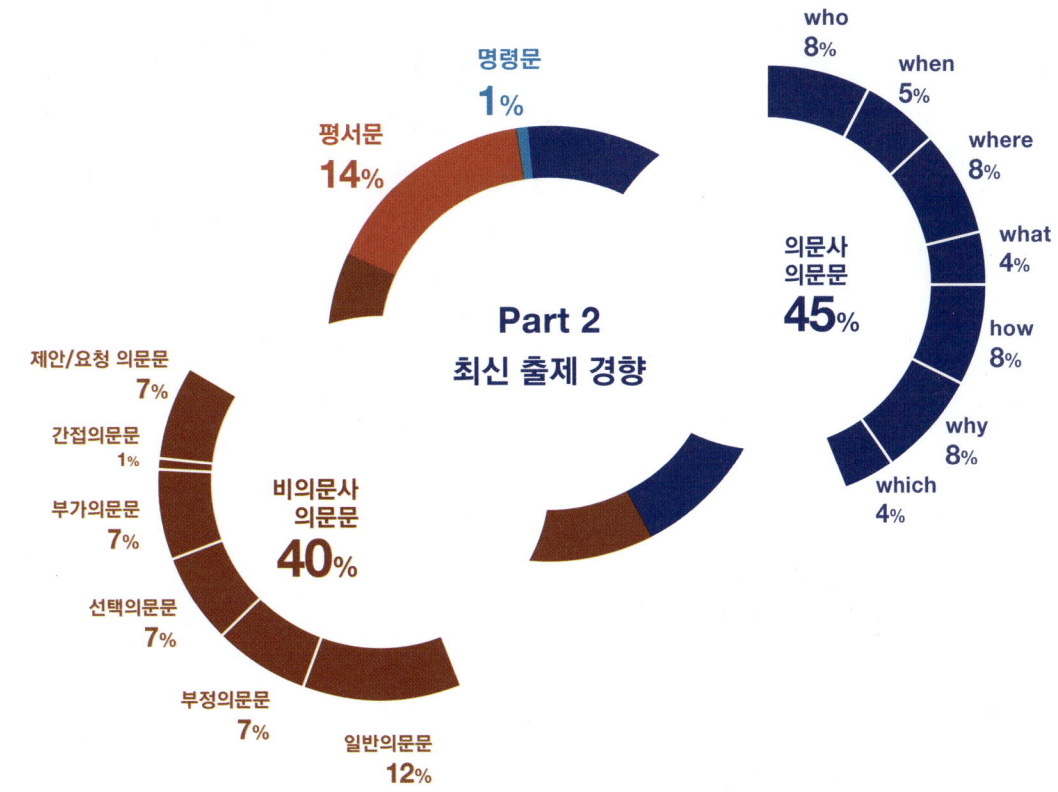

Part 2 최신 출제 경향

- 명령문 1%
- 평서문 14%
- 의문사 의문문 45% (who 8%, when 5%, where 8%, what 4%, how 8%, why 8%, which 4%)
- 비의문사 의문문 40% (제안/요청 의문문 7%, 간접의문문 1%, 부가의문문 7%, 선택의문문 7%, 부정의문문 7%, 일반의문문 12%)

비의문사 의문문
일반(Yes/No) 의문문 적게 나올 때는 한두 개, 많이 나올 때는 서너 개씩 나오는 편이다.
부정의문문 Don't you ~?, Isn't he ~? 등으로 시작하는 문장이며 일반 긍정 의문문보다는 약간 더 적게 나온다.
선택의문문 A or B 형태로 나오며 A와 B의 형태가 단어, 구, 절일 수 있다. 구나 절일 경우 문장이 길어져서 어려워진다.
부가의문문 ~ don't you?, ~ isn't he? 등으로 끝나는 문장이며, 일반 부정 의문문과 비슷하다고 볼 수 있다.
간접의문문 의문사가 문장 처음 부분이 아니라 문장 중간에 들어 있다.
제안/요청 의문문 정보를 얻기보다는 상대방의 도움이나 동의 등을 얻기 위한 목적이 일반적이다.

신토익 경향 분석

PART 3 짧은 대화 Short Conversations — 총 13대화문 39문제 (지문당 3문제)

- 3인 대화의 경우 남자 화자 두 명과 여자 화자 한 명 또는 남자 화자 한 명과 여자 화자 두 명이 나온다. 따라서 문제에서는 2인 대화에서와 달리 the man이나 the woman이 아니라 the men이나 the women 또는 특정한 이름이 언급될 수 있다.
- 대화 & 시각 정보는 항상 파트의 뒷부분에 나온다.
- 시각 정보의 유형으로 chart, map, floor plan, schedule, table, weather forecast, directory, list, invoice, receipt, sign, packing slip 등 다양한 자료가 골고루 나온다.

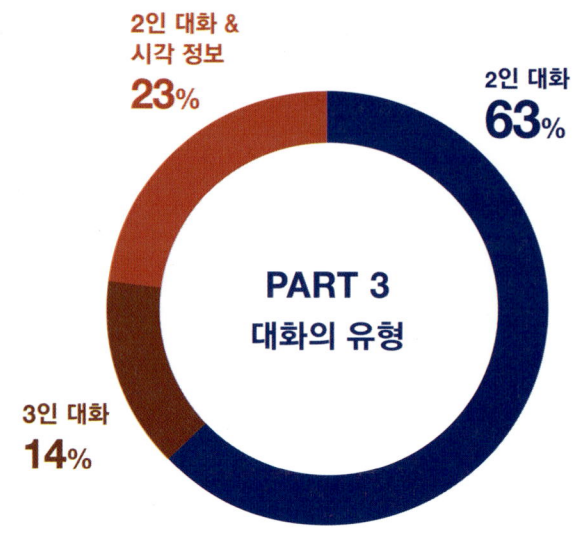

PART 3 대화의 유형
- 2인 대화 63%
- 2인 대화 & 시각 정보 23%
- 3인 대화 14%

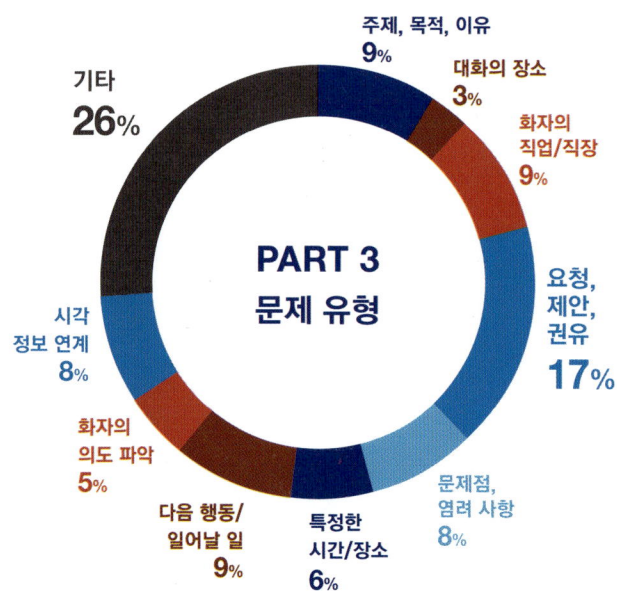

PART 3 문제 유형
- 기타 26%
- 주제, 목적, 이유 9%
- 대화의 장소 3%
- 화자의 직업/직장 9%
- 요청, 제안, 권유 17%
- 문제점, 염려 사항 8%
- 특정한 시간/장소 6%
- 다음 행동/일어날 일 9%
- 화자의 의도 파악 5%
- 시각 정보 연계 8%

- 주제, 목적, 이유, 대화의 장소, 화자의 직업/직장 등과 관련된 문제는 주로 대화의 첫 번째 문제로 나오며 다음 행동/일어날 일 등과 관련된 문제는 주로 대화의 세 번째 문제로 나온다.
- 화자의 의도 파악 문제는 주로 2인 대화에 나오지만, 가끔 3인 대화에 나오기도 한다. 시각 정보 연계 대화에는 나오지 않고 있다.
- Part 3 안에서 화자의 의도 파악 문제는 2개 나오고 시각 정보 연계 문제는 3개 나온다.

PART 4 짧은 담화 Short Talks

총 10지문 30문제 (지문당 3문제)

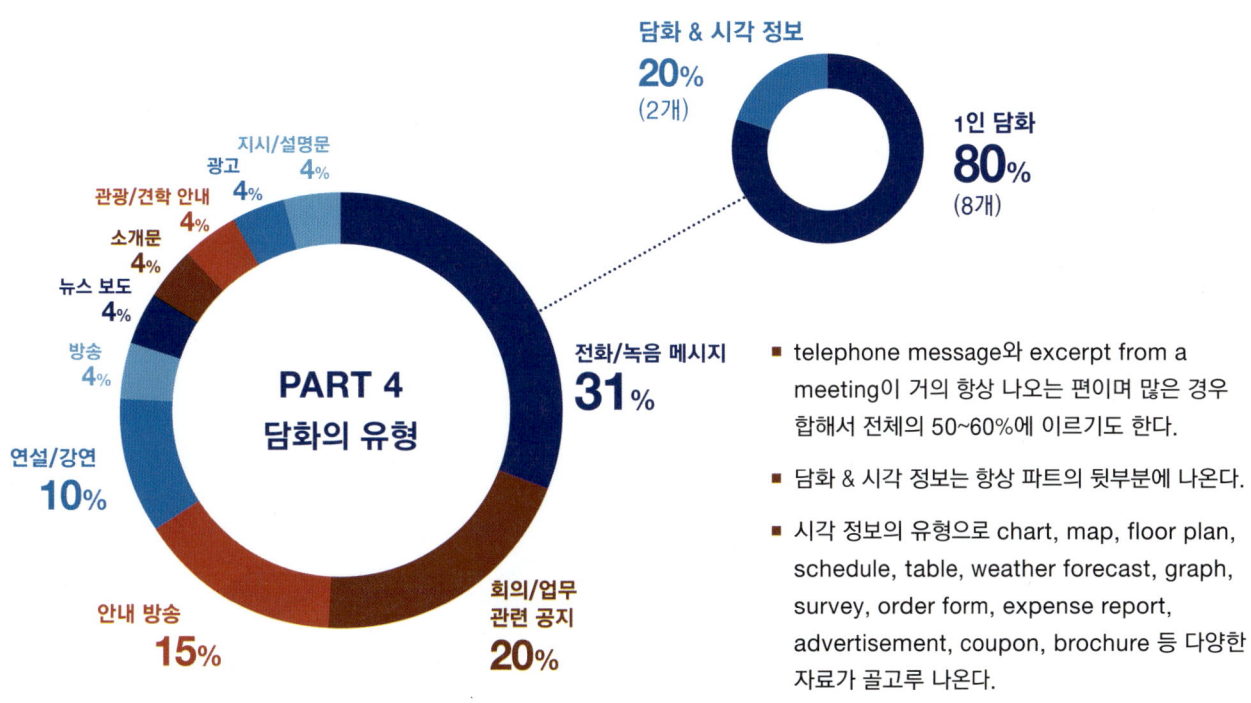

- telephone message와 excerpt from a meeting이 거의 항상 나오는 편이며 많은 경우 합해서 전체의 50~60%에 이르기도 한다.
- 담화 & 시각 정보는 항상 파트의 뒷부분에 나온다.
- 시각 정보의 유형으로 chart, map, floor plan, schedule, table, weather forecast, graph, survey, order form, expense report, advertisement, coupon, brochure 등 다양한 자료가 골고루 나온다.

- 문제 유형은 기본적으로 Part 3과 거의 비슷하다.
- 주제, 목적, 이유, 담화의 장소, 화자의 직업/직장 등과 관련된 문제는 주로 담화의 첫 번째 문제로 나오며 다음 행동/일어날 일 등과 관련된 문제는 주로 담화의 세 번째 문제로 나온다.
- Part 4 안에서 화자의 의도 파악 문제는 3개 나오고 시각 정보 연계 문제는 2개 나온다.

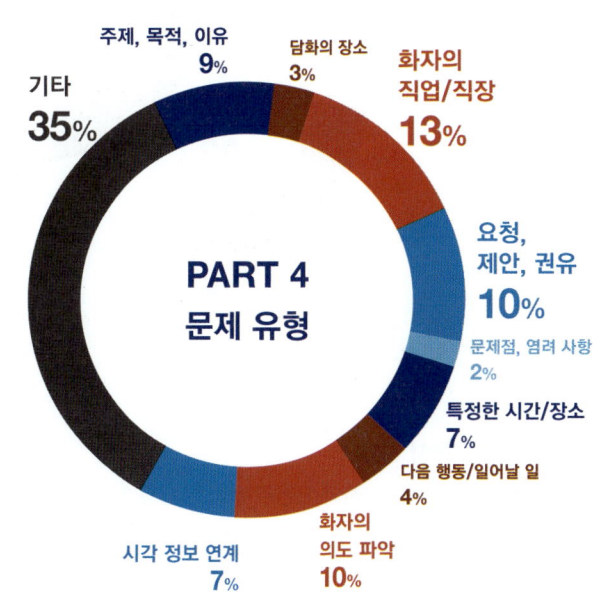

신토익 경향 분석

PART 5 단문 빈칸 채우기 Incomplete Sentences 총 30문제

문법 문제
시제와 대명사와 관련된 문법 문제가 2개씩, 한정사와 분사와 관련된 문법 문제가 1개씩 나온다. 시제 문제의 경우 능동태/수동태나 수의 일치와 연계되기도 한다. 그 밖에 한정사, 능동태/수동태, 부정사, 동명사 등과 관련된 문법 문제가 나온다.

어휘 문제
동사, 명사, 형용사, 부사와 관련된 어휘 문제가 각각 2~3개씩 골고루 나온다. 전치사 어휘 문제는 3개씩 꾸준히 나오지만, 접속사나 어구와 관련된 어휘 문제는 나오지 않을 때도 있고 3개가 나올 때도 있다.

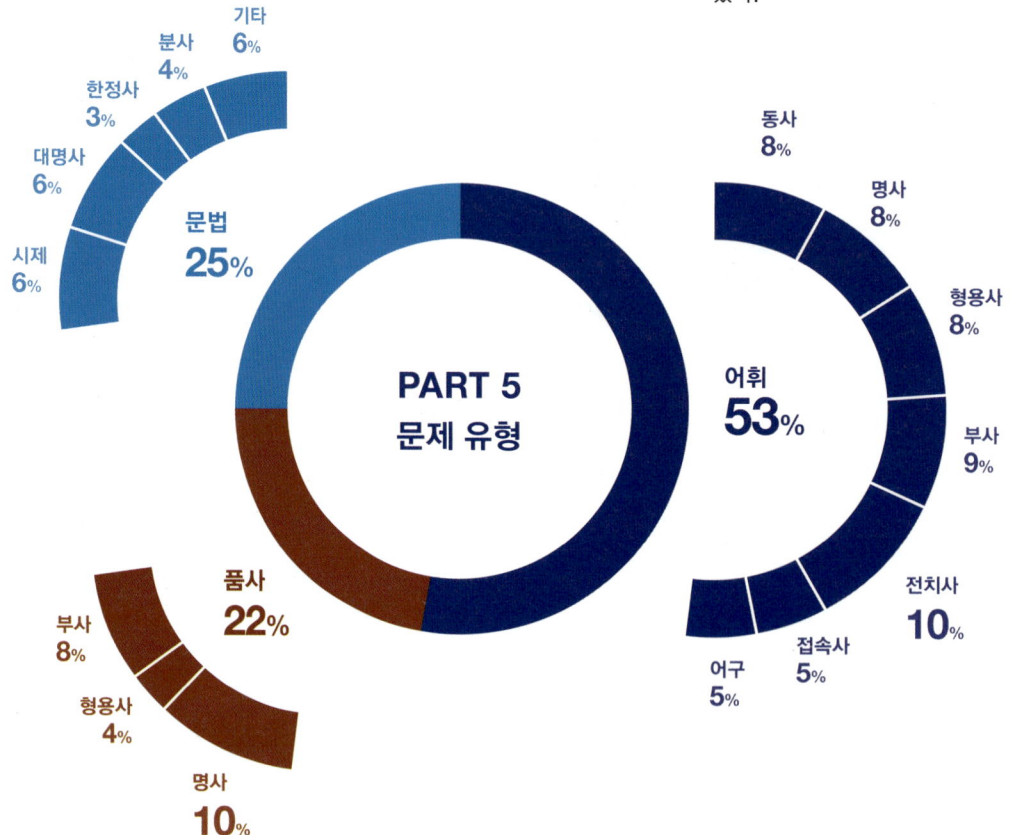

품사 문제
명사와 부사와 관련된 품사 문제가 2~3개씩 나오며, 형용사와 관련된 품사 문제가 상대적으로 적은 편이다.

PART 6 장문 빈칸 채우기 Text Completion

총 4지문 16문제 (지문당 4문제)

한 지문에 4문제가 나오며 평균적으로 어휘 문제가 2개, 품사나 문법 문제가 1개, 문맥에 맞는 문장 고르기 문제가 1개 들어간다. 문맥에 맞는 문장 고르기 문제를 제외하면 문제 유형은 기본적으로 파트 5와 거의 비슷하다.

어휘 문제
동사, 명사, 부사, 어구와 관련된 어휘 문제는 매번 1~2개씩 나온다. 부사 어휘 문제의 경우 therefore(그러므로)나 however(하지만)처럼 문맥의 흐름을 자연스럽게 연결해 주는 부사가 자주 나온다.

문맥에 맞는 문장 고르기
문맥에 맞는 문장 고르기 문제는 지문당 한 문제씩 나오는데, 나오는 위치의 확률은 4문제 중 두 번째 문제, 세 번째 문제, 네 번째 문제, 첫 번째 문제 순으로 높다.

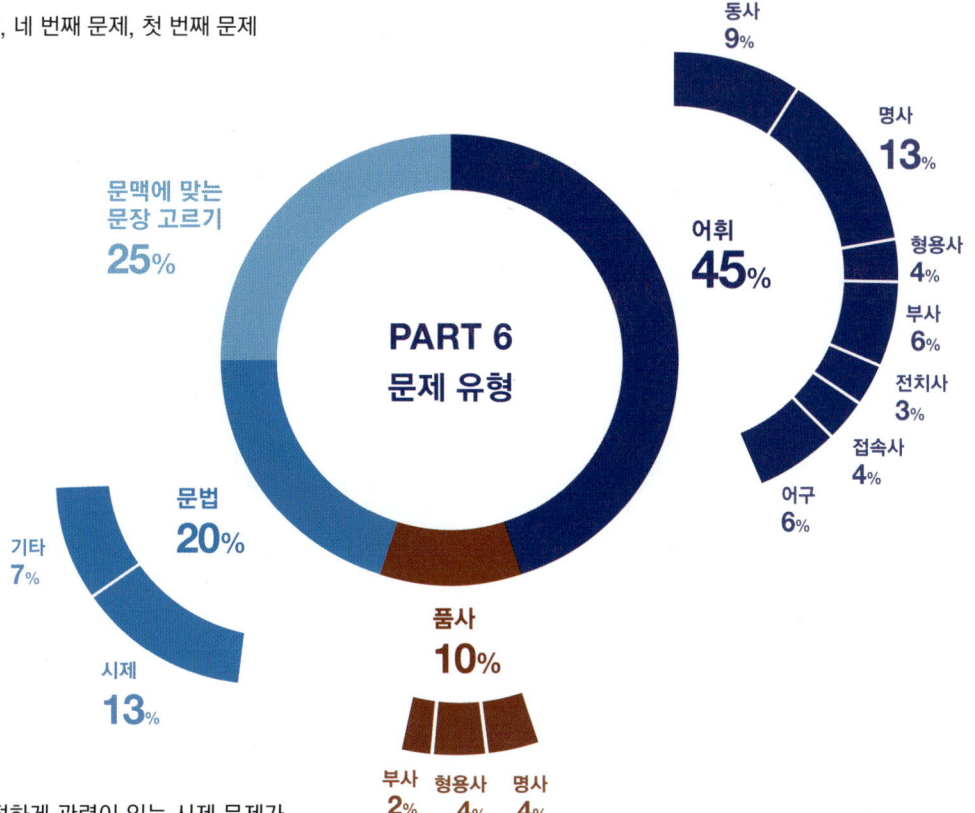

문법 문제
문맥의 흐름과 밀접하게 관련이 있는 시제 문제가 2개 정도 나오며, 능동태/수동태나 수의 일치와 연계되기도 한다. 그 밖에 대명사, 능동태/수동태, 부정사, 접속사/전치사 등과 관련된 문법 문제가 나온다.

품사 문제
명사나 형용사 문제가 부사 문제보다 좀 더 자주 나온다.

신토익 경향 분석

PART 7 독해 Reading Comprehension

지문 유형	지문당 문제 수	지문 개수	비중 %
단일 지문	2문항	4개	약 15%
	3문항	3개	약 16%
	4문항	3개	약 22%
이중 지문	5문항	2개	약 19%
삼중 지문	5문항	3개	약 28%

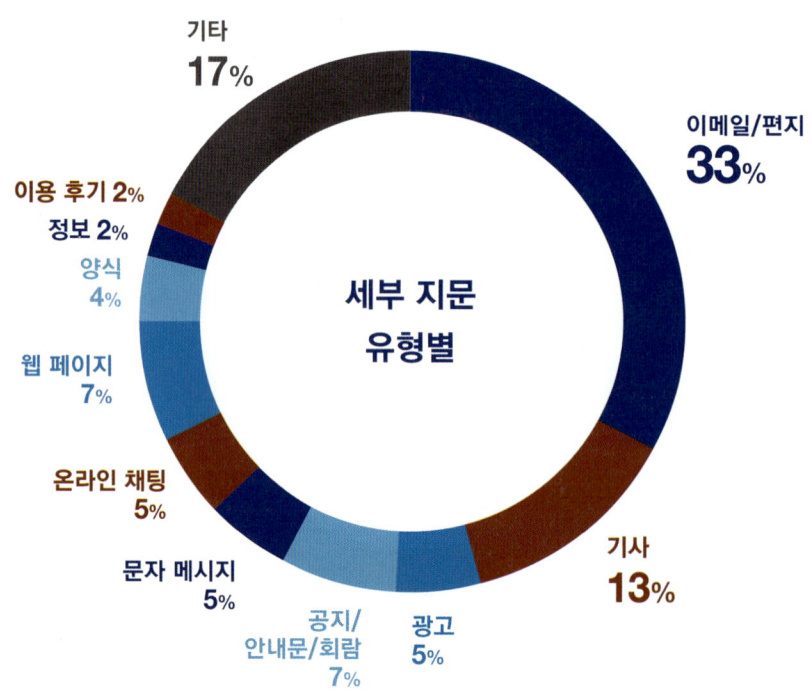

- 이메일/편지, 기사 유형 지문은 거의 항상 나오는 편이며 많은 경우 합해서 전체의 50~60%에 이르기도 한다.
- 기타 지문 유형으로 agenda, brochure, comment card, coupon, flyer, instructions, invitation, invoice, list, menu, page from a catalog, policy statement, report, schedule, survey, voucher 등 다양한 자료가 골고루 나온다.

(이중 지문과 삼중 지문 속의 지문들을 모두 낱개로 계산함 - 총 23지문)

총 15지문 54문제 (지문당 2~5문제)

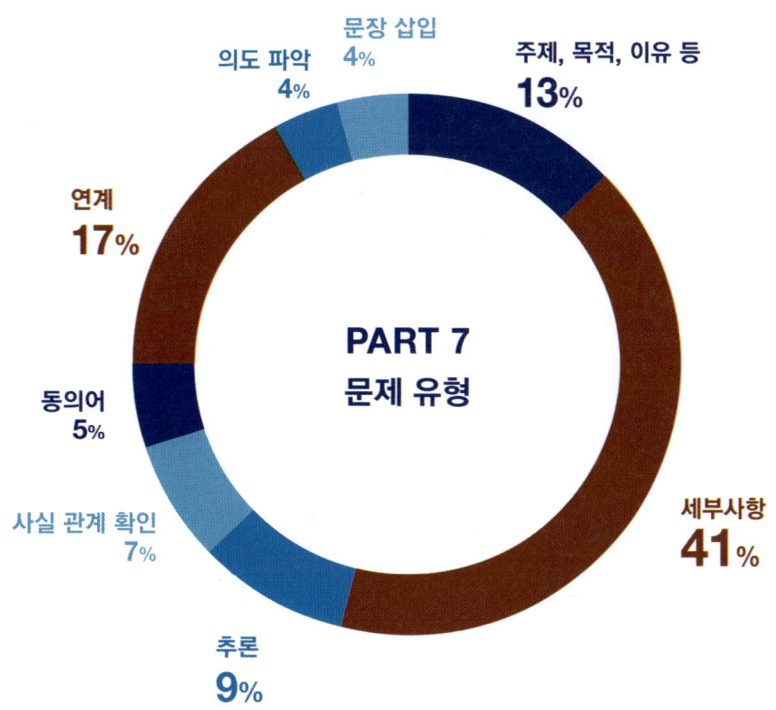

- 동의어 문제는 주로 이중 지문이나 삼중 지문에 나온다.
- 연계 문제는 일반적으로 이중 지문에서 한 문제, 삼중 지문에서 두 문제가 나온다.
- 의도 파악 문제는 문자 메시지(text-message chain)나 온라인 채팅(online chat discussion) 지문에서 출제되며 두 문제가 나온다.
- 문장 삽입 문제는 주로 기사, 이메일, 편지, 회람 지문에서 출제되며 두 문제가 나온다.

점수 환산표 및 산출법

점수 환산표 이 책에 수록된 각 Test를 풀고 난 후, 맞은 개수를 세어 점수를 환산해 보세요.

LISTENING Raw Score (맞은 개수)	LISTENING Scaled Score (환산 점수)	READING Raw Score (맞은 개수)	READING Scaled Score (환산 점수)
96–100	475–495	96–100	460–495
91–95	435–495	91–95	425–490
86–90	405–470	86–90	400–465
81–85	370–450	81–85	375–440
76–80	345–420	76–80	340–415
71–75	320–390	71–75	310–390
66–70	290–360	66–70	285–370
61–65	265–335	61–65	255–340
56–60	240–310	56–60	230–310
51–55	215–280	51–55	200–275
46–50	190–255	46–50	170–245
41–45	160–230	41–45	140–215
36–40	130–205	36–40	115–180
31–35	105–175	31–35	95–150
26–30	85–145	26–30	75–120
21–25	60–115	21–25	60–95
16–20	30–90	16–20	45–75
11–15	5–70	11–15	30–55
6–10	5–60	6–10	10–40
1–5	5–50	1–5	5–30
0	5–35	0	5–15

점수 산출 방법 아래의 방식으로 점수를 산출할 수 있다.

자신의 답안을 수록된 정답과 대조하여 채점한다. 각 Section의 맞은 개수가 본인의 Section별 '실제 점수 (통계 처리하기 전의 점수, raw score)'이다. Listening Test와 Reading Test의 정답 수를 세어, 자신의 실제 점수를 아래의 해당란에 기록한다.

	맞은 개수	환산 점수대
LISTENING		
READING		
총점		

Section별 실제 점수가 그대로 Section별 TOEIC 점수가 되는 것은 아니다. TOEIC은 시행할 때마다 별도로 특정한 통계 처리 방법을 사용하며 이러한 실제 점수를 환산 점수(converted[scaled] score)로 전환하게 된다. 이렇게 전환함으로써, 매번 시행될 때마다 문제는 달라지지만 그 점수가 갖는 의미는 같아지게 된다. 예를 들어 어느 한 시험에서 총점 550점의 성적으로 받는 실력이라면 다른 시험에서도 거의 550점대의 성적을 받게 되는 것이다.

실제 점수를 위 표에 기록한 후 왼쪽 페이지의 점수 환산표를 보도록 한다. TOEIC이 시행될 때마다 대개 이와 비슷한 형태의 표가 작성되는데, 여기 제시된 환산표는 본 교재에 수록된 Test용으로 개발된 것이다. 이 표를 사용하여 자신의 실제 점수를 환산 점수로 전환하도록 한다. 즉, 예를 들어 Listening Test의 실제 정답 수가 61~65개이면 환산 점수는 265점에서 335점 사이가 된다. 여기서 실제 정답 수가 61개이면 환산 점수가 265점이고, 65개이면 환산 점수가 335점 임을 의미하는 것은 아니다. 본 책의 Test를 위해 작성된 이 점수 환산표가 자신의 영어 실력이 어느 정도인지 대략적으로 파악하는 데 도움이 되긴 하지만, 이 표가 실제 TOEIC 성적 산출에 그대로 사용된 적은 없다는 사실을 밝혀 둔다.

토익® 정기시험
기출문제집

LC

TEST

01

LISTENING TEST

In the Listening test, you will be asked to demonstrate how well you understand spoken English. The entire Listening test will last approximately 45 minutes. There are four parts, and directions are given for each part. You must mark your answers on the separate answer sheet. Do not write your answers in your test book.

PART 1

Directions: For each question in this part, you will hear four statements about a picture in your test book. When you hear the statements, you must select the one statement that best describes what you see in the picture. Then find the number of the question on your answer sheet and mark your answer. The statements will not be printed in your test book and will be spoken only one time.

Statement (C), "They're sitting at a table," is the best description of the picture, so you should select answer (C) and mark it on your answer sheet.

1.

2.

3.

4.

5.

6.

PART 2

Directions: You will hear a question or statement and three responses spoken in English. They will not be printed in your test book and will be spoken only one time. Select the best response to the question or statement and mark the letter (A), (B), or (C) on your answer sheet.

7. Mark your answer on your answer sheet.
8. Mark your answer on your answer sheet.
9. Mark your answer on your answer sheet.
10. Mark your answer on your answer sheet.
11. Mark your answer on your answer sheet.
12. Mark your answer on your answer sheet.
13. Mark your answer on your answer sheet.
14. Mark your answer on your answer sheet.
15. Mark your answer on your answer sheet.
16. Mark your answer on your answer sheet.
17. Mark your answer on your answer sheet.
18. Mark your answer on your answer sheet.
19. Mark your answer on your answer sheet.
20. Mark your answer on your answer sheet.
21. Mark your answer on your answer sheet.
22. Mark your answer on your answer sheet.
23. Mark your answer on your answer sheet.
24. Mark your answer on your answer sheet.
25. Mark your answer on your answer sheet.
26. Mark your answer on your answer sheet.
27. Mark your answer on your answer sheet.
28. Mark your answer on your answer sheet.
29. Mark your answer on your answer sheet.
30. Mark your answer on your answer sheet.
31. Mark your answer on your answer sheet.

PART 3

Directions: You will hear some conversations between two or more people. You will be asked to answer three questions about what the speakers say in each conversation. Select the best response to each question and mark the letter (A), (B), (C), or (D) on your answer sheet. The conversations will not be printed in your test book and will be spoken only one time.

32. What are the speakers discussing?
    (A) A motorcycle
    (B) A mobile phone
    (C) A laptop computer
    (D) An exercise machine

33. What does the man ask about?
    (A) The prices
    (B) The battery life
    (C) The warranty
    (D) The color options

34. What will the woman most likely do next?
    (A) Request some feedback
    (B) Contact a technician
    (C) Complete a transaction
    (D) Create an online profile

35. What does the woman ask the man to do?
    (A) Schedule an appointment
    (B) Make a coworker's delivery
    (C) Call a colleague
    (D) Prepare an invoice

36. What does the man say he needs?
    (A) Keys to a vehicle
    (B) A telephone number
    (C) A price list
    (D) Directions to a store

37. What does the woman remind the man to do?
    (A) Notify his manager
    (B) Check some merchandise
    (C) Print a document
    (D) Get a signature

38. What is the woman trying to do?
    (A) Confirm an appointment
    (B) Receive a refund
    (C) Book a flight
    (D) Register for an event

39. What has caused a problem?
    (A) A business is closed.
    (B) A Web site is not working.
    (C) A credit card has expired.
    (D) A date is incorrect.

40. What information does the man ask the woman for?
    (A) A name
    (B) An address
    (C) A password
    (D) A tracking number

41. Where do the speakers most likely work?
    (A) At an advertising firm
    (B) At a bank
    (C) At a law office
    (D) At a travel agency

42. What does the woman mean when she says, "I really can't say"?
    (A) She is not allowed to repeat certain information.
    (B) She cannot make a commitment yet.
    (C) She should leave for an appointment.
    (D) She has to correct some errors in a report.

43. What does the man propose?
    (A) Making travel arrangements
    (B) Preparing a contract
    (C) Joining a meeting
    (D) Reviewing a report

GO ON TO THE NEXT PAGE

44. Where most likely does the woman work?

  (A) At a utility company
  (B) At a moving company
  (C) At an employment firm
  (D) At a real estate agency

45. What does the man say about his office?

  (A) It does not have air conditioning.
  (B) Its lease has expired.
  (C) It is located in the city center.
  (D) It is close to public transportation.

46. What information does the woman request?

  (A) The timing of a visit
  (B) The name of a supervisor
  (C) The amount of a bill
  (D) The measurements of a room

47. Who is the woman?

  (A) A chef
  (B) An accountant
  (C) A journalist
  (D) A nutritionist

48. What has the man recently done?

  (A) Won an award
  (B) Hired a new caterer
  (C) Given a presentation
  (D) Expanded a business

49. What does the man say about the cost of the program?

  (A) It is not being changed.
  (B) It is justified by the benefits.
  (C) It is still being determined.
  (D) It was published in a newspaper.

50. What type of event are the speakers attending?

  (A) A business conference
  (B) An employee orientation
  (C) A film festival
  (D) A staff meeting

51. Why does the woman say, "I think we can do better"?

  (A) She prefers to try another option.
  (B) She wants to encourage the man to work harder.
  (C) She is disappointed in the quality of the presentation.
  (D) She thinks her team is more competent than other teams.

52. What does the man say about the presentation handouts?

  (A) They are printed in color.
  (B) They are available near the entrance.
  (C) There are not enough copies for everyone.
  (D) They can be found online.

53. What type of business is the man calling?

  (A) A doctor's office
  (B) A delivery service
  (C) A copy center
  (D) A publishing company

54. What problem does the woman mention?

  (A) An appointment was canceled.
  (B) A payment was not received.
  (C) An address is incorrect.
  (D) A form has not been signed.

55. What does the woman say she will do?

  (A) Submit an invoice
  (B) Update contact information
  (C) E-mail a document
  (D) Speak with a colleague

56. What problem does the company have?
- (A) Customer reviews have been negative.
- (B) Product sales have gone down.
- (C) Some deliveries have been lost.
- (D) Office space is limited.

57. What does the woman suggest?
- (A) Hiring new employees
- (B) Offering product discounts
- (C) Purchasing updated equipment
- (D) Starting an online advertising campaign

58. What does the woman ask Bob to do?
- (A) Set up a conference call with clients
- (B) Review a budget proposal
- (C) Share information at a team meeting
- (D) Contact a graphic designer

59. What are the speakers discussing?
- (A) Expanding a client base
- (B) Hosting a sales event
- (C) Providing a training session
- (D) Using an employment agency

60. What type of business does the woman own?
- (A) A landscaping company
- (B) An advertisement agency
- (C) A sporting goods store
- (D) An accounting firm

61. What does the man suggest?
- (A) Reviewing a résumé
- (B) Touring a facility
- (C) Looking for a different company
- (D) Calling a client

Admission Price per Person	
University student	$8
Group of 10 or more	$12
Member	$15
Nonmember	$20

62. What type of event are the speakers discussing?
- (A) A theater performance
- (B) A museum exhibit opening
- (C) A photography workshop
- (D) A live music concert

63. Look at the graphic. What ticket price will the speakers probably pay?
- (A) $8
- (B) $12
- (C) $15
- (D) $20

64. What does the woman suggest the man do?
- (A) Leave work early
- (B) Call a coworker
- (C) Pay with a credit card
- (D) Rent some equipment

GO ON TO THE NEXT PAGE

CONFERENCE ROOM A: THURSDAY	
TIME	EVENT
Noon	Networking Event
1:00 P.M.	Equipment Installation
2:00 P.M.	Management Meeting
3:00 P.M.	Accounting Department Meeting

FROM:	SUBJECT:
Mike Collins	ATTACHED: Budget Report
Jared Huber	Sales Projection Assistance
Darla Rosenfeld	Conference Agenda
Janice West	CANCELED: Technology Seminar

65. Where do the speakers work?

    (A) At a law firm
    (B) At a manufacturing plant
    (C) At a beverage company
    (D) At a publishing house

66. Look at the graphic. According to the man, what event is Greg in charge of?

    (A) Networking Event
    (B) Equipment Installation
    (C) Management Meeting
    (D) Accounting Department Meeting

67. What does the woman say she will do?

    (A) Research a competitor
    (B) Conduct a job interview
    (C) Ask a coworker to change rooms
    (D) Revise a company policy

68. Why is the man unable to access his e-mail?

    (A) His password has expired.
    (B) His Internet connection is not working.
    (C) He forgot to update some software.
    (D) He left a power cord at home.

69. Look at the graphic. Who sent the e-mail the speakers are referring to?

    (A) Mike Collins
    (B) Jared Huber
    (C) Darla Rosenfeld
    (D) Janice West

70. What does the man ask the woman to do?

    (A) Call for technical assistance
    (B) Prepare some training materials
    (C) Print out a document
    (D) Review some sales figures

PART 4

Directions: You will hear some talks given by a single speaker. You will be asked to answer three questions about what the speaker says in each talk. Select the best response to each question and mark the letter (A), (B), (C), or (D) on your answer sheet. The talks will not be printed in your test book and will be spoken only one time.

71. Where does the speaker work?

    (A) At an electronics store
    (B) At a plumbing company
    (C) At a car repair shop
    (D) At a cleaning service

72. What does the speaker say he has done?

    (A) Scheduled an appointment
    (B) Completed a repair
    (C) Adjusted an invoice
    (D) Ordered a part

73. What does the speaker offer?

    (A) Use of a vehicle
    (B) An extended warranty
    (C) A free inspection
    (D) Expedited delivery

74. Who most likely are the listeners?

    (A) Factory workers
    (B) Medical specialists
    (C) Supermarket cashiers
    (D) Hotel clerks

75. What is the topic of the meeting?

    (A) Interacting with customers
    (B) Operating new equipment
    (C) Protecting merchandise from damage
    (D) Maintaining a clean work area

76. What will the listeners do next?

    (A) Turn on a machine
    (B) Tour a building
    (C) Give feedback
    (D) Work with a partner

77. Where most likely is the speaker?

    (A) At her house
    (B) At an airport
    (C) In a taxi
    (D) On a train

78. What does the speaker imply when she says, "Can you believe it"?

    (A) She is annoyed.
    (B) She is excited.
    (C) She is embarrassed.
    (D) She is confused.

79. What does the speaker ask the listener to do?

    (A) Lock a door
    (B) Check an address
    (C) Meet a colleague
    (D) Pick up a package

80. Where is the tour most likely taking place?

    (A) At an outdoor market
    (B) At a fabric factory
    (C) At a fashion museum
    (D) At a trade fair

81. What does the speaker say has changed about the tour?

    (A) The duration
    (B) The distance
    (C) The starting location
    (D) The tour guide

82. What does the speaker offer the listeners?

    (A) A special discount
    (B) A longer tour
    (C) Free membership
    (D) Product samples

GO ON TO THE NEXT PAGE

83. According to the news report, what will happen at the end of the year?

    (A) A tourist resort will be renovated.
    (B) An airline merger will take place.
    (C) Construction on a new railway line will begin.
    (D) A hotel association will select a new president.

84. What benefit to travelers does the speaker mention?

    (A) Automated reservation service
    (B) Comfortable seats
    (C) Lower prices
    (D) Shorter travel times

85. Who does the speaker say is pleased with the news?

    (A) Local mayors
    (B) Airline pilots
    (C) Tourism professionals
    (D) Construction supervisors

86. Who most likely are the listeners?

    (A) Teachers
    (B) Lawyers
    (C) Writers
    (D) Publishers

87. What does the speaker mean when he says, "another conference is scheduled to begin here at 1:00"?

    (A) He wants to start the session now.
    (B) He is recommending an event.
    (C) A presentation will need to be canceled.
    (D) The room will need to be cleaned.

88. What will the speaker distribute to the listeners?

    (A) Parking passes
    (B) Training materials
    (C) A sign-up sheet
    (D) A conference schedule

89. What does the speaker say about the company?

    (A) It acquired additional contracts.
    (B) It launched a product.
    (C) It appointed a new president.
    (D) It started a charity fund.

90. According to the speaker, what decision was recently made?

    (A) To move a company overseas
    (B) To remodel an office
    (C) To upgrade technology
    (D) To hire more staff

91. What does the speaker ask the listeners to do?

    (A) Attend a workshop
    (B) Make recommendations
    (C) Sign a contract
    (D) Submit a list of questions

92. What is the talk mostly about?

    (A) A concert series
    (B) A music award
    (C) A television show
    (D) A guest speaker

93. What does the speaker imply when he says, "this will be a big event"?

    (A) A review was positive.
    (B) A performer is very popular.
    (C) Tickets are sold out.
    (D) An event venue is too small.

94. Why does the speaker suggest that listeners visit a Web site?

    (A) To read a promotional brochure
    (B) To access an event schedule
    (C) To pay for registration in advance
    (D) To check a list of approved items

	Susie's Boutique	Fashion Plus
Low prices	✓	✓
Free shipping		✓
Variety of styles	✓	✓
Convenient Web site	✓	

95. What is the main topic of the meeting?

    (A) A magazine article
    (B) A company merger
    (C) Clothing trends
    (D) Sales results

96. Who most likely is the speaker?

    (A) A shipping supervisor
    (B) A marketing consultant
    (C) A business owner
    (D) A fashion reporter

97. Look at the graphic. What will the speaker most likely discuss next?

    (A) Reducing product prices
    (B) Not charging for shipping
    (C) Offering different styles
    (D) Changing a Web site

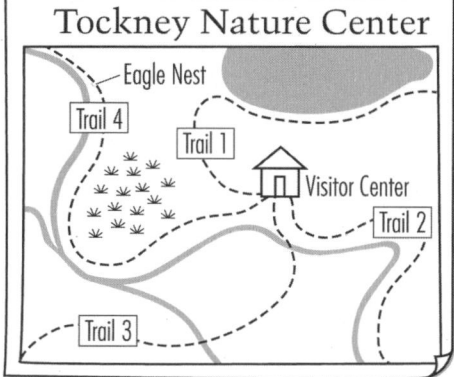

98. Who is the talk intended for?

    (A) Nature photographers
    (B) City officials
    (C) New park employees
    (D) University students

99. Look at the graphic. Which trail is closed to visitors?

    (A) Trail 1
    (B) Trail 2
    (C) Trail 3
    (D) Trail 4

100. What project is the Center participating in?

    (A) A series of seminars on wildlife conservation
    (B) A research study on a bird species
    (C) An annual clean-up day
    (D) A program to plant more trees

This is the end of the Listening test.

토익 정기시험
기출문제집

LC

TEST

02

LISTENING TEST

In the Listening test, you will be asked to demonstrate how well you understand spoken English. The entire Listening test will last approximately 45 minutes. There are four parts, and directions are given for each part. You must mark your answers on the separate answer sheet. Do not write your answers in your test book.

PART 1

Directions: For each question in this part, you will hear four statements about a picture in your test book. When you hear the statements, you must select the one statement that best describes what you see in the picture. Then find the number of the question on your answer sheet and mark your answer. The statements will not be printed in your test book and will be spoken only one time.

Statement (C), "They're sitting at a table," is the best description of the picture, so you should select answer (C) and mark it on your answer sheet.

1.

2.

3.

4.

5.

6.

PART 2

Directions: You will hear a question or statement and three responses spoken in English. They will not be printed in your test book and will be spoken only one time. Select the best response to the question or statement and mark the letter (A), (B), or (C) on your answer sheet.

7. Mark your answer on your answer sheet.
8. Mark your answer on your answer sheet.
9. Mark your answer on your answer sheet.
10. Mark your answer on your answer sheet.
11. Mark your answer on your answer sheet.
12. Mark your answer on your answer sheet.
13. Mark your answer on your answer sheet.
14. Mark your answer on your answer sheet.
15. Mark your answer on your answer sheet.
16. Mark your answer on your answer sheet.
17. Mark your answer on your answer sheet.
18. Mark your answer on your answer sheet.
19. Mark your answer on your answer sheet.
20. Mark your answer on your answer sheet.
21. Mark your answer on your answer sheet.
22. Mark your answer on your answer sheet.
23. Mark your answer on your answer sheet.
24. Mark your answer on your answer sheet.
25. Mark your answer on your answer sheet.
26. Mark your answer on your answer sheet.
27. Mark your answer on your answer sheet.
28. Mark your answer on your answer sheet.
29. Mark your answer on your answer sheet.
30. Mark your answer on your answer sheet.
31. Mark your answer on your answer sheet.

PART 3

Directions: You will hear some conversations between two or more people. You will be asked to answer three questions about what the speakers say in each conversation. Select the best response to each question and mark the letter (A), (B), (C), or (D) on your answer sheet. The conversations will not be printed in your test book and will be spoken only one time.

32. Where most likely are the speakers?
    (A) In a restaurant
    (B) In a law office
    (C) In a medical clinic
    (D) In an electronics store

33. What problem does the woman mention?
    (A) An appointment will begin later than expected.
    (B) A computer is not connected to the network.
    (C) A popular item is out of stock.
    (D) A receipt is incorrect.

34. What does the woman request that the man do?
    (A) Review an itemized list
    (B) Speak to a manager
    (C) Make a call from another location
    (D) Submit multiple copies of a form

35. What is the woman trying to get?
    (A) An insurance policy
    (B) A magazine subscription
    (C) A credit card
    (D) A post office box key

36. What has caused a problem?
    (A) A document did not arrive.
    (B) A contract was not signed.
    (C) A payment was not made.
    (D) A software program did not work.

37. What does the man offer to do?
    (A) Find some instructions on a Web site
    (B) Complete an application by phone
    (C) Consult another employee
    (D) Cancel an order

38. What are the speakers mainly discussing?
    (A) A client visit
    (B) A marketing survey
    (C) A grand opening celebration
    (D) A conference presentation

39. What does the woman suggest doing?
    (A) Offering a discount
    (B) Presenting a product design
    (C) Organizing a staff luncheon
    (D) Distributing a questionnaire

40. What does the man say he will do?
    (A) Reserve a meeting room
    (B) Prepare a financial statement
    (C) Post information on a Web site
    (D) Notify a group of a new deadline

41. What is the purpose of the man's visit?
    (A) To request a refund
    (B) To repair some equipment
    (C) To make a purchase
    (D) To drop off some merchandise

42. What is the man's job?
    (A) Caterer
    (B) Electrician
    (C) Car mechanic
    (D) Supermarket manager

43. What does the woman suggest the man do?
    (A) Speak to a supervisor
    (B) Park in a different location
    (C) Copy an invoice
    (D) Drive a vehicle

GO ON TO THE NEXT PAGE

44. What are the speakers discussing?

(A) Securing financial backing
(B) Negotiating a company merger
(C) Making travel arrangements
(D) Changing the leader of a project

45. What does Frederick advise the woman to do?

(A) Hold face-to-face negotiations
(B) Send confirmation e-mails
(C) Minimize overhead costs
(D) Revise a budget

46. What does Frederick say he is excited about?

(A) Meeting new colleagues
(B) Earning a higher salary
(C) Hiring an assistant
(D) Working in another country

47. Who most likely is the woman?

(A) A telephone operator
(B) A post office clerk
(C) An office receptionist
(D) A sales associate

48. Why is the man visiting the office?

(A) To attend a training session
(B) To repair some computers
(C) To apply for a job
(D) To make a delivery

49. What does the woman imply when she says, "Mr. Lehmann's in a meeting with clients right now"?

(A) Mr. Lehmann has a document she needs.
(B) A meeting room cannot be used.
(C) Mr. Lehmann is not available.
(D) An interview had to be cancelled.

50. What problem does the man mention?

(A) A reservation is incorrect.
(B) A business trip has been postponed.
(C) An event is sold out.
(D) Credit cards are not accepted.

51. What does the woman suggest offering their colleagues?

(A) A dinner on a boat
(B) A hotel upgrade
(C) Tickets to a sporting event
(D) Gift vouchers for a store

52. What does the man ask the woman to do?

(A) Contact a travel agency
(B) Research pricing information
(C) Make a payment in advance
(D) Arrange transportation

53. According to the man, what will happen next year?

(A) A product will be released.
(B) New company benefits will be offered.
(C) Some employees will be hired.
(D) An office will be renovated.

54. What does Yuko suggest?

(A) Using online advertising
(B) Adding information to a contract
(C) Renting some meeting space
(D) Creating orientation materials

55. What does Yuko agree to do?

(A) Investigate a location
(B) Meet a client
(C) Make a purchase
(D) Edit a document

56. What will happen on Monday?

(A) Some maintenance work will begin.
(B) A press conference will take place.
(C) Some customers will visit the business.
(D) An internship program will start.

57. What did the woman forget to do?

(A) Revise a calendar
(B) Find some volunteers
(C) Update a contact list
(D) Provide refreshments

58. What does the man say is available?

(A) Some notebooks
(B) Cleaning supplies
(C) Customized T-shirts
(D) New carpeting

---

59. What department do the speakers work in?

(A) Accounting
(B) Marketing
(C) Product development
(D) Human resources

60. Why does the woman say, "That's a big increase from last year"?

(A) To indicate that some news is good
(B) To deny a requested budget change
(C) To suggest that a fee is appropriate
(D) To correct some mistaken information

61. According to the man, what do the department managers plan to do?

(A) Purchase new furniture
(B) Host a conference
(C) Hire some more employees
(D) Expand a product line

BELL'S HOME FURNISHINGS
Order #23408

Quantity	Description	Total Price
4	Dinner Plate	$20
6	Soup Bowl	$36
3	Coffee Mug	$12
1	Teapot	$25

62. What does the woman say happened when she moved?

(A) She was overcharged for a service.
(B) A box was misplaced.
(C) A shipment was sent to the wrong address.
(D) Some items were broken.

63. Why does the woman need assistance?

(A) She does not like what she bought.
(B) She cannot access a Web site.
(C) She received an incomplete order.
(D) She lost a copy of a receipt.

64. Look at the graphic. How much money will the woman be refunded?

(A) $20
(B) $36
(C) $12
(D) $25

Origin	Status	Expected Time of Arrival
Philadelphia	Landed	9:00 A.M.
Vancouver	On Time	10:30 A.M.
Chicago	Delayed	1:45 P.M.
Mexico City	On Time	3:30 A.M.

Length of Contract	Cost per Month
3 months	$40.00
6 months	$30.00
1 year	$20.00
2 years	$10.00

65. Look at the graphic. Which city is James Kim traveling from?

    (A) Philadelphia
    (B) Vancouver
    (C) Chicago
    (D) Mexico City

66. According to the man, why should the speakers leave now?

    (A) They are not familiar with the area.
    (B) They have to return a rental car.
    (C) The traffic is bad.
    (D) An appointment was added to the schedule.

67. What does the woman suggest doing while they wait?

    (A) Buying gifts
    (B) Getting a meal
    (C) Writing a report
    (D) Exchanging money

68. According to the woman, when is an extra fee charged?

    (A) When new software is installed
    (B) When a contract is canceled early
    (C) When a customer transfers to a new location
    (D) When a payment is overdue

69. What does the man say he will do next year?

    (A) Move overseas
    (B) Complete a training program
    (C) Purchase another computer
    (D) Sign a longer contract

70. Look at the graphic. How much has the man agreed to pay per month?

    (A) $40.00
    (B) $30.00
    (C) $20.00
    (D) $10.00

PART 4

Directions: You will hear some talks given by a single speaker. You will be asked to answer three questions about what the speaker says in each talk. Select the best response to each question and mark the letter (A), (B), (C), or (D) on your answer sheet. The talks will not be printed in your test book and will be spoken only one time.

71. What product is being discussed?
    (A) Athletic shoes
    (B) A tablet computer
    (C) An exercise bike
    (D) A fitness tracking device

72. How does the product differ from competitors' products?
    (A) It has more features.
    (B) It is lighter.
    (C) It is easier to use.
    (D) It is cheaper.

73. How can listeners get the product for free?
    (A) By subscribing to a publication
    (B) By completing a survey
    (C) By obtaining a coupon
    (D) By referring a friend

74. Where is the talk taking place?
    (A) At a hotel
    (B) At a museum
    (C) At a gardening store
    (D) At a paint factory

75. According to the speaker, what has Emily Wellman recently done?
    (A) She started a new business.
    (B) She won an art contest.
    (C) She trained some employees.
    (D) She made a donation.

76. What does the speaker recommend that the listeners do?
    (A) Watch a film
    (B) Visit the gift shop
    (C) Take free samples
    (D) Attend a reception

77. What did the speaker do on Monday?
    (A) He met with the listener.
    (B) He worked late.
    (C) He bought some furniture.
    (D) He rented a car.

78. What does the speaker say about a parking garage?
    (A) It has a security system.
    (B) It has spaces available.
    (C) It is accessible only to residents.
    (D) It is usually full during the day.

79. Why does the speaker say, "this is a very popular building"?
    (A) To present some positive reviews
    (B) To explain why a fee is expensive
    (C) To encourage a quick decision
    (D) To request that more staff be hired

80. Who most likely are the listeners?
    (A) Health inspectors
    (B) Maintenance workers
    (C) Hotel receptionists
    (D) Supermarket cashiers

81. What is the purpose of the talk?
    (A) To review customer feedback
    (B) To remind staff of a sales procedure
    (C) To update staff on a safety policy
    (D) To demonstrate new equipment

82. What is available at the customer service desk?
    (A) Instruction manuals
    (B) Membership applications
    (C) Discount coupons
    (D) Catering menus

GO ON TO THE NEXT PAGE

83. What is Ms. Goldberg's area of expertise?
   (A) Nonprofit management
   (B) Career guidance
   (C) Event coordination
   (D) Personal finance

84. What are listeners encouraged to do?
   (A) Call in with their opinions
   (B) Update their résumés
   (C) Attend a seminar
   (D) Monitor household expenses

85. What does the speaker say will happen next month?
   (A) A class will be offered.
   (B) A schedule will change.
   (C) An interview will be conducted.
   (D) A book will become available.

86. What industry does the speaker work in?
   (A) Real Estate
   (B) Paper manufacturing
   (C) Advertising
   (D) Education

87. Why does the speaker say, "It isn't what I was expecting"?
   (A) To explain that a project is unique
   (B) To express disapproval for a design
   (C) To suggest that a project's deadline be changed
   (D) To indicate surprise at an increase in sales

88. What does the speaker suggest the listener do?
   (A) Apply for a promotion
   (B) Attend a press conference
   (C) Take some time off
   (D) Consult with a coworker

89. What is the speaker mainly discussing?
   (A) Software upgrades
   (B) Company travel policies
   (C) Relocation plans
   (D) New employee trainings

90. Why are the listeners told to contact Vadim?
   (A) To order new business cards
   (B) To provide feedback on a workshop
   (C) To receive approval for a purchase
   (D) To accept an invitation to a conference

91. According to the speaker, what will the company do at a later time?
   (A) Provide brochures
   (B) Send a contract
   (C) Ship equipment
   (D) Reimburse costs

92. What does the speaker imply when she says, "Who knows when that will be"?
   (A) She does not understand a request.
   (B) She needs employees to work faster.
   (C) She is uncertain when a project will be completed.
   (D) She wants to hear from the audience.

93. What is the topic of the meeting?
   (A) Hiring a consultant
   (B) Marketing a product
   (C) Reducing expenses
   (D) Planning a trade show

94. What does the speaker say she will set aside time to do?
   (A) Meet with employees individually
   (B) Analyze data from a survey
   (C) Call potential clients
   (D) Draft a contract

Dinner Delights

10% off (groups of 15+)
Book rooms for 3 hours!

expires: Offer good at
August 1st all locations

95. Why is an event being held?
    (A) To recognize a promotion
    (B) To celebrate a retirement
    (C) To commemorate a holiday
    (D) To announce a company merger

96. Look at the graphic. Why is the speaker unable to use the coupon for the event?
    (A) There are not enough people in the group.
    (B) The length of the event is too long.
    (C) All of the locations in the area are booked.
    (D) The event will take place after the expiration date.

97. What does the speaker ask the listener to do?
    (A) Choose a menu
    (B) Send out invitations
    (C) Make copies of song lyrics
    (D) Hire a band

Create a Design
↓
Submit a Proposal
↓
Build a Model
↓
Collect Feedback
↓
Make Design Revisions

98. What does the speaker say about the company's Ruby Star appliances?
    (A) They sold well last quarter.
    (B) They won a design award.
    (C) They cost less than competing products.
    (D) They were reviewed in a trade magazine.

99. Look at the graphic. According to the speaker, which step was recently added?
    (A) Submit a proposal
    (B) Build a model
    (C) Collect feedback
    (D) Make design revisions

100. What concern does the speaker mention?
    (A) Manufacturing materials are in short supply.
    (B) Customers are buying more appliances online.
    (C) Employees' time has been used inefficiently.
    (D) A production deadline has been changed.

This is the end of the Listening test.

토익 정기시험
기출문제집

LC
TEST
03

LISTENING TEST

In the Listening test, you will be asked to demonstrate how well you understand spoken English. The entire Listening test will last approximately 45 minutes. There are four parts, and directions are given for each part. You must mark your answers on the separate answer sheet. Do not write your answers in your test book.

PART 1

Directions: For each question in this part, you will hear four statements about a picture in your test book. When you hear the statements, you must select the one statement that best describes what you see in the picture. Then find the number of the question on your answer sheet and mark your answer. The statements will not be printed in your test book and will be spoken only one time.

Statement (C), "They're sitting at a table," is the best description of the picture, so you should select answer (C) and mark it on your answer sheet.

1.

2.

3.

4.

5.

6.

GO ON TO THE NEXT PAGE

PART 2

Directions: You will hear a question or statement and three responses spoken in English. They will not be printed in your test book and will be spoken only one time. Select the best response to the question or statement and mark the letter (A), (B), or (C) on your answer sheet.

7. Mark your answer on your answer sheet.
8. Mark your answer on your answer sheet.
9. Mark your answer on your answer sheet.
10. Mark your answer on your answer sheet.
11. Mark your answer on your answer sheet.
12. Mark your answer on your answer sheet.
13. Mark your answer on your answer sheet.
14. Mark your answer on your answer sheet.
15. Mark your answer on your answer sheet.
16. Mark your answer on your answer sheet.
17. Mark your answer on your answer sheet.
18. Mark your answer on your answer sheet.
19. Mark your answer on your answer sheet.
20. Mark your answer on your answer sheet.
21. Mark your answer on your answer sheet.
22. Mark your answer on your answer sheet.
23. Mark your answer on your answer sheet.
24. Mark your answer on your answer sheet.
25. Mark your answer on your answer sheet.
26. Mark your answer on your answer sheet.
27. Mark your answer on your answer sheet.
28. Mark your answer on your answer sheet.
29. Mark your answer on your answer sheet.
30. Mark your answer on your answer sheet.
31. Mark your answer on your answer sheet.

PART 3

Directions: You will hear some conversations between two or more people. You will be asked to answer three questions about what the speakers say in each conversation. Select the best response to each question and mark the letter (A), (B), (C), or (D) on your answer sheet. The conversations will not be printed in your test book and will be spoken only one time.

32. Why did the man choose to shop at the store?
    (A) The staff is very helpful.
    (B) The store is close to his office.
    (C) He saw an online advertisement.
    (D) His friend recommended the store.

33. What does the woman ask for?
    (A) A credit card
    (B) A discount coupon
    (C) A customer receipt
    (D) A piece of identification

34. Why does the man say he will return at a later time?
    (A) He is late for a meeting.
    (B) He wants to go to another store.
    (C) He has to make a phone call.
    (D) He left something at the office.

35. Where is this conversation most likely taking place?
    (A) At a clothing store
    (B) At a coffee shop
    (C) At an employment agency
    (D) At a dry cleaner's

36. What is the woman doing on Thursday?
    (A) Interviewing for a job
    (B) Picking up a coworker
    (C) Visiting a friend
    (D) Leaving on a business trip

37. What does the man offer to do?
    (A) Exchange a purchase
    (B) Provide express service
    (C) Make a reservation
    (D) Order a special product

38. Why will the man visit the woman's office?
    (A) To make a repair
    (B) To pick up a package
    (C) To give a presentation
    (D) To set up a workstation

39. What does the woman say she will do?
    (A) Reserve a conference room
    (B) Meet a customer
    (C) Talk to a security officer
    (D) Review an estimate

40. What does the woman ask the man to e-mail her?
    (A) A survey
    (B) A report
    (C) An invoice
    (D) An agenda

41. What is the woman shopping for?
    (A) Envelopes
    (B) Art supplies
    (C) Books
    (D) Office equipment

42. What does Omar say about an item?
    (A) It is out of stock.
    (B) It is located on a different floor.
    (C) It is being sold at a reduced price.
    (D) It has received positive customer reviews.

43. What additional service does Omar mention?
    (A) Equipment upgrades
    (B) Online purchasing
    (C) In-store mailing
    (D) Free returns

44. What are the speakers organizing?

(A) A television interview
(B) A dinner party
(C) A concert
(D) A conference

45. What problem does the woman mention?

(A) A speaker has canceled.
(B) A venue has been closed.
(C) A flight was delayed.
(D) A delivery was not made.

46. What most likely will the man do next?

(A) Send an e-mail
(B) Prepare a presentation
(C) Make a phone call
(D) Buy some tickets

47. Where most likely do the speakers work?

(A) At a sporting goods store
(B) At a hospital
(C) At a warehouse
(D) At a fitness center

48. What does the man imply when he says, "and who can do that"?

(A) He is asking for a volunteer.
(B) He wants to know the name of a staff member.
(C) He thinks a task is impossible.
(D) He is interested in an applicant's qualifications.

49. What does the woman offer to do?

(A) Change a schedule
(B) Check the inventory
(C) Clean up a work space
(D) Respond to an inquiry

50. What are the speakers discussing?

(A) Selecting a new board member
(B) Setting up an e-mail account
(C) Submitting an itinerary
(D) Preparing a report

51. Why was the man unable to complete a task?

(A) A newsletter contained an error.
(B) Quarterly sales had declined.
(C) Some software was not working.
(D) A colleague was unavailable.

52. What does the woman say she will do on Monday?

(A) Go to the airport
(B) Change a reservation
(C) Contact the technology department
(D) Mail a contract to a client

53. What does the man say he will do next month?

(A) Finish a health course
(B) Attend a medical conference
(C) Go on vacation
(D) Move to another city

54. According to the conversation, what did Maria do earlier?

(A) She changed an appointment.
(B) She ordered a prescription.
(C) She printed some documents.
(D) She examined a patient.

55. What does Maria ask the man to do?

(A) Make a payment
(B) Sign a form
(C) Sit in a waiting room
(D) Call a pharmacy

56. Why is the man calling?

    (A) He would like a product catalog.
    (B) He has not received his order.
    (C) He needs to know a store's address.
    (D) He was charged twice for a purchase.

57. What does the woman explain about?

    (A) A current renovation
    (B) An expired credit card
    (C) A technical problem
    (D) A shortage of merchandise

58. What does the woman ask the man to do?

    (A) Keep a receipt
    (B) Answer survey questions
    (C) Shop at a different location
    (D) Provide an item number

59. Where most likely is the woman?

    (A) At a building entrance
    (B) On a train platform
    (C) In a conference room
    (D) In an elevator

60. What information does the man ask for?

    (A) A password
    (B) An employee number
    (C) A name
    (D) A company address

61. Why does the man say, "There's a policy against that"?

    (A) To make a recommendation
    (B) To criticize a mistake
    (C) To refuse a request
    (D) To ask for clarification

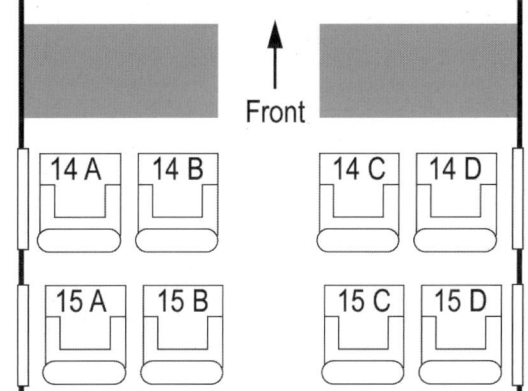

62. What is the purpose of the conversation?

    (A) To explain a procedure
    (B) To resolve a problem
    (C) To improve a service
    (D) To negotiate a price

63. Look at the graphic. Which seat was the woman originally assigned to?

    (A) 14A
    (B) 14B
    (C) 15A
    (D) 15C

64. What does the man recommend doing?

    (A) Checking an airport arrival monitor
    (B) Asking about a meal selection
    (C) Requesting a discount voucher
    (D) Notifying flight staff of a change

Schedule	
Stage 1	Refinish cabinets
Stage 2	Install flooring
Stage 3	Paint outside
Stage 4	Replace roof

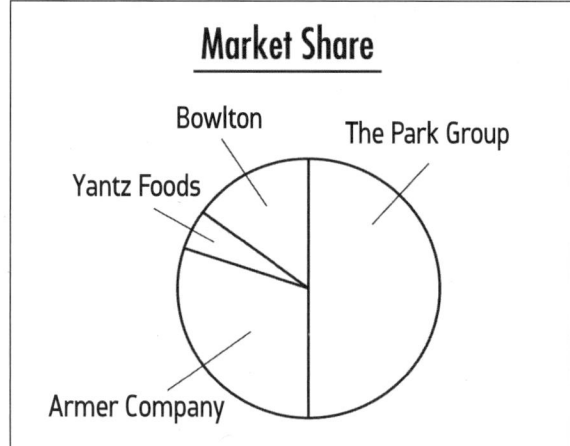

65. What most likely is the man's profession?

(A) Landscape architect
(B) Construction manager
(C) Plumber
(D) Hardware store owner

66. Look at the graphic. What stage of the renovation will begin next week?

(A) Stage 1
(B) Stage 2
(C) Stage 3
(D) Stage 4

67. What does the woman ask the man to send?

(A) An invitation
(B) A list of costs
(C) Some photos
(D) A Web site address

68. What are the speakers mainly discussing?

(A) A marketing campaign
(B) A business acquisition
(C) An annual budget
(D) Employment figures

69. Look at the graphic. Where do the speakers work?

(A) Armer Company
(B) Yantz Foods
(C) Bowlton
(D) The Park Group

70. Why does the woman say she is not convinced?

(A) The man is not familiar with a business strategy.
(B) Some figures are not accurate.
(C) She does not want to hire new employees.
(D) A company's profits have decreased.

PART 4

Directions: You will hear some talks given by a single speaker. You will be asked to answer three questions about what the speaker says in each talk. Select the best response to each question and mark the letter (A), (B), (C), or (D) on your answer sheet. The talks will not be printed in your test book and will be spoken only one time.

71. What service is being advertised?
    (A) A training course
    (B) A recycling program
    (C) Appliance repair
    (D) Express delivery

72. How can listeners receive a discount?
    (A) By making a donation
    (B) By using a promotional code
    (C) By registering in advance
    (D) By referring a friend

73. What does the speaker say is available on a Web site?
    (A) An application form
    (B) A price list
    (C) An instructional video
    (D) A list of locations

74. Where is the announcement being made?
    (A) At a bus terminal
    (B) At a train station
    (C) At a shopping mall
    (D) At an airport

75. What does the speaker ask listeners to do?
    (A) Return at a later time
    (B) Speak to a representative
    (C) Validate a ticket
    (D) Register online

76. According to the speaker, what will be distributed?
    (A) Refreshments
    (B) Area maps
    (C) Schedules
    (D) Hotel vouchers

77. What is the purpose of the message?
    (A) To apply for a job
    (B) To volunteer for a task
    (C) To arrange a meeting
    (D) To confirm an order

78. What does the speaker imply when she says, "the grand opening is in two months"?
    (A) She should reschedule an appointment.
    (B) She wants the listener to reserve a room.
    (C) A project will be completed on time.
    (D) A decision must be made quickly.

79. What most likely will the speaker do next?
    (A) Fill out an application
    (B) Complete a survey
    (C) E-mail some documents
    (D) Make some phone calls

80. Where do the listeners work?
    (A) At an art gallery
    (B) At a hotel
    (C) At a tourist office
    (D) At a camera shop

81. What will the listeners be doing today?
    (A) Designing a logo
    (B) Giving tours
    (C) Distributing fliers
    (D) Taking photographs

82. What has the speaker done for the listeners?
    (A) Paid for their lunch
    (B) Provided museum tickets
    (C) Ordered uniforms
    (D) Marked locations on a map

GO ON TO THE NEXT PAGE

83. What kind of business does the speaker work for?

    (A) A local bakery
    (B) A corporate law firm
    (C) A department store
    (D) An advertising agency

84. What is the speaker announcing?

    (A) An employee promotion
    (B) An award nomination
    (C) A new partnership
    (D) An upcoming fund-raiser

85. What does the speaker say about Luisa Perez's project?

    (A) It helped a client increase profits.
    (B) It made use of new technology.
    (C) It promoted collaboration across departments.
    (D) It led to changes to a company policy.

86. What is the main topic of the meeting?

    (A) A magazine article
    (B) Survey results
    (C) A competitor's product
    (D) A new supplier

87. What feature of the product does the speaker mention?

    (A) Color options
    (B) Durability
    (C) Removable parts
    (D) Preprogrammed settings

88. What does the speaker imply when she says, "the user's manual is currently about twenty pages long"?

    (A) The manual can be viewed online.
    (B) The manual should be shortened.
    (C) Page numbers will be added to the manual.
    (D) Customers should read the manual carefully.

89. What is the talk mainly about?

    (A) Attracting employers
    (B) Building a park
    (C) Planning a celebration
    (D) Analyzing traffic patterns

90. What problem does the speaker mention?

    (A) Delayed permits
    (B) Broken equipment
    (C) Scheduling conflicts
    (D) Lack of funds

91. What are listeners asked to do?

    (A) Conduct a survey
    (B) Choose a location
    (C) Make a list of business owners
    (D) Purchase some supplies

92. What type of business does the speaker work for?

    (A) An accounting firm
    (B) A manufacturing company
    (C) An employment agency
    (D) A health clinic

93. What does the speaker imply when he says, "this might take some time"?

    (A) He is suggesting that the listeners return later.
    (B) He hopes the listeners will be patient.
    (C) He is pointing out that the office will close soon.
    (D) He recommends that a project date be extended.

94. What does the speaker ask the listeners to do?

    (A) Submit their résumés
    (B) Confirm their contact information
    (C) Make a copy of their identification
    (D) Fill out some paperwork

Order form	
Item	Quantity
T-shirts	100
Postcards	150
Coffee cups	500
Candy bars	700

95. Look at the graphic. Which quantity on the order form will be changed?

    (A) 100
    (B) 150
    (C) 500
    (D) 700

96. What is the speaker doing next week?

    (A) She is going on a vacation.
    (B) She is giving a product demonstration.
    (C) She is inspecting a facility.
    (D) She is starting a new job.

97. What does the speaker say about Igor?

    (A) He will enter some data into a system.
    (B) He will print an invoice.
    (C) He will be training a new employee.
    (D) He will be taking care of some accounts.

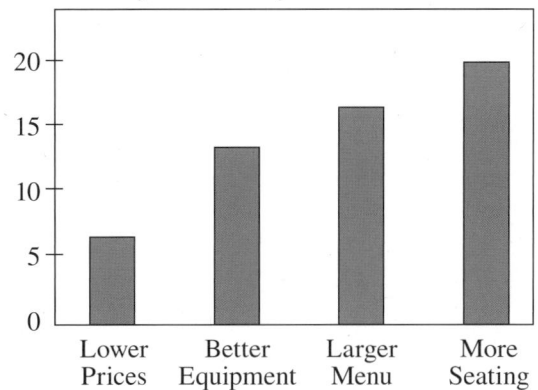

98. Where does the talk take place?

    (A) At a restaurant
    (B) At a factory
    (C) At a supermarket
    (D) At a repair shop

99. Look at the graphic. Which suggestion will the company begin to work on?

    (A) Lower prices
    (B) Better equipment
    (C) Larger menu
    (D) More seating

100. What will employees receive for completing the survey?

    (A) A complimentary meal
    (B) A company shirt
    (C) A store gift card
    (D) A cash prize

This is the end of the Listening test.

토익® 정기시험
기출문제집

LC

TEST

04

LISTENING TEST

In the Listening test, you will be asked to demonstrate how well you understand spoken English. The entire Listening test will last approximately 45 minutes. There are four parts, and directions are given for each part. You must mark your answers on the separate answer sheet. Do not write your answers in your test book.

PART 1

Directions: For each question in this part, you will hear four statements about a picture in your test book. When you hear the statements, you must select the one statement that best describes what you see in the picture. Then find the number of the question on your answer sheet and mark your answer. The statements will not be printed in your test book and will be spoken only one time.

Statement (C), "They're sitting at a table," is the best description of the picture, so you should select answer (C) and mark it on your answer sheet.

1.

2.

3.

4.

5.

6.

PART 2

Directions: You will hear a question or statement and three responses spoken in English. They will not be printed in your test book and will be spoken only one time. Select the best response to the question or statement and mark the letter (A), (B), or (C) on your answer sheet.

7. Mark your answer on your answer sheet.
8. Mark your answer on your answer sheet.
9. Mark your answer on your answer sheet.
10. Mark your answer on your answer sheet.
11. Mark your answer on your answer sheet.
12. Mark your answer on your answer sheet.
13. Mark your answer on your answer sheet.
14. Mark your answer on your answer sheet.
15. Mark your answer on your answer sheet.
16. Mark your answer on your answer sheet.
17. Mark your answer on your answer sheet.
18. Mark your answer on your answer sheet.
19. Mark your answer on your answer sheet.
20. Mark your answer on your answer sheet.
21. Mark your answer on your answer sheet.
22. Mark your answer on your answer sheet.
23. Mark your answer on your answer sheet.
24. Mark your answer on your answer sheet.
25. Mark your answer on your answer sheet.
26. Mark your answer on your answer sheet.
27. Mark your answer on your answer sheet.
28. Mark your answer on your answer sheet.
29. Mark your answer on your answer sheet.
30. Mark your answer on your answer sheet.
31. Mark your answer on your answer sheet.

PART 3

Directions: You will hear some conversations between two or more people. You will be asked to answer three questions about what the speakers say in each conversation. Select the best response to each question and mark the letter (A), (B), (C), or (D) on your answer sheet. The conversations will not be printed in your test book and will be spoken only one time.

32. Where does the man work?
    (A) At a delivery service
    (B) At an advertising agency
    (C) At a restaurant
    (D) At a bank

33. What does the man say is important to him?
    (A) Attracting new investors
    (B) Meeting work schedules
    (C) Opening a new location
    (D) Using reliable brands

34. What does the man say he will do?
    (A) Check an inventory list
    (B) Try a new product
    (C) Ask some colleagues for advice
    (D) Distribute some brochures

35. What change are the speakers discussing?
    (A) An updated vacation policy
    (B) A technology upgrade
    (C) A company merger
    (D) An office renovation

36. What does the woman say will happen because of the change?
    (A) Managers will have to attend a workshop.
    (B) Work hours will be more flexible.
    (C) An employee handbook will be revised.
    (D) Another branch location will open.

37. What will take place next month?
    (A) A product launch
    (B) An annual survey
    (C) Staff introductions
    (D) Contract negotiations

38. Why will the man go to Toronto next week?
    (A) To organize a store opening
    (B) To attend a training session
    (C) To recruit job candidates
    (D) To inspect production facilities

39. What is the woman concerned about?
    (A) Arranging a travel itinerary
    (B) Meeting a deadline
    (C) Managing a team
    (D) Giving an acceptance speech

40. What does the woman offer the man?
    (A) Tourism advice
    (B) Assistance with a client
    (C) A ride to the airport
    (D) Financial recommendations

41. Where do the speakers most likely work?
    (A) At a café
    (B) At a bookstore
    (C) At a magazine publisher
    (D) At an art gallery

42. What problem is being discussed?
    (A) Some images are blurry.
    (B) Some customers are unhappy.
    (C) An exhibit is incomplete.
    (D) An event was canceled.

43. What will the woman most likely do next?
    (A) Contact a photographer
    (B) Write an article
    (C) Update a Web site
    (D) Revise a schedule

GO ON TO THE NEXT PAGE

44. Where is the conversation taking place?
    (A) At a computer service center
    (B) At a parking garage
    (C) At a health clinic
    (D) At an automobile repair shop

45. What problem does the man mention?
    (A) A part is out of stock.
    (B) A business is understaffed.
    (C) A reservation has been lost.
    (D) A route has a lot of traffic.

46. What will the woman probably do?
    (A) Cancel an appointment
    (B) Take a shuttle
    (C) Request a price estimate
    (D) Contact a supervisor

47. What are the speakers discussing?
    (A) Filling a job opening
    (B) Planning a customer presentation
    (C) Organizing a research committee
    (D) Revising some sales figures

48. What does the man say he hopes to do?
    (A) Change a vacation policy
    (B) Move to a new facility
    (C) Win a client contract
    (D) Promote an employee

49. What will the speakers most likely do next?
    (A) Watch a video
    (B) Review some documents
    (C) Contact a manager
    (D) Submit some questions

50. What does the man say he recently did?
    (A) Placed an order
    (B) Made a delivery
    (C) Requested time off
    (D) Conducted an inspection

51. Where is the conversation taking place?
    (A) At an airport
    (B) At a construction site
    (C) At a factory
    (D) At a clothing store

52. What does the man recommend doing today?
    (A) Confirming a reservation
    (B) Replacing a machine part
    (C) Hiring additional employees
    (D) Reducing some prices

53. Where do the speakers most likely work?
    (A) At a moving company
    (B) At a construction firm
    (C) At an apartment management office
    (D) At a commercial cleaning service

54. What does the man imply when he says, "but that was quite a while ago"?
    (A) A deadline is approaching.
    (B) A procedure has been improved.
    (C) A decision should be reconsidered.
    (D) A database should be updated.

55. What will the man do next?
    (A) Review some applications
    (B) Inspect some properties
    (C) Make some deliveries
    (D) Research some prices

56. What does the woman ask the man to do?

    (A) Visit company headquarters
    (B) Participate in a conference
    (C) Complete a technical design
    (D) Submit a proposal

57. Why is the man concerned?

    (A) He is not very familiar with a product.
    (B) He has not registered for a conference.
    (C) He has missed an important deadline.
    (D) He was planning to take a vacation.

58. What does the woman say she has already done?

    (A) Provided feedback from a meeting
    (B) Designed a new product
    (C) Prepared a presentation
    (D) Made a hotel reservation

59. What is the woman's area of expertise?

    (A) Product development
    (B) Finance
    (C) Marketing
    (D) Business law

60. What does the man ask the woman to do?

    (A) Come back tomorrow
    (B) Demonstrate a process
    (C) Give some advice
    (D) Teach a course

61. Why does the woman say, "you'll just have to find out on your own"?

    (A) To apologize for giving incorrect information
    (B) To express regret about missing an event
    (C) To invite listeners to participate in a study
    (D) To encourage listeners to read her book

AFTERNOON DELIVERY SCHEDULE	
Regency Hotel	1 P.M.
Crawford Apartments	2 P.M.
Golden Banquet Hall	3 P.M.
Master Plan Industries	4 P.M.

62. Where do the speakers most likely work?

    (A) At a landscaping firm
    (B) At a moving company
    (C) At a florist shop
    (D) At a catering business

63. What did Tollberg Industries call about?

    (A) Increasing the size of an order
    (B) Changing the time of an event
    (C) Receiving some product samples
    (D) Replacing some defective equipment

64. Look at the graphic. When will the Tollberg Industries delivery most likely be made?

    (A) At 1 P.M.
    (B) At 2 P.M.
    (C) At 3 P.M.
    (D) At 4 P.M.

MURPHEY HOTEL	
Floor 1	Lobby
Floor 2	Business Center
Floor 3	Meeting Rooms
Floor 4	Fitness Center
Floors 5–10	Guest Rooms

65. What most likely is the woman's job?

(A) Tour guide
(B) Catering manager
(C) Front-desk clerk
(D) Conference organizer

66. What does the man say he needs to do?

(A) Revise a schedule
(B) Check a machine
(C) Call his office
(D) Make some copies

67. Look at the graphic. Which floor will the man go to next?

(A) Floor 1
(B) Floor 2
(C) Floor 3
(D) Floor 4

Delvin Institute Conference Fees		
Day 1 only	member	$75
	non-member	$85
Day 2 only	member	$90
	non-member	$100
Both days	member	$150
	non-member	$160

68. What problem does the woman mention?

(A) A Web site is not working.
(B) A bill is incorrect.
(C) Some records are missing.
(D) Some staff are unavailable.

69. Look at the graphic. How much will the woman most likely pay?

(A) $75
(B) $85
(C) $90
(D) $100

70. What does the man ask the woman to provide?

(A) A meal preference
(B) A hospital name
(C) A product specification
(D) An identification number

PART 4

Directions: You will hear some talks given by a single speaker. You will be asked to answer three questions about what the speaker says in each talk. Select the best response to each question and mark the letter (A), (B), (C), or (D) on your answer sheet. The talks will not be printed in your test book and will be spoken only one time.

71. What service is being advertised?

    (A) A mobile phone service
    (B) An express shipping service
    (C) A financial advising service
    (D) A computer repair service

72. What does the speaker emphasize about the service?

    (A) It has a five-year warranty.
    (B) It is available in many countries.
    (C) It is the fastest on the market.
    (D) It has competitive prices.

73. What does the speaker say can be found on the Web site?

    (A) A price list
    (B) Hours of operation
    (C) Product descriptions
    (D) User reviews

74. Where does the speaker work?

    (A) At a dental office
    (B) At a laboratory
    (C) At a real estate firm
    (D) At an employment agency

75. Why is the speaker calling?

    (A) To give driving directions
    (B) To offer a different appointment time
    (C) To explain some billing information
    (D) To discuss some test results

76. What does the speaker say has recently changed?

    (A) A registration requirement
    (B) A fee schedule
    (C) A business location
    (D) A staff member's hours

77. What does Rider Industries make?

    (A) Kitchen appliances
    (B) Electric vehicles
    (C) Gardening supplies
    (D) Cleaning products

78. What do customers like about the new line of merchandise?

    (A) It is environmentally friendly.
    (B) It is reasonably priced.
    (C) It has attractive packaging.
    (D) It comes in a variety of sizes.

79. According to the speaker, what will happen in September?

    (A) A live radio interview will be held.
    (B) An advertising campaign will be launched.
    (C) An international trade show will take place.
    (D) A company-wide training program will begin.

80. What type of merchandise does the store sell?

    (A) Hiking gear
    (B) Furniture
    (C) Writing supplies
    (D) Clothing

81. Why have store displays been rearranged?

    (A) To prepare for renovations
    (B) To promote some new products
    (C) To make space for discounted stock
    (D) To make popular items more accessible

82. What does the speaker imply when she says, "it's a busy time of year"?

    (A) An order has been delayed.
    (B) Store hours should be extended.
    (C) A delivery service has been successful.
    (D) Additional employees should be hired.

GO ON TO THE NEXT PAGE

83. According to the speaker, what is impressive about the zoo?

    (A) It was featured in a documentary.
    (B) It is fully funded by the government.
    (C) Animals live in natural habitats.
    (D) Research is conducted on site.

84. What does the speaker recommend doing after the tour?

    (A) Signing up for a newsletter
    (B) Purchasing a book
    (C) Meeting with a scientist
    (D) Watching a short film

85. What does the speaker say is not allowed during the tour?

    (A) Making phone calls
    (B) Taking photos
    (C) Feeding the animals
    (D) Leaving the group

86. Where do the listeners most likely work?

    (A) At a shoe store
    (B) At a fitness center
    (C) At an advertising agency
    (D) At a sports magazine

87. What does the speaker imply when he says, "I've never seen anything like it"?

    (A) He is impressed by some news.
    (B) He is unfamiliar with a product.
    (C) He is confused by a suggestion.
    (D) He is looking for some sales figures.

88. What does the speaker hope to schedule in April?

    (A) An awards banquet
    (B) An autograph signing
    (C) A training session
    (D) A photo session

89. Why is the speaker calling the customer?

    (A) To discuss a problem with a project
    (B) To confirm an upcoming meeting
    (C) To offer a discount
    (D) To apologize for a delayed order

90. What does the speaker imply when she says, "I hope you can be flexible"?

    (A) A different worker will complete a project.
    (B) A deadline will not be met.
    (C) A product selection should be changed.
    (D) A price is higher than expected.

91. What did the speaker leave for the customer?

    (A) A catalog
    (B) A customer survey
    (C) An invoice
    (D) A business card

92. According to the speaker, what will begin on Friday?

    (A) A trade show
    (B) A software update
    (C) A job fair
    (D) A board meeting

93. What does the speaker ask listeners to do?

    (A) Attend an awards ceremony
    (B) Register for a training session
    (C) Share instructions with their employees
    (D) Change their e-mail account passwords

94. Who is Oliver Wilson?

    (A) A hiring manager
    (B) A marketing expert
    (C) A sales associate
    (D) A technology specialist

Tour Schedule	
Museum Visit	10:00 A.M.
Lunch	12:30 P.M.
Nature Walk	1:30 P.M.
Theater Performance	4:00 P.M.

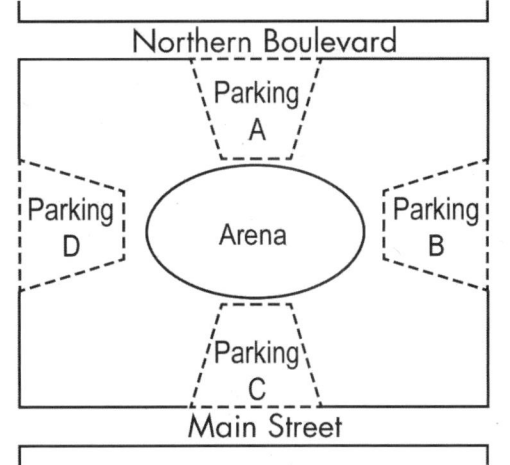

95. What does the speaker say about Emmon's Café?

(A) It serves traditional food.
(B) It has multiple locations in the area.
(C) It is the oldest restaurant in the city.
(D) It has recently won an award.

96. Look at the graphic. What time is this talk most likely being given?

(A) At 10:00 A.M.
(B) At 12:30 P.M.
(C) At 1:30 P.M.
(D) At 4:00 P.M.

97. What does the speaker say she will distribute?

(A) Informational booklets
(B) Umbrellas
(C) Bottles of water
(D) Maps

98. Why was a basketball game rescheduled?

(A) Some players were ill.
(B) A team bus broke down.
(C) The arena was being repaired.
(D) The weather was bad.

99. According to the speaker, why might a listener watch a game on television?

(A) If a snowstorm is predicted
(B) If tickets have been sold out
(C) If there is no available parking
(D) If the game is being played out of town

100. Look at the graphic. Which parking area will be closed?

(A) Parking A
(B) Parking B
(C) Parking C
(D) Parking D

This is the end of the Listening test.

토익 정기시험
기출문제집

LC
TEST
05

LISTENING TEST

In the Listening test, you will be asked to demonstrate how well you understand spoken English. The entire Listening test will last approximately 45 minutes. There are four parts, and directions are given for each part. You must mark your answers on the separate answer sheet. Do not write your answers in your test book.

PART 1

Directions: For each question in this part, you will hear four statements about a picture in your test book. When you hear the statements, you must select the one statement that best describes what you see in the picture. Then find the number of the question on your answer sheet and mark your answer. The statements will not be printed in your test book and will be spoken only one time.

Statement (C), "They're sitting at a table," is the best description of the picture, so you should select answer (C) and mark it on your answer sheet.

1.

2.

3.

4.

78

5.

6.

PART 2

Directions: You will hear a question or statement and three responses spoken in English. They will not be printed in your test book and will be spoken only one time. Select the best response to the question or statement and mark the letter (A), (B), or (C) on your answer sheet.

7. Mark your answer on your answer sheet.
8. Mark your answer on your answer sheet.
9. Mark your answer on your answer sheet.
10. Mark your answer on your answer sheet.
11. Mark your answer on your answer sheet.
12. Mark your answer on your answer sheet.
13. Mark your answer on your answer sheet.
14. Mark your answer on your answer sheet.
15. Mark your answer on your answer sheet.
16. Mark your answer on your answer sheet.
17. Mark your answer on your answer sheet.
18. Mark your answer on your answer sheet.
19. Mark your answer on your answer sheet.
20. Mark your answer on your answer sheet.
21. Mark your answer on your answer sheet.
22. Mark your answer on your answer sheet.
23. Mark your answer on your answer sheet.
24. Mark your answer on your answer sheet.
25. Mark your answer on your answer sheet.
26. Mark your answer on your answer sheet.
27. Mark your answer on your answer sheet.
28. Mark your answer on your answer sheet.
29. Mark your answer on your answer sheet.
30. Mark your answer on your answer sheet.
31. Mark your answer on your answer sheet.

PART 3

Directions: You will hear some conversations between two or more people. You will be asked to answer three questions about what the speakers say in each conversation. Select the best response to each question and mark the letter (A), (B), (C), or (D) on your answer sheet. The conversations will not be printed in your test book and will be spoken only one time.

32. Where is the conversation taking place?
    (A) At a park
    (B) At a museum
    (C) At a theater
    (D) At a car dealership

33. Why does the woman apologize?
    (A) An office is about to close.
    (B) An event has been canceled.
    (C) Some tickets are unavailable.
    (D) Some prices have increased.

34. What does the man say he will do next?
    (A) Phone a friend
    (B) Register a complaint
    (C) Go to a different location
    (D) Sign up for a membership

35. Why does the man say, "I'm waiting for the department budget proposal"?
    (A) To request a document from the woman
    (B) To ask for a deadline extension
    (C) To inform the woman about a scheduling change
    (D) To explain why he cannot make a decision

36. What does the woman say about an office supplies estimate?
    (A) It was already approved.
    (B) It contained some mistakes.
    (C) It was misplaced.
    (D) It is higher than expected.

37. What will the man discuss at a meeting?
    (A) Product quality testing
    (B) Candidates for a job
    (C) Contracts with vendors
    (D) Design modifications

38. What is the woman coordinating?
    (A) A company banquet
    (B) A grand opening
    (C) A new-hire orientation
    (D) A yearly budget meeting

39. Where do the speakers most likely work?
    (A) At an insurance company
    (B) At a department store
    (C) At a business school
    (D) At a bank

40. What does the woman offer to do?
    (A) Find another presenter
    (B) Confirm an order
    (C) Book a venue
    (D) Prepare a contract

41. What is the conversation mainly about?
    (A) Organizing a training session
    (B) Preparing for a business exposition
    (C) Finding a guest speaker for a convention
    (D) Creating an employee handbook

42. What does the man suggest doing?
    (A) Printing a large sign
    (B) Revising a timetable
    (C) Sending out invitations
    (D) Making a pamphlet

43. What does Susan say she is concerned about?
    (A) An approaching deadline
    (B) An incomplete order
    (C) A canceled reservation
    (D) A dissatisfied client

GO ON TO THE NEXT PAGE

44. What does the woman ask the man about?

(A) The model number of a product
(B) The availability of colors
(C) The price of an item
(D) The location of a store

45. Why does the woman say, "these sandals look great"?

(A) To convince a friend to buy shoes
(B) To show interest in making a purchase
(C) To compliment a coworker
(D) To express disagreement

46. What does the man say he will do?

(A) Print a receipt
(B) Provide a coupon code
(C) Find a brand name
(D) Check a Web site

47. Where do the speakers most likely work?

(A) In a bakery
(B) In an appliance store
(C) At a warehouse
(D) At a construction site

48. What problem does the man mention?

(A) An employee was late to work.
(B) A machine was not working properly.
(C) A shipment was lost.
(D) A customer was not satisfied.

49. What will happen at noon?

(A) A repair person will arrive.
(B) A display will be set up.
(C) A business will close.
(D) An order will be delivered.

50. What problem does the woman mention?

(A) Customer complaints have increased.
(B) Bad weather has been predicted.
(C) Parking in the area is expensive.
(D) The sales forecast is delayed.

51. What does the man say he will decide tomorrow?

(A) Whether the store will remain closed
(B) Whether additional employees should be hired
(C) When he will launch a new ad campaign
(D) When he will meet with investors

52. What does the woman offer to help the man with?

(A) Organizing a workshop
(B) Making a work schedule
(C) Contacting employees
(D) Calling a consultant

53. Where is the conversation taking place?

(A) In a hotel
(B) In an airport
(C) At a rental car company
(D) At a travel agency

54. According to the woman, what will the men receive?

(A) A parking pass
(B) A travel guidebook
(C) A rental upgrade
(D) A discount voucher

55. What will the men most likely do next?

(A) Return to their workplace
(B) Change their hotel reservation
(C) Give a presentation
(D) Eat at a restaurant

56. Why is the man calling?

(A) To check the status of an order
(B) To provide an updated phone number
(C) To schedule a repair
(D) To inquire about a bill

57. What problem does the woman mention?

(A) An invoice is missing.
(B) A credit card payment was not received.
(C) An address was incorrect.
(D) A product is no longer in stock.

58. What does the woman offer to do?

(A) Talk to a supervisor
(B) Provide a refund
(C) Change a password
(D) Add product insurance

59. Where most likely are the speakers?

(A) In a car repair shop
(B) In a bank
(C) In a parking garage
(D) In a computer store

60. What does the man decide to do?

(A) Return at a later time
(B) Withdraw money from a cash machine
(C) Call a customer service number
(D) Make a payment online

61. What will be sent to the man?

(A) An account statement
(B) An appointment time
(C) A confirmation number
(D) A warranty offer

62. Who most likely is the man?

(A) An author
(B) A teacher
(C) A store clerk
(D) A delivery person

63. What does the woman say she heard about the book?

(A) It will provide opportunities for discussion.
(B) It is the first book in a series.
(C) It has been a best seller for many months.
(D) It is difficult for children to understand.

64. Look at the graphic. In which section is the book that the woman is looking for?

(A) Nonfiction
(B) Young Adult
(C) Travel
(D) Fiction

GO ON TO THE NEXT PAGE

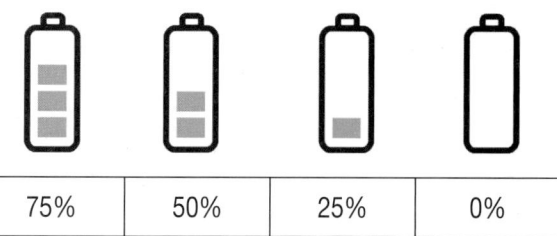

65. Who most likely is the man?

    (A) A financial advisor
    (B) A food critic
    (C) An editor
    (D) A chef

66. Look at the graphic. What area does the woman want the restaurant to improve in?

    (A) Atmosphere
    (B) Prices
    (C) Customer service
    (D) Menu options

67. What does the man recommend doing?

    (A) Renovating a building
    (B) Asking employees for suggestions
    (C) Offering cooking classes
    (D) Providing food samples

68. What event is taking place?

    (A) A training session
    (B) A job interview
    (C) A management meeting
    (D) An award ceremony

69. What does the man ask about?

    (A) Experiment results
    (B) Alternative power sources
    (C) Additional order requests
    (D) Different model types

70. Look at the graphic. According to the woman, how many bars will be displayed when the battery should be replaced?

    (A) Three bars
    (B) Two bars
    (C) One bar
    (D) Zero bars

PART 4

Directions: You will hear some talks given by a single speaker. You will be asked to answer three questions about what the speaker says in each talk. Select the best response to each question and mark the letter (A), (B), (C), or (D) on your answer sheet. The talks will not be printed in your test book and will be spoken only one time.

71. What is the main topic of the broadcast?
    (A) A weather report
    (B) A traffic update
    (C) A celebrity interview
    (D) An international news story

72. According to the speaker, what will begin today?
    (A) A conference
    (B) A seasonal market
    (C) A sports tournament
    (D) A concert series

73. What does the speaker suggest that listeners do?
    (A) Arrive early
    (B) Purchase tickets online
    (C) Bring warm clothes
    (D) Take public transportation

74. Where is the announcement taking place?
    (A) At a shopping mall
    (B) At a ski resort
    (C) At a design company headquarters
    (D) At a sports stadium

75. What does the speaker say will happen immediately after today's event?
    (A) A famous athlete will speak.
    (B) A contract will be signed.
    (C) Trainers will provide consultations.
    (D) Attendees will fill out a survey.

76. What does the speaker say about Urban Olympiad?
    (A) It is now officially open.
    (B) It is giving away free tickets.
    (C) It has won an award.
    (D) It has undergone a merger.

77. What business is the speaker calling?
    (A) A doctor's office
    (B) A car repair shop
    (C) A transportation service
    (D) An employment agency

78. Why did the speaker take a taxi?
    (A) Her car broke down.
    (B) Her bus never came.
    (C) She was concerned about parking.
    (D) She was late for a party.

79. What would the speaker like to know?
    (A) When a business will open
    (B) How much a repair will cost
    (C) How to get to an event
    (D) Whether a schedule has changed

80. Who most likely is the speaker?
    (A) An accountant
    (B) A travel agent
    (C) A computer technician
    (D) A hiring manager

81. What does the speaker mean when she says, "the deadline to submit was May 15"?
    (A) She missed a good job opportunity.
    (B) She needs to verify some details.
    (C) She must move forward with a task.
    (D) She forgot to notify a colleague.

82. According to the speaker, what will happen next week?
    (A) A budget will be reviewed.
    (B) Interviews will begin.
    (C) Airfares will increase.
    (D) A system upgrade will occur.

GO ON TO THE NEXT PAGE

83. What did the *Newville Times* recently do?
 (A) It printed advertisements in color.
 (B) It reduced the subscription fee.
 (C) It announced award winners.
 (D) It merged with another newspaper.

84. What does the speaker imply when he says, "there's a new moving company opening soon in the city"?
 (A) A branch location will be built.
 (B) Competition for customers will increase.
 (C) More people will move to the area.
 (D) Road traffic will worsen.

85. What has the business bought recently?
 (A) Vehicles
 (B) Cleaning equipment
 (C) Office furniture
 (D) Computers

86. What is Connectivity 3.0?
 (A) A videoconferencing application
 (B) A new brand of smartphone
 (C) A store security system
 (D) An Internet service provider

87. What does the speaker mean when he says, "Aren't there better ways to use your time"?
 (A) A staff member should join a team.
 (B) Other systems are not as efficient.
 (C) Employees need more training.
 (D) Business hours should be shortened.

88. What does the speaker say listeners can do on a Web site?
 (A) View a demonstration
 (B) Sign up for updates
 (C) Register a product
 (D) Make a purchase

89. According to the speaker, what will be changing at the company?
 (A) How customer complaints are handled
 (B) How purchase orders are submitted
 (C) How workers' hours are scheduled
 (D) How merchandise is tracked

90. What will the company be able to do for customers?
 (A) Lower prices
 (B) Offer more products
 (C) Reduce delivery times
 (D) Extend store hours

91. What will Ms. Han be doing?
 (A) Testing equipment
 (B) Training employees
 (C) Conducting a survey
 (D) Checking inventory

92. Who most likely is the speaker?
 (A) An architect
 (B) A contractor
 (C) A real estate agent
 (D) A financial consultant

93. What does the speaker say is a problem?
 (A) Some staff have not been trained.
 (B) An office is difficult to find.
 (C) A project might not be completed on time.
 (D) A price is higher than requested.

94. What does the speaker ask the listener to do?
 (A) Return the call promptly
 (B) Review a document carefully
 (C) Submit a deposit
 (D) Provide a reference

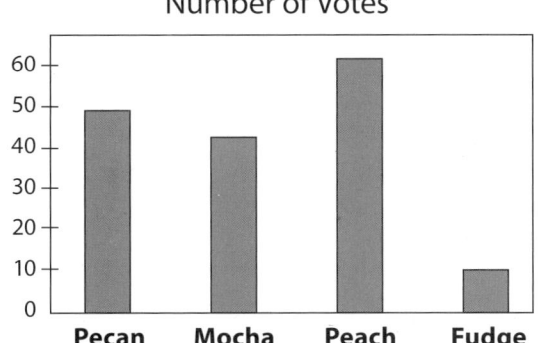

95. Look at the graphic. Which ice-cream flavor will be discounted this week?
    (A) Pecan
    (B) Mocha
    (C) Peach
    (D) Fudge

96. Why does the speaker thank Tomás?
    (A) He developed new ice-cream flavors.
    (B) He submitted an order.
    (C) He worked extra hours.
    (D) He proposed a sales promotion.

97. What does the speaker remind the listeners to do?
    (A) Sign up for a task
    (B) Put away supplies
    (C) Count customer votes
    (D) Make some suggestions

Late Payment Policy	
Days Late	Fee
5	$7.50
10	$15.00
15	$22.50
20	$30.00

98. Where does the speaker most likely work?
    (A) At a financial institution
    (B) At a lighting fixture store
    (C) At a utility company
    (D) At a library

99. Look at the graphic. How much is the listener's late fee?
    (A) $7.50
    (B) $15.00
    (C) $22.50
    (D) $30.00

100. What must the listener provide to sign up for a service?
    (A) Some contact information
    (B) Some payment details
    (C) An invoice number
    (D) An identification card

This is the end of the Listening test.

ANSWER SHEET

토익® 정기시험 기출문제집

Test 01 (Part 1~4)

Test 02 (Part 1~4)

ANSWER SHEET

토익® 정기시험 기출문제집

수험번호						

응시일자 : 20 년 월 일

성명		
	한 글	
	한 자	
	영 자	

Test 03 (Part 1~4)

1	ⓐ ⓑ ⓒ ⓓ	21	ⓐ ⓑ ⓒ	41	ⓐ ⓑ ⓒ ⓓ	61	ⓐ ⓑ ⓒ ⓓ	81	ⓐ ⓑ ⓒ ⓓ
2	ⓐ ⓑ ⓒ ⓓ	22	ⓐ ⓑ ⓒ	42	ⓐ ⓑ ⓒ ⓓ	62	ⓐ ⓑ ⓒ ⓓ	82	ⓐ ⓑ ⓒ ⓓ
3	ⓐ ⓑ ⓒ ⓓ	23	ⓐ ⓑ ⓒ	43	ⓐ ⓑ ⓒ ⓓ	63	ⓐ ⓑ ⓒ ⓓ	83	ⓐ ⓑ ⓒ ⓓ
4	ⓐ ⓑ ⓒ ⓓ	24	ⓐ ⓑ ⓒ	44	ⓐ ⓑ ⓒ ⓓ	64	ⓐ ⓑ ⓒ ⓓ	84	ⓐ ⓑ ⓒ ⓓ
5	ⓐ ⓑ ⓒ ⓓ	25	ⓐ ⓑ ⓒ	45	ⓐ ⓑ ⓒ ⓓ	65	ⓐ ⓑ ⓒ ⓓ	85	ⓐ ⓑ ⓒ ⓓ
6	ⓐ ⓑ ⓒ ⓓ	26	ⓐ ⓑ ⓒ	46	ⓐ ⓑ ⓒ ⓓ	66	ⓐ ⓑ ⓒ ⓓ	86	ⓐ ⓑ ⓒ ⓓ
7	ⓐ ⓑ ⓒ	27	ⓐ ⓑ ⓒ	47	ⓐ ⓑ ⓒ ⓓ	67	ⓐ ⓑ ⓒ ⓓ	87	ⓐ ⓑ ⓒ ⓓ
8	ⓐ ⓑ ⓒ	28	ⓐ ⓑ ⓒ	48	ⓐ ⓑ ⓒ ⓓ	68	ⓐ ⓑ ⓒ ⓓ	88	ⓐ ⓑ ⓒ ⓓ
9	ⓐ ⓑ ⓒ	29	ⓐ ⓑ ⓒ	49	ⓐ ⓑ ⓒ ⓓ	69	ⓐ ⓑ ⓒ ⓓ	89	ⓐ ⓑ ⓒ ⓓ
10	ⓐ ⓑ ⓒ	30	ⓐ ⓑ ⓒ	50	ⓐ ⓑ ⓒ ⓓ	70	ⓐ ⓑ ⓒ ⓓ	90	ⓐ ⓑ ⓒ ⓓ
11	ⓐ ⓑ ⓒ	31	ⓐ ⓑ ⓒ	51	ⓐ ⓑ ⓒ ⓓ	71	ⓐ ⓑ ⓒ ⓓ	91	ⓐ ⓑ ⓒ ⓓ
12	ⓐ ⓑ ⓒ	32	ⓐ ⓑ ⓒ ⓓ	52	ⓐ ⓑ ⓒ ⓓ	72	ⓐ ⓑ ⓒ ⓓ	92	ⓐ ⓑ ⓒ ⓓ
13	ⓐ ⓑ ⓒ	33	ⓐ ⓑ ⓒ ⓓ	53	ⓐ ⓑ ⓒ ⓓ	73	ⓐ ⓑ ⓒ ⓓ	93	ⓐ ⓑ ⓒ ⓓ
14	ⓐ ⓑ ⓒ	34	ⓐ ⓑ ⓒ ⓓ	54	ⓐ ⓑ ⓒ ⓓ	74	ⓐ ⓑ ⓒ ⓓ	94	ⓐ ⓑ ⓒ ⓓ
15	ⓐ ⓑ ⓒ	35	ⓐ ⓑ ⓒ ⓓ	55	ⓐ ⓑ ⓒ ⓓ	75	ⓐ ⓑ ⓒ ⓓ	95	ⓐ ⓑ ⓒ ⓓ
16	ⓐ ⓑ ⓒ	36	ⓐ ⓑ ⓒ ⓓ	56	ⓐ ⓑ ⓒ ⓓ	76	ⓐ ⓑ ⓒ ⓓ	96	ⓐ ⓑ ⓒ ⓓ
17	ⓐ ⓑ ⓒ	37	ⓐ ⓑ ⓒ ⓓ	57	ⓐ ⓑ ⓒ ⓓ	77	ⓐ ⓑ ⓒ ⓓ	97	ⓐ ⓑ ⓒ ⓓ
18	ⓐ ⓑ ⓒ	38	ⓐ ⓑ ⓒ ⓓ	58	ⓐ ⓑ ⓒ ⓓ	78	ⓐ ⓑ ⓒ ⓓ	98	ⓐ ⓑ ⓒ ⓓ
19	ⓐ ⓑ ⓒ	39	ⓐ ⓑ ⓒ ⓓ	59	ⓐ ⓑ ⓒ ⓓ	79	ⓐ ⓑ ⓒ ⓓ	99	ⓐ ⓑ ⓒ ⓓ
20	ⓐ ⓑ ⓒ	40	ⓐ ⓑ ⓒ ⓓ	60	ⓐ ⓑ ⓒ ⓓ	80	ⓐ ⓑ ⓒ ⓓ	100	ⓐ ⓑ ⓒ ⓓ

Test 04 (Part 1~4)

1	ⓐ ⓑ ⓒ ⓓ	21	ⓐ ⓑ ⓒ	41	ⓐ ⓑ ⓒ ⓓ	61	ⓐ ⓑ ⓒ ⓓ	81	ⓐ ⓑ ⓒ ⓓ
2	ⓐ ⓑ ⓒ ⓓ	22	ⓐ ⓑ ⓒ	42	ⓐ ⓑ ⓒ ⓓ	62	ⓐ ⓑ ⓒ ⓓ	82	ⓐ ⓑ ⓒ ⓓ
3	ⓐ ⓑ ⓒ ⓓ	23	ⓐ ⓑ ⓒ	43	ⓐ ⓑ ⓒ ⓓ	63	ⓐ ⓑ ⓒ ⓓ	83	ⓐ ⓑ ⓒ ⓓ
4	ⓐ ⓑ ⓒ ⓓ	24	ⓐ ⓑ ⓒ	44	ⓐ ⓑ ⓒ ⓓ	64	ⓐ ⓑ ⓒ ⓓ	84	ⓐ ⓑ ⓒ ⓓ
5	ⓐ ⓑ ⓒ ⓓ	25	ⓐ ⓑ ⓒ	45	ⓐ ⓑ ⓒ ⓓ	65	ⓐ ⓑ ⓒ ⓓ	85	ⓐ ⓑ ⓒ ⓓ
6	ⓐ ⓑ ⓒ ⓓ	26	ⓐ ⓑ ⓒ	46	ⓐ ⓑ ⓒ ⓓ	66	ⓐ ⓑ ⓒ ⓓ	86	ⓐ ⓑ ⓒ ⓓ
7	ⓐ ⓑ ⓒ	27	ⓐ ⓑ ⓒ	47	ⓐ ⓑ ⓒ ⓓ	67	ⓐ ⓑ ⓒ ⓓ	87	ⓐ ⓑ ⓒ ⓓ
8	ⓐ ⓑ ⓒ	28	ⓐ ⓑ ⓒ	48	ⓐ ⓑ ⓒ ⓓ	68	ⓐ ⓑ ⓒ ⓓ	88	ⓐ ⓑ ⓒ ⓓ
9	ⓐ ⓑ ⓒ	29	ⓐ ⓑ ⓒ	49	ⓐ ⓑ ⓒ ⓓ	69	ⓐ ⓑ ⓒ ⓓ	89	ⓐ ⓑ ⓒ ⓓ
10	ⓐ ⓑ ⓒ	30	ⓐ ⓑ ⓒ	50	ⓐ ⓑ ⓒ ⓓ	70	ⓐ ⓑ ⓒ ⓓ	90	ⓐ ⓑ ⓒ ⓓ
11	ⓐ ⓑ ⓒ	31	ⓐ ⓑ ⓒ	51	ⓐ ⓑ ⓒ ⓓ	71	ⓐ ⓑ ⓒ ⓓ	91	ⓐ ⓑ ⓒ ⓓ
12	ⓐ ⓑ ⓒ	32	ⓐ ⓑ ⓒ ⓓ	52	ⓐ ⓑ ⓒ ⓓ	72	ⓐ ⓑ ⓒ ⓓ	92	ⓐ ⓑ ⓒ ⓓ
13	ⓐ ⓑ ⓒ	33	ⓐ ⓑ ⓒ ⓓ	53	ⓐ ⓑ ⓒ ⓓ	73	ⓐ ⓑ ⓒ ⓓ	93	ⓐ ⓑ ⓒ ⓓ
14	ⓐ ⓑ ⓒ	34	ⓐ ⓑ ⓒ ⓓ	54	ⓐ ⓑ ⓒ ⓓ	74	ⓐ ⓑ ⓒ ⓓ	94	ⓐ ⓑ ⓒ ⓓ
15	ⓐ ⓑ ⓒ	35	ⓐ ⓑ ⓒ ⓓ	55	ⓐ ⓑ ⓒ ⓓ	75	ⓐ ⓑ ⓒ ⓓ	95	ⓐ ⓑ ⓒ ⓓ
16	ⓐ ⓑ ⓒ	36	ⓐ ⓑ ⓒ ⓓ	56	ⓐ ⓑ ⓒ ⓓ	76	ⓐ ⓑ ⓒ ⓓ	96	ⓐ ⓑ ⓒ ⓓ
17	ⓐ ⓑ ⓒ	37	ⓐ ⓑ ⓒ ⓓ	57	ⓐ ⓑ ⓒ ⓓ	77	ⓐ ⓑ ⓒ ⓓ	97	ⓐ ⓑ ⓒ ⓓ
18	ⓐ ⓑ ⓒ	38	ⓐ ⓑ ⓒ ⓓ	58	ⓐ ⓑ ⓒ ⓓ	78	ⓐ ⓑ ⓒ ⓓ	98	ⓐ ⓑ ⓒ ⓓ
19	ⓐ ⓑ ⓒ	39	ⓐ ⓑ ⓒ ⓓ	59	ⓐ ⓑ ⓒ ⓓ	79	ⓐ ⓑ ⓒ ⓓ	99	ⓐ ⓑ ⓒ ⓓ
20	ⓐ ⓑ ⓒ	40	ⓐ ⓑ ⓒ ⓓ	60	ⓐ ⓑ ⓒ ⓓ	80	ⓐ ⓑ ⓒ ⓓ	100	ⓐ ⓑ ⓒ ⓓ

ANSWER SHEET

수험번호

응시일자 : 20   년   월   일

성명
- 한글
- 한자
- 영자

토익® 정기시험 기출문제집

Test 05 (Part 1~4)

toeic.
토익 정기시험 기출문제집

ETS 실전 5세트

정답 및 해설

TEST 1

1 (A)	2 (A)	3 (D)	4 (C)	5 (B)
6 (D)	7 (B)	8 (A)	9 (A)	10 (B)
11 (C)	12 (C)	13 (B)	14 (A)	15 (A)
16 (C)	17 (C)	18 (B)	19 (C)	20 (A)
21 (B)	22 (A)	23 (A)	24 (C)	25 (B)
26 (C)	27 (B)	28 (A)	29 (C)	30 (B)
31 (A)	32 (B)	33 (D)	34 (C)	35 (B)
36 (D)	37 (D)	38 (D)	39 (B)	40 (A)
41 (A)	42 (B)	43 (C)	44 (D)	45 (C)
46 (A)	47 (C)	48 (B)	49 (B)	50 (A)
51 (A)	52 (B)	53 (A)	54 (D)	55 (C)
56 (B)	57 (D)	58 (C)	59 (D)	60 (A)
61 (C)	62 (A)	63 (B)	64 (C)	65 (A)
66 (D)	67 (C)	68 (B)	69 (A)	70 (C)
71 (C)	72 (D)	73 (A)	74 (C)	75 (A)
76 (D)	77 (B)	78 (A)	79 (D)	80 (B)
81 (C)	82 (A)	83 (C)	84 (B)	85 (C)
86 (C)	87 (A)	88 (A)	89 (A)	90 (D)
91 (B)	92 (A)	93 (B)	94 (D)	95 (D)
96 (C)	97 (B)	98 (C)	99 (D)	100 (B)

PART 1

1　M-Cn

(A) One of the men is writing on a document.
(B) One of the men is checking his watch.
(C) One of the men is looking in a drawer.
(D) One of the men is passing out pens from a box.

(A) 남자들 중 한 명이 서류 위에 무엇을 쓰고 있다.
(B) 남자들 중 한 명이 그의 시계를 살펴 보고 있다.
(C) 남자들 중 한 명이 서랍 안을 들여다 보고 있다.
(D) 남자들 중 한 명이 상자에서 펜을 나누어 주고 있다.

어휘　document 서류, 문서　drawer 서랍　pass out 나눠주다, 배부하다

해설　2인 이상 등장 사진 – 사람의 동작 묘사
(A) 정답. 한 남자가 서류에 무언가를 쓰고 있는(writing on a document) 모습이므로 정답.
(B) 동사 오답. 한 남자가 시계를 착용하고 있는 상태(wearing his watch)이지, 시계를 보고 있는(checking his watch) 모습은 아니므로 오답.
(C) 동사 오답. 사진에 서랍이 보이지만 남자가 서랍 안을 들여다 보고 있는(looking in a drawer) 모습이 아니므로 오답.
(D) 사진에 없는 명사를 이용한 오답. 사진에 상자(box)는 보이지 않으므로 오답.

2　W-Br

(A) They're hanging a picture on a wall.
(B) They're setting the table.
(C) They're opening a window.
(D) They're rearranging some furniture.

(A) 사람들이 벽에 그림을 걸고 있다.
(B) 사람들이 식탁을 차리고 있다.
(C) 사람들이 창문을 열고 있다.
(D) 사람들이 가구를 재배치하고 있다.

어휘　rearrange 재배열하다

해설　2인 이상 등장 사진 – 사람의 동작 묘사
(A) 정답. 두 사람이 벽에 그림을 걸고 있는(hanging a picture on a wall) 모습이므로 정답.
(B) 동사 오답. 사진에 테이블이 보이지만 두 사람이 상을 차리고 있는(setting the table) 모습이 아니므로 오답.
(C) 동사 오답. 사진에 창문이 보이지만 두 사람이 창문을 열고 있는(opening a window) 모습이 아니므로 오답.
(D) 동사 오답. 가구는 이미 배치되어 있는 상태이며, 두 사람이 가구를 재배치하는(rearranging some furniture) 동작을 하고 있지 않으므로 오답.

3　M-Au

(A) She's putting away a microscope.
(B) She's taking off a coat.
(C) She's examining some safety glasses.
(D) She's using some laboratory equipment.

(A) 여자가 현미경을 치우고 있다.
(B) 여자가 코트를 벗고 있다.
(C) 여자가 보안경을 검사하고 있다.
(D) 여자가 실험실 장비를 사용하고 있다.

어휘　microscope 현미경　laboratory 실험실　equipment 장비

해설 1인 등장 사진 - 사람의 동작 묘사
(A) 동사 오답. 여자가 현미경을 보고 있지 치우고 있는(putting away a microscope) 모습이 아니므로 오답.
(B) 동사 오답. 여자가 코트를 벗고 있는(taking off a coat) 모습이 아니라 실험실 가운을 입고 있는(wearing a lab coat) 상태이므로 오답.
(C) 동사 오답. 여자가 보안경을 검사하고 있는(examining some safety glasses) 모습이 아니라 보안경을 쓰고 있는(wearing safety glasses) 상태이므로 오답.
(D) 정답. 여자가 실험실 장비인 현미경을 사용하고 있는(using some laboratory equipment) 모습이므로 정답.

4　W-Br

(A) A man is pushing a shopping cart.
(B) A man is waiting to make a purchase.
(C) **A man is holding some merchandise.**
(D) A man is assembling some shelves.

(A) 한 남자가 쇼핑 카트를 밀고 있다.
(B) 한 남자가 계산을 하려고 기다리고 있다.
(C) 한 남자가 어떤 상품을 들고 있다.
(D) 한 남자가 선반을 조립하고 있다.

어휘　make a purchase 구매하다, 구입하다　merchandise 상품, 물품　assemble 조립하다　shelf 선반

해설 1인 이상 등장 사진 - 사람의 동작 묘사
(A) 동사 오답. 사진에 쇼핑 카트가 보이기는 하지만 남자가 쇼핑 카트를 밀고 있는(pushing a shopping cart) 모습이 아니므로 오답.
(B) 동사 오답. 남자가 구매하려고 (계산대 앞에서 줄 서) 기다리고 있는 (waiting to make a purchase) 모습이 아니므로 오답.
(C) 정답. 남자가 상품을 손에 들고 있는(holding some merchandise) 모습이므로 정답.
(D) 동사 오답. 사진에 선반들이 보이기는 하지만 남자가 선반을 조립하고 있는(assembling some shelves) 동작을 하고 있지 않으므로 오답.

5　W-Am

(A) Some customers are leaving a shop.
(B) **A seating area is decorated with plants.**
(C) A worker is repairing some light fixtures.
(D) A bench is being moved into a corner.

(A) 고객들 몇 명이 매장에서 나가고 있다.
(B) 휴게실이 식물들로 장식되어 있다.
(C) 한 작업자가 조명 설비를 수리하고 있다.
(D) 벤치 하나가 구석으로 옮겨지고 있다.

어휘　leave 떠나다　seating area 휴게실　decorate 장식하다　repair 수리하다　light fixture 조명 설비

해설 사물/배경 사진 - 사람 또는 사물 중심 묘사
(A) 사진에 없는 명사를 이용한 오답. 사진에 고객들(Some customers)은 보이지 않으므로 오답.
(B) 정답. 식물들로 장식되어 있는(decorated with plants) 실내 공간을 잘 묘사했으므로 정답.
(C) 사진에 없는 명사를 이용한 오답. 사진에 조명 설비를 수리하고 있는 작업자(A worker)는 보이지 않으므로 오답.
(D) 동사 오답. 사진에 벤치가 보이기는 하지만 벤치를 구석으로 옮기고 있는(being moved) 모습은 아니므로 오답.

6　M-Cn

(A) Some suitcases are being loaded onto a bus.
(B) Some people are crossing an intersection.
(C) Some buses are parked in a garage.
(D) **Some people are lined up at the side of a road.**

(A) 여행 가방 몇 개가 버스에 실리고 있다.
(B) 몇 사람이 교차로를 건너고 있다.
(C) 버스 몇 대가 차고에 주차해 있다.
(D) 몇 사람이 길가에 줄지어 있다.

어휘　load (짐을) 싣다　intersection 교차로　garage 차고

해설 2인 이상 등장 사진 - 사람 또는 사물 중심 묘사
(A) 사진에 없는 명사를 이용한 오답. 사진에 여행 가방(suitcases)은 보이지 않으므로 오답.
(B) 사진에 없는 명사를 이용한 오답. 사진에 교차로(intersection)는 보이지 않으므로 오답.
(C) 전치사구 오답. 주차된 버스가 보이지만 버스가 차고에(in a garage) 주차되어 있는 상태가 아니므로 오답.
(D) 정답. 사람들이 길가에 줄지어 서 있는(lined up at the side of a road) 모습이므로 정답.

PART 2

7
W-Br Do you want some coffee while you wait?
M-Cn (A) No, we don't need the copies now.
(B) **Yes, that'd be great.**
(C) It was scheduled for ten o'clock.

기다리시는 동안 커피 좀 드실래요?
(A) 아니요, 저희는 지금 사본이 필요하지는 않습니다.
(B) **네, 그거 좋겠네요.**
(C) 10시에 예정되어 있습니다.

어휘 copy (복)사본, (책) 한 부 be scheduled for ~에 예정되다
해설 커피를 마실 의사가 있는지를 묻는 조동사(do) Yes/No 의문문
(A) 유사 발음 오답. 질문의 coffee와 발음이 유사한 copies를 이용한 오답.
(B) 정답. 기다리는 동안 커피를 마실 의사가 있는지를 물었으므로, 먼저 Yes로 긍정적 답변을 한 후 아주 좋다고 덧붙인 정답.
(C) 연상 단어 오답. 질문의 wait에서 연상 가능한 시간(ten o'clock)을 이용한 오답.

8
M-Au Where will the conference be held this year?
W-Br (A) **In Düsseldorf, Germany.**
(B) Tuesday or Wednesday.
(C) Yes, I met him there.

올해 회의는 어디서 열리나요?
(A) **독일 뒤셀도르프에서요.**
(B) 화요일 아니면 수요일이요.
(C) 네, 거기서 그를 만났어요.

어휘 conference 회의 be held 열리다
해설 회의 장소를 묻는 Where 의문문
(A) 정답. 올해 회의가 열릴 장소를 묻는 질문에, 독일 뒤셀도르프라는 구체적인 지명으로 응답하므로 정답.
(B) 질문과 상관없는 오답. When 의문문에 대한 응답이므로 오답.
(C) Yes/No 불가 오답. Where 의문문에는 Yes/No 응답이 불가능하므로 오답.

9
W-Am Who did you contact at the bank for your business loan?
W-Br (A) **Her name was Leslie.**
(B) Sorry, I can't lend it to you.
(C) Yes, I opened an account.

기업 대출을 위해 은행의 누구에게 연락했나요?
(A) **그녀 이름은 레슬리였어요.**
(B) 미안해요. 그걸 당신에게 빌려 줄 수가 없어요.
(C) 네, 계좌를 개설했습니다.

어휘 contact 연락하다 loan 대출 lend 빌려주다 open an account 계좌를 개설하다
해설 연락한 대출 담당자를 묻는 Who 의문문
(A) 정답. 기업 대출을 받기 위해 누구에게 연락했는지를 묻는 질문에 Leslie라는 구체적인 인물로 응답하고 있으므로 정답.
(B) 연상 단어 오답. 질문의 loan에서 연상 가능한 lend를 이용한 오답.
(C) Yes/No 불가 오답. Who 의문문에는 Yes/No 응답이 불가능하므로 오답.

10
M-Au When is the safety inspector due to visit the factory?
M-Cn (A) I didn't expect it.
(B) **Monday at the latest.**
(C) On the factory floor.

언제 안전 검사관이 공장을 방문하기로 되어 있나요?
(A) 전 예상치 못했습니다.
(B) **늦어도 월요일이요.**
(C) 공장 작업장에서요.

어휘 safety inspector 안전 검사관 due (~하기로) 예정되어 있는 at the latest (아무리) 늦어도 floor 작업장
해설 안전 검사관의 방문 시점을 묻는 When 의문문
(A) 유사 발음 오답. 질문의 inspector와 발음이 유사한 expect를 이용한 오답.
(B) 정답. 안전 검사관의 공장 방문 시점을 묻는 질문에 늦어도 월요일이라는 구체적인 기간으로 응답하고 있으므로 정답.
(C) 질문과 상관없는 오답. Where 의문문에 대한 응답이므로 오답.

11
W-Br What's the membership fee at the fitness center on Oak Street?
M-Au (A) They were highly recommended.
(B) The shop's on Washington Way.
(C) **Twenty euros a month.**

오크 스트리트에 있는 피트니스 센터 회비가 얼마인가요?
(A) 그것들은 적극 추천되었습니다.
(B) 매장은 워싱턴 웨이에 있습니다.
(C) **한 달에 20유로입니다.**

어휘 membership fee 회비 recommend 추천하다
해설 회비 금액을 묻는 What 의문문
(A) 질문과 상관없는 오답. 피트니스 센터의 회비 금액을 묻는 질문에 적극 추천되었다는 대답은 질문의 맥락에서 벗어난 응답이므로 오답.
(B) 연상 단어 오답. 질문의 on Oak Street에서 연상 가능한 on Washington Way를 이용한 오답.
(C) 정답. 피트니스 센터의 회비가 얼마인지를 묻는 질문에 한 달에 20유로라는 구체적인 금액으로 답했으므로 정답.

12
M-Cn Where can I store my luggage?
W-Am (A) You can check out now.
(B) It's no trouble at all.
(C) At the service desk over there.

제 짐을 어디에 보관할 수 있을까요?
(A) 지금 체크아웃 하실 수 있습니다.
(B) 전혀 수고롭지 않아요.
(C) 저기 서비스 데스크에서요.

어휘 store 보관하다 luggage (여행용) 짐, 여행 가방

해설 짐을 보관할 수 있는 장소를 묻는 Where 의문문
(A) 연상 단어 오답. 질문의 luggage에서 연상 가능한 check out(체크아웃 하다)를 이용한 오답.
(B) 질문과 상관없는 오답. 짐 보관 장소를 묻는 의문문에 전혀 수고롭지 않다는 대답은 맥락에서 벗어난 것이므로 오답.
(C) 정답. 짐을 보관할 수 있는 장소를 묻는 질문에 서비스 데스크라는 구체적인 장소로 응답하고 있으므로 정답.

13
W-Br Who's managing the production line?
M-Au (A) In about two weeks.
(B) It's Lisa's shift.
(C) From the warehouse.

누가 생산 라인을 관리하고 있습니까?
(A) 약 2주 후에요.
(B) 리사가 근무조예요.
(C) 창고에서요.

어휘 production line 생산 라인 shift 교대조, 교대 근무 warehouse 창고

해설 생산 라인 관리자를 묻는 Who 의문문
(A) 질문과 상관없는 오답. When 의문문에 대한 응답이므로 오답.
(B) 정답. 생산 라인 관리자를 묻는 질문에 Lisa라는 구체적인 이름으로 응답하고 있으므로 정답.
(C) 연상 단어 오답. 질문의 production에서 연상 가능한 warehouse를 이용한 오답.

14
M-Cn Isn't the bridge still closed?
W-Br **(A) No, I think it's been repaired.**
(B) It's not far from here.
(C) The store closes at nine.

다리가 아직도 폐쇄되어 있습니까?
(A) 아니요, 보수가 된 것 같은데요.
(B) 여기서 멀지 않아요.
(C) 그 가게는 9시에 닫아요.

어휘 repair 수리하다, 보수하다

해설 다리가 여전히 폐쇄되어 있는지를 확인하는 부정의문문
(A) 정답. 다리가 여전히 폐쇄되어 있지 않느냐는 질문에 먼저 No로 부정적 응답을 한 후, 이미 보수가 되었다면서 다리가 폐쇄되어 있지 않다고 우회적 응답을 하고 있으므로 정답.
(B) 연상 단어 오답. 질문의 close(d)를 '폐쇄된'이 아니라 '가까운'이라는 뜻으로 잘못 이해했을 때 거리 측면에서 연상 가능한 not far from을 이용한 오답.
(C) 단어 반복 오답. 질문의 closed를 현재형인 closes로 반복 이용한 오답.

15
W-Am The chair in my office is very uncomfortable.
M-Au **(A) Let me find you another one.**
(B) It's a difficult decision.
(C) There's room for six at the table.

제 사무실 의자가 너무 불편합니다.
(A) 다른 걸 찾아 볼게요.
(B) 어려운 결정입니다.
(C) 그 테이블에는 6명 앉을 자리가 있습니다.

어휘 room (특정 목적을 위한) 공간, 자리

해설 사실/정보 전달의 평서문
(A) 정답. 사무실 의자가 아주 불편하다는 말에 다른 의자를 찾아보겠다고 제안한 응답이므로 정답.
(B) 질문과 상관 없는 오답. 사무실 의자가 아주 불편하다는 말에 어려운 결정이라는 답변은 맥락에서 벗어난 것이므로 오답.
(C) 연상 단어 오답. 평서문의 chair에서 연상 가능한 table을 이용한 오답.

16
W-Br Which printer did you buy?
W-Am (A) Unless we have more paper.
(B) The publisher's on Madison Avenue.
(C) I ordered the cheapest one.

어떤 프린터 샀어요?
(A) 종이가 더 있지 않다면요.
(B) 그 출판사는 메디슨 애비뉴에 있어요.
(C) 제일 싼 걸 주문했어요.

어휘 publisher 출판사

해설 구입한 프린터를 묻는 Which 의문문
(A) 연상 단어 오답. 질문의 printer에서 연상 가능한 paper를 이용한 오답.
(B) 연상 단어 오답. 질문의 printer에서 print를 '인쇄하다, 발행하다'라는 뜻으로 잘못 이해했을 때 연상 가능한 publisher를 이용한 오답.
(C) 정답. 어떤 프린터를 구입했는지를 묻는 질문이므로 구체적인 프린터 모델 대신 제일 싼 걸 구입했다고 응답하고 있으므로 정답.

17

M-Au　How do I enter your contest?

M-Cn　(A) No, I didn't have time.
　　　(B) The winner receives fifty dollars.
　　　(C) The instructions are on our Web site.

대회에 어떻게 출전할 수 있습니까?
(A) 아니요, 전 시간이 없었어요.
(B) 우승자는 50달러를 받습니다.
(C) 저희 웹사이트에 설명이 있습니다.

어휘 enter (시합 등에) 출전하다, 참가하다　contest 대회, 시합　instruction (상세한) 설명

해설 대회 출전 방법을 묻는 How 의문문

(A) Yes/No 불가 오답. How 의문문에 Yes/No 응답이 불가능하기 때문에 오답.
(B) 연상 단어 오답. 질문의 contest에서 연상 가능한 winner를 이용한 오답.
(C) 정답. 대회 출전 방법을 묻는 질문이므로 구체적인 출전 방법을 알려주는 대신 웹사이트에 설명이 나와 있다면서 웹사이트를 보라고 우회적으로 응답하고 있으므로 정답.

18

W-Am　I can make a list of the candidates for the receptionist position.

M-Cn　(A) Yes, they'll probably receive it soon.
　　　(B) Thanks, that would be very helpful.
　　　(C) When was Ms. Chen hired?

접수 담당자 채용 후보 명단을 만들 수 있습니다.
(A) 네, 그들은 아마도 곧 그걸 받게 될 것입니다.
(B) 고마워요. 큰 도움이 될 거예요.
(C) 첸 씨는 언제 채용됐나요?

어휘 candidate 후보　receptionist 접수 담당자

해설 제안/권유의 평서문

(A) 파생어 오답. 평서문의 receptionist와 파생어 관계인 receive를 이용한 오답.
(B) 정답. 접수 담당자 채용 후보 명단을 작성하겠다는 제안에 고맙다면서 큰 도움이 될 것이라고 제안을 수락하고 있으므로 정답.
(C) 연상 단어 오답. 평서문의 candidates나 position에서 연상 가능한 hired를 이용한 오답.

19

W-Br　Is this enough food for everyone who's coming?

W-Am　(A) He'd prefer pizza.
　　　(B) That should solve the problem.
　　　(C) Well, some people are bringing their lunch.

이거면 오시는 분들 다 먹기에 충분할까요?
(A) 그는 피자를 더 좋아할 거예요.
(B) 그렇게 하면 문제가 해결될 거예요.
(C) 글쎄요. 일부는 점심을 갖고 올 거예요.

어휘 prefer 선호하다, 택하다, (더) 좋아하다

해설 음식이 충분한지를 묻는 be동사 Yes/No 의문문

(A) 연상 단어 오답. food에서 연상 가능한 pizza를 이용한 오답.
(B) 질문과 상관없는 오답. 음식이 충분할지를 묻는 질문에 그렇게 하면 문제가 해결될 것이라는 응답은 맥락에서 벗어난 것이므로 오답.
(C) 정답. 음식이 충분할지를 묻는 질문에 일부 사람들이 점심을 가지고 올 것이라며 우회적으로 긍정적 응답을 하고 있으므로 정답.

20

M-Cn　You finished installing the updated software on all the computers, right?

M-Au　**(A) Yes, the system is working better now.**
　　　(B) A new art installation.
　　　(C) He's a technology consultant.

업데이트된 소프트웨어를 모든 컴퓨터에 설치 완료했죠, 그렇죠?
(A) 네, 시스템이 지금은 더 잘 돌아가요.
(B) 새 미술 설치물이에요.
(C) 그는 기술지도사예요.

어휘 install 설치하다　installation 설치　consultant 컨설턴트, 고문

해설 소프트웨어 설치 여부를 묻는 부가의문문

(A) 정답. 업데이트된 소프트웨어를 모든 컴퓨터에 설치했는지를 확인하는 질문이므로 Yes라고 대답한 후에 설치했더니 시스템이 예전보다 더 잘 작동한다는 부연 설명을 하므로 정답.
(B) 파생어 오답. 질문의 installing의 명사형 installation을 이용한 오답.
(C) 연상 단어 오답. 질문의 installing이나 updated software에서 연상 가능한 technology consultant를 이용한 오답.

21

W-Br　Could you give me a ride to work tomorrow?

M-Cn　(A) For the Ritterson firm.
　　　(B) My car's still in the shop.
　　　(C) They're on my desk.

내일 회사까지 태워다 주실 수 있나요?
(A) 리터슨 사(社)요.
(B) 내 차는 아직 정비소에 있어요.
(C) 그것들은 제 책상 위에 있어요.

어휘 give ~ a ride ~를 태워 주다　shop (물건을 제작, 수리하는) 공장, cf. body shop (자동차) 차체 공장

해설 부탁/요청의 의문문

(A) 연상 단어 오답. 질문의 work에서 연상 가능한 Ritterson firm을 이용한 오답.
(B) 정답. 내일 회사까지 태워다 달라는 요청에 대해 No를 생략한 채 차가 정비소에 있어서 태워 줄 수 없다고 우회적으로 거절하고 있으므로 정답.

(C) 연상 단어 오답. 질문의 work에서 연상 가능한 desk를 이용한 오답으로, 장소나 위치를 묻는 Where 의문문에 가능한 오답.

22

W-Am Why did the finance department send that memo?
M-Cn **(A) You received a memo?**
(B) I'm sure they can do that.
(C) Directly to the client.

경리부에서 왜 이 메모를 보낸 거죠?
(A) 메모 받았어요?
(B) 그들이 할 수 있는 거라고 확실해요.
(C) 고객에게 직접이요.

해설 경리부가 메모를 보낸 이유를 묻는 Why 의문문
(A) 정답. 경리부가 메모를 보낸 이유를 묻는 질문에 메모를 받았냐고 되묻고 있으므로 남자는 아직 메모를 받지 못해 그 이유에 답할 수 없음을 표한 것이므로 정답.
(B) 질문과 상관없는 오답. 경리부가 회람을 보낸 이유를 묻는 질문에 분명 그들이 할 수 있을 것이라는 응답은 질문의 맥락에서 벗어난 것이므로 오답.
(C) 연상 단어 오답. 질문의 send에서 수신자 측면에서 연상 가능한 to the client를 이용한 오답.

23

W-Br You accept submissions from freelance writers, don't you?
M-Au **(A) Not at the moment.**
(B) A small application fee.
(C) He's an editorial assistant.

프리랜서 작가들의 원고도 받으시죠, 그렇지 않나요?
(A) 지금 당장은 받지 않습니다.
(B) 소정의 신청비가 있어요.
(C) 그는 편집 보조입니다.

어휘 submission (서류, 제안서 등의) 제출 application 신청, 지원 editorial 편집의 assistant 비서, 보조

해설 프리랜서 작가도 제출 가능한지 여부를 확인하는 부가의문문
(A) 정답. 프리랜서 작가의 원고도 받는지를 묻는 질문에 No를 생략한 채 지금은 받지 않는다고 부정적인 답변을 한 정답.
(B) 연상 단어 오답. 질문의 accept나 submissions에서 연상 가능한 application을 이용한 오답.
(C) 연상 단어 오답. 질문의 writers에서 연상 가능한 editorial을 이용한 오답이며, He가 가리키는 대상이 누구인지도 알 수 없으므로 오답.

24

M-Cn Can I place an international call from my hotel room?
W-Br (A) Gate six is on your right.
(B) The cashier is open.
(C) There will be an extra fee.

제 호텔방에서 국제 전화를 걸 수 있나요?
(A) 6번 게이트는 오른쪽에 있어요.
(B) 그 계산대는 열려 있어요.
(C) 추가 요금이 청구됩니다.

어휘 cashier 출납원, 계산대 수납원

해설 국제 전화를 걸 수 있는지 묻는 조동사(can) 의문문
(A) 연상 단어 오답. 질문의 international에서 연상 가능한 장소인 (공항) Gate를 이용한 오답.
(B) 질문과 상관없는 오답. 호텔방에서 국제 전화를 걸 수 있는지를 묻는 질문에 계산대가 열려 있다는 대답은 질문의 맥락에서 벗어난 응답이므로 오답.
(C) 정답. 호텔방에서 국제 전화를 걸 수 있는지를 묻는 질문에 추가 요금이 발생될 것이라며 Yes를 생략한 채 적절한 부연 설명을 하고 있으므로 정답.

25

M-Cn Who can show me how to set up the projector?
W-Am (A) I just saw this month's figures.
(B) I can in a few minutes.
(C) A new project.

누가 프로젝트 설치 방법 좀 가르쳐 줄 수 있나요?
(A) 전 막 이번 달 수치를 확인했어요.
(B) 몇 분 후에 제가요.
(C) 새로운 프로젝트예요.

어휘 set up (기계, 장비를) 설치하다 figure 수치

해설 프로젝터 설치 방법을 가르쳐 줄 사람을 묻는 Who 의문문
(A) 유사 발음 오답. 질문의 show와 발음이 유사한 saw를 이용한 오답.
(B) 정답. 프로젝터 설치 방법을 가르쳐 줄 사람을 묻는 질문에, 자신이 가르쳐 줄 수 있다고 답하므로 정답.
(C) 파생어 오답. 질문의 projector와 파생어 관계인 project를 이용한 오답.

26

M-Au Let's move to a quieter location.
W-Br (A) They moved to Singapore last year.
(B) A new apartment building.
(C) Room 503 is empty.

좀 더 조용한 장소로 옮깁시다.
(A) 그들은 지난해 싱가포르로 이사했어요.
(B) 새 아파트 빌딩이에요.
(C) 503호가 비어 있어요.

해설 제안/권유의 평서문
(A) 단어 반복 오답. 평서문의 move를 과거형(moved)으로 반복 이용한 오답.
(B) 연상 단어 오답. 평서문의 move에서 연상 가능한 new apartment building을 이용한 오답.
(C) 정답. 좀 더 조용한 장소로 옮기자는 제안에 Yes를 생략한 채 503호가 비었다며 503호로 갈 것을 우회적으로 제안하므로 정답.

27

W-Am How did the event planner decide on the color scheme for the banquet?
M-Au (A) After the holidays.
(B) **He used colors that match our logo.**
(C) Please order more tablecloths.

이벤트 기획자는 연회장의 색 배치를 어떻게 결정했나요?
(A) 휴가 후에요.
(B) 그는 우리 로고와 어울리는 색을 사용했어요.
(C) 식탁보를 더 주문해 주세요.

어휘 decide on ~에 대해 결정하다   color scheme (실내장식, 옷 등의) 색채 배합   banquet 연회   match 어울리다

해설 연회장의 색 배치 방법을 묻는 How 의문문
(A) 질문과 상관없는 오답. When 의문문에 대한 응답이므로 오답.
(B) 정답. 이벤트 기획자가 연회장의 색 배치를 어떤 식으로 결정했는지를 묻는 질문에 로고와 어울리는 색을 사용했다는 구체적인 방법을 알려주고 있으므로 정답.
(C) 연상 단어 오답. 질문의 event planner, banquet에서 연상 가능한 order, tablecloths를 이용한 오답.

28

M-Cn Our train will be an hour late.
W-Br **(A) I hope the client can push back the meeting.**
(B) We really enjoyed the training.
(C) Tracks seven and eight.

우리 기차가 한 시간 연착될 거래요.
(A) 고객이 회의를 좀 미룰 수 있으면 좋겠네요.
(B) 우리는 연수가 정말 즐거웠습니다.
(C) 7번과 8번 선로입니다.

어휘 client 고객   push back (시간, 날짜 등을) 뒤로 미루다   track (기차) 선로

해설 사실/정보 전달의 평서문
(A) 정답. 기차가 한 시간 연착될 것이라는 말에 고객이 회의를 좀 미룰 수 있으면 좋겠다는 바람을 표현하고 있으므로 정답.
(B) 유사 발음 오답. 평서문의 train과 일부 발음이 유사한 training을 이용한 오답.
(C) 연상 단어 오답. 평서문의 train에서 연상 가능한 Tracks를 이용한 오답.

29

W-Am Do you think we should leave now, or can we wait a bit?
M-Au (A) I'll have a little bit.
(B) You can leave it here, thanks.
(C) What's traffic like this time of day?

지금 가야 할까요, 아니면 좀 더 기다려야 할까요?
(A) 전 조금만 먹을게요.
(B) 여기에 두시면 됩니다, 고마워요.
(C) 하루 중 이맘때 교통이 어떤가요?

어휘 this time of day 하루 중 이맘때

해설 절을 연결한 선택의문문
(A) 단어 반복 오답. 질문의 bit을 반복 이용한 오답.
(B) 단어 반복 오답. 질문의 leave를 반복 이용한 오답.
(C) 정답. 지금 떠날지 아니면 좀 더 기다릴지를 묻는 질문에, 둘 중 하나를 선택하지 않고 이맘때 교통이 어떤지를 되물으며 교통 상황에 따라 다르다는 것을 우회적으로 응답하고 있으므로 정답.

30

M-Cn I think my interview at the television station went well.
W-Am (A) My favorite show.
(B) I didn't know they were hiring.
(C) It's on the application form.

TV 방송국 인터뷰 면접은 잘 본 것 같아요.
(A) 제가 제일 좋아하는 프로그램이에요.
(B) 거기에서 채용을 하는 줄 몰랐어요.
(C) 신청서 양식에 나와요.

어휘 television station 방송국   show (TV, 라디오의) 프로그램   application form 신청서 양식

해설 의견 제시의 평서문
(A) 연상 단어 오답. television에서 연상 가능한 favorite show를 이용한 오답.
(B) 정답. TV 방송국 면접을 잘 본 것 같다는 말에, TV 방송국에서 사람을 채용하고 있다는 사실을 몰랐다는 응답을 하고 있으므로 정답.
(C) 연상 단어 오답. interview에서 연상 가능한 application form을 이용한 오답.

31

M-Au Wasn't the budget report supposed to be finished this morning?
W-Am **(A) There was an error on page two.**
(B) I suppose it'll work.
(C) No, by the director's office.

예산 보고서는 오늘 아침에 완료됐어야 하는 거 아닌가요?
(A) 2 페이지에 오류가 있었어요.
(B) 될 것 같은데요.
(C) 아니요, 이사님 사무실 옆에요.

어휘 be supposed to ~하기로 되어 있다   error 오류

해설 예산 보고서 작성 완료 여부를 확인하는 부정의문문
(A) 정답. 예산 보고서를 오늘 아침에 완료했어야 하는 것이 아닌지를 확인하고 있으므로, 2페이지에 오류가 있었다는 부연 설명을 하고 있으므로 정답.
(B) 단어 반복 오답. 질문의 supposed를 현재형으로 바꿔 반복 이용한 오답.
(C) 연상 단어 오답. 질문의 report에서 연상 가능한 director를 이용한 오답.

어휘 carry (상품 등을) 취급하다, 팔다 interest 관심 demand 수요 in stock 재고로, 비축되어 place an order 주문을 하다[넣다] warehouse 창고 (cash) register 금전등록기 ring up (금전 등록기에 가격을) 입력하다 activate 활성화하다, (전화를) 개통하다

PART 3

32-34

M-Cn **32 I'm glad your store carries the new EPG8 smartphone.** I've been waiting a long time to get it.

W-Br Yes, there's been a lot of interest in this phone.

M-Cn **33 What colors does it come in?**

W-Br Three: white, black, and gold. However, since the phone has been in such high demand, our store doesn't have all three colors in stock now.

M-Cn Oh. What colors do you have?

W-Br Let's see. We have black phones, but no white or gold. We can place an order from the warehouse …

M-Cn The black phone looks nice. I think that's the one I'll get.

W-Br OK. **34 Follow me to the register and I'll ring up your purchase. Then I'll activate the device for you.**

남 여기 매장에서 새로 나온 EPG8 스마트폰을 취급하니 참 좋네요. 오랫동안 사려고 기다려 왔어요.
여 네, 이 폰에 대한 관심이 크죠.
남 어떤 색깔로 나오나요?
여 흰색, 검정, 금색 세 가지입니다. 하지만 찾는 사람이 너무 많아서, 저희 매장에는 현재 세 가지 모두 있지는 않아요.
남 아, 무슨 색깔 가지고 계시죠?
여 볼게요. 검정색은 있네요. 흰색이랑 금색은 없어요. 창고에 주문을 넣을 수는 있는데요…
남 검정색이 좋아 보이네요. 그걸로 할게요.
여 좋아요. 계산대로 저 따라 오세요. 제가 계산해 드리겠습니다. 그러고 나서 기기를 개통해 드리겠습니다.

32

What are the speakers discussing?
(A) A motorcycle
(B) A mobile phone
(C) A laptop computer
(D) An exercise machine

화자들은 무엇에 대해 이야기하고 있는가?
(A) 오토바이
(B) 휴대전화기
(C) 노트북 컴퓨터
(D) 운동기구

해설 전체 내용 관련 – 대화의 주제
남자의 첫 번째 대사에서 매장에서 새로 나온 EPG8 스마트폰을 취급하니 좋다(I'm glad your store carries the new EPG8 smartphone)고 했고, 이어서 여자가 휴대폰에 관심을 보이므로, 정답은 (B)이다.

▶ Paraphrasing 대화의 smartphone, phone → 정답의 A mobile phone

33

What does the man ask about?
(A) The prices
(B) The battery life
(C) The warranty
(D) The color options

남자는 무엇에 대해 물어보는가?
(A) 가격
(B) 배터리 수명
(C) 보증
(D) 색깔 사양

해설 세부사항 관련 – 남자의 문의 사항
남자의 두 번째 대사에서 여자에게 휴대전화 색깔(What colors does it come in)에 대해 물어봤으므로 정답은 (D)이다.

34

What will the woman most likely do next?
(A) Request some feedback
(B) Contact a technician
(C) Complete a transaction
(D) Create an online profile

여자는 다음에 무엇을 하겠는가?
(A) 피드백을 요청한다
(B) 기사에게 연락한다
(C) 거래를 완료한다
(D) 온라인 프로필을 만든다

어휘 feedback 피드백, 의견   technician 기술자, 기사   transaction 거래, 매매

해설 세부사항 관련 – 여자의 다음 행동

대화의 맨 마지막에서 여자는 남자에게 계산을 하고 나서 휴대 전화를 개통해 주겠다면서 자신을 따라오라(Follow me to the register and I'll ring up your purchase. Then I'll activate the device for you)고 했으므로, 정답은 (C)이다.

35-37

W-Am Hi, Charlie. **35The driver who usually delivers our merchandise to the J.M. Cuisine store is out today. Do you think you could make his four o'clock delivery for him this afternoon?**

M-Cn Alright, but **36I've never made any deliveries to that store before, so I'll need some directions.** How do I get there from our warehouse?

W-Am I suggest taking Route Five and getting off at the Sixth Street exit. **37Once you're there, don't forget to have the store manager sign the delivery confirmation form.**

여 안녕 찰리. 우리 물건을 J.M 쿠진 매장으로 배달하는 기사님이 오늘 안 계시는데요. 오늘 오후 4시 배달 건 대신 해 줄 수 있어요?

남 좋아요. 그런데 그 매장에는 한 번도 배달을 가본 적이 없어서 가는 길 안내가 필요해요. 우리 창고에서 거기 가려면 어떻게 가죠?

여 5번 도로를 타서 6 스트리트 출구로 나가세요. 도착하면 잊지 말고 매장 매니저에게 배송 확인 양식에 서명하라고 해주세요.

어휘 deliver 배달하다, 배송하다   merchandise 상품, 물품   be out (나가고) 없다   directions 길 안내   confirmation form 확인 양식

35

What does the woman ask the man to do?
(A) Schedule an appointment
(B) Make a coworker's delivery
(C) Call a colleague
(D) Prepare an invoice

여자는 남자에게 무엇을 요청하는가?
(A) 예약 일정 잡기
(B) 동료의 배송 대신하기
(C) 동료에게 전화 걸기
(D) 송장 준비하기

어휘 appointment (모임, 방문 등의) 약속, 예약   coworker 동료   colleague 동료   invoice 송장

해설 세부사항 관련 – 여자의 요청 사항

여자가 첫 대사에서 남자에게 J.M 쿠진 매장에 배달할 기사가 없다(The driver who usually delivers our merchandise to the J.M. Cuisine store is out today)면서, 오늘 오후 4시에 대신 배달해 줄 수 있는지(Do you think you could make his four o'clock delivery for him this afternoon)를 요청하고 있으므로 정답은 (B)이다.

▶ Paraphrasing 대화의 make his four o'clock delivery
→ 정답의 Make a coworker's delivery

36

What does the man say he needs?
(A) Keys to a vehicle
(B) A telephone number
(C) A price list
(D) Directions to a store

남자가 필요하다고 말한 것은?
(A) 자동차 열쇠
(B) 전화번호
(C) 가격 목록
(D) 매장까지 가는 길 안내

해설 세부사항 관련 – 남자가 필요한 것

남자의 대사에서 전에 그 매장에는 한 번도 배달을 가 본 적이 없다(I've never made any deliveries to that store before)면서 길 안내가 필요하다(I'll need some directions)고 했으므로, 정답은 (D)이다.

37

What does the woman remind the man to do?
(A) Notify his manager
(B) Check some merchandise
(C) Print a document
(D) Get a signature

여자가 남자에게 하라고 상기시키는 것은?
(A) 매니저에게 통보하기
(B) 일부 물품 확인하기
(C) 문서 출력하기
(D) 서명 받기

어휘 remind 상기시키다   notify 통보하다, 공지하다

해설 세부사항 관련 – 여자가 상기시키는 사항

여자가 마지막 대사에서 잊지 말고 배송 확인 양식에 매장 매니저의 서명을 받아야 한다(don't forget to have the store manager sign the delivery confirmation form)고 했으므로, 정답은 (D)이다.

> ▶ Paraphrasing 대화의 have the store manager sign
> → 정답의 Get a signature

38-40

W-Br	Hi, I'm calling about the International Food expo next month … ³⁸**I tried to sign up online for a display space, but I couldn't submit the form. Are you accepting any more registrations?**
M-Au	I'm sorry, but ³⁹**we're currently having some problems with our Web site**. But I can register you by phone. Is this your first time attending the expo?
W-Br	No, I had a booth last year. In fact, I'd like to have the same exhibit location again, if possible.
M-Au	Let me check. ⁴⁰**What name was the registration under?** I can look up the records from last year and see if that space is still available.
여	여보세요. 다음 달 국제식품박람회 건으로 전화 드립니다…. **온라인으로 전시 공간을 신청하려고 했는데 양식을 제출 못했습니다. 신청을 더 받으시나요?**
남	죄송합니다만 **현재 저희 웹사이트에 문제가 있어서요**. 전화로 등록해드릴 수 있습니다. 박람회 참가는 이번이 처음이신가요?
여	아니요. 지난해에 부스가 있었어요. 실은 가능하다면 동일한 전시 공간을 다시 이용하고 싶은데요.
남	제가 확인 확인해 볼게요. **어떤 이름으로 신청하셨죠?** 지난해 기록을 찾아보고 그 공간이 아직 이용 가능한지 알아보겠습니다.
어휘	expo 박람회, 엑스포 sign up for ~에 등록하다, 신청하다 display 전시 submit 제출하다 registration 등록, 신청 register 등록하다, 기재하다 by phone 전화로 attend 참가하다, 출석하다 exhibit 전시 available 사용 가능한

38

What is the woman trying to do?
(A) Confirm an appointment
(B) Receive a refund
(C) Book a flight
(D) Register for an event

여자가 하려고 하는 것은?
(A) 예약 확인하기
(B) 환불 받기
(C) 비행기 예약
(D) 행사 참가 신청

어휘 appointment 시간 약속, 예약 refund 환불 book 예약하다

해설 세부사항 관련 – 여자가 하려고 하는 일

대화 맨 처음에 여자는 온라인으로 전시 공간을 신청하려고 하는데 양식을 제출하지 못했다(I tried to sign up online for a display Space, but I couldn't submit the form)면서 신청을 더 받을 수 있는지(Are you accepting any more registrations)를 묻고 있다. 따라서 여자가 하려고 하는 것은 행사 참가 신청이므로 정답은 (D)이다.

> ▶ Paraphrasing 대화의 sign up → 정답의 Register

39

What has caused a problem?
(A) A business is closed.
(B) A Web site is not working.
(C) A credit card has expired.
(D) A date is incorrect.

문제가 발생한 원인은 무엇인가?
(A) 영업이 끝났다.
(B) 웹사이트가 제대로 작동하지 않는다.
(C) 신용카드의 유효기간이 지났다.
(D) 날짜가 틀리다.

해설 세부사항 관련 – 문제의 원인

남자의 첫 번째 대사에서 현재 웹사이트에 문제가 있다(we're currently having some problems with our Web site)고 했으므로, 정답은 (B)이다.

40

What information does the man ask the woman for?
(A) A name
(B) An address
(C) A password
(D) A tracking number

남자가 여자에게 요청한 정보는 무엇인가?
(A) 성명
(B) 주소
(C) 비밀번호
(D) 추적 번호

어휘 tracking number 추적 번호(주문, 발송한 물건의 상황을 추적하도록 부여된 번호)

해설 세부사항 관련 – 남자의 요청 사항

대화 후반부에서 가능하다면 동일한 전시 공간을 다시 이용하고 싶다는 여자의 대사에 남자가 어떤 이름으로 신청했는지(What name was the registration under)를 묻고 있으므로 정답은 (A)이다.

TEST 1 11

41-43

M-Cn	Hi Tricia, **41 I was just looking over the advertisement that you finished for Jenning Bank, and you did a wonderful job.**
W-Am	Thanks, it was a great campaign to work on.
M-Cn	**42 Would you consider joining my team for our new contract with Circle Bookings?** They're a popular travel Web site, and they're looking to expand their market with some new advertisements.
W-Am	It sounds exciting, but at this point **I really can't say. 42 I have a meeting with my manager tomorrow morning though.**
M-Cn	OK. **43 Would it help if I stop by your meeting and go over the details with both of you?** This way, your manager will know what the project entails.
W-Am	That sounds good.

남 안녕 트리시아, 지금 당신이 끝낸 제닝 은행 광고를 보고 있었어요. 아주 훌륭하네요.
여 고마워요. 작업하기 좋은 광고 캠페인이었어요.
남 서클 부킹스와의 새 계약 작업을 위해 우리 팀 합류하는 거 한번 생각해 볼래요? 인기 여행 웹사이트인데 새로운 광고와 함께 시장 확장을 시도하나 봐요.
여 와 신나겠는데요. 하지만 지금 당장은 제가 뭐라 말을 못하겠어요. 내일 아침에 저희 매니저와 회의가 있기는 해요.
남 좋아요. 제가 그 회의에 잠깐 들러 두 분께 구체적 내용을 말씀드리면 도움이 될까요? 이렇게 하면, 매니저가 이 프로젝트의 성격을 알 수 있을 거예요.
여 좋은 생각입니다.

어휘 look over 살펴보다 consider 고려하다 contract 계약 expand 확장하다, 확대하다 stop by (~에) 잠깐 들르다 go over 검토하다 entail 수반하다, 필요로 하다

41

Where do the speakers most likely work?
(A) At an advertising firm
(B) At a bank
(C) At a law office
(D) At a travel agency

화자들은 어디서 일하겠는가?
(A) 광고회사
(B) 은행
(C) 법률 사무소
(D) 여행사

해설 전체 내용 관련 – 화자들의 근무지
대화 초반부에 남자는 여자가 만든 제닝 은행 광고를 보고 있는데(I was just looking over the advertisement that you finished for Jenning Bank) 아주 훌륭하다(you did a wonderful job)고 했으며, 이어지는 대화에서 두 사람은 광고 캠페인에 대해 이야기하고 있다. 따라서 화자들이 광고 회사에서 근무한다는 것을 알 수 있으므로 정답은 (A)이다.

42

What does the woman mean when she says, "I really can't say"?
(A) She is not allowed to repeat certain information.
(B) She cannot make a commitment yet.
(C) She should leave for an appointment.
(D) She has to correct some errors in a report.

여자가 "제가 뭐라 말을 못하겠어요"라고 말할 때 의도하는 바는?
(A) 그녀는 특정 정보를 반복해 말하지 못한다.
(B) 그녀는 아직 확답을 하지 못한다.
(C) 그녀는 약속 때문에 자리를 떠야 한다.
(D) 그녀는 보고서 오류를 수정해야 한다.

어휘 allow 허용하다 commitment 언질, 공약, 약속

해설 화자의 의도 파악 – 뭐라 말하지 못하겠다는 말의 의도
남자의 두 번째 대사에서 여자에게 서클 부킹스와의 새 계약 작업을 위해 자신의 팀에 합류하는 것을 생각해 보라(Would you consider joining my team for our new contract with Circle Bookings)고 권하자, 여자는 내일 아침에 매니저와 회의가 있다(I have a meeting with my manager tomorrow morning though)고 했다. 따라서 뭐라고 말하지 못하겠다는 여자의 말이 의도하는 바는 확답을 할 수 없다는 것이므로 정답은 (B)이다.

43

What does the man propose?
(A) Making travel arrangements
(B) Preparing a contract
(C) Joining a meeting
(D) Reviewing a report

남자는 무엇을 제안하는가?
(A) 여행 준비하기
(B) 계약서 작성하기
(C) 회의에 참석하기
(D) 보고서 검토하기

어휘 arrangement 준비, 마련

해설 세부사항 관련 – 남자의 제안 사항
남자의 마지막 대사에서 회의에 잠깐 들러서 구체적 내용을 살펴보는 것이 도움이 될지(Would it help if I stop by your meeting and go over the details with both of you)를 묻고 있으므로, 정답은 (C)이다.

▶▶ Paraphrasing 대화의 stop by your meeting
→ 정답의 Joining a meeting

44-46

M-Au	Hello, ⁴⁴**I'm calling about renting a furnished apartment from your agency.** I'll be in Kiev for two months on business, and I'd rather stay in an apartment than a hotel.
W-Am	⁴⁴**We'd be happy to help you. Can you tell me a little more about what you're looking for?**
M-Au	⁴⁵**My office is in the city center, on Pushkinska Street**, and I want to be within short walking distance of it. I'd like a one-bedroom apartment that has Internet and cable television. Do you think you might be able to help me with this?
W-Am	We do have several rental properties in that area, though I'll need to check their availability. ⁴⁶**What are your exact arrival and departure dates?**

남 여보세요. 거기 중개소에서 가구 딸린 아파트를 임대할까 해서 전화 드립니다. 키예프로 2달 동안 출장을 가게 되는데요. 호텔보다는 아파트에서 지내고 싶어서요.

여 네 도움을 드릴 수 있으면 좋겠네요. 어떤 것을 찾으시는지 좀 더 상세히 말씀해 주시겠습니까?

남 제 사무실은 도심인 푸쉬킨스카 스트리트에 있는데 거기서 걸어서 얼마 안 되는 거리에 있었으면 합니다. 인터넷과 케이블 TV를 갖춘 침실 하나짜리 아파트였으면 합니다. 이런 아파트를 찾는데 도움을 주실 수 있을까요?

여 저희는 그 지역에 임대 부동산 여러 채를 보유하고 있습니다. 비어 있는지는 확인해봐야 하지만요. **정확한 도착 및 출발 일자가 어떻게 되시나요?**

어휘 rent 임대하다 furnished 가구가 딸린[비치된] on business 업무로, 출장으로 walking distance 걸어서 갈 수 있는 거리 property 부동산 availability 이용 가능성

44

Where most likely does the woman work?
(A) At a utility company
(B) At a moving company
(C) At an employment firm
(D) At a real estate agency

여자는 어디서 일하겠는가?
(A) 공익기업
(B) 이삿짐 운송 센터
(C) 취업 알선 회사
(D) 부동산 중개소

해설 전체 내용 관련 – 여자의 근무지

남자의 첫 번째 대사에서 중개소를 통해 가구 딸린 아파트를 임대할까 해서 전화했다(I'm calling about renting a furnished apartment from your agency)고 했으며, 여자는 남자에게 어떤 것을 찾는지(Can you tell me a little more about what you're looking for)를 묻고 있다. 따라서 여자는 부동산 중개소에서 근무함을 알 수 있으므로 정답은 (D)이다.

45

What does the man say about his office?
(A) It does not have air conditioning.
(B) Its lease has expired.
(C) It is located in the city center.
(D) It is close to public transportation

남자가 자신의 사무실에 대해 말한 것은?
(A) 에어컨이 없다.
(B) 임대차계약이 만료됐다.
(C) 도심에 위치한다.
(D) 가까운 곳에서 대중교통을 이용할 수 있다.

어휘 expire 만료되다, 만기가 되다

해설 세부사항 관련 – 남자가 사무실에 관해 말한 것

남자의 두 번째 대사에서 사무실은 도심인 푸쉬킨스카 스트리트에 있다(My office is in the city center, on Pushkinska Street)고 했으므로, 정답은 (C)이다.

46

What information does the woman request?
(A) The timing of a visit
(B) The name of a supervisor
(C) The amount of a bill
(D) The measurements of a room

여자가 요청한 정보는?
(A) 방문 시기
(B) 관리자 이름
(C) 청구액
(D) 방 치수

어휘 supervisor 감독자, 관리자 measurement 치수, 크기

해설 세부사항 관련 – 여자가 요청하는 정보

대화 맨 마지막에 여자는 남자가 원하는 지역에 여러 임대 부동산을 확보하고 있다면서 정확한 도착 및 출발 날짜(What are your exact arrival and departure dates)를 묻고 있으므로, 정답은 (A)이다.

▶▶ Paraphrasing 대화의 your exact arrival and departure dates → 정답의 The timing of a visit

47-49

W-Br Mr. Colson, ⁴⁷I'm a journalist for *Health and Wellness Magazine*. May I ask you a few questions about the new employee wellness program that you introduced at your company? I've heard wonderful things about it.

M-Cn Sure, thank you! Well, basically we focused on changes to our employee cafeteria. ⁴⁸**We hired Capers Caterers to create healthy menu options.** They now provide all of the food for the cafeteria.

W-Br So what about costs? Doesn't that make the program very expensive?

M-Cn Well, yes it does. ⁴⁹**But we feel the increase in cost is worth it in terms of employee health and morale.**

여 콜슨 씨, 저는 〈헬스 앤드 웰니스 매거진〉 기자입니다. 귀사에서 도입한 새 직원건강관리 프로그램에 대해 몇 가지 질문을 드려도 될까요? 좋은 얘기를 많이 들어서요.

남 물론이죠. 감사합니다. 기본적으로는 우리 직원 구내식당을 바꾸는 데, 초점을 두었습니다. 저희는 케이퍼스 케이터러스를 고용해 건강식 메뉴를 만들었습니다. 이제 그 업체가 구내식당의 음식을 모두 제공하고 있습니다.

여 비용은 어떤가요? 그러면 프로그램 비용이 올라가지 않나요?

남 사실 맞습니다. 그러나 직원 건강과 사기 진작 측면에서 비용 증가는 그만한 값어치가 있다고 생각합니다.

어휘 journalist 기자, 언론인 wellness 건강(관리) introduce 도입하다 caterer (행사 등의) 음식 공급 업체 be worth it 그만한 가치가 있다 morale 사기

47

Who is the woman?
(A) A chef
(B) An accountant
(C) A journalist
(D) A nutritionist

여자는 누구인가?
(A) 요리사
(B) 회계사
(C) 기자
(D) 영양사

해설 세부사항 관련 – 여자의 신분

대화 맨 처음에서 여자는 자신을 〈헬스 앤드 웰니스 매거진〉의 기자(I'm a journalist for *Health and Wellness Magazine*)라고 소개하고 있으므로, 정답은 (C)이다.

48

What has the man recently done?
(A) Won an award
(B) Hired a new caterer
(C) Given a presentation
(D) Expanded a business

남자가 최근에 무엇을 했는가?
(A) 상을 수상했다
(B) 새 음식공급업체를 고용했다
(C) 발표를 했다
(D) 사업을 확장했다

어휘 expand (사업 등을) 확장하다

해설 세부사항 관련 – 남자가 최근에 한 일

남자의 첫 번째 대사에서 직원 케이퍼스 케이터러스를 고용해 건강식 메뉴를 만들었다(We hired Capers Caterers to create healthy menu options)고 했으므로 정답은 (B)이다.

49

What does the man say about the cost of the program?
(A) It is not being changed.
(B) It is justified by the benefits.
(C) It is still being determined.
(D) It was published in a newspaper.

남자가 프로그램의 비용에 대해 말한 것은?
(A) 변동이 발생하지 않고 있다.
(B) 혜택이 많아 괜찮다.
(C) 아직 정하고 있는 중이다.
(D) 신문에 발표되었다.

어휘 justify 정당화하다, 타당함을 보여주다 determine 결정하다, 정하다 publish 출판하다, 게재하다

해설 세부사항 관련 – 프로그램 비용에 대한 남자의 언급

대화 후반부에서 여자가 비용에 관해 묻자 남자는 직원 건강과 사기 진작 측면에서 비용 증가는 그만한 값어치가 있다고 생각한다(But we feel the increase in cost is worth it in terms of employee health and morale)고 했으므로, 정답은 (B)이다.

> **Paraphrasing** 대화의 the increase in cost is worth it in terms of employee health and morale
> → 정답의 It is justified by the benefits.

50-52

W-Am I can't wait to hear William McGraw's speech today! I've read so many of his articles on risk management. ⁵⁰**I think this is one of the best business management conferences I've ever attended.**

M-Au I know, and there are so many people here! ⁵¹It looks like the only available seats are here in the back. Let's just sit in this row.

W-Am The last row? I think we can do better. ⁵¹I'd like to see the slides that go with the presentation up close.

M-Au Oh, don't worry about that. Look over there! ⁵²There're presentation handouts piled up close to the front entrance. I'll get a copy for you if you'd like.

여 오늘 윌리엄 맥그로 씨의 강연이 너무 기대돼요. 전 그 분의 위기 관리 논문을 정말 많이 읽었어요. **아마 이번이 제가 참석했던 경영학회에서 최고라고 생각해요.**

남 그럼요, 그리고 여기 사람도 참 많죠! **빈 자리는 뒤쪽 밖에 없는 것 같네요. 이 열에 앉읍시다.**

여 마지막 열이요? 더 좋은 곳으로 갔으면 하는데. 전 발표 때 나오는 슬라이드를 가까이서 보고 싶어요.

남 아, 걱정하지 마세요. 저기 보세요. **발표 유인물이 입구 가까이에 쌓여 있잖아요.** 원하면 제가 한 부 가져다 줄게요.

어휘 article 기사, (학술지 등의) 논문   risk management 위기관리   business management 경영(관리)   conference 회의, 학회   attend 참석하다   available 이용 가능한, 비어 있는   up close 바로 가까이에서   handout 유인물   pile up 쌓아 올리다

50

What type of event are the speakers attending?

(A) A business conference
(B) An employee orientation
(C) A film festival
(D) A staff meeting

화자들은 어떤 행사에 참석하고 있는가?

(A) 경영학회
(B) 직원 오리엔테이션
(C) 영화제
(D) 직원 회의

어휘 staff 직원

해설 세부사항 관련 – 화자들이 참석하고 있는 행사

대화 맨 처음에 여자는 윌리엄 맥그로 씨의 강연이 기대된다면서 이번에 자신이 참석했던 경영학회 중 최고라고 생각한다(I think this is one of the best business management conferences I've ever attended)고 했으므로, 화자들이 경영학회에 참석하고 있다는 것을 알 수 있다. 따라서 정답은 (A)이다.

▶▶ Paraphrasing 대화의 one of the best business management conferences
→ 정답의 A business conference

51

Why does the woman say, "I think we can do better"?

(A) She prefers to try another option.
(B) She wants to encourage the man to work harder.
(C) She is disappointed in the quality of the presentation.
(D) She thinks her team is more competent than other teams.

여자가 "더 좋은 곳으로 갔으면 하는데요"라고 말한 이유는?

(A) 그녀는 다른 선택을 시도하고 싶어 한다.
(B) 그녀는 남자가 더 열심히 노력하도록 격려하고자 한다.
(C) 그녀는 발표의 질이 실망스럽다.
(D) 그녀는 자신의 팀이 다른 팀들보다 유능하다고 생각한다.

어휘 encourage 격려하다, 용기를 북돋우다   disappointed 실망한   competent 능숙한

해설 화자의 의도 파악 – 더 좋은 곳으로 갔으면 한다는 말의 의도

남자의 첫 번째 대사에서 빈 자리는 뒤쪽 밖에 없으니 이 열에 앉자(It looks like the only available seats are here in the back. Let's just sit in this row.)고 제안하자, 여자는 더 좋은 곳으로 가자면서 슬라이드를 가까이에서 보고 싶다(I'd like to see the slides that go with the presentation up close)고 말했다. 따라서 여자는 인용문을 통해 슬라이드를 더 잘 볼 수 있는 다른 자리를 찾아보자는 의도를 말한 것이므로, 정답은 (A)이다.

52

What does the man say about the presentation handouts?

(A) They are printed in color.
(B) They are available near the entrance.
(C) There are not enough copies for everyone.
(D) They can be found online.

남자가 발표 유인물에 대해 한 말은?

(A) 컬러로 출력됐다.
(B) 입구 가까이에서 구할 수 있다.
(C) 모두에게 돌아갈 만큼 충분치 않다.
(D) 온라인으로 찾아볼 수 있다.

해설 세부사항 관련 – 발표 유인물에 대한 남자의 언급

대화 맨 마지막에서 남자는 발표 유인물이 앞 출구 가까이에 쌓여 있다(There're presentation handouts piled up close to the front entrance)면서 자기가 한 부 가져다 주겠다고 했으므로, 정답은 (B)이다.

▶▶ Paraphrasing 대화의 piled up close to the front entrance
→ 정답의 are available near the entrance

53-55

M-Au	Hello. This is Jeremy Sato. **53I was a patient at your medical clinic**, but I recently moved to Kyoto. I requested that my records be sent to my new doctor here ... but ... they haven't received them yet.
W-Br	Mr. Sato ... yes. **54I see the request in your file, but because it's not signed, we haven't been able to transfer your records.**
M-Au	Oh. I must have forgotten to sign it. I don't need to come in to do that, do I?
W-Br	No. **55I can e-mail the form to you. Just sign it and send it back by express mail.**
남	여보세요. 제레미 사토입니다. 그곳 병원 환자였는데 최근에 교토로 이사했습니다. 제 진료 기록을 이곳 제 주치의께 보내주십사 요청을 드린 바 있습니다. 그런데… 아직 못 받았다고 하네요.
여	사토 씨, … 맞습니다. 사토 씨 파일에 요청 내역이 있네요. 그런데 이게 서명이 되어 있지 않아서 아직 기록을 이전해 드리지 못하고 있습니다.
남	아, 제가 서명하는 것을 잊었나 보네요. 서명하러 직접 가야 하는 건 아니죠?
여	아닙니다. 제가 양식을 이메일로 보내 드릴 수 있습니다. 서명해서 빠른 우편으로 다시 보내 주시기만 하면 됩니다.
어휘	medical clinic 병원, 진료소 transfer 이송하다, 이전하다 express mail 빠른 우편

53

What type of business is the man calling?

(A) A doctor's office
(B) A delivery service
(C) A copy center
(D) A publishing company

남자는 어떤 종류의 사업체에 전화를 걸었나?

(A) 병원
(B) 운송 서비스
(C) 복사 센터
(D) 출판사

어휘 doctor's office 의원, (개인) 병원

해설 세부사항 관련 – 남자가 전화를 건 사업체의 종류

남자의 첫 번째 대사에서 남자는 자신을 제레미 사토라고 소개한 후에 당신 병원을 이용하던 환자(I was a patient at your medical clinic)라고 했으므로, 남자가 전화를 건 곳은 병원임을 알 수 있다. 따라서 정답은 (A)이다.

> ▸▸ Paraphrasing 대화의 your medical clinic
> → 정답의 A doctor's office

54

What problem does the woman mention?
(A) An appointment was canceled.
(B) A payment was not received.
(C) An address is incorrect.
(D) A form has not been signed.

여자가 언급한 문제는 무엇인가?
(A) 예약이 취소됐다.
(B) 지불 금액을 받지 못했다.
(C) 주소가 틀리다.
(D) 양식에 서명이 되지 않았다.

해설 세부사항 관련 – 여자가 언급하는 문제점

여자의 첫 번째 대사에서 진료 기록 요청 내역이 있지만(I see the request in your file) 서명이 되어 있지 않아서 기록을 이전해 줄 수 없다(because it's not signed, we haven't been able to transfer your records)고 했으므로, 정답은 (D)이다.

55

What does the woman say she will do?
(A) Submit an invoice
(B) Update contact information
(C) E-mail a document
(D) Speak with a colleague

여자가 하겠다고 말한 것은?
(A) 송장 제출
(B) 연락처 업데이트
(C) 이메일로 서류 발송
(D) 동료와의 논의

어휘 invoice 송장 colleague 동료

해설 세부사항 관련 – 여자가 앞으로 할 일

대화 맨 마지막에서 여자는 양식을 이메일로 보내줄 테니(I can e-mail the form to you) 서명해서 다시 보내 달라고 했으므로, 정답은 (C)이다.

> ▸▸ Paraphrasing 대화의 the form → 정답의 a document

56-58 3인 대화

M-Cn	**56To start today's meeting, I'd like to talk about the recent drop in sales for our vitamins.** Does anyone have any ideas?
W-Br	You know, **57what we really should do is start advertising on social media Web sites.** That would increase our client base and give Nectar Vitamins a more modern image. Bob, didn't you create ads for social media at your last job?
M-Au	Yes, I did. I was responsible for promoting all of our products online.

W-Br	That's great. ⁵⁸Well, Bob, would you be willing to present some tips on online advertising at our next team meeting?
M-Au	Sure. I can do that.
남1	오늘 회의 시작으로 최근 우리 비타민 매출 하락에 대해 논의하고 싶은데요. 누구 좋은 아이디어 없나요?
여	우리가 꼭 해야 하는 것은 소셜 미디어 웹 사이트에 광고를 시작하는 겁니다. 그렇게 하면 우리의 고객층도 확대되고 넥타 비타민스가 좀 더 현대적인 이미지를 얻게 될 거예요. 밥, 이전 직장에서 소셜 미디어를 위한 광고 만들지 않았나요?
남2	네, 맞아요. 회사 전 제품을 온라인으로 홍보하는 일을 담당했습니다.
여	잘 됐네요. 그러면 밥, 다음 번 팀 회의 때 온라인 광고에 관한 정보를 좀 알려줄 수 있나요?
남2	물론이죠. 할 수 있어요.

어휘 drop 감소 sales 매출 social media 소셜 미디어 client base 고객층 promote 홍보하다, 촉진하다 tip 비법, 비결

56
What problem does the company have?
(A) Customer reviews have been negative.
(B) Product sales have gone down.
(C) Some deliveries have been lost.
(D) Office space is limited.

회사가 겪는 문제는 무엇인가?
(A) 고객평이 부정적이다.
(B) 상품 매출이 감소했다.
(C) 몇몇 배송 물품이 분실됐다.
(D) 사무 공간이 부족하다.

어휘 review 평, 리뷰 delivery 배송(품)

해설 전체 내용 관련 – 회사가 겪고 있는 문제점
대화 맨 처음에 남자는 최근 비타민 매출 하락에 대해 논의하고 싶다(I'd like to talk about the recent drop in sales for our vitamins)고 했으므로, 정답은 (B)이다.

▶▶ Paraphrasing 대화의 the recent drop in sales
→ 정답의 Product sales have gone down.

57
What does the woman suggest?
(A) Hiring new employees
(B) Offering product discounts
(C) Purchasing updated equipment
(D) Starting an online advertising campaign

여자가 제안하는 것은?
(A) 새로운 직원 고용
(B) 제품 할인 제공
(C) 최신 장비 구입
(D) 온라인 광고 시작

해설 세부사항 관련 – 여자의 제안 사항
여자는 첫 번째 대사에서 소셜 미디어 웹 사이트에 광고를 시작할 것을 제안(what we really should do is start advertising on social media Web sites)했으므로, 정답은 (D)이다.

▶▶ Paraphrasing 대화의 start advertising on social media Web sites → 정답의 Starting an online advertising campaign

58
What does the woman ask Bob to do?
(A) Set up a conference call with clients
(B) Review a budget proposal
(C) Share information at a team meeting
(D) Contact a graphic designer

여자가 밥에게 해 달라고 요청하는 것은?
(A) 고객과의 전화 회의 일정 잡기
(B) 예산안 검토하기
(C) 팀 회의에서 정보 공유하기
(D) 그래픽 디자이너에게 연락하기

어휘 conference call 전화[음성] 회의

해설 세부사항 관련 – 여자의 요청 사항
여자의 마지막 대사에서 여자는 밥에게 다음 번 팀 회의 때 온라인 광고에 대한 정보를 알려달라(Well, Bob, would you be willing to present some tips on online advertising at our next team meeting)고 요청했으므로 정답은 (C)이다.

▶▶ Paraphrasing 대화의 present some tips on online advertising → 정답의 Share information

59-61

W-Am	Hello, Mr. Tan. ⁵⁹Didn't your company use Zane Staffing Company to find a lot of your employees? Are you happy with the service they provide?
M-Au	Yes, we've used Zane several times to find qualified temporary help.
W-Am	Now that it's summer, ⁶⁰my landscaping business is getting pretty busy. I'd like to hire a few part-time employees to help with some of our larger outdoor jobs.
M-Au	⁶¹Oh, actually Zane focuses on filling office jobs, so I don't think that their company would be the right one for you. I'm sure if you look on the Internet, you'll find a company that specializes in staffing for landscaping work, though.

TEST 1   17

여	안녕하세요, 탠 씨. 제인 스태핑 컴퍼니를 통해 직원 여러 명을 채용하지 않으셨나요? 거기서 제공하는 서비스에 만족하시나요?
남	그렇습니다. 저희는 자격을 갖춘 임시직을 뽑기 위해 수 차례 제인을 이용했습니다.
여	이제 여름이 되니 제 조경 사업이 아주 일이 많아졌습니다. 저희 대규모 야외 작업들에 쓸 파트타임 직원을 몇 사람 뽑고 싶은데요.
남	아, 사실 제인은 사무직 구인을 주로 합니다. 그래서 제인은 별로 적합하지 않은 것 같아요. 하지만 인터넷에 찾아보면 틀림없이 조경 업무에 특화된 업체를 찾을 수 있을 거예요.
어휘	staffing 직원 채용 qualified 자격이 있는 temporary help 임시직 landscaping 조경 specialize in ~을 전문으로 하다, 전공하다

59

What are the speakers discussing?
(A) Expanding a client base
(B) Hosting a sales event
(C) Providing a training session
(D) Using an employment agency

화자들이 논의하고 있는 것은?
(A) 고객층 확대
(B) 할인 행사 개최
(C) 연수 과정 제공
(D) 채용업체 이용

해설 전체 내용 관련 – 대화의 주제

대화 맨 처음에서 여자는 남자에게 제인 스태핑 컴퍼니를 통해 직원 여러 명을 채용하지 않았느냐(Didn't your company use Zane Staffing Company to find a lot of your employees)면서 제인 스태핑 컴퍼니에서 제공하는 서비스에 만족하는지를 확인하고 있다. 따라서 정답은 (D)이다.

60

What type of business does the woman own?
(A) A landscaping company
(B) An advertisement agency
(C) A sporting goods store
(D) An accounting firm

여자는 어떤 종류의 사업체를 소유하고 있는가?
(A) 조경 업체
(B) 광고 회사
(C) 스포츠 용품 매장
(D) 회계 사무소

해설 세부사항 관련 – 여자의 사업체 종류

여자의 두 번째 대사에서 여름이 되니 자신의 조경 사업 일이 아주 많아졌다(my landscaping business is getting pretty busy)고 했으므로, 여자는 조경 업체를 소유하고 있음을 알 수 있다. 따라서 정답은 (A)이다.

▶▶ Paraphrasing 대화의 my landscaping business
→ 정답의 A landscaping company

61

What does the man suggest?
(A) Reviewing a résumé
(B) Touring a facility
(C) Looking for a different company
(D) Calling a client

남자가 제안한 것은?
(A) 이력서 검토하기
(B) 시설 견학하기
(C) 다른 회사 찾기
(D) 고객에게 전화하기

어휘 résumé 이력서

해설 세부사항 관련 – 남자의 제안 사항

남자는 마지막 대사에서 제인은 사무직 구인을 주로 하니 별로 적합하지 않다(Oh, actually Zane focuses on filling office jobs, so I don't think that their company would be the right one for you)면서, 인터넷에 찾아보면 조경 업무에 특화된 업체를 찾을 수 있을 것(you'll find a company that specializes in staffing for landscaping work)이라고 했다. 따라서 정답은 (C)이다.

62-64 대화 + 도표

W-Br	**62 Tom, there's a new theater production opening at the Town Playhouse, and some of us from work are planning to go.** Are you interested?
M-Cn	Sure, I've heard it's a good play. How much do tickets cost?
W-Br	It depends. Look, here's the information. **63 We already have more than ten people interested, so we should qualify for that price.**
M-Cn	That's certainly reasonable. Would that be for this weekend?
W-Br	Yes, after work on Friday. Do you want to go?
M-Cn	Sure, are you going to order the tickets?
W-Br	No, Mary Jones in the finance department is. **64 You could give her a call and let her know to include you.**
여	톰, 타운 플레이하우스에서 새 연극을 개막하는데 회사 사람들 같이 가려고 하는데요. 갈 마음 있어요?
남	그럼요. 그 연극 좋다고 들었어요. 티켓이 얼마나 하나요?
여	다 달라요. 여기 정보가 있네요. 이미 가고 싶어하는 사람이 10명이 넘었으니 이 가격 조건을 충족하네요.

남	그 정도면 정말 괜찮은 가격이네요. 이번 주말인가요?
여	네, 금요일 업무 마치고요. 갈래요?
남	네, 당신이 티켓을 주문할 건가요?
여	아니요. 경리부의 메리 존스 씨가 할 거예요. **그녀에게 전화해서 포함시켜 달라고 하세요.**

어휘 theater 극장 interested 관심 있어 하는 it depends 상황에 따라 다르다 qualify for ~할 자격[권리]이 있다 finance department 경리부, 회계부 let ~ know ~에게 알려주다

Admission Price per Person	
University student	$8
63 Group of 10 or more	$12
Member	$15
Nonmember	$20

일인당 입장권 가격	
대학생	8달러
10명 이상 단체	12달러
회원	15달러
비회원	20달러

62
What type of event are the speakers discussing?
(A) A theater performance
(B) A museum exhibit opening
(C) A photography workshop
(D) A live music concert

화자들은 어떤 종류의 행사를 이야기하고 있는가?
(A) 연극 공연
(B) 박물관 전시 개막
(C) 사진 워크숍
(D) 라이브 음악 콘서트

어휘 performance 공연 exhibit 전시

해설 전체 내용 관련 – 논의 중인 행사의 종류

여자의 첫 번째 대사에서 타운 플레이하우스에서 새 연극을 개막하는(there's a new theater production opening at the Town Playhouse)데 회사 사람들이 같이 갈 거라면서 갈 마음이 있는지를 묻고 있으므로, 정답은 (A)이다.

▶▶ Paraphrasing 대화의 a new theater production
→ 정답의 A theater performance

63
Look at the graphic. What ticket price will the speakers probably pay?
(A) $8
(B) $12
(C) $15
(D) $20

시각 정보에 따르면 화자들은 티켓 가격으로 얼마를 낼 것인가?
(A) 8달러
(B) 12달러
(C) 15달러
(D) 20달러

해설 시각 정보 연계 – 지불할 입장권 가격

여자의 두 번째 대사에서 이미 가고 싶어하는 사람이 10명이 넘었다(We already have more than ten people interested)고 했고, 입장권 요금을 보면 10명 이상의 단체는 12달러(Group of 10 or more $12)라고 되어 있으므로 정답은 (B)이다.

64
What does the woman suggest the man do?
(A) Leave work early
(B) Call a coworker
(C) Pay with a credit card
(D) Rent some equipment

여자가 남자에게 하라고 제안하는 것은?
(A) 일찍 퇴근하기
(B) 동료에게 전화하기
(C) 신용카드로 지불하기
(D) 장비 대여하기

해설 세부사항 관련 – 여자의 제안 사항

대화 맨 마지막에서 여자는 경리부의 메리 존스 씨가 예약할 거라면서 그녀에게 전화해서 알려 주라고(You could give her a call and let her know to include you) 제안했으므로, 정답은 (B)이다.

▶▶ Paraphrasing 대화의 give her a call
→ 정답의 Call a coworker

65-67 대화 + 회의실 일정표

W-Am	Mr. Schaffer, the president of Greenwich Industries, just called. **65, 66 He's looking for a new law firm to represent his company, and he wants to come in on Thursday afternoon at three to discuss our legal services.**
M-Au	That's exciting news—Greenwich Industries is a huge company, and they'd be our biggest client. Could you please reserve conference room A for the meeting? It's our nicest room.

W-Am	Actually, I already tried to, but that meeting room's already booked at three.
M-Au	Let me take a look ... ⁶⁶Ah, it's been reserved by Greg. Well, I'm sure Greg wouldn't mind using room B instead.
W-Am	Yeah, that's true. ⁶⁷I'll give him a call and ask him if he's willing to make that change.
여	그린위치 인더스트리즈의 대표 섀퍼 씨가 막 전화했습니다. 자신의 회사를 대리할 새로운 법률 회사를 찾고 있다면서 목요일 오후 3시에 방문해서 저희가 제공하는 법률 서비스에 대해 논의하고 싶다고 하네요.
남	좋은 소식이네요. 그린위치 인더스트리즈는 대기업이죠. 아마 우리의 최대 고객이 될 거예요. 회의를 위해 A 회의실 예약 좀 해 줄래요? 가장 좋은 회의실이니까.
여	사실 벌써 하려고 했는데요. 그 회의실은 이미 3시에 예약이 되어 있더라고요.
남	제가 한번 보죠…. 아 그렉이 예약했네요. 그렉은 B 회의실을 대신 써도 상관 없을 겁니다.
여	네, 맞아요. 그렉에게 전화해서 변경해 줄 수 있는지 물어 보겠습니다.

어휘 represent 대표하다, 대변하다 legal 법의, 법률의 reserve 예약하다 be willing to + 원형동사 ~에 꺼리지 않다, 기꺼이 ~하다

CONFERENCE ROOM A: THURSDAY

TIME	EVENT
Noon	Networking Event
1:00 P.M.	Equipment Installation
2:00 P.M.	Management Meeting
⁶⁶3:00 P.M.	Accounting Department Meeting

A 회의실: 목요일	
시간	행사
정오	친목 행사
오후 1:00	장비 설치
오후 2:00	경영진 회의
오후 3:00	회계부 회의

65

Where do the speakers work?
(A) At a law firm
(B) At a manufacturing plant
(C) At a beverage company
(D) At a publishing house

화자들은 어디서 일하는가?
(A) 법률 회사
(B) 제조 공장
(C) 음료 회사
(D) 출판사

해설 전체 내용 관련 – 화자들의 근무지

여자의 첫 대사에서 섀퍼 씨가 자신의 회사를 대리할 법률 회사를 찾고 있다면서 화자들의 회사를 방문해서 법률 서비스에 대해 논의하고 싶어한다(He's looking for a new law firm to represent his company, and he wants to come in on Thursday afternoon at three to discuss our legal services)고 했으므로, 화자들이 법률 회사에서 근무한다는 것을 알 수 있다. 따라서 정답은 (A)이다.

66

Look at the graphic. According to the man, what event is Greg in charge of?
(A) Networking Event
(B) Equipment Installation
(C) Management Meeting
(D) Accounting Department Meeting

시각 정보에 의하면, 그렉은 어떤 행사를 담당하는가?
(A) 친목 행사
(B) 장비 설치
(C) 경영진 회의
(D) 회계부 회의

해설 시각 정보 연계 – 그렉이 담당할 행사

여자의 첫 번째 대사에서 섀퍼 씨가 목요일 오후 3시에 방문할 것(he wants to come in on Thursday afternoon at three)임을 알 수 있으며, 남자의 두 번째 대사에서 그 시간에 그렉이 예약을 했다(it's been reserved by Greg)고 했다. 회의실 사용 일정표를 보면 3시에는 회계부 회의가 예정되어 있으므로 정답은 (D)이다.

67

What does the woman say she will do?
(A) Research a competitor
(B) Conduct a job interview
(C) Ask a coworker to change rooms
(D) Revise a company policy

여자는 무엇을 할 것이라 말하는가?
(A) 경쟁사 조사하기
(B) 면접 시행하기
(C) 동료에게 회의실 변경 요청하기
(D) 회사 방침 개정하기

어휘 competitor 경쟁사 revise 개정하다, 수정하다

해설 세부사항 관련 – 여자가 할 일

대화 맨 마지막에 여자가 그렉에게 전화해서 회의실을 바꿔줄 수 있는지 물어보겠다(I'll give him a call and ask him if he's willing to make that change)고 했으므로 정답은 (C)이다.

68-70 대화 + 목록

M-Cn	Hey Jenny, is the Internet working on your computer?
W-Am	Yeah. I'm not having any issues with it.
M-Cn	**68 Well, I can't connect to it, so I can't see my e-mail. 69 Did the one with the latest budget report come yet?**
W-Am	Hmm ... Let's see. Yes, here it is. Do you want me to send a response?
M-Cn	That won't be necessary, but **70 could you print it out for me?** I need a copy of the budget report for the meeting this afternoon.

남	안녕 제니. 지금 컴퓨터 인터넷 돼요?
여	네. 저는 아무 문제 없는데요.
남	**아, 난 인터넷에 연결이 안 돼요. 그래서 이메일을 못 보고 있어요. 최신 예산 보고서 이메일 왔나요?**
여	음… 볼게요. 네, 여기 와 있네요. 제가 회신을 보낼까요?
남	그럴 필요는 없어요. **그냥 출력만 해 줄래요?** 오후 회의에 예산 보고서 사본이 필요해서요.

어휘 budget 예산 response 답변, 회신 necessary 필요한

FROM:	SUBJECT:
69 Mike Collins	ATTACHED: Budget Report
Jared Huber	Sales Projection Assistance
Darla Rosenfeld	Conference Agenda
Janice West	CANCELED: Technology Seminar

발신:	제목:
마이크 콜린스	첨부: 예산 보고서
재레드 후버	매출 예상치 산출 지원
달라 로젠펠드	회의 의제
재니스 웨스트	취소: 기술 세미나

어휘 projection 예상, 추정 agenda 의제

68

Why is the man unable to access his e-mail?
(A) His password has expired.
(B) His Internet connection is not working.
(C) He forgot to update some software.
(D) He left a power cord at home.

남자는 왜 이메일에 접속하지 못하는가?
(A) 비밀번호의 유효 기간이 만료되었다.
(B) 인터넷 연결이 안 된다.
(C) 깜박하고 소프트웨어를 업데이트하지 않았다.
(D) 전원 코드를 집에 두고 왔다.

해설 세부사항 관련 – 남자가 이메일에 접속하지 못하는 이유

남자의 두 번째 대사에서 인터넷 연결이 되지 않아서 이메일을 보지 못하고 있다(Well, I can't connect to it, so I can't see my e-mail)고 했으므로, 정답은 (B)이다.

▶▶ **Paraphrasing** 대화의 I can't connect to it → 정답의 His Internet connection is not working.

69

Look at the graphic. Who sent the e-mail the speakers are referring to?
(A) Mike Collins
(B) Jared Huber
(C) Darla Rosenfeld
(D) Janice West

시각 정보에 의하면, 화자들이 말하는 이메일은 누가 보냈는가?
(A) 마이크 콜린스
(B) 재레드 후버
(C) 달라 로젠펠드
(D) 재니스 웨스트

해설 시각 정보 연계 – 이메일 발송자

남자는 두 번째 대사에서 최신 예산 보고서 이메일이 왔는지(Did the one with the latest budget report come yet)를 묻고 있다. 이메일 발신자와 이메일 제목 목록을 보면, 예산 보고서를 첨부한(ATTACHED: Budget Report) 이메일을 보낸 사람은 마이크 콜린스이므로 정답은 (A)이다.

70

What does the man ask the woman to do?
(A) Call for technical assistance
(B) Prepare some training materials
(C) Print out a document
(D) Review some sales figures

남자가 여자에게 해 달라고 부탁하는 것은?
(A) 전화로 기술 지원 요청하기
(B) 교육 자료 준비
(C) 문서 출력
(D) 매출 수치 검토

어휘 technical assistance 기술 지원 figure 수치

해설 세부사항 관련 – 남자의 요청 사항

남자는 마지막 대사에서 오후에 있을 회의에서 예산 보고서가 필요하다면서 예산 보고서를 출력해 달라(could you print it out for me)고 했으므로, 정답은 (C)이다.

PART 4

71-73 전화 메시지

> M-Au Hi Ms. Xiao. **⁷¹This is Franklin Moore calling from Franklin Auto Express. I found the problem with your car's air conditioner**—you've got a bad sensor switch, which needs to be replaced. **⁷²I ordered the part this morning**, but it won't arrive at the shop until tomorrow. **⁷³So if you'd like, we can offer to lend you a car to use until your car is fixed.** Please give me a call back at 555-0101.
>
> 안녕하세요, 시야오 씨. **프랭클린 오토 익스프레스의 프랭클린 무어라고 합니다. 차 에어컨에 문제를 찾았습니다.** 센서 스위치가 불량이어서 교체해야 합니다. **오전에 부품을 주문했습니다만** 내일이나 저희 정비소에 배송됩니다. **그래서 혹 원하시면 차가 수리될 때까지 저희가 차를 빌려 드릴 수 있습니다.** 555-0101로 답신 전화 주십시오.
>
> 어휘 replace 교체하다   part (기계 등의) 부품

71

Where does the speaker work?
(A) At an electronics store
(B) At a plumbing company
(C) At a car repair shop
(D) At a cleaning service

화자는 어디에서 일하는가?
(A) 전자제품 매장
(B) 수도배관 업체
(C) 자동차 수리점
(D) 청소 용역 업체

해설 전체 내용 관련 – 화자의 근무지

지문 초반부에서 화자는 프랭클린 오토 익스프레스에서 근무하는 프랭클린 무어(This is Franklin Moore calling from Franklin Auto Express)라고 자신을 소개한 후에, 시야오 씨의 차 에어컨에 문제를 찾았다(I found the problem with your car's air conditioner)고 했다. 따라서 화자는 자동차 수리점에 근무한다는 것을 알 수 있으므로 정답은 (C)이다.

72

What does the speaker say he has done?
(A) Scheduled an appointment
(B) Completed a repair
(C) Adjusted an invoice
(D) Ordered a part

화자는 무엇을 했다고 말하는가?
(A) 예약 잡기
(B) 수리 완료
(C) 송장 정정
(D) 부품 주문

어휘 adjust 조정하다, 조절하다
해설 세부사항 관련 – 화자가 한 일

지문 중반부에서 화자는 오전에 부품을 주문했다(I ordered the part this morning)고 했으므로, 정답은 (D)이다.

73

What does the speaker offer?
(A) Use of a vehicle
(B) An extended warranty
(C) A free inspection
(D) Expedited delivery

화자가 제공해 주겠다고 한 것은?
(A) 차량 사용
(B) 보증 연장
(C) 무료 점검
(D) 긴급 배송

어휘 extended 연장된   warranty 보증   expedited 신속히 처리되는
해설 세부사항 관련 – 화자가 제공하는 것

지문 후반부에서 원한다면 시야오 씨의 차를 수리할 때까지 차를 빌려 줄 수 있다(So if you'd like, we can offer to lend you a car to use until your car is fixed)고 했으므로, 정답은 (A)이다.

74-76 회의 발췌

> M-Cn Good morning. **⁷⁴, ⁷⁵I called this meeting to discuss how all cashiers at our store should interact with customers. I've noticed that some of you are so focused on scanning items and getting people through the line quickly, that you're ignoring the customers.** We want to leave customers at our supermarket with a good impression, so it's crucial that you greet them. Be sure to be pleasant when they arrive at your cash register. **⁷⁶I'm now going to have you work in pairs to play the part of the cashier and customer to practice being friendly**, while also being fast and efficient.
>
> 좋은 아침입니다. 오늘 회의를 소집한 이유는 우리 매장 계산대에서 일하는 전 직원에게 고객 응대 방법에 대해 이야기하기 위해서입니다. 여러분 중 물건 스캔하고 줄을 빠르게 이동시키는 데 집중한 나머지 고객들을 건성으로 지나치는 분들이 있다는 것을 알게 됐습니다. 우리는 우리 슈퍼마켓 고객들에게 좋은 인상을 남겨야 합니다. 따라서 여러분이 고객들을 반갑게 대하는 것이 아주 중요합니다. 고객들이 여러분 계산대에 오면 기분 좋게 대하세요. **이제 두 명씩 짝지어서 계산대 직원과 고객 역을 맡아서** 빠르고 효율적이면서도 **친절하게 대하는 연습을 하도록 하겠습니다.**
>
> 어휘 cashier 출납원, (상점의) 계산대 직원   interact 소통하다, 상호작용하다   ignore 무시하다   impression 인상   crucial 중요한   cash register 금전 등록기, 계산대

74

Who most likely are the listeners?

(A) Factory workers
(B) Medical specialists
(C) Supermarket cashiers
(D) Hotel clerks

청자들은 누구이겠는가?
(A) 공장 근로자들
(B) 전문의들
(C) 슈퍼마켓 계산대 직원들
(D) 호텔 종업원들

어휘 medical specialist 전문의

해설 전체 내용 관련 – 청자들의 신분
지문 초반부에서 매장의 계산대 직원들에게 고객 응대 방법에 대해 이야기하기 위해 회의를 소집했다(I called this meeting to discuss how all cashiers at our store should interact with customers)고 하면서, 계산 업무에 치중한 나머지 고객들을 건성으로 대하고 있다(I've noticed that some of you are so focused on scanning items and getting people through the line quickly, that you're ignoring the customers)고 말했다. 따라서 청자들은 슈퍼마켓 계산대 직원들임을 알 수 있으므로, 정답은 (C)이다.

75

What is the topic of the meeting?

(A) Interacting with customers
(B) Operating new equipment
(C) Protecting merchandise from damage
(D) Maintaining a clean work area

회의의 주제는 무엇인가?
(A) 고객과의 소통
(B) 새 장비의 운전
(C) 제품 파손 방지
(D) 근무지 청결 유지

어휘 merchandise 물품, 상품   maintain 유지하다

해설 세부사항 관련 – 회의 주제
지문 초반부에서 매장의 계산대 직원들에게 고객 응대 방법에 대해 이야기하기 위해 회의를 소집했다(I called this meeting to discuss how all cashiers at our store should interact with customers)고 했으므로 정답은 (A)이다.

76

What will the listeners do next?

(A) Turn on a machine
(B) Tour a building
(C) Give feedback
(D) Work with a partner

청자들이 다음에 할 일은?
(A) 기계 전원 켜기
(B) 건물 견학
(C) 의견 주기
(D) 파트너와 과업 수행하기

해설 세부사항 관련 – 청자들이 다음에 할 일
지문 후반부에서 두 명씩 짝을 지어서 계산대 직원과 고객 역을 맡아 친절하게 대하는 연습을 할 것(I'm now going to have you work in pairs to play the part of the cashier and customer to practice being friendly)이라고 했으므로, 정답은 (D)이다.

▶▶ Paraphrasing   지문의 work in pairs
→ 정답의 Work with a partner

77-79 전화 메시지

W-Br Hi, it's your neighbor, Indira. **77My return flight was scheduled to leave in an hour and they just announced it's been canceled. I'm standing in line right now, waiting to talk to a ticket agent.** 78I'm so tired of traveling, but it looks like I won't make it home this evening—I think the next flight's in the morning. Can you believe it? Anyway, I have a favor to ask. 79**Could you go by my house after work? A package was supposed to arrive today, and I'd rather it didn't just sit in front of my door overnight.** I really appreciate it!

안녕하세요. 옆집 사는 인디라예요. 제가 돌아갈 비행기가 한 시간 후에 출발 예정이었는데 막 취소됐다고 방송이 나왔어요. 지금 발권 직원이랑 얘기하려고 줄 서고 있어요. 여행은 이제 신물이 나는데 보아하니 오늘 저녁에 집에 가기는 어려울 것 같아요. 다음 비행기가 내일 아침에 있는 것 같아요. 믿어지세요? 그건 그렇고 저 부탁이 있어요. 퇴근 후에 저희 집에 잠깐 들를 수 있을까요? 소포가 오늘 도착하기로 되어 있는데 밤새 집 앞에 그냥 두기가 그렇네요. 정말 고마워요!

어휘 neighbor 이웃, 옆집 사람   be scheduled to + 동사원형 ~하기로 예정되다   announce 발표하다   be tired of ~에 싫증나다   favor 부탁   go by ~에 들르다   package 소포   be supposed to + 동사원형 ~하기로 되어 있다   overnight 밤사이에   appreciate 감사하게 여기다

77

Where most likely is the speaker?

(A) At her house
(B) At an airport
(C) In a taxi
(D) On a train

화자는 어디에 있겠는가?
(A) 집
(B) 공항
(C) 택시 안
(D) 열차 안

해설 전체 내용 관련 – 화자가 있는 장소

지문 초반부에서 돌아가는 비행기가 막 취소되었다는 방송이 나왔다(My return flight was scheduled to leave in an hour and they just announced it's been canceled)면서, 발권 직원과 이야기하려고 줄 서 있다(I'm standing in line right now, waiting to talk to a ticket agent)고 했다. 따라서 화자는 공항에 있다는 것을 알 수 있으므로 정답은 (B)이다.

78

What does the speaker imply when she says, "Can you believe it"?

(A) She is annoyed.
(B) She is excited.
(C) She is embarrassed.
(D) She is confused.

화자가 "믿어지세요"라고 말할 때 암시하는 것은?

(A) 짜증이 난다.
(B) 신난다.
(C) 쑥스럽다.
(D) 혼란스럽다.

어휘 annoyed 짜증이 난

해설 화자의 의도 파악 – 믿어지는지 물어본 의도

인용문 바로 앞에서 여행은 이제 신물이 나는데, 오늘 저녁에 집에 가기 어려울 것 같다(I'm so tired of traveling, but it looks like I won't make it home this evening)면서 다음 비행기가 내일 아침에 있는 것 같다(I think the next flight's in the morning)고 했다. 따라서 '이런 상황이 믿어지세요?'라는 인용문은 불만을 나타내는 것이므로 정답은 (A)이다.

79

What does the speaker ask the listener to do?

(A) Lock a door
(B) Check an address
(C) Meet a colleague
(D) Pick up a package

화자가 청자에게 해 달라고 부탁한 것은?

(A) 문 잠그기
(B) 주소 확인하기
(C) 동료 만나기
(D) 소포 챙겨 오기

해설 세부사항 관련 – 청자에게 요청하는 것

지문 후반부에서 화자는 청자에게 퇴근 후 집에 잠깐 들러 달라(Could you go by my house after work)고 부탁하면서, 소포가 오늘 도착 예정인데 밤새 집 앞에 그냥 두기 싫다(A package was supposed to arrive today, and I'd rather it didn't just sit in front of my door overnight)고 했으므로, 정답은 (D)이다.

80-82 견학 정보

W-Am **80Welcome to the Hoffman Textiles Factory tour. As most of you know, our factory provides quality fabrics to clothing manufacturers around the world**. During the tour of the facility, you'll see the care that goes into making each of our many types of fabrics. 81Now, normally we'd start by showing you how fabric is made on the weaving machines, but another tour group is still in that area. So today we'll start in the final packaging room and do the tour in reverse, visiting the weaving machines at the end. 82Then we can offer you a 10% discount on fabric purchases today only.

호프먼 텍스타일스 팩토리에 견학 오신 걸 환영합니다. 대부분 아시겠지만 우리 공장은 전 세계 의류 제조업체에 양질의 직물을 공급하고 있습니다. 시설을 견학하시면서 여러분은 우리가 생산하는 다양한 직물들에 얼마나 정성이 들어가는지를 보게 될 것입니다. 보통은 직조기에서 직물이 만들어지는 과정부터 보여드리는데 지금 다른 견학 팀이 아직 그곳에 있다고 합니다. 그래서 오늘 우리는 마지막 제품 포장실부터 시작해서 직조기를 마지막에 보는 역순으로 투어를 진행합니다. 그리고 나서 우리 공장에서 여러분이 구입하는 직물에 대해 오늘만 한정해서 10% 할인을 제공해 드리겠습니다.

어휘 provide 제공하다 fabric 직물, 천 care 돌봄, 보살핌 weaving machine 직조기 packaging 포장 in reverse 거꾸로, 역순으로 discount 할인

80

Where is the tour most likely taking place?

(A) At an outdoor market
(B) At a fabric factory
(C) At a fashion museum
(D) At a trade fair

견학은 어디에서 이루어지겠는가?

(A) 노천 시장
(B) 직물 공장
(C) 패션 박물관
(D) 무역 박람회

해설 전체 내용 관련 – 견학 장소

지문 초반부에서 호프먼 텍스타일스 공장에 온 걸 환영한다(Welcome to the Hoffman Textiles Factory tour.)면서, 호프먼 텍스타일스 공장은 전세계 의류 제조업체에 양질의 직물을 공급한다(our factory provides quality fabrics to clothing manufacturers around the world)고 했다. 따라서 직물 공장에서 이루어질 견학임을 알 수 있으므로, 정답은 (B)이다.

81
What does the speaker say has changed about the tour?
(A) The duration
(B) The distance
(C) The starting location
(D) The tour guide

화자는 견학에서 무엇이 변경됐다고 말하는가?
(A) 소요 시간
(B) 거리
(C) 시작 지점
(D) 견학 가이드

해설 세부사항 관련 – 견학의 변경 사항

지문 중반부에서 보통은 직조기부터 견학하는데 오늘은 마지막 제품 포장실부터 시작해서 직조기를 마지막에 보는 역순으로 견학을 진행하겠다(So today we'll start in the final packaging room and do the tour in reverse, visiting the weaving machines at the end)고 했다. 따라서 견학 시작 지점이 변경되었다는 것을 알 수 있으므로 정답은 (C)이다.

82
What does the speaker offer the listeners?
(A) A special discount
(B) A longer tour
(C) Free membership
(D) Product samples

화자가 청자들에게 해주겠다고 제안하는 것은?
(A) 특별 할인
(B) 평소보다 긴 견학
(C) 무료 회원자격
(D) 제품 견본

해설 세부사항 관련 – 화자가 제공하는 것

지문 맨 마지막 문장에서 오늘만 한정해서 직물을 10% 할인해 주겠다(Then we can offer you a 10% discount on fabric purchases today only)고 했으므로, 정답은 (A)이다.

▸▸ Paraphrasing 지문의 a 10% discount
→ 정답의 A special discount

83-85 뉴스 보도

W-Br **83In local news, Westcot Railway officials have revealed a plan for a new railway line to be installed between the capital city, Milton, and the popular tourist destination Greenview City. Construction on the project is scheduled to begin at the end of this year.** According to the announcement, **84railway cars on the new line will offer travelers more comfortable seats for the twelve-hour train ride.** The Travel and Tourism Association has already voiced its strong support for the new railway line. **85Jackie Hall, spokesperson for the association, says tourism professionals are happy to see this much-needed upgrade and anticipate a boost to their industry.**

지역 뉴스에서 웨스트콧 레일웨이 관리들이 수도인 밀튼과 인기 관광지 그린뷰 시티 사이의 철로 신설 계획을 밝혔습니다. 프로젝트의 건설 작업은 올해 말 시작으로 예정되었습니다. 발표에 따르면 신노선의 열차 차량은 12 시간 열차 여행을 위해 좀 더 편안한 좌석을 승객들에게 제공하게 됩니다. 여행관광협회는 이미 신노선에 강력한 지지를 표했습니다. 재키 홀 협회 대변인은 관광업계 종사자들은 매우 필요했던 노선의 개선이 이루어져 매우 기쁘고 업계에 큰 호재가 될 것이라 전했습니다.

어휘 reveal 드러내다, 밝히다   install 설치하다   capital city 수도, 주도   tourist destination 관광지   voice 목소리를 내다, 표현하다   spokesperson 대변인   association 협회   upgrade 개선, 승격   boost 격려, 부양책

83
According to the news report, what will happen at the end of the year?
(A) A tourist resort will be renovated.
(B) An airline merger will take place.
(C) Construction on a new railway line will begin.
(D) A hotel association will select a new president.

뉴스 보도에 따르면 올해 말에 무슨 일이 있는가?
(A) 관광 리조트가 새 단장될 것이다.
(B) 항공사 합병을 이루어질 것이다.
(C) 신 철도노선 건설이 시작될 것이다.
(D) 호텔 협회가 신임 회장을 선출할 것이다.

어휘 renovate 개조[보수]하다   merger 합병   take place 발생하다

해설 세부사항 관련 – 올해 말에 있을 일

지문 첫 문장에서 지역 뉴스에서 철로 신설 계획을 밝혔다(Westcot Railway officials have revealed a plan for a new railway line to be installed)고 했으며, 공사가 올해 말에 시작될 것(Construction on the project is scheduled to begin at the end of this year)이라고 했으므로, 정답은 (C)이다.

84
What benefit to travelers does the speaker mention?
(A) Automated reservation service
(B) Comfortable seats
(C) Lower prices
(D) Shorter travel times

화자는 승객들에게는 어떠한 혜택이 있다고 언급하는가?
(A) 자동 예약 서비스
(B) 안락한 좌석
(C) 더 저렴한 요금
(D) 단축된 여행 시간

어휘 automated 자동화된

해설 세부사항 관련 - 화자가 언급하는 혜택

지문 중반부에서 신노선의 열차 차량은 승객들에게 좀 더 편안한 좌석을 제공할 것(railway cars on the new line will offer travelers more comfortable seats for the twelve-hour train ride)이라고 했으므로, 정답은 (B)이다.

85

Who does the speaker say is pleased with the news?

(A) Local mayors
(B) Airline pilots
(C) **Tourism professionals**
(D) Construction supervisors

화자는 누가 이 소식을 반가워한다고 말하는가?

(A) 현지 시장들
(B) 항공사 비행사들
(C) 관광업계 종사자들
(D) 건설 감독관들

해설 세부사항 관련 - 소식을 듣고 기뻐할 사람들

지문 맨 마지막 문장에서 관광업계 종사자들이 노선의 개선으로 기뻐할 것(tourism professionals are happy to see this much-needed upgrade)이라고 했으므로, 정답은 (C)이다.

▶▶ Paraphrasing 지문의 happy → 질문의 pleased

86-88 공지

M-Au ⁸⁶**Welcome to this morning's seminar for freelance writers.** Today we'll be discussing strategies for negotiating contracts between you and your publisher. ⁸⁷**I know some people are still on their way**, but another conference is scheduled to begin here at one o'clock. So let's go over some administrative details. ⁸⁸**As you know, the parking fee was included in your registration, so I have passes for everyone. I'll come around and hand those out now**. Just show it to the attendant on your way out and you won't be charged.

오늘 아침 프리랜서 작가 세미나에 오신 것을 환영합니다. 오늘 우리는 출판사와의 계약 협상을 위한 전략들을 논의할 것입니다. 아직 오시는 분들이 있는 것으로 아는데요. 하지만 여기서 다른 회의가 1시에 시작될 예정입니다. 그래서 먼저 행정 관련 내용들을 살펴 볼게요. 아시다시피 주차료는 등록비에 포함됐습니다. 제가 여러분 모두의 주차권을 가지고 있는데요. 제가 돌면서 나눠 드리겠습니다. 이걸 나가는 길에 주차요원한테 보여주시면 요금이 부과되지 않습니다.

어휘 strategy 전략 negotiate 협상하다 be on one's way 가는[오는] 중이다 administrative 행정상의 parking fee 주차료 registration 등록 attendant (공공장소 등의) 안내원, 종업원 charge 청구하다, 부과하다

86

Who most likely are the listeners?

(A) Teachers
(B) Lawyers
(C) **Writers**
(D) Publishers

청자들은 누구이겠는가?

(A) 교사들
(B) 변호사들
(C) 작가들
(D) 출판업자들

해설 전체 내용 관련 - 청자들의 신분

지문 첫 문장에서 프리랜서 작가 세미나에 온 것을 환영한다(Welcome to this morning's seminar for freelance writers)고 했으므로, 청자들은 프리랜서 작가들임을 알 수 있다. 따라서 정답은 (C)이다.

87

What does the speaker mean when he says, "another conference is scheduled to begin here at 1:00"?

(A) **He wants to start the session now.**
(B) He is recommending an event.
(C) A presentation will need to be canceled.
(D) The room will need to be cleaned.

화자가 "여기서 다른 회의가 1시에 시작될 예정입니다"라고 말할 때 그 의도는 무엇인가?

(A) 세미나를 지금 시작하고자 한다.
(B) 어떤 행사를 추천하고 있다.
(C) 발표가 취소될 것이다.
(D) 회의실이 청소되어야 한다.

해설 화자의 의도 파악 - 여기서 다른 회의가 1시에 시작될 예정이라는 말의 의미

아직도 사람들이 오고 있다는 것은 알지만(I know some people are still on their way), 다른 회의가 1시에 여기서 시작할 예정이라고 했으므로, 지금 바로 세미나를 시작하자는 의도에서 한 말임을 알 수 있다. 따라서 정답은 (A)이다.

88

What will the speaker distribute to the listeners?

(A) **Parking passes**
(B) Training materials
(C) A sign-up sheet
(D) A conference schedule

화자는 청자들에게 무엇을 배포할 것인가?
(A) 주차권
(B) 교육 자료
(C) 신청서
(D) 회의 일정

해설 세부사항 관련 – 청자들에게 나눠 줄 것

지문 후반부에서 등록비에 주차료가 포함되어 있다(the parking fee was included in your registration)면서 자신이 가지고 있는 주차권을 나눠 주겠다(so I have passes for everyone. I'll come around and hand those out now)고 했으므로 정답은 (A)이다.

▶ Paraphrasing 지문의 hand ~ out → 질문의 distribute

89-91 회의 발췌

> **W-Am** OK, the next topic I want to discuss is staffing. First of all, the management team knows how hard you've all been working in the Information Technology department, and we want to say thank you. ⁸⁹**The company has grown a lot over the last year—we've doubled our number of contracts!** Because of this, ⁹⁰**we've decided to hire five additional employees to help with the work load in our department**. We recently posted the openings online, but uh, we're hoping to fill these positions as soon as possible. ⁹¹**So if you can recommend anyone who meets the qualifications, please contact me at your earliest convenience.**
>
> 좋습니다. 다음 논의하고 싶은 주제는 직원채용입니다. 우선 경영진은 정보기술 부서 여러분 모두가 그동안 얼마나 열심히 일하셨는지 알고 있고 그래서 감사의 말씀을 전하고 싶습니다. 우리 회사는 지난해 크게 성장했습니다. 계약건수가 두 배가 됐으니까요. 이 때문에 우리 부서 업무를 돕기 위해 5명의 직원을 추가로 고용하기로 결정했습니다. 최근 온라인상에 채용 공고를 냈습니다만 가능한 한 빨리 자리를 채웠으면 합니다. 그러니 여러분도 자격 조건을 충족하는 사람들을 추천할 수 있다면 가급적 빨리 저에게 연락을 주십시오.

어휘 staffing 직원채용 first of all 무엇보다도 double 두 배로 늘리다, 배가시키다 post 올리다, 게재하다 qualification 자격 (조건)

89

What does the speaker say about the company?
(A) It acquired additional contracts.
(B) It launched a product.
(C) It appointed a new president.
(D) It started a charity fund.

화자가 회사에 대해 말한 것은?
(A) 추가 계약들을 성사시켰다.
(B) 상품을 출시했다.
(C) 사장을 새로 임명했다.
(D) 자선 기금을 출범했다.

어휘 acquire 획득하다 charity 자선

해설 세부사항 관련 – 회사에 관해 화자가 언급한 것

지문 초반부에서 회사가 지난해 크게 성장해(The company has grown a lot over the last year) 계약건수가 두 배가 되었다(we've doubled our number of contracts)고 했으므로, 정답은 (A)이다.

▶ Paraphrasing 지문의 we've doubled our number of contracts
→ 정답의 It acquired additional contracts.

90

According to the speaker, what decision was recently made?
(A) To move a company overseas
(B) To remodel an office
(C) To upgrade technology
(D) To hire more staff

화자에 따르면 최근에 결정된 것은 무엇인가?
(A) 회사의 해외 이전
(B) 사무실 리모델링
(C) 기술 개선
(D) 추가 직원 채용

해설 세부사항 관련 – 최근 결정 사항

지문 중반부에서 부서 업무를 돕기 위해 5명의 직원을 추가로 고용하기로 결정했다(we've decided to hire five additional employees to help with the work load in our department)고 했으므로, 정답은 (D)이다.

▶ Paraphrasing 지문의 five additional employees
→ 정답의 more staff

91

What does the speaker ask the listeners to do?
(A) Attend a workshop
(B) Make recommendations
(C) Sign a contract
(D) Submit a list of questions

화자는 청자들에게 무엇을 해 달라고 부탁하는가?
(A) 워크숍 참석
(B) 추천
(C) 계약 체결
(D) 질문 목록 제출

해설 세부사항 관련 – 화자의 요청 사항

지문 후반부에서 화자는 자격 조건을 충족하는 사람들을 추천할 수 있으면 가능한 한 빨리 연락을 달라(So if you can recommend anyone who meets the qualifications, please contact me at your earliest convenience)고 했다. 따라서 정답은 (B)이다.

▶ Paraphrasing 지문의 recommend
→ 정답의 Make recommendations

92-94 방송

M-Cn Thanks for listening to Radio KVS. **92I want to remind all our listeners that our free summer concert series starts next week.** **93The first show'll feature legendary guitarist Dimitri Phillips, performing with his band,** so this will be a big event! **93The performance is next Wednesday in Salsbury Park, beginning at seven, but make sure you get in line early for your free ticket.** Attendees can bring in their own food and drink, but certain items are prohibited. **94For a full list of what is allowed in the park, check out the park department Web site.** And if you can't make this show, there will be many concerts throughout the summer.

KVS 라디오를 청취해주셔서 감사합니다. 저희 무료 여름 콘서트 시리즈가 이번 주 시작한다는 사실을 다시 알려드립니다. 첫 쇼에서는 전설적인 기타리스트 디미트리 필립스가 그의 밴드와 연주합니다. 아주 대단한 행사가 되겠죠! 공연은 다음 주 수요일 살스베리 공원에서 7시에 시작합니다. 하지만 무료 티켓을 받으시려면 꼭 일찍 줄을 서도록 하십시오. 관객들은 식음료를 가지고 올 수 있지만 반입 금지된 물품들도 있습니다. 공원에 반입 가능한 물품들의 전체 목록은 공원 웹사이트를 참조하십시오. 이번 쇼에 오지 못하시더라도 여름 내내 많은 공연이 있을 예정입니다.

어휘 remind 상기시키다 feature (영화, TV 프로그램 등에서) ~가 주요 역할로 나오다, ~을 특집으로 다루다 legendary 전설적인 perform 공연하다 make sure (that ~) 반드시 (~하도록) 하다 get in line 줄을 서다 attendee 참석자 prohibit 금지하다

92

What is the talk mostly about?

(A) A concert series
(B) A music award
(C) A television show
(D) A guest speaker

담화는 주로 무엇에 관한 것인가?
(A) 콘서트 시리즈
(B) 음악 상
(C) 텔레비전 프로그램
(D) 객원 연사

해설 전체 내용 관련 – 담화의 주제
지문 초반부에서 무료 여름 콘서트 시리즈가 이번 주에 시작한다는 사실을 다시 알려주고(I want to remind all our listeners that our free summer concert series starts next week) 있으므로 정답은 (A)이다.

93

What does the speaker imply when he says, "this will be a big event"?

(A) A review was positive.
(B) A performer is very popular.
(C) Tickets are sold out.
(D) An event venue is too small.

화자가 "아주 대단한 행사가 되겠죠"라고 말할 때 암시하는 것은?
(A) 평이 긍정적이었다.
(B) 공연자가 아주 인기가 있다.
(C) 티켓이 매진되었다.
(D) 행사 장소가 너무 좁다.

해설 화자의 의도 파악 – 아주 대단한 행사가 될 것이라는 말의 의도
인용문 바로 앞에서는 첫 쇼에서 전설적인 기타리스트가 그의 밴드와 연주할 것(The first show'll feature legendary guitarist Dimitri Phillips, performing with his band)이라고 했고, 인용문 뒤에서는 무료 티켓을 받으려면 꼭 일찍 줄을 서라(make sure you get in line early for your free ticket)고 했다. 따라서 이 공연은 인기가 많음을 알 수 있으므로 정답은 (B)이다.

94

Why does the speaker suggest that listeners visit a Web site?

(A) To read a promotional brochure
(B) To access an event schedule
(C) To pay for registration in advance
(D) To check a list of approved items

화자는 왜 청자들에게 웹사이트를 방문하라고 제안하는가?
(A) 홍보 소책자를 읽으라고
(B) 행사 일정을 보라고
(C) 등록비를 미리 납부하라고
(D) 승인된 물품 목록을 확인하라고

해설 세부사항 관련 – 웹사이트 방문을 제안하는 이유
지문 후반부에서 공원에 반입 금지된 물품도 있다면서 웹사이트에서 공원에 반입 가능한 물품 목록을 참조하라(For a full list of what is allowed in the park, check out the park department Web site)고 했다. 따라서 정답은 (D)이다.

> **Paraphrasing** 지문의 For a full list of what is allowed in the park → 정답의 To check a list of approved items

95-97 회의 발췌 + 차트

W-Am **95Before we talk about our sales results from this year**, let me say how pleased I am with the success that Susie's Online Clothing Boutique has been having. **96When I started the business last year**, I was not sure how well it would do, but the results show that we've exceeded our goal! Of course, there's always room for improvement. We know our biggest rival is Fashion Plus. This chart compares features of the two companies. **97If we want to be competitive, we'll have to offer all the same services. So let's talk about what we can add to our services so that we can keep up with Fashion Plus.**

올해 우리 매출 실적을 논하기 전에 수지스 온라인 클로딩 부티크가 거둔 성공이 저 개인적으로 얼마나 기쁜지 말씀드리고 싶습니다. 지난해 처음 사업을 시작했을 때 저는 얼마나 잘될지 확신이 없었습니다. 하지만 실적을 보면 우리는 목표를 초과 달성했어요! 물론 개선의 여지는 늘 있지요. 최대 경쟁사가 패션 플러스라는 것을 우리는 잘 알고 있습니다. 이 차트는 두 회사의 특징들을 비교해 보여주는데요. 우리가 경쟁력을 갖추려면 우리도 같은 서비스들을 제공해야 할 것입니다. 그럼 패션 플러스에 뒤지지 않으려면 서비스에 어떤 것을 추가할 수 있을지 논의해 봅시다.

> 어휘 be pleased with ~을 기뻐하다 exceed 능가하다, 초과하다 room 여지 feature 특징, 특색 competitive 경쟁력 있는 keep up with ~에 뒤지지 않다

	Susie's Boutique	Fashion Plus
Low prices	✓	✓
97Free shipping		✓
Variety of styles	✓	✓
Convenient Web site	✓	

	수지스 부티크	패션 플러스
저가	✓	✓
무료 배송		✓
다양한 스타일	✓	✓
편리한 웹사이트	✓	

95
What is the main topic of the meeting?
(A) A magazine article
(B) A company merger
(C) Clothing trends
(D) Sales results

회의의 주요 주제는?
(A) 잡지 기사
(B) 회사 합병
(C) 의류 트렌드
(D) 매출 실적

해설 세부사항 관련 – 회의 주제
지문 첫 번째 문장에서 올해의 매출 실적에 관해 이야기할 것(we talk about our sales results from this year)이라고 했으므로, 정답은 (D)이다.

96
Who most likely is the speaker?
(A) A shipping supervisor
(B) A marketing consultant
(C) A business owner
(D) A fashion reporter

화자는 누구이겠는가?
(A) 배송 관리자
(B) 마케팅 컨설턴트
(C) 경영주
(D) 패션 기자

해설 전체 내용 관련 – 화자의 신분
지문 첫 번째 문장에서 수지스 온라인 클로딩 부티크가 성공을 거두어 개인적으로 기쁘다면서, 이어지는 문장에서 지난해 사업을 시작했다(When I started the business last year)고 했다. 따라서 화자는 경영주임을 알 수 있으므로 정답은 (C)이다.

97
Look at the graphic. What will the speaker most likely discuss next?
(A) Reducing product prices
(B) Not charging for shipping
(C) Offering different styles
(D) Changing a Web site

시각 정보에 의하면 화자는 다음에 무엇을 논의하겠는가?
(A) 제품의 가격 인하
(B) 배송에 요금 부과하지 않기
(C) 다양한 스타일 제공
(D) 웹사이트 변경

해설 시각 정보 연계 – 화자가 다음에 논의할 사항
지문 후반부에서 경쟁력을 갖추려면 같은 서비스들을 제공해야 한다(we'll have to offer all the same services)고 했고, 뒤쳐지지 않기 위해 추가할 서비스에 대해 논의해 보자(So let's talk about what we can add to our services so that we can keep up with Fashion Plus)고 했다. 도표를 보면 패션 플러스에서만 제공하는 서비스는 무료 배송(Free shipping)이므로 화자는 무료 배송에 대해 논의할 것임을 알 수 있으므로, 정답은 (B)이다.

> ▶▶ Paraphrasing   차트의 Free shipping
> → 정답의 Not charging for shipping

98-100 담화 + 지도

M-Au **98Welcome to the new employee orientation at Tockney Nature Center.** We're happy that you'll be guiding our bird-watching tours! Behind me there's a trail map of the Nature Center. We'll be walking down trail two so I can show you some interesting spots to take visitors. **99You can use the other trails as well, except for this trail right** here because there's a family of bald eagles nesting nearby. For the first time, 100the Center's collaborating with the state university on a research project about eagles. We've positioned a live camera on one tree there, and we don't want anything to disturb the birds for the duration of the study.

토크니 네이처 센터의 신입직원 오리엔테이션에 오신 걸 환영합니다. 여러분이 앞으로 우리의 탐조 투어를 안내하게 돼 매우 기쁩니다. 제 뒤로 네이처 센터의 경로 지도가 있습니다. 우리는 2번 경로를 걷게 되는데 제가 방문객들을 모시고 갈 흥미로운 지점 몇 군데를 보여드리겠습니다. 다른 경로들도 이용할 수 있는데요, 여기 이 경로만 예외입니다. 흰머리독수리 가족이 근처에 둥지를 틀고 있기 때문이죠. 처음으로 센터가 독수리 연구 프로젝트를 위해 주립대학과 협업하고 있습니다. 우리는 저기 나무 한 그루에 실시간 카메라를 설치해 두었는데 연구 기간 동안 독수리들을 방해하는 일이 없도록 해야 합니다.

어휘 bird-watching 탐조의 trail (특정 목적을 위해 따라 가는) 경로, 코스 bald eagle 흰머리독수리 nest 둥지를 틀다 nearby 근처에 collaborate 협력하다, 협업하다 state university 주립대학 disturb 방해하다, 건드리다

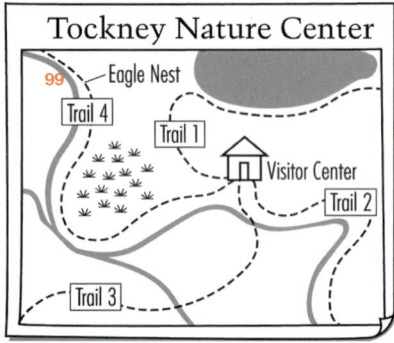

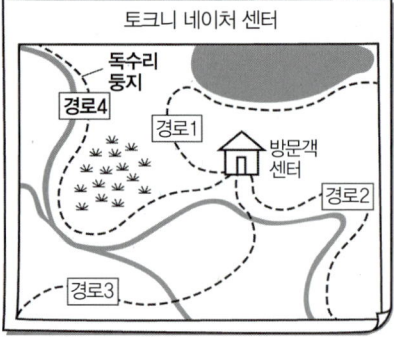

98
Who is the talk intended for?
(A) Nature photographers
(B) City officials
(C) New park employees
(D) University students

담화는 누구를 대상으로 하는가?
(A) 자연 사진가들
(B) 시 관리들
(C) 신입 공원 직원들
(D) 대학생들

해설 전체 내용 관련 – 담화의 대상

지문 첫 문장에서 토크니 네이처 센터의 신입직원 오리엔테이션에 온 것을 환영한다(Welcome to the new employee orientation at Tockney Nature Center)고 했으므로, 정답은 (C)이다.

99
Look at the graphic. Which trail is closed to visitors?
(A) Trail 1
(B) Trail 2
(C) Trail 3
(D) Trail 4

시각 정보에 의하면, 어떤 경로가 방문객들에게 폐쇄되는가?
(A) 경로1
(B) 경로2
(C) 경로3
(D) 경로4

해설 시각 정보 연계 – 폐쇄될 경로

지문 중반부에서 근처에 흰머리독수리 가족이 둥지를 틀고 있는 경로를 제외한 다른 경로는 이용할 수 있다(You can use the other trails as well, except for this trail right here because there's a family of bald eagles nesting nearby)고 했다. 약도를 보면 독수리 둥지 근처의 경로는 경로 4이므로 정답은 (D)이다.

100
What project is the Center participating in?
(A) A series of seminars on wildlife conservation
(B) A research study on a bird species
(C) An annual clean-up day
(D) A program to plant more trees

센터가 참여하고 있는 프로젝트는?
(A) 야생 동물 보호에 관한 세미나 시리즈
(B) 한 종의 새 연구
(C) 연례 대청소의 날
(D) 나무 더 심기 프로그램

어휘 participate in ~에 참여하다, 참가하다 conservation 보호, 보존 species 종(種)

해설 세부사항 관련 – 참여하고 있는 프로젝트

지문 후반부에서 주립대학과 협업해서 독수리를 연구하고 있다(the Center's collaborating with the state university on a research project about eagles)고 했으므로, 정답은 (B)이다.

▶▶ **Paraphrasing** 지문의 eagles → 정답의 a bird species

TEST 2

1 (D)	2 (A)	3 (C)	4 (A)	5 (B)
6 (C)	7 (B)	8 (B)	9 (C)	10 (B)
11 (B)	12 (A)	13 (C)	14 (A)	15 (A)
16 (B)	17 (B)	18 (C)	19 (A)	20 (B)
21 (A)	22 (C)	23 (C)	24 (A)	25 (C)
26 (A)	27 (C)	28 (A)	29 (B)	30 (A)
31 (B)	32 (C)	33 (A)	34 (C)	35 (C)
36 (A)	37 (B)	38 (A)	39 (B)	40 (D)
41 (C)	42 (A)	43 (D)	44 (D)	45 (B)
46 (D)	47 (B)	48 (B)	49 (C)	50 (D)
51 (A)	52 (B)	53 (D)	54 (C)	55 (A)
56 (D)	57 (B)	58 (C)	59 (B)	60 (A)
61 (C)	62 (D)	63 (C)	64 (B)	65 (C)
66 (C)	67 (B)	68 (B)	69 (A)	70 (C)
71 (D)	72 (D)	73 (B)	74 (B)	75 (D)
76 (A)	77 (A)	78 (B)	79 (C)	80 (D)
81 (B)	82 (C)	83 (B)	84 (A)	85 (D)
86 (C)	87 (B)	88 (D)	89 (B)	90 (C)
91 (D)	92 (C)	93 (C)	94 (A)	95 (B)
96 (D)	97 (C)	98 (A)	99 (A)	100 (C)

PART 1

1 M-CN

(A) He's picking up a bag.
(B) He's cycling on a road.
(C) He's climbing some rocks.
(D) **He's wearing a jacket.**

(A) 남자가 가방을 들어올리고 있다.
(B) 남자가 길에서 자전거를 타고 있다.
(C) 남자가 바위를 오르고 있다.
(D) **남자가 재킷을 입었다.**

어휘 pick up 들어올리다, 집다 cycle 자전거를 타다

해설 1인 등장 사진 – 사람의 상태 묘사
(A) 동사 오답. 남자가 가방을 들고 가고 있는 중이지 들어올리고 있는(picking up a bag) 모습이 아니므로 오답.
(B) 동사 오답. 남자가 도로에서 자전거를 타고 있는(cycling) 모습이 아니므로 오답.
(C) 동사 오답. 남자가 바위를 오르고 있는(climbing some rocks) 모습이 아니므로 오답.
(D) 정답. 남자가 재킷을 입은(wearing a jacket) 상태이므로 정답.

2 W-Br

(A) **They're seated in a waiting area.**
(B) They're placing books on a table.
(C) One of the women is moving a chair.
(D) One of the women is watering a plant.

(A) **사람들이 대기실에 앉아 있다.**
(B) 사람들이 탁자 위에 책을 놓고 있다.
(C) 여자들 중 한 명이 의자를 옮기고 있다.
(D) 여자들 중 한 명이 식물에 물을 주고 있다.

어휘 waiting area 대기실 place 놓다, 두다 water a plant 식물에 물을 주다

해설 2인 이상 등장 사진 – 사람의 상태 묘사
(A) 정답. 두 사람이 대기실에 앉아 있는(seated in a waiting area) 모습이므로 정답.
(B) 동사 오답. 두 사람이 책을 탁자 위에 놓고 있는(placing books on a table) 모습이 아니므로 오답.
(C) 동사 오답. 여자들 중 한 명이 의자를 옮기고 있는(moving a chair) 모습이 아니므로 오답.
(D) 동사 오답. 식물은 보이지만 여자들 중 한 명이 식물에 물을 주고 있는(watering a plant) 모습이 아니므로 오답.

3 W-Am

(A) A man is pushing a shopping cart.
(B) A man is paying for some groceries.
(C) **Some merchandise is arranged on shelves.**
(D) Some baskets are lined up on the floor.

(A) 한 남자가 쇼핑 카트를 밀고 있다.
(B) 한 남자가 식료품 값을 지불하고 있다.
(C) **상품이 선반에 정리되어 있다.**
(D) 바구니 몇 개가 바닥에 일렬로 놓여 있다.

어휘 grocery 식료품 merchandise 상품 arrange 정리하다, 배열하다 shelf 선반 line up 일렬로 늘어놓다 floor 바닥, 마루

해설 1인 등장 사진 – 사람 또는 사물 중심 묘사
(A) 동사 오답. 남자가 쇼핑 카트를 밀고 있는(pushing a shopping cart) 모습이 아니므로 오답.
(B) 동사 오답. 남자가 식료품 값을 지불하고 있는(paying for some groceries) 모습이 아니므로 오답.
(C) 정답. 상품이 선반에 정리되어 있는(arranged on shelves) 모습이므로 정답.

(D) 동사 오답. 쇼핑 바구니는 보이지만 바닥에 일렬로 놓여 있는(lined up on the floor) 모습이 아니므로 오답.

4 M-Cn

(A) **A woman's working at a laptop computer.**
(B) A woman's drinking from a bottle.
(C) A woman's stacking some furniture.
(D) A woman's putting items in a backpack.

(A) 한 여자가 노트북 컴퓨터로 작업하고 있다.
(B) 한 여자가 병에 입을 대고 마시고 있다.
(C) 한 여자가 가구를 쌓아 올리고 있다.
(D) 한 여자가 배낭에 물건들을 집어넣고 있다.

어휘 drink from a bottle 병에 입을 대고 마시다 stack 쌓다, 쌓아 올리다 backpack 배낭

해설 1인 등장 사진 – 사람의 동작 묘사
(A) 정답. 여자가 노트북 컴퓨터로 작업을 하고(working at a laptop computer) 있으므로 정답.
(B) 동사 오답. 물병은 보이지만 여자가 병에 입을 대고 마시고 있는(drinking from a bottle) 모습이 아니므로 오답.
(C) 동사 오답. 여자가 가구를 쌓아 올리고 있는(stacking some furniture) 모습이 아니므로 오답.
(D) 동사 오답. 배낭은 보이지만 여자가 배낭에 물건들을 집어넣고 있는(putting items in a backpack) 모습이 아니므로 오답.

5 M-Au

(A) A stage has been set up indoors.
(B) **Some people are watching a performance.**
(C) People are waiting in line for tickets.
(D) A concert hall is unoccupied.

(A) 무대가 실내에 설치됐다.
(B) **몇 사람이 공연을 보고 있다.**
(C) 사람들이 표를 사려고 줄을 서서 기다리고 있다.
(D) 공연장이 비어 있다.

어휘 stage 무대 set up 설치하다 indoors 실내에서 performance 공연 wait in line 줄 서서 기다리다 unoccupied 비어 있는

해설 2인 이상 등장 사진 – 사람 또는 사물 중심 묘사
(A) 명사 오답. 무대가 실외(outdoors)에 설치되었고 실내(indoors)에 설치된 것이 아니므로 오답.

(B) 정답. 몇 사람이 공연을 보고 있는(watching a performance) 모습이므로 정답.
(C) 동사 오답. 사람들은 보이지만 사람들이 표를 사려고 줄을 서서 기다리고 있는(waiting in line) 모습이 아니므로 오답.
(D) 사진에 없는 명사를 이용한 오답. 사진에 공연장 건물(concert hall)이 보이지 않으므로 오답.

6 W-Am

(A) Some pedestrians are crossing at an intersection.
(B) Tree branches are being cleared off a walkway.
(C) **Some vehicles are facing a low wall.**
(D) A car is exiting a parking garage.

(A) 보행자 몇 명이 교차로를 건너고 있다.
(B) 나뭇가지들이 보도에서 깨끗이 치워지고 있다.
(C) **차량 몇 대가 낮은 담을 향해 있다.**
(D) 차가 주차장 건물을 빠져나가고 있다.

어휘 pedestrian 보행자 intersection 교차로 tree branch 나뭇가지 clear off 깨끗이 치우다 walkway 보도 parking garage 주차장 건물

해설 사물/배경 사진 – 사물의 위치 묘사
(A) 사진에 없는 명사를 이용한 오답. 사진에 보행자들(pedestrians)이 보이지 않으므로 오답.
(B) 동사 오답. 사진에 나뭇가지들은 보이지만 치워지고 있는(being cleared off) 모습이 아니므로 오답.
(C) 정답. 차량 몇 대가 낮은 담을 향해 있는(facing a low wall) 모습이므로 정답.
(D) 동사 오답. 사진에 차는 보이지만 주차장 건물을 빠져나가고 있는(exiting a parking garage) 모습이 아니므로 오답.

PART 2

7

M-Au Why did the flight from Hong Kong arrive so late?

W-Am (A) No, it's a direct flight.
       (B) **Probably because of the weather.**
       (C) I've been there recently.

홍콩에서 오는 비행기가 왜 이렇게 늦게 도착했나요?
(A) 아니요, 직항편이에요.
(B) **아마 날씨 탓일 거예요.**
(C) 최근에 거기에 가 봤어요.

어휘 direct flight 직항 probably 아마 recently 최근에

해설 비행기가 늦게 도착한 이유를 묻는 Why 의문문
(A) Yes/No 불가 오답. Why 의문문에 Yes/No 응답이 불가능하므로 오답.
(B) 정답. 비행기가 늦게 도착한 이유에 대해 날씨 때문이라는 구체적인 이유를 제시하고 있으므로 정답.
(C) 연상 단어 오답. 질문의 Hong Kong에 대해 연상 가능한 I've been there를 이용한 오답.

8

M-Cn Where did you leave the blue folder?
W-Br (A) She leaves at noon.
(B) On your desk.
(C) I folded the brochures.

파란 서류철은 어디에 두었나요?
(A) 그녀는 정오에 떠나요.
(B) 당신 책상 위에 뒀어요.
(C) 제가 책자를 접었어요.

어휘 folder 서류철 fold 접다 brochure (안내) 책자

해설 폴더의 위치를 묻는 Where 의문문
(A) 단어 반복 오답. 질문의 leave는 '두다'의 뜻이고, 보기의 leave는 '떠나다'의 의미로 leave를 반복한 오답.
(B) 정답. 파란 서류철을 어디에 두었냐는 질문에 구체적인 장소로 답하고 있으므로 정답.
(C) 파생어 오답. 질문의 folder와 파생어 관계인 folded를 이용한 오답.

9

W-Am Who's in charge of scheduling employees' work shifts?
W-Br (A) From nine to five.
(B) Several vacation days.
(C) The factory supervisor.

직원 근무 교대 일정 담당자는 누구입니까?
(A) 9시부터 5시까지요.
(B) 며칠간 휴가예요.
(C) 공장 감독관이요.

어휘 in charge of ~을 맡아 work shift 근무 교대 vacation 휴가

해설 일정 담당자를 묻는 Who 의문문
(A) 질문과 상관없는 오답. How long 의문문에 대한 응답이므로 오답.
(B) 연상 단어 오답. 질문의 scheduling에 대해 연상 가능한 vacation을 이용한 오답.
(C) 정답. 직원 근무 교대 일정 담당자가 누구냐는 질문에 공장 감독관이라는 구체적인 직책으로 답하고 있으므로 정답.

10

W-Am Would you like juice or water?
M-Cn (A) Water the plants every day.
(B) I'm not very thirsty right now.
(C) Twenty-four bottles in a case.

주스나 물을 드시겠습니까?
(A) 매일 식물에 물을 주세요.
(B) 지금은 그다지 목마르지 않아요.
(C) 한 상자에 24병이에요.

어휘 water a plant 식물에 물을 주다 thirsty 목마른

해설 단어를 연결한 선택 의문문
(A) 단어 반복 오답. 질문의 water는 '물'의 뜻이고, 보기의 water는 '물을 주다'라는 의미로 water를 반복 이용한 오답.
(B) 정답. 주스나 물을 마시겠냐는 질문에 그다지 목이 마르지 않다고 우회적으로 음료를 거절하고 있으므로 정답.
(C) 질문과 상관없는 오답. How many 의문문에 대한 응답이므로 오답.

11

M-Au Don't we need a password to log onto the computer?
W-Am (A) We don't have a logo.
(B) Yes, but I can't remember it.
(C) He's in the computer lab.

컴퓨터에 접속하려면 패스워드가 필요하지 않나요?
(A) 로고는 없습니다.
(B) 네, 하지만 기억이 안 납니다.
(C) 그는 컴퓨터실에 있습니다.

어휘 log onto ~에 접속하다

해설 패스워드가 필요한지의 여부를 묻는 부정의문문
(A) 유사 발음 오답. 질문의 log와 발음이 비슷한 logo를 이용한 오답.
(B) 정답. 컴퓨터에 접속하려면 패스워드가 필요한지를 묻는 질문에 먼저 Yes라는 긍정적인 응답을 한 후 그렇지만 기억이 안 난다는 부연 설명을 하고 있으므로 정답.
(C) 단어 반복 오답. 질문의 computer를 반복 이용한 오답.

12

W-Br Which of these paint colors would look best in the hallway?
M-Cn **(A) My preference is the yellow.**
(B) No, it's just down the hall.
(C) I didn't see what she looked like.

이 중 어떤 페인트 색이 복도에 가장 잘 어울릴 것 같아요?
(A) 저는 노란색을 선호합니다.
(B) 아니요, 복도를 쭉 따라가면 됩니다.
(C) 그녀가 어떻게 생겼는지 보지 않았어요.

어휘 hallway 복도, 통로 preference 선호

해설 어울리는 페인트 색을 묻는 Which 의문문
(A) 정답. 어떤 페인트 색이 복도와 가장 잘 어울릴지를 묻는 질문에 구체적인 색(yellow)을 제시하고 있으므로 정답.
(B) Yes/No 불가 오답. Which 의문문에 Yes/No 응답이 불가능하므로 오답.
(C) 질문과 상관없는 오답. she가 가리키는 대상이 질문에 없으므로 오답.

13
W-Am Why did we order the cleaning supplies from a different company?
M-Cn (A) Until Tuesday.
(B) Through the catalog.
(C) The prices were much cheaper.

다른 업체에서 청소용품을 주문한 이유가 무엇인가요?
(A) 화요일까지요.
(B) 카탈로그를 통해서요.
(C) 가격이 훨씬 더 쌌어요.

어휘 cleaning supplies 청소용품

해설 다른 업체에서 주문한 이유를 묻는 Why의문문
(A) 질문과 상관없는 오답. When 의문문에 대한 응답이므로 오답.
(B) 질문과 상관없는 오답. How 의문문에 대한 응답이므로 오답.
(C) 정답. 다른 업체에서 청소용품을 주문한 이유를 묻는 질문에 가격이 더 저렴하다는 구체적인 이유를 제시하고 있으므로 정답.

14
M-Au How can we meet the project deadline?
W-Br **(A) We'll have to work extra hours.**
(B) Can you turn on the projector?
(C) The meeting went too long.

어떻게 하면 프로젝트 기한을 맞출 수 있을까요?
(A) 시간외 근무를 해야 해요.
(B) 프로젝터를 켜주시겠어요?
(C) 회의가 너무 길었어요.

어휘 meet the deadline 기한을 맞추다   work extra hours 시간외 근무를 하다   turn on ~을 켜다

해설 기한을 맞출 방법을 묻는 How 의문문
(A) 정답. 기한을 맞출 방법을 묻는 질문에 시간외 근무를 해야 한다는 구체적인 방법을 제시하고 있으므로 정답.
(B) 파생어 오답. 질문의 project와 파생어 관계인 projector를 이용한 오답.
(C) 파생어 오답. 질문의 meet과 파생어 관계인 meeting을 이용한 오답.

15
W-Am Could you help me find my sunglasses?
M-Cn **(A) Where did you have them last?**
(B) A few more drinking glasses.
(C) The rainy season begins next month.

선글라스 찾는 것 좀 도와주시겠어요?
(A) 마지막으로 갖고 있었던 곳이 어딘가요?
(B) 유리컵 몇 개 더요.
(C) 다음달에 우기가 시작돼요.

어휘 drinking glass 유리컵   rainy season 우기

해설 부탁/요청의 의문문
(A) 정답. 선글라스 찾는 걸 도와달라는 요청에 마지막으로 갖고 있었던 곳이 어디냐고 되물으며 선글라스 찾기에 도움이 되는 질문으로 답변하고 있으므로 정답.
(B) 유사 발음 오답. 질문의 sunglasses와 일부 발음이 비슷한 glasses를 이용한 오답.
(C) 질문과 상관없는 오답. When 의문문에 대한 응답이므로 오답.

16
M-Au I think I have this meeting room reserved.
W-Am (A) When did they take place?
(B) I'm so sorry—I'll be out in a minute.
(C) A hotel in the city center.

제가 이 회의실을 예약한 것 같은데요.
(A) 언제 열렸나요?
(B) 정말 죄송해요. 곧 나갈게요.
(C) 시 중심부의 호텔이에요.

어휘 reserve 예약하다   take place 개최되다, 열리다   in a minute 곧, 당장

해설 사실/정보 전달의 평서문
(A) 연상 단어 오답. 평서문의 meeting에서 연상 가능한 take place를 이용한 오답.
(B) 정답. 본인이 회의실을 예약한 것 같다는 말에 미안하다고 한 후 곧 나가겠다고 하므로 정답.
(C) 질문과 상관없는 오답. Where 의문문에 대한 응답이므로 오답.

17
W-Br When was the sculpture gallery added to the Iversen Museum?
M-Cn (A) A substantial amount of money.
(B) Four or five years ago.
(C) A local artist.

아이버슨 박물관에 조각품 전시장이 언제 추가되었나요?
(A) 상당한 금액이죠.
(B) 4~5년 전이에요.
(C) 지역 예술가예요.

어휘 sculpture 조각   gallery 미술관, 화랑   substantial 상당한   local 지역의

해설 조각품 전시장이 언제 추가되었는지를 묻는 When 의문문
(A) 질문과 상관없는 오답. How much 의문문에 대한 응답이므로 오답.
(B) 정답. 전시장이 언제 박물관에 추가되었느냐는 질문에 구체적인 시점으로 답했으므로 정답.
(C) 연상 단어 오답. 질문의 sculpture gallery에서 연상 가능한 artist를 이용한 오답.

18

M-Au Aren't you traveling to China at the end of this month?

W-Am (A) Two window seats.
(B) The travel agency.
(C) No, not until next November.

이번 달 말에 중국으로 여행가시지 않나요?
(A) 창가 좌석 두 개요.
(B) 여행사요.
(C) 아니요, 다음 11월이나 되어야 해요.

어휘 window seat 창가 쪽 좌석   travel agency 여행사   not until ~ ~까지는 안 된다

해설 중국으로 여행 가는지 여부를 묻는 부정의문문
(A) 질문과 상관없는 오답. How many 의문문에 대한 응답이므로 오답.
(B) 단어 반복 오답. 질문의 travel을 반복한 오답.
(C) 정답. 이번 달 말에 중국으로 여행가지 않느냐는 질문에 먼저 No라는 부정적인 응답을 한 후 11월에 간다는 부연 설명을 하므로 정답.

19

W-Br Will Mr. Lu pick up his order, or should we deliver it?

M-Au **(A) He picked it up this morning.**
(B) That's all right; I don't want any.
(C) A floral arrangement.

루 씨가 주문한 걸 찾으러 오나요, 아니면 저희가 배달해야 하나요?
(A) 그가 오늘 아침에 찾아갔어요.
(B) 괜찮습니다. 필요 없습니다.
(C) 꽃꽂이요.

어휘 pick up 찾아오다   deliver 배달하다   floral arrangement 꽃꽂이, 꽃 장식

해설 절을 연결한 선택의문문
(A) 정답. 직접 찾으러 올지, 배달할지를 묻는 질문에 그가 오늘 아침에 찾아갔다는 제 3의 선택 사항을 제시한 것이므로 정답.
(B) 질문과 상관없는 오답. 제안/권유의 의문문에 대한 응답이므로 오답.
(C) 질문과 상관없는 오답. What 의문문에 대한 응답이므로 오답.

20

W-Am You can reschedule the event, can't you?

M-Au (A) Don't forget to sign up.
(B) The invitations have already been sent out.
(C) I attended that meeting.

행사 일정을 변경할 수 있죠, 그렇죠?
(A) 신청하는 것을 잊지 마세요.
(B) 이미 초청장이 발송됐는데요.
(C) 제가 그 회의에 참석했어요.

어휘 reschedule 일정을 변경하다   sign up 신청하다   send out 발송하다   attend 참석하다

해설 일정 변경 가능 여부를 묻는 부가 의문문
(A) 연상 단어 오답. 질문의 event에 대해 연상 가능한 sign up을 이용한 오답.
(B) 정답. 행사 일정을 변경할 수 있는지 묻는 질문에 이미 초청장이 발송되어서 불가능하다고 우회적으로 대답하고 있으므로 정답.
(C) 연상 단어 오답. 질문의 event에 대해 연상 가능한 meeting을 이용한 오답.

21

W-Br Do you need help getting that box down from the top shelf?

M-Cn **(A) I'll just use a ladder.**
(B) The shipping was free.
(C) His office is upstairs.

선반 꼭대기에서 상자 내리는 일을 도와드릴까요?
(A) 그냥 사다리를 쓸게요.
(B) 배송은 무료였어요.
(C) 그의 사무실은 위층이에요.

어휘 ladder 사다리   shipping 선적, 배송

해설 도움이 필요한지를 묻는 조동사(do) Yes/No 의문문
(A) 정답. 상자를 내리는 일에 도움이 필요한지에 대해 사다리를 쓸 것이라며 우회적으로 제안을 거절하고 있으므로 정답.
(B) 연상 단어 오답. 질문의 box에 대해 연상 가능한 shipping을 이용한 오답.
(C) 질문과 상관없는 오답. His가 가리키는 대상이 질문에 없으므로 오답.

22

W-Am Who's the new public relations manager?

M-Cn (A) On the third floor.
(B) A pool of five applicants.
(C) Someone from the London branch.

신임 홍보 관리자가 누구인가요?
(A) 3층에요.
(B) 다섯 명의 지원자요.
(C) 런던 지점에서 온 사람이에요.

어휘 public relations 홍보   applicant 지원자   branch 지점

해설 신임 홍보 관리자가 누군지를 묻는 Who 의문문
(A) 질문과 상관없는 오답. Where 의문문에 대한 응답이므로 오답.
(B) 연상 단어 오답. 질문의 manager에서 연상 가능한 applicants를 이용한 오답.
(C) 정답. 신임 홍보 관리자가 누군지에 대해 사람을 나타내는 부정대명사(Someone from the London branch)로 대답하고 있으므로 정답.

23

M-Au You said the financial report would be done this week, didn't you?

W-Br (A) No, he didn't pay for it.
(B) The keys are in the supply drawer.
(C) I did, but there's been a delay.

재무보고서가 이번 주까지 완성될 거라고 했죠, 그렇죠?
(A) 아니요, 그는 값을 지불하지 않았어요.
(B) 열쇠는 용품 서랍 안에 있어요.
(C) 네, 하지만 좀 지연됐습니다.

어휘 financial report 재무보고서   drawer 서랍   delay 지연

해설 재무보고서 완성 여부를 묻는 부가 의문문
(A) 질문과 상관없는 오답. He가 가리키는 대상이 질문에 없으므로 오답.
(B) 질문과 상관없는 오답. Where 의문문에 대한 응답이므로 오답.
(C) 정답. 보고서가 이번 주까지 완성될 거라고 말했는지에 대해, 그랬지만(I did) 지연됐다는 부연 설명을 하므로 정답.

24
M-Cn   What time does your bus come?
W-Am   **(A) I'm walking today.**
(B) A one-way ticket.
(C) It's on Thirty-Fourth Street.

버스가 몇 시에 오나요?
(A) 오늘은 걸어갑니다.
(B) 편도 차표입니다.
(C) 34번가에 있어요.

어휘 one-way ticket 편도 차표

해설 버스가 몇 시에 오는지를 묻는 What time 의문문
(A) 정답. 버스가 몇 시에 오는지에 대한 질문에 걸어간다는 말로 모른다는 사실을 우회적으로 전달한 것이므로 정답.
(B) 연상 단어 오답. 질문의 bus에 대해 연상 가능한 ticket을 이용한 오답.
(C) 질문과 상관없는 오답. Where 의문문에 대한 응답이므로 오답.

25
W-Br   Why don't you ask some of the interns to help you with the project?
M-Au   (A) A graph showing sales projections.
(B) I did enjoy the internship.
(C) I hadn't thought of that!

인턴 몇 명에게 프로젝트를 좀 도와달라고 요청하지 그래요?
(A) 예상 매출을 보여주는 그래프예요.
(B) 저는 인턴십이 정말 즐거웠습니다.
(C) 그 생각은 미처 못했군요!

어휘 sales 판매, 매출   projection 예상

해설 제안/권유의 의문문
(A) 파생어 오답. 질문의 project와 파생어 관계인 projections를 이용한 오답.
(B) 파생어 오답. 질문의 interns와 파생어 관계인 internship을 이용한 오답.
(C) 정답. 인턴 몇 명에게 프로젝트를 도와달라고 하라는 권유에 그 생각을 미처 못했다는 말로 그러겠다는 의미를 우회적으로 전달하는 것이므로 정답.

26
M-Cn   What floor is Taffer Technologies on?
M-Au   **(A) There's a building directory behind you.**
(B) It's mostly industrial machine parts.
(C) Yes, that's where we're located.

태퍼 테크놀로지스는 몇 층에 있나요?
(A) 뒤쪽에 건물 안내도가 있어요.
(B) 대부분 공업용 기계 부품이에요.
(C) 네, 거기가 우리가 위치한 곳입니다.

어휘 building directory 건물 안내도   mostly 대부분, 주로   industrial 공업의, 산업의   part 부품   be located 위치해 있다

해설 몇 층인지를 묻는 What 의문문
(A) 정답. 태퍼 테크놀로지스가 몇 층에 있는지에 대해 뒤쪽에 건물 안내도가 있다는 말로 직접 찾아보라는 의미를 우회적으로 전달한 것이므로 정답.
(B) 연상 단어 오답. 질문의 Technologies에 대해 연상 가능한 industrial machine을 이용한 오답.
(C) Yes/No 불가 오답. What 의문문에 Yes/No 응답이 불가능하므로 오답.

27
M-Cn   Are there any openings on your company's design team?
W-Am   (A) The new design is very popular.
(B) We're open until seven o'clock.
(C) You're welcome to fill out an application.

귀사의 디자인팀에 공석이 있나요?
(A) 새로운 디자인은 인기가 아주 좋아요.
(B) 7시까지 문을 열어요.
(C) 지원서를 작성하셔도 좋습니다.

어휘 opening 결원, 공석   welcome to + 동사원형 ~해도 좋다   fill out 기입하다, 작성하다   application 지원(서), 신청(서)

해설 공석이 있는지를 묻는 be동사 Yes/No 의문문
(A) 단어 반복 오답. 질문의 design을 반복 이용한 오답.
(B) 파생어 오답. 질문의 openings와 파생어 관계인 open을 이용한 오답.
(C) 정답. 디자인팀에 공석이 있는지를 묻는 질문에 지원서를 작성해도 된다는 말로 공석이 있다는 것을 우회적으로 전달한 것이므로 정답.

28
W-Br   How did you get the extra discount coupons?
M-Au   **(A) I signed up for them online.**
(B) Usually fifteen percent off.
(C) No, the mail hasn't arrived.

추가 할인쿠폰을 어떻게 구했나요?
(A) 온라인으로 신청했어요.
(B) 대개 15퍼센트 할인이에요.
(C) 아니요, 우편이 도착하지 않았어요.

어휘 discount 할인   sign up for ~를 신청하다

해설 추가 할인 쿠폰을 구한 방법을 묻는 How 의문문
(A) 정답. 추가 할인 쿠폰을 구한 방법에 대해 온라인으로 신청했다는 구체적인 방법을 제시하므로 정답.
(B) 연상 단어 오답. 질문의 discount에서 연상 가능한 fifteen percent off를 이용한 오답.
(C) Yes/No 불가 오답. Which 의문문에 Yes/No 응답이 불가능하므로 오답.

29
M-Cn　There has to be a faster way to drive to the warehouse.
W-Br　(A) A driver's license.
　　　(B) Sorry, I don't know any other routes.
　　　(C) They'll be away for a few days.

창고로 가는 더 빠른 길이 분명히 있을 텐데요.
(A) 운전면허증이요.
(B) 죄송하지만 다른 길은 몰라요.
(C) 그들은 며칠간 자리를 비울 겁니다.

어휘　warehouse 창고　driver's license 운전면허증　route 경로
해설　문의의 평서문
(A) 파생어 오답. 평서문의 drive와 파생어 관계인 driver를 이용한 오답.
(B) 정답. 창고로 가는 더 빠른 길이 있을 것이라는 말에 자신은 다른 길은 모른다고 응답하므로 정답.
(C) 유사 발음 오답. 질문의 way와 부분적으로 발음이 동일한 away를 이용한 오답.

30
M-Au　Where is the lecture being held?
W-Br　(A) Next week works for me.
　　　(B) A well-known economist.
　　　(C) Oh, I didn't think you could make it.

강의가 어디에서 열리고 있나요?
(A) 저는 다음 주 괜찮습니다.
(B) 유명한 경제학자예요.
(C) 아, 참석 못하실 줄 알았어요.

어휘　lecture 강의　well-known 유명한　make it 시간 맞춰 가다, 참석하다
해설　강의 장소를 묻는 Where 의문문
(A) 질문과 상관없는 오답. When 의문문에 대한 응답이므로 오답.
(B) 질문과 상관없는 오답. Who 의문문에 대한 응답이므로 오답.
(C) 정답. 강의가 어디에서 열리고 있냐는 질문에 참석하지 못할 줄 알았다고 우회적인 대답을 하므로 정답.

31
W-Am　Have the results of the product testing come in yet?
M-Au　(A) Another focus group.
　　　(B) They weren't what we expected.
　　　(C) To reschedule a launch date.

제품 테스트 결과가 나왔나요?
(A) 다른 포커스 그룹이요.
(B) 기대했던 것과 달랐어요.
(C) 출시일자를 변경하기 위해서요.

어휘　product 제품　focus group 포커스 그룹(시장 조사 등을 위해 각계각층에서 뽑은 집단)　reschedule 일정을 변경하다　launch date 시작일자, 출시일자
해설　제품 테스트 결과가 나왔는지를 묻는 조동사(have) Yes/No 의문문
(A) 질문과 상관없는 오답. Who 의문문에 대한 응답이므로 오답.
(B) 정답. 제품 테스트 결과가 나왔는지를 묻는 질문에 나왔다는 Yes를 생략하고 결과가 기대했던 것과 다르다는 부연 설명을 하므로 정답.
(C) 질문과 상관없는 오답. Why 의문문에 대한 응답이므로 오답.

PART 3

32-34

M-Au　Good afternoon. I'm Robert Merril. **32I have an appointment for a checkup with Dr. Sanchez at 1:00 P.M.**
W-Br　Yes, I see your name on the list. Unfortunately, **33the doctor is running about twenty minutes behind schedule**.
M-Au　In that case, I'd better call my office to let them know I'll get back later than expected.
W-Br　Of course. But, **34could you go down to the cafeteria on the first floor to do that**? We'd rather that you didn't make phone calls here in the waiting room.

남: 안녕하세요. 저는 로버트 메릴입니다. **오후 1시에 산체스 박사님과 진료 약속이 되어 있는데요.**
여: 네, 명단에 성함이 있군요. 죄송하지만 **박사님은 일정보다 20분 정도 늦어지고 있습니다.**
남: 그렇다면 사무실에 전화해서 예상보다 늦게 들어간다고 알리는 편이 좋겠네요.
여: 물론이죠. 그런데 **1층 카페테리아로 내려가서 전화하시겠어요**? 이곳 대기실에서는 통화하지 않으셨으면 좋겠는데요.

어휘　have an appointment 약속이 있다　checkup 진찰, 건강진단　behind schedule 예정보다 늦게　in that case 그렇다면　later than expected 예상보다 늦게　would rather ~하고 싶다　make a phone call 전화 걸다　waiting room 대기실

TEST 2　37

32

Where most likely are the speakers?

(A) In a restaurant
(B) In a law office
(C) In a medical clinic
(D) In an electronics store

화자들은 어디에 있겠는가?

(A) 식당
(B) 법률사무소
(C) 병원
(D) 전자제품 매장

해설 전체 내용 관련 – 대화 장소

남자의 첫 번째 대사에서 오후 1시에 산체스 박사님과 진료 약속이 되어 있다(I have an appointment for a checkup with Dr. Sanchez at 1:00 P.M.)고 말했으므로 정답은 (C)이다.

33

What problem does the woman mention?

(A) An appointment will begin later than expected.
(B) A computer is not connected to the network.
(C) A popular item is out of stock.
(D) A receipt is incorrect.

여자는 어떤 문제를 언급하는가?

(A) 진료가 예정보다 늦어질 것이다.
(B) 컴퓨터가 네트워크에 연결되어 있지 않다.
(C) 인기 있는 품목은 재고가 없다.
(D) 영수증이 잘못되었다.

해설 세부사항 관련 – 여자가 언급한 문제

여자의 첫 번째 대사에서 박사님이 일정보다 20분 정도 늦어지고 있다(the doctor is running about twenty minutes behind schedule)고 했으므로 정답은 (A)이다.

▶ Paraphrasing   대화의 is running about twenty minutes behind schedule
→ 정답의 begin later than expected

34

What does the woman request that the man do?

(A) Review an itemized list
(B) Speak to a manager
(C) Make a call from another location
(D) Submit multiple copies of a form

여자는 남자에게 무엇을 하라고 요청하는가?

(A) 항목별 표 검토하기
(B) 관리자에게 이야기하기
(C) 다른 장소에서 전화 걸기
(D) 서류를 여러 부 제출하기

어휘   itemized 항목별로 구분한   multiple 많은, 다수의

해설 세부사항 관련 – 여자의 요청 사항

여자의 두 번째 대사에서 1층 카페테리아로 내려가서 전화하라(could you go down to the cafeteria on the first floor to do that)고 요청했으므로 정답은 (C)이다.

35-37

> W-Am   Hi. My name is Sandra Browning, and **35I recently applied for a credit card with you. I still haven't heard whether I've been approved for the card though.**
>
> M-Cn   I'm sorry, Ms. Browning. Let me check our records. Do you remember when you submitted the application?
>
> W-Am   Um, I don't remember the exact day, but it was about a month ago. I sent it by mail.
>
> M-Cn   Hmm. Unfortunately, **36it looks like we never received your application.** But **37we can complete the application over the phone. I can put your information directly into the computer** so it will be processed right away.
>
> 여: 안녕하세요. 제 이름은 산드라 브라우닝입니다. **최근 신용카드를 신청했는데요. 아직 승인이 났는지 여부를 듣지 못했어요.**
>
> 남: 죄송합니다, 브라우닝 씨. 기록을 확인할게요. 언제 신청서를 제출했는지 기억하세요?
>
> 여: 음, 정확한 날짜는 기억이 안 나지만 대략 한 달 전이에요. 우편으로 보냈습니다.
>
> 남: 음, 안타깝게도 **신청서를 받지 못한 것 같습니다.** 하지만 **전화로 신청서를 작성할 수 있습니다. 귀하의 정보를 컴퓨터에 바로 입력하겠습니다.** 그러면 즉시 처리될 겁니다.

어휘   apply for ~를 신청하다   be approved 승인 받다   submit 제출하다   application 신청서   exact 정확한   by mail 우편으로   complete (서식을 빠짐없이) 기입하다   over the phone 전화로   directly 직접, 바로   be processed 처리되다   right away 즉시, 곧장

35

What is the woman trying to get?

(A) An insurance policy
(B) A magazine subscription
(C) A credit card
(D) A post office box key

여자는 무엇을 얻으려고 하는가?

(A) 보험증권
(B) 잡지 구독
(C) 신용카드
(D) 우체국 사서함 열쇠

해설 세부사항 관련 – 여자가 갖길 원하는 것

여자의 첫 번째 대사에서 최근 신용카드를 신청했는데(I recently applied for a credit card) 아직 승인이 났는지 여부를 듣지 못했다(I still haven't heard whether I've been approved for the card)고 했으므로 정답은 (C)이다.

36
What has caused a problem?
(A) A document did not arrive.
(B) A contract was not signed.
(C) A payment was not made.
(D) A software program did not work.

무엇 때문에 문제가 생겼는가?
(A) 서류가 도착하지 않았다.
(B) 계약서에 서명이 되지 않았다.
(C) 지불이 이루어지지 않았다.
(D) 소프트웨어 프로그램이 작동하지 않았다.

해설 세부사항 관련 – 문제가 생긴 이유

남자의 두 번째 대사에서 신청서를 받지 못한 것 같다(it looks like we never received your application)고 했으므로 정답은 (A)이다.

▶▶ Paraphrasing   대화의 we never received your application
→ 정답의 A document did not arrive.

37
What does the man offer to do?
(A) Find some instructions on a Web site
(B) Complete an application by phone
(C) Consult another employee
(D) Cancel an order

남자는 무엇을 해 주겠다고 제안하는가?
(A) 웹사이트에서 설명 찾아 주기
(B) 전화로 신청서 작성하기
(C) 다른 직원과 상의하기
(D) 주문 취소하기

해설 세부사항 관련 – 남자의 제안 사항

남자의 두 번째 대사에서 전화로 신청서를 작성할 수 있으니(we can complete the application over the phone) 정보를 컴퓨터에 직접 입력하겠다(I can put your information directly into the computer)고 했으므로 정답은 (B)이다.

38-40

M-Au Hi Lisa. I just got an e-mail that ³⁸**our clients from Singapore are attending a conference in New York at the end of the month. They were wondering if they could visit our offices** since they'll already be in the area.

W-Br Oh, ³⁹**this'll be a good opportunity to show them the new mobile phone app we're designing for them**. Do you think the design team can finish it in time?

M-Au I think so, but ⁴⁰**I'd better tell the design team right away that we're moving up their deadline so it's ready in time for the client visit**. They thought they'd have more time to complete the work.

남 안녕하세요, 리사 씨. **싱가포르에 있는 저희 고객들이 이번 달 말 뉴욕에서 있을 회의에 참석한다는** 이메일을 방금 받았습니다. 이 지역에 있을 예정이니 **저희 사무실을 방문할 수 있는지 알고 싶어하는데요.**

여 아, **그들을 위해 디자인하고 있는 신규 휴대전화 앱을 보여줄 좋은 기회군요.** 디자인팀이 제때 끝낼 수 있을까요?

남 그럴 것 같습니다. 하지만 **기한을 앞당겨서 고객 방문에 맞춰 준비되도록 디자인팀에게 바로 말하는 편이 좋겠습니다.** 그들은 작업을 완료하는 데 시간이 더 있다고 생각할 테니까요.

어휘 client 고객   attend 참석하다   wonder 궁금해 하다   opportunity 기회   in time 제때에, 늦지 않게   right away 즉시, 바로   move up the deadline 기한을 앞당기다   complete 완료하다

38
What are the speakers mainly discussing?
(A) A client visit
(B) A marketing survey
(C) A grand opening celebration
(D) A conference presentation

화자들은 주로 무엇에 대해 이야기하고 있는가?
(A) 고객 방문
(B) 마케팅 조사
(C) 개업식 기념행사
(D) 회의 발표

해설 전체 내용 관련 – 대화의 주제

남자의 첫 번째 대사에서 싱가포르에 있는 고객들이 이번 달 말 뉴욕에서 있을 회의에 참석(our clients from Singapore are attending a conference in New York)할 것이며, 우리 사무실을 방문할 수 있는지 (They were wondering if they could visit our offices)를 알고 싶어 한다고 했으므로 정답은 (A)이다.

39
What does the woman suggest doing?
(A) Offering a discount
(B) Presenting a product design
(C) Organizing a staff luncheon
(D) Distributing a questionnaire

여자는 무엇을 하자고 제안하는가?
(A) 할인 제공
(B) 제품 디자인 발표
(C) 직원 점심식사 마련
(D) 설문지 배포

어휘 organize 준비하다, 마련하다   distribute 배포하다
   questionnaire 설문지

해설 세부사항 관련 – 여자의 제안 사항

여자의 대사에서 고객들을 위해 디자인하고 있는 신규 휴대전화 앱을 보여줄 좋은 기회(this'll be a good opportunity to show them the new mobile phone app we're designing for them)라고 했으므로 정답은 (B)이다.

> ▶ Paraphrasing 대화의 show them the new mobile phone app we're designing
> → 정답의 Presenting a product design

40

What does the man say he will do?
(A) Reserve a meeting room
(B) Prepare a financial statement
(C) Post information on a Web site
(D) Notify a group of a new deadline

남자는 무엇을 할 것이라고 말하는가?
(A) 회의실 예약
(B) 재무제표 준비
(C) 웹사이트에 정보 게시
(D) 팀에 새로운 기한 공지

어휘 financial statement 재무제표   notify 공지하다

해설 세부사항 관련 – 남자가 할 일

남자의 두 번째 대사에서 기한을 앞당겨서 고객 방문에 맞춰 준비되도록 디자인팀에게 바로 말하는 편이 좋겠다(I'd better tell the design team right away that we're moving up their deadline)고 했으므로 정답은 (D)이다.

> ▶ Paraphrasing 대화의 tell the design team ~ that we're moving up their deadline
> → 정답의 Notify a group of a new deadline

41-43

M-Cn Hi. **41**I'm looking to buy another delivery vehicle **42**for my catering business—one that will keep the food hot or cold.

W-Am You've come to the right place—we have a lot of vehicles that'll suit your needs. And they all include heating and refrigeration compartments.

M-Cn Great, but my catering orders are usually quite small, so I don't need anything too big.

W-Am Our Series-Ten trucks are quite compact. There're a few in the parking lot. **43**Why don't you take one out for a drive?

남 안녕하세요. **제 출장요리 사업에 쓸 배송 차량을 한 대 더 구매하려고 합니다.** 음식 보온이나 보냉이 되는 차량으로요.

여 잘 오셨습니다. 요구사항에 맞는 차량이 많이 있습니다. 모두 보온칸과 냉장칸을 갖추고 있어요.

남 좋습니다. 하지만 보통 음식 주문량이 상당히 적어서 너무 큰 차량은 필요 없습니다.

여 시리즈-텐 트럭이 꽤 작습니다. 주차장에 몇 대 있는데요. 한 대 운전해 보시겠어요?

어휘 delivery 배송   vehicle 차량, 탈것   catering 출장요리, 음식 공급(업)   suit 맞다, 어울리다   refrigeration 냉장   compartment 칸   compact (공간이) 작은   parking lot 주차장

41

What is the purpose of the man's visit?
(A) To request a refund
(B) To repair some equipment
(C) To make a purchase
(D) To drop off some merchandise

남자의 방문 목적은 무엇인가?
(A) 환불을 요청하려고
(B) 장비를 수리하려고
(C) 구매하려고
(D) 상품을 인계하려고

어휘 refund 환불   equipment 장비, 기기   drop off 갖다 주다

해설 전체 내용 관련 – 남자의 방문 목적

남자의 첫 번째 대사에서 배송 차량을 한 대 더 구매하려고 한다(I'm looking to buy another delivery vehicle)고 했으므로 정답은 (C)이다.

> ▶ Paraphrasing 대화의 buy → 정답의 make a purchase

42

What is the man's job?
(A) Caterer
(B) Electrician
(C) Car mechanic
(D) Supermarket manager

남자의 직업은 무엇인가?
(A) 출장요리업자
(B) 전기기술자
(C) 차량 정비공
(D) 슈퍼마켓 관리자

해설 전체 내용 관련 – 남자의 직업

남자의 첫 번째 대사에서 출장요리 사업에 쓸 다른 배송 차량을 구매하려고 한다(I'm looking to buy another delivery vehicle for my catering business)고 했으므로 정답은 (A)이다.

> ▶▶ Paraphrasing 대화의 catering business → 정답의 Caterer

43
What does the woman suggest the man do?
(A) Speak to a supervisor
(B) Park in a different location
(C) Copy an invoice
(D) Drive a vehicle

여자는 남자에게 무엇을 하라고 제안하는가?
(A) 감독관에게 말하기
(B) 다른 장소에 주차하기
(C) 청구서 복사하기
(D) 차량 운전하기

해설 세부사항 관련 – 여자의 제안 사항
여자의 두 번째 대사에서 한 대 운전해 보시겠느냐(Why don't you take one out for a drive)고 제안했으므로 정답은 (D)이다.

> ▶▶ Paraphrasing 대화의 take one out for a drive
>   → 정답의 Drive a vehicle

44-46 3인 대화

M-Au	This has been a productive meeting. Thank you both for coming to discuss the Oakland building project.
W-Am	Yes—⁴⁴**Frederick's done a terrific job with the project so far, and I'm really looking forward to taking over from here.**
M-Au	Frederick, is there anything else Michelle needs to know?
M-Cn	Just one more thing—the client wants all communication in writing. So ⁴⁵**make sure you send e-mails confirming anything you discuss over the phone or in person.**
W-Am	Got it. So Frederick, I hear you'll be working overseas.
M-Cn	Yeah, ⁴⁶**my next building project is in Cape Town, which is exciting since I've never been to South Africa before.**
남1:	생산적인 회의였습니다. 두 분 모두 오클랜드 건물 프로젝트 논의를 위해 와 주셔서 감사합니다.
여:	네, **프레드릭 씨가 지금껏 프로젝트에서 멋진 활약을 해 주셨는데요. 여기서부터 인계 받기를 고대하고 있습니다.**
남1:	프레드릭 씨, 미쉘 씨가 더 알아야 할 것이 있나요?
남2:	한 가지 덧붙이자면, 고객은 모든 의사소통을 문서화하고 싶어합니다. 그러니 **전화상으로나 직접 만나 논의한 모든 것을 확인하는 이메일을 반드시 보내도록 하십시오.**

여: 알겠습니다. 프레드릭 씨, 해외에서 일하실 예정이라고 들었어요.
남2: 네, 다음 건축 프로젝트는 케이프타운에서 이뤄집니다. 남아프리카공화국에 가 본 적이 없어 설레는군요.

어휘 productive 생산적인 terrific 멋진, 매우 훌륭한 so far 지금까지 look forward to -ing ~하기를 고대하다 take over 인계 받다 in writing 서면으로 confirm 확인하다, 공식화하다 over the phone 전화상으로 in person 직접, 몸소 overseas 해외에

44
What are the speakers discussing?
(A) Securing financial backing
(B) Negotiating a company merger
(C) Making travel arrangements
(D) Changing the leader of a project

화자들은 무엇을 논의하고 있는가?
(A) 재정 지원 확보
(B) 기업 합병 협상
(C) 여행 준비
(D) 프로젝트 책임자 교체

해설 전체 내용 관련 – 대화의 주제
여자의 첫 번째 대사에서 프레드릭 씨가 지금껏 프로젝트에서 멋진 활약을 해 주었고(Frederick's done a terrific job with the project so far) 여기서부터 인계 받기를 고대하고 있다(I'm really looking forward to taking over from here)고 했으므로 정답은 (D)이다.

45
What does Frederick advise the woman to do?
(A) Hold face-to-face negotiations
(B) Send confirmation e-mails
(C) Minimize overhead costs
(D) Revise a budget

프레드릭 씨는 여자에게 무엇을 하라고 권하는가?
(A) 대면 협상
(B) 확인 이메일 보내기
(C) 간접비용 최소화
(D) 예산 변경

어휘 overhead cost 간접비

해설 세부사항 관련 – 프레드릭 씨의 권고 사항
두 번째 남자의 첫 번째 대사에서 전화상으로나 직접 만나 논의한 모든 것을 확인하는 이메일을 반드시 보내도록 하라(make sure you send e-mails confirming anything you discuss over the phone or in person)고 했으므로 정답은 (B)이다.

> ▶▶ Paraphrasing 대화의 send e-mails confirming anything
>   → 정답의 Send confirmation e-mails

TEST 2 41

46

What does Frederick say he is excited about?

(A) Meeting new colleagues
(B) Earning a higher salary
(C) Hiring an assistant
(D) Working in another country

프레드릭 씨는 무엇 때문에 설렌다고 말하는가?
(A) 새로운 동료를 만나서
(B) 급여를 더 많이 받아서
(C) 조수를 채용해서
(D) 다른 나라에서 일하게 돼서

해설 세부사항 관련 - 프레드릭 씨가 설레는 이유

두 번째 남자의 두 번째 대사에서 다음 건축 프로젝트는 케이프타운에서 이뤄지고(my next building project is in Cape Town) 남아프리카공화국에 가 본 적이 없어 설렌다(which is exciting since I've never been to South Africa before)고 했으므로 정답은 (D)이다.

47-49

W-Br	⁴⁷Welcome to Lehmann Law Offices. How can I help you?
M-Au	⁴⁸I'm with Hannover Express Shipping, and I have a package here for Mr. Dennis Lehmann. Is he available to sign this form?
W-Br	I can sign it for him, if that's all right.
M-Au	Sorry, ⁴⁹this package must be signed for by Mr. Lehmann himself.
W-Br	Well, Mr. Lehmann's in a meeting with clients right now.
M-Au	OK, ⁴⁹I'll stop by later.
여:	레만 법률사무소에 오신 것을 환영합니다. 어떻게 도와드릴까요?
남:	저는 하노버 익스프레스 택배에서 일하는데요. 데니스 레만 씨에게 소포가 왔습니다. 레만 씨가 이 서류에 서명할 수 있을까요?
여:	괜찮다면 제가 대신 서명해 드릴 수 있습니다.
남:	죄송하지만 이 소포는 레만 씨가 직접 서명하셔야 합니다.
여:	음, 레만 씨는 지금 고객과 회의 중입니다.
남:	괜찮아요. 나중에 다시 들르겠습니다.
어휘	law office 법률사무소 package 소포 available 시간이 있는 form 서류 stop by 잠시 들르다

47

Who most likely is the woman?

(A) A telephone operator
(B) A post office clerk
(C) An office receptionist
(D) A sales associate

여자는 누구이겠는가?
(A) 전화교환수
(B) 우체국 직원
(C) 사무실 접수원
(D) 영업사원

해설 전체 내용 관련 - 여자의 신분

여자의 첫 번째 대사에서 레만 법률사무소에 오신 것을 환영한다(Welcome to Lehmann Law Offices)면서 어떻게 도와줄지(How can I help you) 묻고 있으므로 정답은 (C)이다.

48

Why is the man visiting the office?

(A) To attend a training session
(B) To repair some computers
(C) To apply for a job
(D) To make a delivery

남자가 사무실을 방문한 이유는?
(A) 교육에 참가하기 위해
(B) 컴퓨터를 수리하기 위해
(C) 일자리에 지원하기 위해
(D) 배달하기 위해

해설 전체 내용 관련 - 남자의 방문 이유

남자의 첫 번째 대사에서 저는 하노버 익스프레스 택배에서 일하는데(I'm with Hannover Express Shipping) 데니스 레만 씨에게 소포가 왔다(I have a package here for Mr. Dennis Lehmann)고 했으므로 정답은 (D)이다.

49

What does the woman imply when she says, "Mr. Lehmann's in a meeting with clients right now"?

(A) Mr. Lehmann has a document she needs.
(B) A meeting room cannot be used.
(C) Mr. Lehmann is not available.
(D) An interview had to be cancelled.

여자가 "레만 씨는 지금 고객과 회의 중입니다"라고 말할 때 암시하는 바는?
(A) 그녀에게 필요한 문서를 레만 씨가 가지고 있다.
(B) 회의실을 사용할 수 없다.
(C) 레만 씨를 만날 수 없다.
(D) 인터뷰를 취소해야 했다.

해설 화자의 의도파악 - 레만 씨는 지금 고객과 회의 중이라는 말의 의도

남자의 두 번째 대사에서 레만 씨가 직접 서명해야 한다(this package must be signed for by Mr. Lehmann himself)고 하자 여자는 레만 씨가 고객과 회의 중이라고 말했다. 그러자 남자는 나중에 다시 들르겠다(I'll stop by later)고 했으므로, 레만 씨가 지금 시간을 낼 수 없어 남자가 나중에 올 것이라고 말했음을 알 수 있다. 따라서 정답은 (C)이다.

50-52

M-Cn Hi, Eunice. ⁵⁰**I called to get seats for the play we wanted to take our colleagues from Paris to, but there weren't any tickets left**. Do you have any other ideas for activities?

W-Br Oh, that's too bad. Well, the weather is supposed to be really nice this weekend. ⁵¹**How about taking them out to dinner at Harbor View Restaurant? It's on a cruise ship** on the riverfront, and I've taken people there before.

M-Cn I've heard of that ship, and the view of the city from the river is supposed to be spectacular. ⁵²**Would you mind finding out how much the dinner cruise would cost**?

남: 안녕하세요, 유니스 씨. 파리에서 온 동료들을 데리고 가고 싶었던 연극 좌석을 사려고 전화해 봤는데, 남아 있는 표가 없네요. 어떤 활동을 할지 다른 의견 있나요?

여: 아, 정말 아쉽군요. 이번 주말에 날씨가 정말 좋다고 하네요. 하버뷰 레스토랑에 데리고 가서 저녁식사를 대접하는 건 어때요? 강변 유람선에 있어요. 일전에 사람들을 데리고 간 적이 있거든요.

남: 유람선 얘기는 들어봤습니다. 강에서 보는 도시 경관이 장관이겠군요. 선상 만찬 가격이 얼마인지 알아봐 주시겠어요?

어휘 colleague 동료 activity 활동 be supposed to + 동사원형 ~하기로 되어 있다 take ~ out to dinner ~를 데리고 나가 저녁을 대접하다 cruise ship 유람선 riverfront 강변 spectacular 장관을 이루는

50

What problem does the man mention?
(A) A reservation is incorrect.
(B) A business trip has been postponed.
(C) An event is sold out.
(D) Credit cards are not accepted.

남자는 어떤 문제를 언급하는가?
(A) 예약이 잘못됐다.
(B) 출장이 연기됐다.
(C) 행사 표가 매진됐다.
(D) 신용카드 승인이 안 된다.

해설 세부사항 관련 – 남자가 언급하는 문제

남자의 첫 번째 대사에서 파리에서 온 동료들을 데리고 가고 싶었던 연극 좌석을 사려고 전화해 봤는데(I called to get seats for the play), 남아 있는 표가 없다(there weren't any tickets left)고 했으므로 정답은 (C)이다.

▸▸ Paraphrasing 대화의 there weren't any tickets left
→ 정답의 sold out

51

What does the woman suggest offering their colleagues?
(A) A dinner on a boat
(B) A hotel upgrade
(C) Tickets to a sporting event
(D) Gift vouchers for a store

여자는 동료들에게 무엇을 제공하자고 제안하는가?
(A) 선상 저녁식사
(B) 호텔 업그레이드
(C) 스포츠 행사 입장권
(D) 매장 상품권

어휘 gift voucher 상품권

해설 세부사항 관련 – 여자의 제안 사항

여자의 첫 번째 대사에서 하버뷰 레스토랑에 데리고 가서 저녁식사를 대접하는 건 어떠냐(How about taking them out to dinner at Harbor View Restaurant)고 제안하고 그것이 유람선에(It's on a cruise ship) 있다고 했으므로 정답은 (A)이다.

▸▸ Paraphrasing 대화의 on a cruise ship → 정답의 on a boat

52

What does the man ask the woman to do?
(A) Contact a travel agency
(B) Research pricing information
(C) Make a payment in advance
(D) Arrange transportation

남자는 여자에게 무엇을 해달라고 요청하는가?
(A) 여행사에 연락하기
(B) 가격 정보 알아보기
(C) 미리 결제하기
(D) 교통편 준비하기

어휘 in advance 미리, 사전에

해설 세부사항 관련 – 남자의 요청 사항

남자의 두 번째 대사에서 선상 만찬 가격이 얼마인지 알아봐 줄 수 있냐(Would you mind finding out how much the dinner cruise would cost)고 요청하므로 정답은 (B)이다.

▸▸ Paraphrasing 대화의 finding out how much
→ 정답의 Research pricing information

53-55 3인 대화

M-Au ⁵³**The last item on the agenda is next year's office renovations**. The renovations will be pretty substantial, so we won't be able to hold client meetings here during that time. Does anyone have any suggestions?

TEST 2 43

W-Am	Yuko and I were discussing this earlier and she mentioned an advertisement she saw in this morning's newspaper. What did it say again, Yuko?
W-Br	Well, ⁵⁴it looks like there's a place not very far from here called Open Venue Solutions. They own the building and they rent out meeting rooms. I think this would work for us.
M-Au	OK. ⁵⁵Can you go there this afternoon and take a look around?
W-Br	⁵⁵Sure, I'll do that.
남	마지막 안건은 내년에 있을 사무실 개조에 관한 것입니다. 상당 부분 개조될 예정이라, 해당 기간 동안에는 이곳에서 고객 회의를 열 수 없을 겁니다. 제안사항 있습니까?
여	유코 씨와 제가 앞서 이 문제를 논의했는데요. 유코 씨가 오늘 아침 신문에서 본 광고에 대해 언급했습니다. 유코 씨, 뭐라고 되어 있었다고요?
여2	음, 여기서 그리 멀지 않은 곳에 오픈 베뉴 솔루션즈라는 곳이 있는 것 같아요. 그들이 건물을 소유하고 있는데 회의실을 임대합니다. 저희에게 잘 맞을 것 같아요.
남	알겠습니다. 오늘 오후에 가서 한번 둘러볼 수 있나요?
여2	물론이죠. 그렇게 할게요.
어휘	agenda 안건 renovation 개조, 보수 substantial 상당한 hold a meeting 회의를 열다 suggestion 제안 advertisement 광고 rent out 임대하다 take a look around 둘러보다

53

According to the man, what will happen next year?

(A) A product will be released.
(B) New company benefits will be offered.
(C) Some employees will be hired.
(D) An office will be renovated.

남자에 따르면, 내년에 어떤 일이 있을 것인가?
(A) 제품이 출시될 것이다.
(B) 새로운 복리후생이 제공될 것이다.
(C) 몇몇 직원이 채용될 것이다.
(D) 사무실이 개조될 것이다.

해설 세부사항 관련 - 내년에 있을 일

남자의 첫 번째 대사에서 마지막 안건은 내년에 있을 사무실 개조에 관한 것(The last item on the agenda is next year's office renovations)이라고 했으므로 정답은 (D)이다.

> ▶▶ Paraphrasing 대화의 office renovations
> → 정답의 An office will be renovated.

54

What does Yuko suggest?

(A) Using online advertising
(B) Adding information to a contract
(C) Renting some meeting space
(D) Creating orientation materials

유코 씨는 무엇을 제안하는가?
(A) 온라인 광고 활용
(B) 계약서에 정보 추가
(C) 회의공간 임대
(D) 오리엔테이션 자료 작성

해설 세부사항 관련 - 유코 씨의 제안 사항

두 번째 여자의 첫 번째 대사에서 여기서 그리 멀지 않은 곳에 오픈 베뉴 솔루션즈라는 장소가 있는 것 같다(it looks like there's a place not very far from here called Open Venue Solutions)고 했다. 그들이 건물을 소유하고 있는데 회의실을 임대한다(They own the building and they rent out meeting rooms)고 했고, 자신들에게 잘 맞을 것 같다(this would work for us)고 했으므로 정답은 (C)이다.

> ▶▶ Paraphrasing 대화의 meeting rooms
> → 정답의 some meeting space

55

What does Yuko agree to do?

(A) Investigate a location
(B) Meet a client
(C) Make a purchase
(D) Edit a document

유코 씨는 무엇을 하겠다고 동의했는가?
(A) 장소 답사하기
(B) 고객 만나기
(C) 구매하기
(D) 문서 편집하기

해설 세부사항 관련 - 유코 씨가 하겠다고 동의한 것

남자의 두 번째 대사에서 오늘 오후에 가서 한 번 둘러볼 수 있냐(Can you go there this afternoon and take a look around)고 요청했고 유코 씨가 그렇게 하겠다고 동의하므로(Sure, I'll do that.) 정답은 (A)이다.

> ▶▶ Paraphrasing 대화의 go there ~ and take a look around
> → 정답의 Investigate a location

56-58

M-Cn	Soo-mi, ⁵⁶is everything ready for our interns' first day on Monday?
W-Br	Yes. Their office space is set up and I just put together their information packets.

M-Cn And... ⁵⁷**did you remember to ask some staff if they can come in early on Monday to greet the interns as they arrive?**

W-Br ⁵⁷ **Oh, thanks for reminding me.** I'm sure I'll be able to find a few people willing to do that. But how will the interns know who the volunteers are?

M-Cn ⁵⁸**Why don't you give volunteers a T-shirt with the company logo? We have some available.** They're left from the ones we ordered for our last trade show. I'll go get them for you now.

남: 수미 씨, 월요일 인턴들의 첫날을 위한 준비가 다 됐나요?
여: 네, 인턴들의 사무실 공간이 마련됐고 저는 인턴들의 자료를 준비해 뒀습니다.
남: 그리고… **몇몇 직원들에게 월요일 일찍 와서 인턴이 도착할 때 맞이해 줄 수 있는지 물어보는 것 기억하죠?**
여: **아, 알려주셔서 감사합니다.** 기꺼이 그렇게 해 줄 사람들을 반드시 찾을 수 있을 겁니다. 하지만 인턴들은 지원자들이 누구인지 어떻게 알까요?
남: **지원자들에게 회사 로고가 새겨진 티셔츠를 주면 어때요? 몇 장 있습니다.** 지난 무역박람회 때 주문한 티셔츠가 좀 남았어요. 제가 지금 가져올게요.

어휘 put together (이것저것을 모아) 준비하다 information packet 정보 모음집, 자료 greet 맞다, 환영하다 remind 상기시키다 be willing to + 동사원형 기꺼이 ~ 하다 volunteer 지원자, 자원봉사자 available 사용 가능한 trade show 무역박람회

56

What will happen on Monday?
(A) Some maintenance work will begin.
(B) A press conference will take place.
(C) Some customers will visit the business.
(D) An internship program will start.

월요일에 무슨 일이 있을 것인가?
(A) 유지보수 작업이 시작될 것이다.
(B) 기자회견이 열릴 것이다.
(C) 일부 고객들이 업체를 방문할 것이다.
(D) 인턴십 프로그램이 시작될 것이다.

어휘 press conference 기자 회견

해설 전체 내용 관련 – 월요일에 있을 일
남자의 첫 번째 대사에서 월요일 인턴들의 첫날을 위한 준비가 다 됐나(is everything ready for our interns' first day on Monday)고 질문했으므로 정답은 (D)이다.

▶ Paraphrasing 대화의 our interns' first day
→ 정답의 An internship program will start.

57

What did the woman forget to do?
(A) Revise a calendar
(B) Find some volunteers
(C) Update a contact list
(D) Provide refreshments

여자는 무엇을 할 것을 잊어버렸는가?
(A) 일정표 수정하기
(B) 지원자 구하기
(C) 연락처 목록 업데이트하기
(D) 다과 제공하기

해설 세부사항 관련 – 여자가 잊어버린 것
남자의 두 번째 대사에서 직원들에게 월요일에 빨리 와서 인턴이 도착할 때 맞이해 줄 수 있는지 물어보라고 했던 것을 기억 하냐(did you remember to ask some staff if they can come in early on Monday to greet the interns as they arrive)고 질문했고, 여자가 알려줘서 감사하다(thanks for reminding me)고 했으므로 정답은 (B)이다.

58

What does the man say is available?
(A) Some notebooks
(B) Cleaning supplies
(C) Customized T-shirts
(D) New carpeting

남자는 무엇을 쓸 수 있다고 말하는가?
(A) 공책
(B) 청소용품
(C) 주문제작 티셔츠
(D) 새 카펫

해설 세부사항 관련 – 남자가 쓸 수 있다고 말하는 것
남자의 세 번째 대사에서 지원자들에게 회사 로고가 새겨진 티셔츠를 주면 어떠냐(Why don't you give volunteers a T-shirt with the company logo?)고 제안했고, 몇 장 쓸 것이 있다(We have some available)고 했으므로 정답은 (C)이다.

▶ Paraphrasing 대화의 a T-shirt with the company logo
→ 정답의 Customized T-shirts

59-61

W-Br Ansel, ⁵⁹**how did this morning's marketing meeting go?** You were going to ask for help with our department's workload, right?

M-Au Yes! ⁶⁰**The company director agreed to increase our marketing department's budget by two hundred thousand dollars.**

TEST 2 45

W-Br	That's a big increase from last year! Do you know how that money will be used?
M-Au	Well, ⁶¹the department managers already agreed that most of the money will go towards hiring two new staff members. Having another artist and a digital advertising specialist would really help us deal with our workload.

여: 안셀 씨, 오늘 아침 마케팅 회의는 어땠나요? 우리 부서의 업무량에 대해 도움을 요청하려고 했죠, 그렇죠?
남: 네! 대표이사께서 저희 마케팅 부서의 예산을 20만 달러 증액하는 데 동의하셨습니다.
여: 작년보다 크게 올랐군요! 그 돈이 어떻게 사용될지 아시나요?
남: 음, 부서 관리자들은 해당 금액 대부분을 새 직원 두 명을 고용하는 데 사용하기로 이미 합의했습니다. 아티스트 한 명과 디지털 광고 전문가 한 명이 더 있으면 우리가 업무량을 처리하는 데 정말 도움이 될 겁니다.

어휘 department 부서 workload 업무량 company director 대표이사, 중역 budget 예산 hire 고용하다 digital advertising 디지털 광고 specialist 전문가 deal with ~을 처리하다, 다루다

59
What department do the speakers work in?
(A) Accounting
(B) Marketing
(C) Product development
(D) Human resources

화자들은 어떤 부서에서 일하는가?
(A) 회계
(B) 마케팅
(C) 제품 개발
(D) 인사

해설 전체 내용 관련 – 화자들의 부서
여자의 첫 번째 대사에서 아침에 열린 마케팅 회의는 어땠냐(how did this morning's marketing meeting go)고 질문했으므로 정답은 (B)이다.

60
Why does the woman say, "That's a big increase from last year"?
(A) To indicate that some news is good
(B) To deny a requested budget change
(C) To suggest that a fee is appropriate
(D) To correct some mistaken information

여자는 왜 "작년보다 크게 올랐군요"라고 말하는가?
(A) 희소식임을 말하기 위해
(B) 요청된 예산 변경을 거부하기 위해
(C) 요금이 적절하다고 암시하기 위해
(D) 잘못된 정보를 바로잡기 위해

해설 화자의 의도파악 – 작년보다 크게 올랐다는 말의 의도
남자의 첫 번째 대사에서 대표이사가 마케팅 부서의 예산을 20만 달러 증액하는 데 동의했다(The company director agreed to increase our marketing department's budget by two hundred thousand dollars)고 하자 여자가 작년보다 크게 올랐다고 했다. 따라서 예산이 오른 것에 대한 기쁨을 나타낸 것이므로 정답은 (A)이다.

61
According to the man, what do the department managers plan to do?
(A) Purchase new furniture
(B) Host a conference
(C) Hire some more employees
(D) Expand a product line

남자에 따르면, 부서 관리자들은 무엇을 할 계획인가?
(A) 새 가구 구매
(B) 회의 주최
(C) 직원 충원
(D) 제품 라인 확장

해설 세부사항 관련 – 부서 관리자들이 할 일
남자의 두 번째 대사에서 부서 관리자들은 해당 금액 대부분을 새 직원 두 명을 고용하는 데 사용하기로 이미 합의했다(the department managers already agreed that most of the money will go towards hiring two new staff members)고 했으므로 정답은 (C)이다.

▶▶ Paraphrasing   대화의 hiring two new staff members
→ 정답의 Hire some more employees

62-64 대화 + 패킹 슬립

M-Cn	I can help the next customer.
W-Br	Hi. ⁶²I moved house recently, and I broke several dishes in the process. ⁶³I ordered replacements online from your store. They were delivered yesterday, but the problem is, only three soup bowls were included instead of six.
M-Cn	I'm sorry about that—can I see your packing slip?
W-Br	Yes—here it is.
M-Cn	Hmm. Unfortunately, this dish pattern's been discontinued. You got our last three bowls with that pattern. So ⁶⁴what I can do is give you a refund for the total cost of the bowls, and you can keep the three you received for free.
W-Br	Thanks! I appreciate that.

남: 다음 손님 도와드리겠습니다.
여: 안녕하세요. **최근 이사를 했는데 그 과정에서 접시 몇 개를 깨뜨렸어요.** 이 매장에서 온라인으로 교체품을 주문했습니다. 어제 배송이 됐는데요. 하지만 문제는 수프 그릇이 여섯 개가 아닌 세 개만 들어 있었습니다.
남: 죄송합니다. 패킹 슬립을 볼 수 있을까요?
여: 네, 여기 있어요.
남: 음, 안타깝게도 이 무늬가 있는 접시는 단종됐습니다. 그 무늬가 있는 마지막 남은 그릇 세 개를 받으신 겁니다. 제가 그릇 전체 금액을 환불해 드릴 수 있습니다. 그리고 받으신 세 개는 공짜로 가지셔도 됩니다.
여: 고맙습니다! 감사드려요.

어휘 customer 고객, 손님 recently 최근 dish 접시 process 과정 replacement 교체품 instead of ~ 대신에 packing slip 패킹 슬립 (포장된 상품의 내용·출하지 등을 기재하여 첨부하는 서류) be discontinued (생산이) 중단되다 give a refund 환불해 주다 for free 무료로 appreciate 감사하다

BELL'S HOME FURNISHINGS
Order #23408

Quantity	Description	Total Price
4	Dinner Plate	$20
64 6	Soup Bowl	$36
3	Coffee Mug	$12
1	Teapot	$25

벨즈 홈 퍼니싱
주문번호 #23408

수량	설명	총액
4	디너 접시	$20
6	**수프 그릇**	**$36**
3	커피잔	$12
1	찻주전자	$25

어휘 home furnishing 실내장식용품 quantity 수량

62
What does the woman say happened when she moved?
(A) She was overcharged for a service.
(B) A box was misplaced.
(C) A shipment was sent to the wrong address.
(D) Some items were broken.

여자는 이사할 때 어떤 일이 일어났다고 말하는가?
(A) 서비스 비용이 과다 청구됐다.
(B) 상자를 잘못 두었다.
(C) 잘못된 주소로 배송이 이루어졌다.
(D) 물건 몇 개가 망가졌다.

어휘 overcharge 많이[과다] 청구하다 misplace 잘못 두다

해설 세부사항 관련 – 여자가 이사할 때 일어난 일
여자의 첫 번째 대사에서 최근 이사를 했는데(I moved house recently) 그 과정에서 접시 몇 개를 깨뜨렸다(I broke several dishes in the process)고 했으므로 정답은 (D)이다.

▶ Paraphrasing 대화의 broke several dishes
→ 정답의 Some items were broken.

63
Why does the woman need assistance?
(A) She does not like what she bought.
(B) She cannot access a Web site.
(C) She received an incomplete order.
(D) She lost a copy of a receipt.

여자는 왜 도움이 필요한가?
(A) 구매한 제품이 마음에 들지 않아서
(B) 웹사이트에 접속할 수 없어서
(C) 불완전한 주문품을 받아서
(D) 영수증 사본을 잃어버려서

해설 세부사항 관련 – 여자가 도움이 필요한 이유
여자의 첫 번째 대사에서 매장에서 온라인으로 교체품을 주문했는데(I ordered replacements online from your store), 어제 배송이 되었지만 수프 그릇이 여섯 개가 아닌 세 개만 들어 있었다(They were delivered yesterday, only three soup bowls were included instead of six)고 했으므로 정답은 (C)이다.

▶ Paraphrasing 대화의 three soup bowls were included instead of six
→ 정답의 received an incomplete order

64
Look at the graphic. How much money will the woman be refunded?
(A) $20
(B) $36
(C) $12
(D) $25

시각 정보에 의하면, 여자가 환불 받을 금액은 얼마인가?
(A) 20달러
(B) 36달러
(C) 12달러
(D) 25달러

해설 시각정보 연계 – 여자가 환불 받을 금액

남자의 세 번째 대사에서 그릇 전체 금액을 환불해 줄 수 있다(what I can do is give you a refund for the total cost of the bowls)고 말했고 시각 정보를 보면 그릇 전체 6개의 가격이 36달러이므로 정답은 (B)이다.

65-67 대화 + 항공편 일정표

W-Am	I just checked the airline's Web site. **⁶⁵James Kim won't be arriving on time**.
M-Au	Yeah, ⁶⁵I **heard a lot of the flights were delayed because of a storm**.
W-Am	Well, I guess we can leave to pick him up later then.
M-Au	Actually, ⁶⁶**I heard that the traffic is horrible today, so let's just leave now**, or else we might end up being late.
W-Am	Oh, OK. And ⁶⁷**if we have enough time before he arrives, we can eat lunch at the airport**.

여: 방금 항공사 웹사이트를 확인했어요. **제임스 김 씨는 정시에 도착하지 못할 겁니다.**

남: 네, 폭풍 때문에 많은 항공편이 연착됐다고 들었어요.

여: 음, 그렇다면 그를 데리러 더 늦게 떠나도 될 것 같네요.

남: 사실 **오늘 교통이 무척 혼잡하다고 들었어요. 그러니 지금 출발합시다**. 그렇지 않으면 늦을 수도 있어요.

여: 아, 그래요. **그가 도착하기 전에 시간이 충분하면 공항에서 점심을 먹을 수 있겠죠.**

어휘 on time 정시에 be delayed 지연되다 pick ~ up ~를 태우러 가다 actually 사실 or else 그렇지 않으면 end up -ing 결국 ~하게 되다

Origin	Status	Expected Time of Arrival
Philadelphia	Landed	9:00 A.M.
Vancouver	On Time	10:30 A.M.
⁶⁵Chicago	Delayed	1:45 P.M.
Mexico City	On Time	3:30 A.M.

출발지	상태	도착 예상 시간
필라델피아	착륙	오전 9:00
밴쿠버	정시	오전 10:30
시카고	**연착**	**오후 1:45**
멕시코시티	정시	오전 3:30

어휘 origin 출발지, 기원, 출신 status 상태 arrival 도착 land 착륙하다

65

Look at the graphic. Which city is James Kim traveling from?

(A) Philadelphia
(B) Vancouver
(C) Chicago
(D) Mexico City

시각 정보에 의하면, 제임스 김 씨는 어떤 도시에서 오는가?

(A) 필라델피아
(B) 밴쿠버
(C) 시카고
(D) 멕시코시티

해설 시각정보 연계 – 제임스 김 씨의 출발지

여자의 첫 번째 대사에서 제임스 김 씨는 정시에 도착하지 못할 것(James Kim won't be arriving on time)이라고 했고, 남자의 첫 번째 대사에서 폭풍 때문에 많은 항공편이 연착됐다(a lot of the flights were delayed because of a storm)고 들었다고 했다. 시각 정보를 보면 연착된 항공편은 시카고이므로 정답은 (C)이다.

66

According to the man, why should the speakers leave now?

(A) They are not familiar with the area.
(B) They have to return a rental car.
(C) The traffic is bad.
(D) An appointment was added to the schedule.

남자에 따르면, 화자들은 왜 지금 떠나야 하는가?

(A) 지역을 잘 몰라서
(B) 렌터카를 반납해야 해서
(C) 교통이 혼잡해서
(D) 일정에 약속이 추가되어서

해설 세부사항 관련 – 화자가 떠나야 하는 이유

남자의 두 번째 대사에서 오늘 교통이 무척 혼잡하다고 들었으니(I heard that the traffic is horrible today) 지금 출발하자(let's just leave now)고 제안하므로 정답은 (C)이다.

▶▶ Paraphrasing 대화의 traffic is horrible → 정답의 traffic is bad

67

What does the woman suggest doing while they wait?

(A) Buying gifts
(B) Getting a meal
(C) Writing a report
(D) Exchanging money

여자는 기다리는 동안 무엇을 하자고 제안하는가?

(A) 선물 구입
(B) 식사
(C) 보고서 작성
(D) 환전

어휘 exchange money 환전하다

해설 세부사항 관련 – 여자의 제안 사항

여자의 세 번째 대사에서 그가 도착하기 전에 시간이 충분하면 공항에서 점심을 먹을 수 있겠다(if we have enough time before he arrives, we can eat lunch at the airport)고 했으므로 정답은 (B)이다.

> **Paraphrasing** 대화의 eat lunch → 정답의 Getting a meal

68-70 대화 + 도표

M-Cn	Hi, I'm looking for an Internet provider, so I thought I'd stop by to find out about your service plans.
W-Am	Certainly. We offer the best prices in the area. As you can see from this chart, the longer your contract is, the lower the monthly cost.
M-Cn	But ⁶⁸what if I have to cancel the contract before it ends?
W-Am	Well… ⁶⁸we do charge an extra fee for that.
M-Cn	Umm… ⁶⁹I'm being transferred overseas in about a year, so I don't want the two-year plan. But I do want the lowest possible price.
W-Am	OK, then ⁷⁰the one-year plan would be the best. Would you like to sign the contract now?
M-Cn	⁷⁰Sure, let's do that.
남:	안녕하세요. 인터넷 제공업체를 찾고 있어요. 그래서 잠시 들러 서비스 요금제를 들어보는 게 좋겠다고 생각했습니다.
여:	네, 저희는 이 지역에서 가장 좋은 가격을 제공합니다. 이 도표에서 보실 수 있듯이 약정기간이 길수록 월 요금은 내려갑니다.
남:	하지만 약정 기간이 끝나기 전에 해지하면 어떻게 되나요?
여:	음… 거기에 대해 추가 요금을 부과합니다.
남:	음… 1년쯤 뒤에 해외로 전근을 가서 2년 약정 요금제는 원치 않습니다. 하지만 최대한 저렴한 요금을 원해요.
여:	알겠습니다. 그렇다면 1년 약정 요금제가 최선이겠군요. 지금 약정을 체결하시겠습니까?
남:	네, 그렇게 하시죠.

어휘	Internet provider 인터넷 제공업체 stop by 들르다 offer 제공하다 chart 도표 monthly cost 월 요금 charge an extra fee 추가 요금을 부과하다 be transferred 전근 가다 sign the contract 약정을 체결하다

Length of Contract	Cost per Month
3 months	$40.00
6 months	$30.00
⁷⁰**1 year**	**$20.00**
2 years	$10.00

약정기간	월 요금
3개월	40.00달러
6개월	30.00달러
1년	**20.00달러**
2년	10.00달러

68

According to the woman, when is an extra fee charged?

(A) When new software is installed
(B) When a contract is canceled early
(C) When a customer transfers to a new location
(D) When a payment is overdue

여자에 따르면, 추가 요금은 언제 부과되는가?
(A) 신규 소프트웨어가 설치될 때
(B) 약정이 일찍 해지될 때
(C) 고객이 다른 장소로 이주할 때
(D) 대금 결제가 늦어질 때

해설 세부사항 관련 – 추가요금이 부과되는 때

남자의 두 번째 대사에서 종료 전에 약정을 해지하면 어떻게 되냐(what if I have to cancel the contract before it ends)고 질문했고, 여자가 거기에 대해 추가 요금을 부과한다(we do charge an extra fee for that)고 대답했으므로 정답은 (B)이다.

> **Paraphrasing** 대화의 cancel the contract before it ends → 정답의 a contract is canceled early

69

What does the man say he will do next year?

(A) Move overseas
(B) Complete a training program
(C) Purchase another computer
(D) Sign a longer contract

남자는 내년에 무엇을 할 것이라고 말하는가?
(A) 해외 이주
(B) 교육 프로그램 이수
(C) 다른 컴퓨터 구입
(D) 기간이 더 긴 약정 체결

해설 세부사항 관련 – 남자가 내년에 할 일

남자의 세 번째 대사에서 1년쯤 뒤에 해외로 전근을 가서(I'm being transferred overseas in about a year) 2년 약정 요금제는 원치 않는다(so I don't want the two-year plan)고 했으므로 정답은 (A)이다.

TEST 2 49

> **Paraphrasing** 대화의 transferred overseas
> → 정답의 Move overseas

70
Look at the graphic. How much has the man agreed to pay per month?
(A) $40.00
(B) $30.00
(C) $20.00
(D) $10.00

시각 정보에 의하면, 남자는 월 얼마를 지불하는 데 동의하는가?
(A) 40.00달러
(B) 30.00달러
(C) 20.00달러
(D) 10.00달러

해설 시각정보 연계 – 남자가 동의하는 지불 금액

여자의 세 번째 대사에서 1년 약정 요금제가 최선이겠다(the one-year plan would be the best)고 말했고, 지금 약정을 체결하겠냐(Would you like to sign the contract now)는 질문에 남자는 그렇게 하자(Sure, let's do that)고 답했다. 시각 정보를 보면 1년 약정의 지불 금액은 20달러이므로 정답은 (C)이다.

PART 4

71-73 담화

> **M-Cn** Hello and welcome to the Healthy Ways Exhibition here in San Antonio. My name is Hiroki, and I work at Cambria Technologies. Today, ⁷¹**I'd like to show you a new personal fitness-tracking device my company just released**. What makes our device unique is not its many features— it actually has all the same features as the other fitness trackers. ⁷²**What sets ours apart is its price: it's the least expensive device available**. And by participating in today's session, ⁷³**you'll get one to keep, at no cost to you! All you'll have to do is fill out a survey about your exercise habits**.

안녕하세요. 샌안토니오에서 열리는 헬시 웨이즈 전시회에 오신 것을 환영합니다. 제 이름은 히로키이며 캠브리아 테크놀로지스에서 근무합니다. 오늘 여러분께 저희 회사에서 막 출시한 신제품 개인용 피트니스 추적 장치를 선보이려고 합니다. 저희 장치가 특별한 이유는 많은 기능들 때문이 아닙니다. 사실 기능은 여타 피트니스 추적기와 똑같습니다. 저희가 돋보이는 점은 가격으로, 시중에 나와 있는 것 중 가장 저렴한 장치입니다. 오늘 세션에 참가하셨으니 하나를 무료로 받으실 겁니다. 여러분의 운동 습관에 대한 설문조사서만 작성하시면 됩니다.

어휘 exhibition 전시회 personal 개인의 fitness-tracking device 피트니스 추적 장치 release 출시하다, 내놓다 feature 특징, 기능 all the same 똑같은 set ~ apart ~를 돋보이게 하다 the least expensive 가장 저렴한 participate in ~에 참가하다 at no cost 무료로 fill out a survey 설문조사를 작성하다

71
What product is being discussed?
(A) Athletic shoes
(B) A tablet computer
(C) An exercise bike
(D) A fitness tracking device

어떤 제품이 논의되고 있는가?
(A) 운동화
(B) 태블릿 컴퓨터
(C) 실내 운동용 자전거
(D) 피트니스 추적 장치

해설 전체 내용 관련 – 논의되는 제품

지문의 초반부에서 오늘 여러분께 저희 회사에서 막 출시한 신제품 개인용 피트니스 추적 장치를 선보이려고 한다(I'd like to show you a new personal fitness-tracking device my company just released)고 했으므로 정답은 (D)이다.

72
How does the product differ from competitors' products?
(A) It has more features.
(B) It is lighter.
(C) It is easier to use.
(D) It is cheaper.

제품은 경쟁업체 제품과 어떻게 다른가?
(A) 기능이 더 많다.
(B) 더 가볍다.
(C) 사용하기 더 쉽다.
(D) 가격이 더 싸다.

해설 세부사항 관련 – 제품의 다른 점

지문의 중반부에 가격이 돋보이는 점인데, 시중에 나와 있는 것 중 가장 저렴한 장치(What sets ours apart is its price: it's the least expensive device available)라고 했으므로 정답은 (D)이다.

> **Paraphrasing** 지문의 the least expensive → 정답의 cheaper

73
How can listeners get the product for free?
(A) By subscribing to a publication
(B) By completing a survey
(C) By obtaining a coupon
(D) By referring a friend

청자들은 어떻게 무료로 제품을 받을 수 있는가?
(A) 출판물을 구독함으로써
(B) 설문조사를 작성함으로써
(C) 쿠폰을 얻음으로써
(D) 친구를 추천함으로써

해설 세부사항 관련 – 청자가 무료로 제품을 받는 방법
지문의 후반부에 오늘 참가했으니 하나를 무료로 받을 거라고 했고(you'll get one to keep, at no cost to you), 운동 습관에 대한 설문조사서만 작성하면 된다(All you'll have to do is fill out a survey about your exercise habits)고 했으므로 정답은 (B)이다.

> ▸ Paraphrasing 지문의 **fill out a survey**
> → 정답의 **completing a survey**

74-76 담화

W-Br So ⁷⁴**now that you've all had a chance to see the museum's collection of abstract paintings**, I'd like you to come out into the garden with me, where our collection of eighteenth-century sculptures is on display. ⁷⁵**This collection was generously donated to us by art collector Emily Wellman two months ago**. I'll tell you about two sculptures in particular. Also, if you're interested in the collection more generally, ⁷⁶**I would highly recommend the short documentary about the collection**, which is showing in the theater near the exit on the other side of the garden.

모두들 박물관의 추상화 소장품을 감상할 기회는 가지셨으므로 이제 저와 함께 정원으로 나와 주셨으면 합니다. 정원에는 저희 18세기 조각품이 전시되어 있습니다. 이 소장품은 미술품 수집가 에밀리 웰먼 씨가 두 달 전 아낌없이 기부한 것입니다. 특히 조각품 두 점에 대해 말씀드리겠습니다. 또한 더 개괄적으로 소장품들에 관심이 있으시면 소장품에 관한 짧은 다큐멘터리를 강력히 추천해 드립니다. 정원 반대쪽 비상구 근처 극장에서 상영 중입니다.

어휘 now that ~이므로 collection 소장품 abstract painting 추상화 sculpture 조각품 be on display 전시되다 generously 아낌없이, 관대하게 donate 기부하다 art collector 미술품 수집가 in particular 특히 generally 개괄적으로 highly recommend 강력히 추천하다 on the other side of ~의 반대편에

74
Where is the talk taking place?
(A) At a hotel
(B) At a museum
(C) At a gardening store
(D) At a paint factory

담화는 어디에서 이루어지는가?
(A) 호텔
(B) 박물관
(C) 원예용품 매장
(D) 페인트 공장

해설 전체 내용 관련 – 담화의 장소
지문의 초반부에서 모두들 박물관의 추상화 소장품을 감상할 기회는 가졌으므로(now that you've all had a chance to see the museum's collection of abstract paintings) 이제 저와 함께 정원으로 나와 주셨으면 한다고 했으므로 정답은 (B)이다.

75
According to the speaker, what has Emily Wellman recently done?
(A) She started a new business.
(B) She won an art contest.
(C) She trained some employees.
(D) She made a donation.

화자에 따르면, 에밀리 웰먼 씨는 최근 무엇을 했는가?
(A) 새로 사업을 시작했다.
(B) 미술대회에서 우승했다.
(C) 일부 직원들을 교육했다.
(D) 기부를 했다.

해설 세부사항 관련 – 에밀리 웰먼이 최근 한 일
지문의 중반부에 이 소장품은 미술품 수집가 에밀리 웰먼 씨가 두 달 전 아낌없이 기부한 것(This collection was generously donated to us by art collector Emily Wellman two months ago)이라고 했으므로 정답은 (D)이다.

> ▸ Paraphrasing 지문의 **was ~ donated**
> → 정답의 **made a donation**

76
What does the speaker recommend that the listeners do?
(A) Watch a film
(B) Visit the gift shop
(C) Take free samples
(D) Attend a reception

화자는 청자들에게 무엇을 하라고 추천하는가?
(A) 영화 보기
(B) 선물가게 방문하기
(C) 무료 견본 가져가기
(D) 리셉션에 참석하기

해설 세부사항 관련 – 화자의 권고 사항
지문의 후반부에 개괄적으로 소장품들에 관심이 있으면 소장품에 관한 짧은 다큐멘터리를 강력히 추천한다(I would highly recommend the short documentary about the collection)고 했으므로 정답은 (A)이다.

> **Paraphrasing** 지문의 the short documentary
> → 정답의 a film

77-79 전화 메시지

M-Au Hi Mei-ling, this is Lee Sanders calling from Rose Avenue Properties. ⁷⁷**It was great meeting you on Monday**, and I hope you're still considering renting the two-bedroom apartment I showed you. ⁷⁸**You also asked about parking in the garage next door, and I wanted to get back to you to let you know that there are a few spaces available.** Anyway, this is a very popular building, so let me know what you want to do. That way, I can prepare all the necessary paperwork for the lease.

안녕하세요, 메이링 씨. 로즈 애비뉴 부동산의 리 샌더스입니다. **월요일에 만나 뵙게 되어 무척 기뻤고** 제가 보여드린 침실 두 개짜리 아파트 임대를 여전히 고려하고 계시길 바랍니다. **옆집 차고에 주차하는 문제에 대해서도 문의하셨는데 사용 가능한 공간이 좀 있다는 걸 알려 드리고자 다시 연락 드립니다.** 어쨌든 매우 인기 있는 건물이니 원하시는 바를 알려 주십시오. 그렇게 하면 제가 임대차 계약에 필요한 모든 서류를 준비할 수 있습니다.

어휘 property 부동산 rent 빌리다 garage 차고 anyway 어쨌든 paperwork 서류, 문서작업 lease 임대차 계약

77
What did the speaker do on Monday?
(A) He met with the listener.
(B) He worked late.
(C) He bought some furniture.
(D) He rented a car.

화자는 월요일에 무엇을 했는가?
(A) 청자를 만났다.
(B) 늦게까지 일했다.
(C) 가구를 샀다.
(D) 차를 대여했다.

해설 세부사항 관련 – 화자가 월요일에 한 일
지문의 초반부에서 월요일에 만나 뵙게 되어 무척 기뻤다(It was great meeting you on Monday)고 했으므로 정답은 (A)이다.

78
What does the speaker say about a parking garage?
(A) It has a security system.
(B) It has spaces available.
(C) It is accessible only to residents.
(D) It is usually full during the day.

화자는 주차장에 대해 무엇이라고 말하는가?
(A) 보안 시스템이 있다.
(B) 사용 가능한 공간이 있다.
(C) 거주자만 출입할 수 있다.
(D) 낮시간에는 대개 만차이다.

해설 세부사항 관련 – 화자가 주차장에 대해 한 말
지문의 중반부에 옆집 차고에 주차하는 문제에 대해서도 문의했는데(You also asked about parking in the garage next door) 사용 가능한 공간이 좀 있다는 걸 알려 주고자 다시 연락한다(I wanted to get back to you to let you know that there are a few spaces available)고 했으므로 정답은 (B)이다.

79
Why does the speaker say, "this is a very popular building"?
(A) To present some positive reviews
(B) To explain why a fee is expensive
(C) To encourage a quick decision
(D) To request that more staff be hired

화자가 "매우 인기 있는 건물이에요"라고 말한 이유는 무엇인가?
(A) 긍정적인 평가를 제시하기 위해
(B) 가격이 비싼 이유를 설명하기 위해
(C) 빠른 결정을 권장하기 위해
(D) 직원을 더 채용하도록 요청하기 위해

해설 화자의 의도 파악 – 매우 인기 있는 건물이라는 말의 의도
월요일에 화자와 청자는 방을 보기 위해 만났고 화자는 그것에 대해 후속 조치를 하기 위해 메시지를 보내고 있다. 따라서 매우 인기 있는 건물이라는 말(this is a very popular building)은 인기가 많기 때문에 다른 사람이 그 아파트를 임대하기 전에 빨리 결정하라는 의미이므로 정답은 (C)이다.

80-82 회의 발췌

W-Am OK everyone, I have one final reminder before we end this meeting. ⁸⁰**Since all of the cashiers are present**, ⁸¹**I want to remind you of an important step in customer transactions here at GL Supermarket**. As you know, many of our customers are part of our membership program, which means that they receive five percent off their purchase when you swipe their membership card. Please remember that it is our responsibility to ask customers for their membership card when scanning their groceries. ⁸²**If a customer doesn't have a membership card, make sure to mention that applications are available at the customer service desk**.

좋습니다, 여러분. 이 회의를 마치기 전 마지막으로 알려드릴 것이 있습니다. **출납원 전원이 참석하셨으니 여러분께 저희 GL 슈퍼마켓의 고객 처리에 있어 중요한 단계를 상기시켜 드리고자 합니다.** 아시다시피 저희 고객 대다수가 회원 프로그램의 일원입니다. 이들의 신용카드를 긁을 때 구매분의 5퍼센트를 할인 받는다는 얘기죠. 식료품을 스캔할 때 고객에게 회원 카드를 요청하는 것은 우리의 책임이라는 걸 기억하십시오. **고객이 회원 카드를 갖고 있지 않다면 고객 서비스 데스크에 신청서가 준비되어 있다고 꼭 언급하십시오.**

어휘 reminder 상기시키는 것 cashier 출납원 be present 출석하다, 참석하다 transaction 처리 swipe (신용카드를) 긁다, 대다 grocery 식료품 mention 언급하다 application 신청서

80
Who most likely are the listeners?
(A) Health inspectors
(B) Maintenance workers
(C) Hotel receptionists
(D) Supermarket cashiers

청자들은 누구이겠는가?
(A) 위생검사관들
(B) 유지보수 작업자들
(C) 호텔 접수원들
(D) 슈퍼마켓 출납원들

해설 전체 내용 관련 – 청자들의 신분
지문 초반부에 출납원 전원이 참석했다(Since all of the cashiers are present)고 했으므로 정답은 (D)이다.

81
What is the purpose of the talk?
(A) To review customer feedback
(B) To remind staff of a sales procedure
(C) To update staff on a safety policy
(D) To demonstrate new equipment

담화의 목적은 무엇인가?
(A) 고객 의견을 검토하기 위해
(B) 직원들에게 판매 절차를 상기시키기 위해
(C) 직원들에게 안전정책에 관한 최신 정보를 알려주기 위해
(D) 새로운 장비를 시연하기 위해

해설 전체 내용 관련 – 담화의 목적
지문 초반부에 GL 슈퍼마켓의 고객 처리에 있어 중요한 단계를 상기시켜 주고자 한다(I want to remind you of an important step in customer transactions here at GL Supermarket)고 했으므로 정답은 (B)이다.

▸▸ **Paraphrasing** 지문의 remind you of an important step in customer transactions
→ 정답의 remind staff of a sales procedure

82
What is available at the customer service desk?
(A) Instruction manuals
(B) Membership applications
(C) Discount coupons
(D) Catering menus

고객 서비스 데스크에서 구할 수 있는 것은?
(A) 사용 안내서
(B) 회원 신청서
(C) 할인 쿠폰
(D) 음식 메뉴

해설 세부사항 관련 – 고객 서비스 데스크에서 구할 수 있는 것
지문 후반부에 고객이 회원 카드를 갖고 있지 않다면(If a customer doesn't have a membership card) 고객 서비스 데스크에 신청서가 준비되어 있음을 꼭 언급하라(make sure to mention that applications are available at the customer service desk)고 했으므로 정답은 (B)이다.

83-85 방송

W-Br Good morning, SKL Radio listeners, and welcome to the Madison Business Show. Today **83 I'll be speaking to professional career counselor Tara Goldberg**. Over this next hour, Ms. Goldberg will outline strategies for finding a profession that matches your skills, interests, and personality. **84 During the last part of the program, she'd like to hear from listeners, so we encourage you to call in when we open up our lines, and let us know what you think.** Well, let me start off by saying welcome, Ms. Goldberg. From what I understand, **85 you're publishing a book about this topic, which will be out in print next month.**

안녕하십니까, SKL 라디오 청취자 여러분. 매디슨 비즈니스 쇼에 오신 것을 환영합니다. 오늘은 **전문 직업상담사 타라 골드버그 씨와 이야기 나눌 예정입니다.** 앞으로 한 시간 동안 골드버그 씨가 여러분의 기량, 관심사, 성격에 맞는 직업 찾기 전략을 설명해 주시겠습니다. **프로그램 마지막 부분에 청취자들의 이야기를 듣고자 하니 저희가 연결하면 전화 주셔서 여러분의 생각을 알려주시기 바랍니다.** 자, 골드버그 씨를 반겨 맞으면서 시작해 보겠습니다. **이 주제에 대한 책을 발간하실 예정인데 다음 달에 출판된다고 알고 있습니다.**

어휘 professional 전문적인 career counselor 직업상담사 outline 개요를 서술하다 strategy 전략 personality 성격 encourage 장려하다, 격려하다 start off 시작하다 publish 출간하다, 발간하다 in print 출판되어, 인쇄되어

83

What is Ms. Goldberg's area of expertise?

(A) Nonprofit management
(B) Career guidance
(C) Event coordination
(D) Personal finance

골드버그 씨의 전문 영역은?
(A) 비영리단체 관리
(B) 직업 지도
(C) 행사 조직
(D) 개인 재무관리

해설 전체 내용 관련 – 골드버그 씨의 전문 영역
지문의 초반부에 전문 직업상담사 타라 골드버그 씨와 이야기 나눌 예정(I'll be speaking to professional career counselor Tara Goldberg)이라고 했으므로 정답은 (B)이다.

84

What are listeners encouraged to do?

(A) Call in with their opinions
(B) Update their résumés
(C) Attend a seminar
(D) Monitor household expenses

청자들에게 무엇을 하라고 권하는가?
(A) 전화를 걸어 의견 말하기
(B) 이력서 업데이트하기
(C) 세미나 참석하기
(D) 가계비 검토하기

어휘 household expenses 가계비

해설 세부사항 관련 – 화자의 권고 사항
지문의 중반부에 프로그램 마지막 부분에 골드버그 씨가 청취자들의 이야기를 듣길 원하니(During the last part of the program, she'd like to hear from listeners), 전화해서 청취자들의 생각을 알려주길 바란다(we encourage you to call in ~ and let us know what you think)고 했으므로 정답은 (A)이다.

85

What does the speaker say will happen next month?

(A) A class will be offered.
(B) A schedule will change.
(C) An interview will be conducted.
(D) A book will become available.

화자는 다음 달에 무슨 일이 있을 것이라고 말하는가?
(A) 강의가 제공될 것이다.
(B) 일정이 변경될 것이다.
(C) 인터뷰가 진행될 것이다.
(D) 책이 나올 것이다.

해설 세부사항 관련 – 다음 달에 있을 일
지문의 후반부에 이 주제에 대한 책을 발간하고(you're publishing a book about this topic) 그것이 다음달 인쇄될 예정(which will be out in print next month)이라고 했으므로 정답은 (D)이다.

▶▶ Paraphrasing 지문의 publishing a book
→ 정답의 A book will become available.

86-88 전화 메시지

W-Am Hey Deepak, it's Donna. ⁸⁶I'm looking over your design for the magazine advertisement for Langford Restaurant, and I wanted to give you my thoughts. It isn't what I was expecting. ⁸⁷Langford Restaurant has always preferred very traditional advertisements, and this one that you made is quite modern. I'm sorry I didn't mention the client's preference before—I know this is your first time working with them. You know, ⁸⁸why don't you ask Adam to help you out? He's worked with Langford Restaurant in the past. Thanks, Deepak. I'll talk to you later.

안녕하세요, 디팩 씨, 도나입니다. 저는 귀하의 랭포드 레스토랑 잡지 광고 디자인을 살펴보고 있는데요. 제 생각을 말씀드리고자 합니다. 제가 기대했던 바와 다릅니다. 랭포드 레스토랑은 항상 매우 전통적인 광고를 선호해 왔는데, 귀하가 만든 광고는 꽤 현대적이군요. 고객의 선호사항을 언급하지 못해 죄송합니다. 이번에 해당 고객과 처음 작업하시는 것으로 알고 있습니다. 애덤 씨에게 도와 달라고 요청하시면 어떨까요? 그는 과거에 랭포드 레스토랑과 작업한 적이 있습니다. 감사합니다, 디팩 씨. 나중에 연락 드리겠습니다.

어휘 look over ~을 살펴보다   magazine advertisement 잡지 광고   traditional 전통적인   modern 현대적인   preference 선호(도)   help out 도와주다

86

What industry does the speaker work in?

(A) Real Estate
(B) Paper manufacturing
(C) Advertising
(D) Education

화자는 어떤 업계에서 일하는가?
(A) 부동산
(B) 제지
(C) 광고
(D) 교육

해설 전체 내용 관련 – 화자의 업계
지문 초반부에 랭포드 레스토랑 잡지 광고 디자인을 살펴보고 있고(I'm looking over your design for the magazine advertisement for Langford Restaurant), 자신의 생각을 말하고자 한다(I wanted to give you my thoughts)고 했으므로 정답은 (C)이다.

87

Why does the speaker say, "It isn't what I was expecting"?

(A) To explain that a project is unique
(B) To express disapproval for a design
(C) To suggest that a project's deadline be changed
(D) To indicate surprise at an increase in sales

화자가 "제가 기대했던 바와 다릅니다"라고 말한 이유는?
(A) 프로젝트가 독특하다는 것을 설명하기 위해
(B) 디자인이 마음에 들지 않음을 알리기 위해
(C) 프로젝트 기한 변경을 제안하기 위해
(D) 매출 신장에 놀라움을 나타내기 위해

해설 화자의 의도 파악 – 기대했던 바와 다르다는 말의 의도
랭포드 레스토랑은 항상 가장 전통적인 광고를 선호해 왔는데(Langford Restaurant has always preferred very traditional advertisements), 디팩 씨가 만든 광고는 아주 현대적(this one that you made is quite modern)이라면서 고객의 선호사항을 미리 알려주지 못해 미안하다(I'm sorry I didn't mention the client's preference before)고 사과한 것으로 보아 예상과 달리 광고가 현대적이어서 맘에 들지 않는다는 것을 의미한다. 따라서 정답은 (B)이다.

88

What does the speaker suggest the listener do?

(A) Apply for a promotion
(B) Attend a press conference
(C) Take some time off
(D) Consult with a coworker

화자는 청자에게 무엇을 하라고 제안하는가?
(A) 승진에 지원하기
(B) 기자회견 참석하기
(C) 휴식 갖기
(D) 동료와 상의하기

해설 세부사항 관련 – 화자의 제안 사항
지문의 후반부에서 애덤 씨에게 도와 달라고 요청하라(why don't you ask Adam to help you out)고 제안하고 있으므로 정답은 (D)이다.

> **Paraphrasing** 지문의 why don't you ask Adam
> → 정답의 Consult with a coworker

89-91 담화

M-Cn **89**I'd like to take a minute to discuss the company guidelines for travel. I understand that many of you are planning to attend next month's conference in Scotland and need to book airline tickets soon. Before you make a reservation, **90**please send the flight information to Vadim, our business manager. He will review it and notify you if the price of the flight is approved. After that, you may book your tickets. Remember that you will have to pay for your own meals while you're there, but **91**you'll receive a reimbursement within two to three weeks of your return.

잠시 출장에 대한 회사 지침을 논의하고자 합니다. 여러분 다수가 다음 달 스코틀랜드에서 있을 회의에 참석하려고 계획 중이고 곧 항공권을 예약해야 한다는 사실을 알고 있습니다. 예약하시기 전, **항공편 정보를 업무 관리자인 바딤 씨에게 보내주십시오. 바딤 씨가 검토하여 항공권 요금이 승인되는지 여부를 알려줄 것입니다.** 그러고 나서 항공권을 예약하실 수 있습니다. 현지에 있는 동안 자신의 식사 비용을 지불해야 한다는 것을 기억하시기 바랍니다. 하지만 **돌아오면 2~3주 이내에 환급을 받을 것입니다.**

어휘 guideline 지침 book 예약하다 airline ticket 항공권 make a reservation 예약하다 review 검토하다 notify 알리다, 고지하다 receive a reimbursement 환급 받다

89

What is the speaker mainly discussing?

(A) Software upgrades
(B) Company travel policies
(C) Relocation plans
(D) New employee trainings

화자는 주로 무엇에 대해 이야기하고 있는가?
(A) 소프트웨어 업그레이드
(B) 회사 출장 규정
(C) 이전 계획
(D) 신입직원 교육

해설 전체 내용 관련 – 담화의 주제
지문의 초반부에 출장에 대한 회사 지침을 논의하고자 한다(I'd like to take a minute to discuss the company guidelines for travel)고 했으므로 정답은 (B)이다.

> **Paraphrasing** 지문의 company guidelines for travel
> → 정답의 Company travel policies

90

Why are the listeners told to contact Vadim?

(A) To order new business cards
(B) To provide feedback on a workshop
(C) To receive approval for a purchase
(D) To accept an invitation to a conference

청자들에게 바딤 씨에게 연락하도록 한 이유는?
(A) 새 명함을 주문하기 위해
(B) 워크숍에 대한 의견을 주기 위해
(C) 구매 승인을 받기 위해
(D) 회의 초청을 수락하기 위해

해설 세부사항 관련 – 바딤 씨에게 연락하도록 한 이유
지문의 중반부에 항공편 정보를 비즈니스 관리자인 바딤 씨에게 보내주면(send the flight information to Vadim) 바딤 씨가 검토하여 항공권 요

금이 승인될 지 여부를 알려줄 것(He will review it and notify you if the price of the flight is approved)이라고 했으므로 정답은 (C)이다.

> **Paraphrasing** 지문의 the price of the flight is approved
> → 정답의 receive approval for a purchase

어휘 department head 부서장 budgeting 예산(안) come along 생기다, 나타나다 release date 출시일자 push back (날짜 등을) 뒤로 미루다 resource 자원 be tied up 묶여 있다 cut cost 비용을 절감하다 identify 파악하다 make budget cuts 예산을 삭감하다 set aside (시간, 돈 등을) 따로 떼어놓다 individually 개별적으로

91

According to the speaker, what will the company do at a later time?

(A) Provide brochures
(B) Send a contract
(C) Ship equipment
(D) Reimburse costs

화자에 따르면, 회사는 추후 무엇을 할 것인가?
(A) 안내책자 제공하기
(B) 계약서 보내기
(C) 장비 선적하기
(D) 비용 환급하기

해설 세부사항 관련 – 회사가 앞으로 할 일
지문의 후반부에 당신이 돌아오면 2-3주 이내에 환급을 받을 것(you'll receive a reimbursement within two to three weeks of your return)이라고 했으므로 정답은 (D)이다.

> **Paraphrasing** 지문의 receive a reimbursement
> → 정답의 Reimburse costs

92

What does the speaker imply when she says, "Who knows when that will be"?

(A) She does not understand a request.
(B) She needs employees to work faster.
(C) She is uncertain when a project will be completed.
(D) She wants to hear from the audience.

화자가 "언제가 될 지는 아무도 모릅니다"라고 말한 의도는 무엇인가?
(A) 요청을 이해하지 못한다.
(B) 직원들이 더 빨리 일해야 한다.
(C) 프로젝트가 언제 완료될지 확실히 모른다.
(D) 청중의 이야기를 듣고 싶다.

해설 화자의 의도파악 – 언제가 될 지는 아무도 모른다는 말의 의도
지문의 초반부에 새 비디오 게임이 곧 나오는데(Our new video game is coming along), 출시일이 다시 한 번 미뤄졌고(once again the release date's been pushed back), 그것은 이 프로젝트 완료 시까지 많은 자원이 묶여 있게 된다는 뜻(This means a lot of our resources will be tied up until this project is completed)이라고 했다. 즉 언제가 될 지는 아무도 모른다는 인용문이 가리키는 시점(when)은 프로젝트가 완료되는(this project is completed) 시점이므로 정답은 (C)이다.

92-94 회의 발췌

W-Am Thanks for coming to this department head meeting. Today our focus is budgeting. ⁹²**Our new video game is coming along, but once again the release date's been pushed back. This means a lot of our resources will be tied up until this project is completed**, but who knows when that will be. For now, ⁹³**we need to cut costs in other places. So I'd like each of you to identify areas in your department where you can make budget cuts.** ⁹⁴**I'm ready to set aside time to work with you individually to review your departmental budgets.** Let me know when you have time to do this.

본 부서장 회의에 와 주셔서 감사합니다. 오늘 중점 사안은 예산입니다. 새 비디오 게임이 곧 나오는데, 출시일이 다시 한 번 미뤄졌습니다. 이 프로젝트 완료 시까지 많은 자원이 묶여 있게 된다는 뜻이죠. 그런데 언제가 될 지는 아무도 모릅니다. 당분간 다른 곳에서 비용을 줄여야 합니다. 그래서 여러분 각자 예산을 삭감할 수 있는 부서 내 영역을 파악하셨으면 합니다. 여러분의 부서 예산을 개별 검토하기 위해 여러분과 협력할 시간을 따로 떼어놓으려고 합니다. 이 일을 할 시간이 될 때 알려 주십시오.

93

What is the topic of the meeting?

(A) Hiring a consultant
(B) Marketing a product
(C) Reducing expenses
(D) Planning a trade show

회의 주제는 무엇인가?
(A) 컨설턴트 고용
(B) 제품 마케팅
(C) 비용 감축
(D) 무역박람회 기획

해설 전체 내용 관련 – 회의 주제
지문의 중반부에 당분간 다른 부분에서 비용을 줄여야 하고(we need to cut costs in other places), 각자 예산 감축을 이룰 수 있는 부서 내 영역을 파악했으면 한다(So I'd like each of you to identify areas in your department where you can make budget cuts)고 했으므로 정답은 (C)이다.

> **Paraphrasing** 지문의 cut costs
> → 정답의 Reducing expenses

94

What does the speaker say she will set aside time to do?

(A) Meet with employees individually
(B) Analyze data from a survey
(C) Call potential clients
(D) Draft a contract

화자는 무엇을 할 시간을 따로 떼어놓겠다고 말하는가?
(A) 직원들을 개별적으로 면담하기
(B) 조사 데이터 분석하기
(C) 잠재 고객에게 전화하기
(D) 계약서 초안 작성하기

해설 세부사항 관련 – 화자가 시간을 떼어놓아야 할 일
지문의 후반부에 청자들의 부서 예산을 개별 검토하기 위해 청자들과 협력할 시간을 따로 떼어놓으려고 한다(I'm ready to set aside time to work with you individually to review your departmental budgets)고 했으므로 정답은 (A)이다.

95-97 전화 메시지 + 쿠폰

> W-Br Hi. It's Maria, and **95I'm calling with some information about the party that we're organizing for Nadia's retirement**. Now, um... **96you and I decided that the party would be on August fifth**. And, I'm really glad to hear that forty people from the office are coming. But, unfortunately, it looks like we can't use the coupon from Dinner Delights after all. We might want to make a reservation someplace else... Also, Marc agreed to play Nadia's favorite song on his guitar during the party. **97 Do you think you could make photocopies of the lyrics so that everyone can sing along?**
>
> 안녕하세요. 마리아입니다. 나디아 씨의 은퇴를 위해 준비하고 있는 파티에 대한 정보가 있어 전화 드렸습니다. 자, 음… 우리는 파티를 8월 5일에 열기로 결정했는데요. 사무실에서 40명이 올 거라는 얘기를 들어서 정말 기쁩니다. 그러나 안타깝게도 디너 딜라이츠 쿠폰은 결국 사용할 수 없을 것 같습니다. 다른 장소를 예약할 수 있습니다… 또한 마크 씨가 파티 중 나디아 씨가 가장 좋아하는 노래를 기타로 연주하는 데 동의했습니다. 모두가 따라 부를 수 있도록 가사를 복사해 주실 수 있나요?

어휘 organize 준비하다 retirement 은퇴 after all 결국, 어쨌든 make a reservation 예약하다 make a photocopy 복사하다 lyrics 가사 sing along 노래를 따라 부르다

Dinner Delights

10% off (groups of 15+)
Book rooms for 3 hours!

96expires: Offer good at
August 1st   all locations

디너 딜라이츠

10% 할인 (15인 이상 단체)
세 시간 동안 룸을 예약하세요!

만료: 전 지점에서
8월 1일   유효함

어휘 expire 만료되다 good 유효한

95

Why is an event being held?
(A) To recognize a promotion
(B) To celebrate a retirement
(C) To commemorate a holiday
(D) To announce a company merger

행사 개최 목적은 무엇인가?
(A) 승진을 축하하기 위해
(B) 은퇴를 축하하기 위해
(C) 공휴일을 기념하기 위해
(D) 회사 합병을 발표하기 위해

해설 전체 내용 관련 – 행사 목적
지문의 초반부에 나디아 씨의 은퇴를 위해 준비하고 있는 파티에 대한 정보가 있어 전화했다(I'm calling with some information about the party that we're organizing for Nadia's retirement)고 했으므로 정답은 (B)이다.

> Paraphrasing 지문의 the party that we're organizing for Nadia's retirement
> → 정답의 celebrate a retirement

96

Look at the graphic. Why is the speaker unable to use the coupon for the event?

(A) There are not enough people in the group.
(B) The length of the event is too long.
(C) All of the locations in the area are booked.
(D) The event will take place after the expiration date.

시각 정보에 의하면, 화자가 행사에 쿠폰을 사용할 수 없는 이유는?
(A) 단체 인원이 충분치 않다.
(B) 행사 시간이 너무 길다.
(C) 지역 내 모든 장소가 예약되었다.
(D) 행사가 만료일자 이후에 개최된다.

해설 시각 정보 연계 - 화자가 쿠폰을 사용할 수 없는 이유
지문의 초반부에 파티를 8월 5일에 열기로 결정했고(you and I decided that the party would be on August fifth), 시각 정보를 보면 쿠폰이 8월 1일에 만료된다(expires: August 1st)는 걸 알 수 있다. 따라서 정답은 (D)이다.

어휘 appliance 기기 outsell ~보다 많이 팔리다 quarter 분기 revised 변경된 product development process 제품 개발 과정 flowchart 순서도, 흐름도 approval 승인 executive board 이사회 prototype 원형 lately 최근 concern 우려 productive 생산적인 efficiently 효율적으로

97
What does the speaker ask the listener to do?
(A) Choose a menu
(B) Send out invitations
(C) Make copies of song lyrics
(D) Hire a band

화자는 청자에게 무엇을 하라고 요청하는가?
(A) 메뉴 선택하기
(B) 초청장 발송하기
(C) 노래 가사 복사하기
(D) 악단 고용하기

해설 세부사항 관련 - 화자의 요청 사항
지문의 후반부에 모두가 따라 부를 수 있도록 가사를 복사해 달라(Do you think you could make photocopies of the lyrics)고 요청했으므로 정답은 (C)이다.

▶▶ Paraphrasing 지문의 make photocopies of the lyrics
→ 정답의 Make copies of song lyrics

98-100 설명 + 순서도

> M-Au First, some great news to start the meeting— **98thanks to this team's excellent product designs, our line of Ruby Star appliances outsold all competing appliances on the market last quarter.** Well done! Now I want to discuss our revised product development process. **99As you can see from this flowchart, we've added a step between "create a design" and "build a model."** This new step means you'll need approval from the executive board before creating your prototype. Lately, **100there's been some concern about the amount of time being spent on prototypes that never actually become products.** This new process will help our team become more productive and use time more efficiently.
>
> 먼저, 멋진 소식으로 회의를 시작하죠. 이 팀의 훌륭한 제품 디자인 덕분에 지난 분기 저희 루비스타 기기가 모든 경쟁 기기보다 더 많이 팔렸습니다. 훌륭합니다! 이제 변경된 저희 제품개발 과정에 대해 말씀드리고자 합니다. 이 순서도에서 볼 수 있듯 "디자인 생성"과 "모델 제작" 사이에 단계 하나가 추가됐습니다. 이 새 단계는 여러분이 원형을 제작하기 전 이사회 승인을 받아야 한다는 것입니다. 최근 들어 제품으로 제작되지 않는 원형에 시간을 들인다는 우려가 있었습니다. 이 새로운 절차로 팀이 생산성을 더 높이고 시간을 더욱 유용하게 활용하는 데 도움이 될 것입니다.

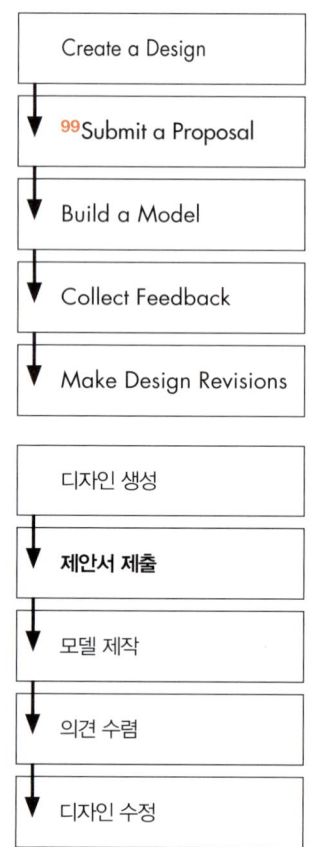

98
What does the speaker say about the company's Ruby Star appliances?
(A) They sold well last quarter.
(B) They won a design award.
(C) They cost less than competing products.
(D) They were reviewed in a trade magazine.

화자는 회사의 루비스타 기기에 대해 무엇이라고 말하는가?
(A) 지난 분기에 판매가 잘 됐다.
(B) 디자인 상을 수상했다.
(C) 경쟁제품보다 가격이 더 싸다.
(D) 업계 잡지에 상품평이 실렸다.

해설 세부사항 관련 - 화자가 기기에 대해 한 말
지문의 초반부에 팀의 훌륭한 제품 디자인 덕분에(thanks to this team's excellent product designs) 지난 분기 루비스타 기기가 경쟁 기기보다 더 많이 팔렸다(our line of Ruby Star appliances outsold all competing appliances on the market last quarter)고 했으므로 정답은 (A)이다.

> **Paraphrasing** 지문의 outsold all competing appliances
> → 정답의 sold well

99
Look at the graphic. According to the speaker, which step was recently added?

(A) **Submit a proposal**
(B) Build a model
(C) Collect feedback
(D) Make design revisions

시각 정보에 의하면, 화자는 어떤 단계가 최근 추가됐다고 말하는가?
(A) 제안서 제출
(B) 모델 제작
(C) 의견 수렴
(D) 디자인 수정

해설 시각 정보 연계 – 최근 추가된 단계

지문의 중반부에 순서도에서 볼 수 있듯 "디자인 생성"과 "모델 제작" 사이에 단계 하나가 추가됐다(As you can see from this flowchart, we've added a step between "create a design" and "build a model)고 했고, 시각 정보를 보면 그 둘 사이의 단계는 제안서 제출(Submit a Proposal)이므로 정답은 (A)이다.

100
What concern does the speaker mention?

(A) Manufacturing materials are in short supply.
(B) Customers are buying more appliances online.
(C) **Employees' time has been used inefficiently.**
(D) A production deadline has been changed.

화자는 어떤 우려를 언급하는가?
(A) 제작할 재료의 공급이 부족하다.
(B) 고객들이 온라인으로 기기를 더 많이 구매하고 있다.
(C) 직원들이 시간을 비효율적으로 활용한다.
(D) 제작 기한이 변경됐다.

해설 세부사항 관련 – 화자가 언급하는 우려사항

지문의 후반부에 최근 들어 제품으로 제작되지 않는 원형에 시간을 들인다는 우려가 있었고(there's been some concern about the amount of time being spent on prototypes that never actually become products), 이 새로운 절차로 팀이 생산성을 더 높이고 시간을 더욱 유용하게 활용하는 데 도움이 될 것(This new process will help our team become more productive and use time more efficiently)이라고 했으므로 정답은 (C)이다.

TEST 3

1 (D)	2 (B)	3 (C)	4 (B)	5 (B)
6 (A)	7 (A)	8 (B)	9 (C)	10 (B)
11 (A)	12 (B)	13 (B)	14 (A)	15 (B)
16 (A)	17 (C)	18 (A)	19 (B)	20 (A)
21 (C)	22 (B)	23 (B)	24 (C)	25 (A)
26 (A)	27 (A)	28 (C)	29 (A)	30 (A)
31 (C)	32 (C)	33 (B)	34 (D)	35 (D)
36 (A)	37 (B)	38 (A)	39 (C)	40 (C)
41 (A)	42 (B)	43 (C)	44 (D)	45 (A)
46 (C)	47 (B)	48 (C)	49 (A)	50 (D)
51 (C)	52 (A)	53 (D)	54 (C)	55 (B)
56 (D)	57 (C)	58 (B)	59 (A)	60 (B)
61 (C)	62 (B)	63 (C)	64 (D)	65 (B)
66 (C)	67 (B)	68 (B)	69 (D)	70 (B)
71 (B)	72 (A)	73 (D)	74 (D)	75 (B)
76 (A)	77 (C)	78 (D)	79 (C)	80 (A)
81 (C)	82 (B)	83 (D)	84 (B)	85 (A)
86 (B)	87 (C)	88 (B)	89 (C)	90 (D)
91 (C)	92 (C)	93 (B)	94 (C)	95 (C)
96 (A)	97 (D)	98 (B)	99 (C)	100 (A)

PART 1

1 W-Am

(A) One of the men is repairing a motorcycle.
(B) One of the men is boarding a boat.
(C) One of the men is driving a car.
(D) One of the men is walking along the water.

(A) 남자들 중 한 명이 오토바이를 수리하고 있다.
(B) 남자들 중 한 명이 보트에 승선하고 있다.
(C) 남자들 중 한 명이 차를 운전하고 있다.
(D) 남자들 중 한 명이 물가를 따라 걷고 있다.

어휘 repair 수리하다, 고치다 motorcycle 오토바이 board 탑승하다

해설 2인 이상 등장 사진 – 사람의 동작 묘사
(A) 동사 오답. 두 남자 중 한 명이 오토바이에 타고 있으나, 오토바이를 수리하고 있는(repairing a motorcycle) 모습은 아니므로 오답.
(B) 동사 오답. 사진에 보트가 보이지만, 보트에 승선하고 있는(boarding a boat) 사람은 없으므로 오답.
(C) 사진에 없는 명사를 이용한 오답. 사진에 자동차(a car)가 보이지 않으므로 오답.
(D) 정답. 두 남자 중 한 명이 물가를 따라 걷고 있는(walking along the water) 모습이므로 정답.

2 M-Cn

(A) A woman is making a pot of coffee.
(B) A woman is wearing a pair of gloves.
(C) A woman is stacking dishes.
(D) A woman is carrying some trays.

(A) 한 여자가 커피를 한 주전자 내리고 있다.
(B) 한 여자가 장갑을 끼고 있다.
(C) 한 여자가 접시를 쌓아 올리고 있다.
(D) 한 여자가 쟁반을 나르고 있다.

어휘 make coffee 커피를 내리다 stack 쌓다, 쌓아 올리다 tray 쟁반

해설 1인 등장 사진 – 사람의 상태 묘사
(A) 사진에 없는 명사를 이용한 오답. 사진에 커피 주전자(a pot of coffee)는 보이지 않으므로 오답.
(B) 정답. 여자가 양손에 장갑을 낀(wearing a pair of gloves) 상태이므로 정답.
(C) 사진에 없는 명사를 이용한 오답. 사진에 접시(dishes)는 보이지 않으므로 오답.
(D) 동사 오답. 사진에 쟁반(some trays)이 보이기는 하지만, 여자가 쟁반을 나르고 있는(carrying some trays) 모습이 아니므로 오답.

3 W-Br

(A) Some people are watching a film.
(B) Some people are seated in a circle.
(C) A man is speaking to a group of people.
(D) A woman is raising her hand.

(A) 몇 사람이 영화를 보고 있다.
(B) 몇 사람이 둥글게 둘러앉아 있다.
(C) 한 남자가 한 무리의 사람들에게 이야기하고 있다.
(D) 한 여자가 손을 들고 있다.

어휘 seat in a circle 둥글게 둘러앉다, 빙 둘러앉다 raise one's hand 손을 들다

해설 2인 이상 등장 사진 – 사람의 동작 묘사
(A) 동사 오답. 사람들이 강연자를 보고 있는 모습이지 영화를 보고 있는(watching a film) 모습이 아니므로 오답.
(B) 전치사구 오답. 사람들이 앉아 있는(seated) 모습이기는 하지만, 둥글게 둘러앉아(in a circle) 있는 모습은 아니므로 오답.
(C) 정답. 한 남자가 한 무리의 사람들에게 강연을 하고 있는(speaking to a group of people) 모습이므로 정답.
(D) 동사 오답. 사진에 손을 들고 있는(raising her hand) 여자의 모습은 보이지 않으므로 오답.

4 W-Am

(A) Stones are rolling down a hill.
(B) Some jewelry is on display.
(C) A man is climbing some stairs.
(D) A customer is trying on a necklace.

(A) 돌이 언덕 아래로 굴러가고 있다.
(B) 장신구가 진열되어 있다.
(C) 한 남자가 계단을 오르고 있다.
(D) 한 고객이 목걸이를 착용해 보고 있다.

어휘 roll 구르다, 회전하다   on display 전시하는, 진열 중인   stairs 계단   try on ~을 입어보다, 써 보다

해설 1인 등장 사진 – 사람 또는 사물 중심 묘사

(A) 동사 오답. 돌 바닥 위에 보석류가 전시되어 있는 모습이지, 돌이 언덕 아래로 굴러가는(rolling down a hill) 모습이 아니므로 오답.
(B) 정답. 장신구(Some jewelry)가 전시되어 있는(on display) 상태를 잘 묘사한 정답.
(C) 동사 오답. 사진에 계단이 보이기는 하지만 남자가 계단을 오르는(climbing some stairs) 모습이 아니므로 오답.
(D) 사진에 없는 명사를 이용한 오답. 사진에 고객(A customer)이 보이지 않으므로 오답.

5 M-Au

(A) A laptop has been stored on a bookshelf.
(B) A whiteboard is propped against a wall.
(C) She's separating some papers into piles.
(D) She's framing a piece of art.

(A) 노트북 컴퓨터가 책꽂이 위에 보관되어 있다.
(B) 화이트보드를 벽에 기대 놓았다.
(C) 여자가 서류를 분류해 쌓고 있다.
(D) 여자가 그림 한 점을 액자에 넣고 있다.

어휘 laptop 노트북 컴퓨터   store 보관하다, 저장하다   bookshelf 책꽂이   prop against ~에 기대어 놓다, 받쳐 놓다   separate 구별하다, 분리하다   frame 틀[액자]에 넣다

해설 1인 등장 사진 – 사람 또는 사물 중심 묘사

(A) 전치사구 오답. 노트북 컴퓨터는 책꽂이 위(on a bookshelf)가 아니라 책상 위에(on a desk) 놓여 있는 상태이므로 오답.
(B) 정답. 화이트보드가 벽에 기대어 있는(propped against a wall) 상태이므로 정답.
(C) 동사 오답. 사진에 서류가 보이지만 여자가 서류를 분리하고 있는(is separating some papers) 모습이 아니므로 오답.
(D) 동사 오답. 사진에 그림이 보이지만 여자가 그림을 액자에 넣고 있는 (framing a piece of art) 모습이 아니므로 오답.

6 M-Cn

(A) A sitting area is illuminated by floor lamps.
(B) Refreshments have been left on a table.
(C) The armchairs are facing the paintings.
(D) Some carpeting is being measured for installation.

(A) 응접실에 스탠드 조명이 비추고 있다.
(B) 다과가 테이블 위에 남아 있다.
(C) 안락의자가 그림과 마주 놓여 있다.
(D) 카펫을 설치하려고 치수를 재고 있다.

어휘 sitting area 응접실, 휴게실   illuminate 비추다, 조명하다   floor lamp (바닥에 놓는) 전기스탠드   refreshments 다과, 간식   armchair 안락의자   face ~을 향하다, 직면하다   carpeting 카펫, 양탄자   measure (치수를) 재다   installation 설치, 설비

해설 실내 사물 사진 – 다양한 사물의 상태 묘사

(A) 정답. 바닥에 놓인 스탠드가 응접실에 조명을 비추고 있는 (illuminated by floor lamps) 상태이므로 정답.
(B) 사진에 없는 명사를 이용한 오답. 사진에 다과(Refreshments)가 보이지 않으므로 오답.
(C) 동사 오답. 사진에 안락의자(The armchairs)와 그림(the paintings)이 있지만 서로 마주 보고 있는(facing) 상태가 아니므로 오답.
(D) 동사 오답. 카펫을 설치하려고 치수를 재고 있는(being measured for installation) 모습이 아니라 카펫은 이미 설치되어 있는 상태이므로 오답.

PART 2

7

W-Br Where can I find Mr. Jameson's office?
M-Au **(A) Down the hall and to the left.**
       (B) Ten o'clock's a good time.
       (C) He just got that yesterday.

제임슨 씨의 사무실은 어디에 있나요?
(A) 복도를 따라 내려가시면 왼쪽에 있어요.
(B) 10시가 좋아요.
(C) 그는 그걸 어제 받았어요.

어휘 hall (건물 내의) 복도, 통로

해설 제임슨 씨의 사무실 위치를 묻는 Where 의문문
(A) 정답. 제임슨 씨의 사무실이 어디에 있는지를 묻고 질문에, 복도를 따라 내려가면 왼쪽에 있다고 구체적인 길을 알려주고 있으므로 정답.
(B) 질문과 상관없는 오답. When 의문문에 대한 응답이므로 오답.
(C) 연상 단어 오답. 질문의 Mr. Jameson에서 연상 가능한 He를 이용한 오답.

8

M-Au I really liked the job candidate we interviewed today, didn't you?
W-Am (A) I'll do it tomorrow.
   (B) Yes, we should offer her the position.
   (C) I brought a copy of my résumé.

나는 오늘 면접한 입사 지원자가 정말 마음에 들어요, 당신은 어때요?
(A) 제가 내일 할게요.
(B) 네, 그녀에게 그 자리를 제안하죠.
(C) 나는 이력서를 한 부 가져 왔어요.

어휘 job candidate 입사 지원자 offer 제공하다, 제안하다 position 자리, 직책 résumé 이력서

해설 입사 지원자에 대한 의견을 확인하는 부가의문문
(A) 연상 단어 오답. 질문의 today에서 연상 가능한 tomorrow를 이용한 오답.
(B) 정답. 오늘 면접한 입사 지원자가 마음에 든다면서 상대방의 의견을 확인하는 질문에, 상대방의 의견에 Yes로 동의한 후 그녀를 채용하자고 제안하고 있으므로 정답.
(C) 연상 단어 오답. 질문의 job candidate나 interviewed에서 연상 가능한 résumé를 이용한 오답.

9

W-Br Isn't the press conference supposed to be May sixth?
M-Au (A) You should have received one last week.
   (B) To discuss our newest product.
   (C) No, it's been postponed.

5월 6일에 기자 회견을 열기로 하지 않았나요?
(A) 지난주에 받았어야 했는데요.
(B) 최신 신제품에 대해 논의하려고요.
(C) 아니요, 연기됐어요.

어휘 press conference 기자 회견 be supposed to + 동사원형 ~하기로 되어 있다, ~할 예정이다 new product 신제품 postpone 연기하다, 미루다

해설 기자회견 날짜를 확인하는 부정의문문
(A) 연상 단어 오답. 질문의 May sixth에서 연상 가능한 last week를 이용한 오답.
(B) 질문과 상관없는 오답. Why 의문문에 어울리는 응답이므로 오답.
(C) 정답. 기자회견이 5월 6일에 열릴 예정인지를 확인하는 질문에 대해 먼저 No로 부정적 응답을 한 후 연기됐다는 부연 설명을 하므로 정답.

10

W-Am Who do I need to inform about the clients arriving on Friday?
W-Br (A) No, it hasn't arrived yet.
   (B) Tim, at the front desk.
   (C) All the way from New York.

금요일에 도착하는 고객들에 관해 누구에게 알려주어야 하나요?
(A) 아니요, 아직 도착하지 않았어요.
(B) 프런트의 팀에게요.
(C) 멀리 뉴욕에서요.

어휘 inform 알려 주다, 정보를 주다 client 고객 all the way from 멀리 ~에서

해설 정보를 누구에게 알려주어야 하는지 묻는 Who 의문문
(A) Yes/No 불가 오답. Who 의문문에 Yes/No 응답은 불가능하므로 오답.
(B) 정답. 금요일에 도착하는 고객들에 관해 누구에게 알려주어야 하는지를 묻는 질문에 프런트에 있는 팀이라는 구체적인 인물로 응답하고 있으므로 정답.
(C) 연상 단어 오답. 질문의 the clients나 arriving에서 고객이 오는 장소로 연상 가능한 from New York을 이용한 오답.

11

W-Am Why's your office furniture covered in plastic?
M-Au **(A) They're fixing a water leak in the ceiling.**
   (B) A paper bag, thanks.
   (C) Did you recover the files?

왜 사무용 가구가 비닐로 덮여 있나요?
(A) 천장 누수를 수리하고 있어서요.
(B) 종이봉투요, 고마워요.
(C) 파일은 복구했어요?

어휘 office furniture 사무용 가구 plastic 비닐 fix 수리하다, 고치다 leak 새는 곳, 누출 ceiling 천장 recover 복구하다, 회복하다

해설 가구를 비닐로 덮어 둔 이유를 묻는 Why 의문문
(A) 정답. 가구를 비닐로 덮어 놓은 이유를 묻는 질문에, 천장 누수를 수리 중이라는 구체적인 이유를 제시하고 있으므로 정답.
(B) 연상 단어 오답. 질문의 plastic에서 연상 가능한 paper bag을 이용한 오답.
(C) 유사 발음 오답. 질문의 covered와 부분적으로 발음이 유사한 recover를 이용한 오답.

12

M-Au The prototype will be ready by next Wednesday, right?
M-Cn (A) Yes, I can type.
   (B) No, we need a little more time.
   (C) I read that book last month.

시제품은 다음 주 수요일까지 준비되겠죠, 그렇죠?
(A) 네, 내가 타이핑할 수 있어요.
(B) 아니요, 시간이 좀 더 필요해요.
(C) 나는 지난달에 그 책을 읽었어요.

어휘 prototype 원형, 시제품

해설 시제품 준비 여부를 묻는 부가의문문

(A) 유사 발음 오답. 질문의 prototype과 부분적으로 발음이 유사한 type을 이용한 오답.
(B) 정답. 시제품이 다음 주 수요일까지 다 준비가 되는지의 여부를 확인하는 질문에, 먼저 No로 부정적인 응답을 한 후 시간이 더 필요하다는 부연 설명을 하고 있으므로 정답.
(C) 유사 발음 오답. 질문의 ready와 부분적으로 발음이 유사한 read를 이용한 오답.

13

M-Cn　The door to the supply closet is locked.
W-Br　(A) Some paper supplies.
　　　(B) I'll call the manager.
　　　(C) I can close the window for you.

비품 창고 문이 잠겨 있어요.
(A) 종이 용품이요.
(B) 내가 매니저를 부를게요.
(C) 내가 당신을 위해 창문을 닫을게요.

어휘 supply closet 비품 창고, 비품 보관함　lock 잠그다　supply 공급, 재고품

해설 정보 제공의 평서문

(A) 단어 반복 오답. 평서문의 supply를 복수형인 supplies로 바꿔 반복 이용한 오답.
(B) 정답. 비품 창고 문이 잠겨 있다는 말에 자신이 매니저를 부르겠다고 제안하고 있으므로 정답.
(C) 유사 발음 오답. 평서문의 closet과 발음이 유사한 close를 이용한 오답.

14

W-Am　When will that historic hotel on Gray Street be restored?
M-Cn　**(A) The work begins next month.**
　　　(B) Twelve stories high.
　　　(C) Yes, I enjoyed my stay.

그레이 스트리트에 위치한 그 유서 깊은 호텔은 언제 복원되나요?
(A) 다음 달에 공사를 시작해요.
(B) 12층 높이요.
(C) 네, 머무는 동안 즐거웠어요.

어휘 historic 역사적으로 중요한, 유서 깊은　restore 복원하다, 복구하다　story (건물의) 층

해설 호텔 복원 시점을 묻는 When 의문문

(A) 정답. 그레이 스트리트에 위치한 호텔의 복원 시점을 묻는 질문에, 다음 달에 시작한다고 구체적인 시점으로 응답하고 있으므로 정답.
(B) 유사 발음 오답. 질문의 historic과 부분적으로 발음이 유사한 stories를 이용한 오답.
(C) Yes/No 불가 오답. When 의문문에 Yes/No 응답이 불가능하므로 오답.

15

M-Au　Do you know who will be leading the training session today?
W-Am　(A) In Daniel's department.
　　　(B) Elizabeth Jessup is.
　　　(C) It's a new software program.

오늘 교육은 누가 진행하는지 아세요?
(A) 다니엘 부서로 가면 돼요.
(B) 엘리자베스 제섭이요.
(C) 새 소프트웨어 프로그램이에요.

어휘 lead 이끌다, 지휘하다　training session 교육 (시간)

해설 교육 진행자가 누구인지를 묻는 간접의문문

(A) 연상 단어 오답. 질문의 who에서 연상 가능한 사람 이름(Daniel)을 이용한 오답으로, Where 의문문에 가능한 응답.
(B) 정답. 교육 진행자가 누구인지를 묻는 질문에 대해 엘리자베스 제섭이라는 구체적인 사람 이름으로 응답하므로 정답.
(C) 연상 단어 오답. 질문의 training session에 대해 교육 주제 측면에서 연상 가능한 a new software program을 이용한 오답.

16

M-Au　Can you give me a ride to our client's office after lunch?
W-Br　**(A) I took the train to work today.**
　　　(B) I just ordered the office supplies.
　　　(C) It gets dropped off every day at two.

점심 식사 후에 고객 사무실까지 태워줄 수 있어요?
(A) 오늘은 기차를 타고 출근했어요.
(B) 막 사무용품을 주문했어요.
(C) 매일 두 시에 갖다 줘요.

어휘 give ~ a ride ~를 태워주다　order 주문하다　office supplies 사무용품　drop off 갖다 주다, 내려놓다

해설 고객 사무실까지 태워다 줄 수 있는지 묻는 조동사(can) 제안/요청 의문문

(A) 정답. 고객 사무실까지 태워줄 수 있는지를 묻는 질문에 오늘 기차를 타고 출근했다며 우회적으로 요청을 거절하고 있으므로 정답.
(B) 단어 반복 오답. 질문의 office를 반복 이용한 오답.
(C) 연상 단어 오답. 질문의 give ~ a ride에서 연상 가능한 dropped off를 이용한 오답.

17

W-Am Which factory produces these umbrellas?
M-Au (A) Probably next year.
　　　 (B) Yes, it's going to rain.
　　　 (C) The one in Pottsville.

이 우산들은 어느 공장에서 생산하나요?
(A) 아마도 내년에요.
(B) 네, 비가 올 거예요.
(C) 포츠빌에 있는 공장이요.

어휘 factory 공장　produce 생산하다

해설 우산 생산 공장을 묻는 Which 의문문
(A) 유사 발음 오답. 질문의 produces와 부분적으로 발음이 유사한 Probably를 이용한 오답.
(B) Yes/No 불가 오답. Which 의문문에 Yes/No 응답이 불가능하므로 오답.
(C) 정답. 우산을 어느 공장에서 생산하는지를 묻는 질문에, 포츠빌에 있는 공장이라는 구체적인 장소로 응답하고 있으므로 정답.

18

W-Br Doesn't Elaine usually leave at four?
M-Cn **(A) Yes, but she's working late tonight.**
　　　 (B) Actually, I think she does have a few.
　　　 (C) It shouldn't take long.

일레인은 보통 4시에 퇴근하지 않나요?
(A) 네, 하지만 오늘 밤에는 늦게까지 일해요.
(B) 실은 그녀가 몇 개 가지고 있는 거 같아요.
(C) 오래 걸리지는 않을 거예요.

어휘 actually 실은, 실제로

해설 일레인의 퇴근 시간을 확인하는 부정의문문
(A) 정답. 일레인이 4시에 퇴근하는지 확인하는 질문에, 먼저 Yes로 긍정적 응답을 한 후 하지만 오늘 밤에는 늦게까지 일한다는 부연 설명을 하므로 정답.
(B) 연상 단어 오답. 질문의 Elaine에서 연상 가능한 she와, four에서 연상 가능한 a few를 이용한 오답.
(C) 질문과 상관없는 오답. 소요 시간을 묻는 How long 의문문에 어울리는 응답이므로 오답.

19

M-Cn Should we drive to the store or walk there?
M-Au (A) A few blocks south.
　　　 (B) My car is parked right here.
　　　 (C) A bag of groceries.

가게까지 차를 가지고 갈까요, 아니면 걸어서 갈까요?
(A) 남쪽으로 몇 블록 가면 돼요.
(B) 내 차가 바로 여기 주차되어 있어요.
(C) 식료품 한 봉지요.

어휘 park 주차하다　grocery 식료품

해설 구를 연결한 선택의문문
(A) 질문과 상관없는 오답. 거리를 묻는 How far 의문문에 어울리는 오답.
(B) 정답. 가게까지 차를 가지고 가야 하는지 아니면 걸어서 가야 하는지를 묻는 질문에, 차가 바로 여기 주차되어 있다면서 차를 가지고 가자고 우회적으로 표현한 것이므로 정답.
(C) 연상 단어 오답. 질문의 store에서 연상 가능한 groceries를 이용한 오답으로, 구입 물건을 묻는 What 의문문에 어울리는 응답.

20

M-Cn What did Ms. Sato say about the budget proposal?
W-Br **(A) She approved it.**
　　　 (B) About five more.
　　　 (C) At the staff meeting.

사토 씨는 예산안에 대해 뭐라고 말했나요?
(A) 승인했어요.
(B) 다섯 개 정도 더요.
(C) 직원 회의에서요.

어휘 budget proposal 예산안, 예산 제안서　approve 승인하다　staff meeting 직원 회의

해설 예산안에 대한 사토 씨의 의견을 묻는 What 의문문
(A) 정답. 예산안에 대해 사토 씨가 뭐라고 했는지를 묻는 질문에, 승인했다고 대답하고 있으므로 정답.
(B) 질문과 상관없는 오답. How many 의문문에 어울리는 오답.
(C) 연상 단어 오답. 질문의 budget proposal에서 연상 가능한 staff meeting을 이용한 오답.

21

M-Au How often do you check your e-mail account?
W-Am (A) By regular mail.
　　　 (B) Yes, that'll do.
　　　 (C) A few times a day.

이메일 계정을 얼마나 자주 확인하세요?
(A) 보통 우편으로요.
(B) 네, 그러면 돼요.
(C) 하루에 몇 번씩이요.

어휘 e-mail account 이메일 계정　regular mail 보통[일반] 우편

해설 이메일 계정 확인 빈도를 묻는 How often 의문문
(A) 유사 발음 오답. 질문의 e-mail과 부분적으로 발음이 동일한 mail을 이용한 오답으로, How 의문문에 어울리는 응답.
(B) Yes/No 불가 오답. 빈도를 묻는 How often 의문문에 Yes/No 응답이 불가능하기 때문에 오답.
(C) 정답. 이메일 계정을 얼마나 자주 확인하는지를 묻는 질문에, 하루에 몇 번이라고 빈도로 응답하고 있으므로 정답.

22
W-Br Are you starting your new job immediately or taking some time off?
M-Au (A) I just switched it off.
(B) I'm going on vacation first.
(C) I applied online.

당장 새로운 일을 시작할 거예요, 아니면 좀 쉴 거예요?
(A) 방금 껐어요.
(B) 먼저 휴가를 갈 거예요.
(C) 온라인으로 지원했어요.

어휘 immediately 즉시, 당장 take time off 휴가를 내다 switch off ~을 끄다 go on vacation 휴가를 가다 apply 지원하다

해설 구를 연결한 선택의문문
(A) 단어 반복 오답. 질문의 off를 반복 이용한 오답.
(B) 정답. 바로 새로운 일을 시작할 것인지 아니면 좀 쉴 것인지를 묻는 질문에, 먼저 휴가를 갈 것이라면서 좀 쉬겠다고 응답한 정답.
(C) 연상 단어 오답. 질문의 new job에서 연상 가능한 applied를 이용한 오답으로, 지원 방법을 묻는 How 의문문에 어울리는 응답.

23
M-Cn When does the shipment of running shoes arrive?
W-Br (A) He finished in last place.
(B) It's delayed at the airport.
(C) A new supplier.

운동화 배송품은 언제 도착하나요?
(A) 그가 꼴찌로 들어왔어요.
(B) 공항에서 지연되었어요.
(C) 새 공급업체요.

어휘 shipment 배송, 선적품 in last place 마지막으로, 최후에는 delay 지연하다, 연기하다 supplier 공급업체

해설 배송품 도착 시점을 묻는 When 의문문
(A) 연상 단어 오답. 질문의 running, arrive에서 연상 가능한 finished in last place를 이용한 오답.
(B) 정답. 운동화 배송품 도착 시점을 묻는 질문에, 공항에서 지연된 상태라고 배송 상황을 알려주고 있으므로 정답.
(C) 연상 단어 오답. 질문의 shipment에서 연상 가능한 new supplier를 이용한 오답.

24
M-Cn Maybe you can enlarge the text size on the slides.
W-Am (A) The projector is new.
(B) We can't all fit in the room.
(C) I think that should help.

아마도 슬라이드의 글자 크기를 키울 수 있을 거예요.
(A) 그 프로젝터는 새 거예요.
(B) 그 방에 우리 모두 다는 못 들어가요.
(C) 그러면 좀 낫겠군요.

어휘 enlarge 크게 하다, 확대시키다 fit (어느 장소에 들어가기에) 맞다

해설 사실/정보 전달의 평서문
(A) 연상 단어 오답. 평서문의 slides에서 연상 가능한 projector를 이용한 오답.
(B) 연상 단어 오답. 평서문의 enlarge에서 연상 가능한 can't all fit을 이용한 오답.
(C) 정답. 슬라이드의 글자 크기를 키울 수 있다는 말에 그러면 도움이 될 것 같다면서 동의하고 있으므로 정답.

25
W-Br Where should we take our guests for dinner?
M-Au **(A) I decided last time.**
(B) The vegetarian menu.
(C) She sent the report.

저녁을 먹으러 손님들을 어디로 모시고 갈까요?
(A) 제가 지난번에 결정했어요.
(B) 채식주의자 메뉴요.
(C) 그녀는 보고서를 보냈어요.

어휘 vegetarian 채식주의자(의)

해설 저녁을 먹으러 갈 장소를 묻는 Where 의문문
(A) 정답. 손님을 모시고 저녁을 먹으러 갈 장소를 묻는 질문에, 장소로 응답하는 대신 이미 결정했다고 우회적으로 응답하고 있으므로 정답.
(B) 연상 단어 오답. 질문의 dinner에서 연상 가능한 vegetarian menu를 이용한 오답으로, What 의문문에 어울리는 응답.
(C) 질문과 상관없는 오답. She가 가리키는 대상이 질문에 없으므로 오답.

26
W-Am Do you mind reviewing this presentation for me?
M-Cn **(A) Oh—I was just about to head home.**
(B) How many copies do you need?
(C) It's a different view from here.

이 프레젠테이션 좀 검토해 주시겠어요?
(A) 앗, 막 집에 가려던 참이었어요.
(B) 몇 부나 필요하세요?
(C) 여기서 보면 전망이 달라요.

어휘 review 검토하다 be about to + 동사원형 막 ~하려고 하다 head ~로 향하다 view 전망, 견해

해설 프레젠테이션 검토를 요청하는 조동사(do) 의문문
(A) 정답. 프레젠테이션을 검토해 달라는 요청에, 막 집에 가려던 참이었다고 우회적으로 요청을 거절하고 있으므로 정답.
(B) 질문과 상관없는 오답. 프레젠테이션을 검토해 달라는 요청에, 몇 부나 필요한지를 되묻는 것은 질문의 맥락에서 벗어난 응답이므로 오답.
(C) 유사 발음 오답. 질문의 reviewing과 부분적으로 발음이 유사한 view를 이용한 오답.

27

W-Br Did the clients like the advertisement we designed?
M-Cn **(A) They'll call back later today.**
(B) In next month's issue.
(C) A few more designers.

고객들이 우리가 디자인한 광고를 마음에 들어 했나요?
(A) 그들은 오늘 늦게 다시 전화해 줄 거예요.
(B) 다음 달 호예요.
(C) 디자이너 몇 사람 더요.

어휘 client 고객 advertisement 광고 call back (나중에) 다시 전화하다 issue (잡지의) 호, 판

해설 고객이 광고를 좋아했는지를 묻는 조동사(did) 의문문
(A) 정답. 고객이 광고를 좋아했는지를 묻는 질문에 대해 고객이 오늘 늦게 전화를 줄 것이라고 답해 아직 고객이 광고를 마음에 들어 하는지 아닌지를 알 수 없음을 나타내고 있으므로 정답.
(B) 연상 단어 오답. 질문의 advertisement에서 광고를 게재할 잡지 측면에서 연상 가능한 next month's issue를 이용한 오답.
(C) 파생어 오답. 질문의 designed와 파생어 관계인 designers를 이용한 오답.

28

W-Am Who has the lab test results?
W-Br (A) First thing tomorrow morning.
(B) Thirty questions, I think.
(C) Let's check the file.

누가 실험실 테스트 결과를 가지고 있나요?
(A) 내일 아침 제일 먼저 할 일이에요.
(B) 아마도 질문 30개요.
(C) 파일을 확인해보죠.

어휘 lab 실험실 first thing 무엇보다도 먼저, 우선 첫째로

해설 실험실 테스트 결과를 누가 가지고 있는지 묻는 Who 의문문
(A) 질문과 상관없는 오답. 누가 결과를 가지고 있는지를 묻는 질문에 내일 아침 제일 먼저라고 대답했으므로 오답.
(B) 연상 단어 오답. 질문의 test에서 연상 가능한 questions를 이용한 오답으로, 개수를 묻는 How many 의문문에 가능한 응답.
(C) 정답. 누가 실험실 테스트 결과를 가지고 있는지를 묻는 질문에, (누가 가지고 있는지 모르니) 파일을 확인해보자고 제안한 응답.

29

M-Au Did you go to the parade yesterday?
W-Am **(A) I don't like crowds.**
(B) They're in the marching band.
(C) When does it start?

어제 퍼레이드를 보러 갔어요?
(A) 저는 붐비는 것을 싫어해요.
(B) 그들은 악단에 속해 있어요.
(C) 언제 시작해요?

어휘 crowd 북적임, (사람들) 무리

해설 퍼레이드에 갔었는지를 묻는 조동사(did) 의문문
(A) 정답. 어제 퍼레이드를 보러 갔는지를 묻는 질문에, 붐비는 것을 싫어한다는 말로 퍼레이드를 보러 가지 않았다는 것을 우회적으로 표현한 정답.
(B) 연상 단어 오답. 질문의 parade에서 연상 가능한 marching band를 이용한 오답.
(C) 질문과 상관없는 오답. 어제 퍼레이드를 보러 갔었는지(과거 시제)를 묻는 질문에 언제 시작하는지(현재 시제)를 되묻는 것은 질문의 맥락에서 벗어난 것이므로 오답.

30

M-Cn Can you show me how to join a conference call?
W-Am **(A) Suzanne learned about that yesterday.**
(B) When will membership cards be available?
(C) The topic is "Maintaining a Small Business."

전화 회의에 참여하는 방법 좀 알려 주시겠어요?
(A) 수잔이 어제 방법을 배웠어요.
(B) 회원증은 언제 이용 가능할까요?
(C) 주제는 '소기업 관리'예요.

어휘 conference call 전화 회의 available 이용 가능한

해설 전화 회의 참여 방법을 알려달라고 요청하는 조동사(can) 의문문
(A) 정답. 전화 회의에 참여하는 방법 좀 알려달라는 요청에, 수잔이 어제 참여하는 방법을 배웠다는 말로 수잔에게 물어볼 것을 우회적으로 제안한 응답.
(B) 연상 단어 오답. 질문의 join에 대해 가입 측면에서 연상 가능한 membership을 이용한 오답.
(C) 연상 단어 오답. 질문의 conference에서 연상 가능한 topic을 이용한 오답으로, 주제를 묻는 What 의문문에 어울리는 응답.

31

M-Au Do you know if this milk is fresh?
M-Cn (A) Milk and sugar in mine, please.
(B) At the new supermarket.
(C) The date is marked on the container.

이 우유가 신선한지 어떤지 아세요?
(A) 제 것에는 우유와 설탕을 넣어 주세요.
(B) 새로 생긴 슈퍼마켓에서요.
(C) 용기에 날짜가 표시되어 있어요.

어휘 mark 표시하다, 명시하다 container 용기, 그릇

해설 우유가 신선한지를 묻는 간접의문문
(A) 단어 반복 오답. 질문의 milk를 반복 이용한 오답.
(B) 연상 단어 오답. 질문의 milk에서 연상 가능한 supermarket을 이용한 오답으로, 구입처를 묻는 Where 의문문에 어울리는 응답.
(C) 정답. 우유가 신선한지의 여부를 묻는 질문에, 용기에 표시되어 있는 날짜를 확인해 보라고 우회적으로 응답한 정답.

PART 3

32-34

M-Cn	Excuse me, ³²**I saw the ad for your department store on the Internet, so I decided to stop by.** You're having a big sale today, right? Does that apply to jewelry items, too?
W-Br	Absolutely. ³³**Everything in the display cases is up to half-off the full price. Did you bring the coupon that came with the advertisement?**
M-Cn	Actually, ³⁴**I printed it out but then forgot it at my office. I will come back after work to take a better look.** Maybe I can get all my gift shopping done for the entire year!
남:	실례합니다, 인터넷에서 백화점 광고를 보고 들러야겠다고 마음먹었어요. 오늘 대규모 할인이 있죠? 보석류 제품들도 할인되나요?
여:	물론이죠. 진열대에 전시되어 있는 모든 제품을 정가에서 최고 50%까지 할인해 드립니다. 광고에 게재된 쿠폰은 가져오셨어요?
남:	사실, 출력은 했는데 깜박하고 사무실에 두고 왔어요. 퇴근 후에 다시 와서 더 자세히 살펴 볼게요. 어쩌면 1년치 선물을 몽땅 살 수 있을 거 같아요!
어휘	ad 광고(= advertisement) stop by ~에 잠시 들르다 apply to ~에 적용되다 display case (상품) 진열장, 진열대 up to 최고 ~까지 half-off 반값의, 50% 할인 full price 총 매매가 print out 프린터로 출력하다 get ~ done ~을 끝마치다, 완료하다

32

Why did the man choose to shop at the store?

(A) The staff is very helpful.
(B) The store is close to his office.
(C) He saw an online advertisement.
(D) His friend recommended the store.

남자가 백화점에서 쇼핑을 하기로 한 이유는 무엇인가?
(A) 직원이 아주 도움이 된다.
(B) 백화점이 사무실에서 가깝다.
(C) 온라인 광고를 봤다.
(D) 친구가 그 백화점을 추천했다.

해설 세부사항 관련 – 남자가 쇼핑한 이유

남자의 첫 대사에서 인터넷에서 백화점 광고를 보고 들러야겠다고 마음먹었다(I saw the ad for your department store on the Internet, so I decided to stop by)고 했으므로, 정답은 (C)이다.

▸▸ Paraphrasing   대화의 saw the ad ~ on the Internet
→ 정답의 saw an online advertisement

33

What does the woman ask for?

(A) A credit card
(B) A discount coupon
(C) A customer receipt
(D) A piece of identification

여자는 무엇을 요청하는가?
(A) 신용카드
(B) 할인 쿠폰
(C) 고객 영수증
(D) 신분증

어휘 receipt 영수증   identification 신분증

해설 세부사항 관련 – 여자가 요청한 것

보석류도 할인이 적용되는지를 묻는 남자의 질문에, 여자는 진열대에 전시되어 있는 모든 제품을 최고 50%까지 할인해 준다면서 광고에 게재된 쿠폰을 가져왔는지(Did you bring the coupon that came with the advertisement)를 물었다. 따라서 여자가 요청한 것은 할인 쿠폰이므로, 정답은 (B)이다.

34

Why does the man say he will return at a later time?

(A) He is late for a meeting.
(B) He wants to go to another store.
(C) He has to make a phone call.
(D) He left something at the office.

남자가 나중에 다시 오겠다고 말한 이유는 무엇인가?
(A) 회의에 늦었다.
(B) 다른 가게에 가길 원한다.
(C) 전화를 걸어야 한다.
(D) 사무실에 뭔가를 두고 왔다.

어휘 make a phone call 전화를 걸다

해설 세부사항 관련 – 남자가 나중에 다시 오겠다고 말한 이유

할인 쿠폰을 가져왔는지를 묻는 여자의 질문에, 남자는 쿠폰을 출력하기는 했는데 사무실에 두고 왔다(I printed it out but then forgot it at my office)면서 다시 오겠다고 했다. 따라서 사무실에 두고 온 쿠폰을 가지고 다시 오겠다는 의미이므로, 정답은 (D)이다.

35-37

W-Br	Hello, Mr. Yang. ³⁵**I have a shirt that I'd like to add to my dry cleaning order. It has a coffee stain, and I was hoping you could remove it.**
M-Au	We can definitely get this stain out. It'll be ready by the end of the week. I'll also have the suit you dropped off earlier ready by then, too.

TEST 3   67

W-Br　Oh, ³⁶**I was hoping I could wear the shirt and suit to a job interview I have on Thursday.** Is there any way it can be done sooner?

M-Au　That's no problem—³⁷**I'll start working on them right away so that both are ready by tomorrow.**

여:　안녕하세요, 양 씨. **추가로 더 드라이클리닝을 맡기고 싶은 셔츠가 있어요.** 커피 얼룩이 묻었는데, 지워주시면 좋겠어요.

남:　물론 이 얼룩은 지울 수 있어요. 이번 주 말까지 준비해 놓을게요. 또 요전에 맡기신 양복도 그때면 준비가 될 거예요.

여:　아, **목요일에 있을 취업 면접에서 그 셔츠와 양복을 입을 수 있었으면 했는데.** 더 빨리 처리할 수 있는 방법은 없나요?

남:　문제없습니다. 지금 당장 손질 시작해서 둘 다 내일까지 준비해 둘게요.

어휘　stain 얼룩 remove 없애다, 제거하다 definitely 확실히, 틀림없이 drop off 갖다 주다, 맡기다 job interview (취업) 면접 work on ~을 작업하다, 손보다

35
Where is this conversation most likely taking place?
(A) At a clothing store
(B) At a coffee shop
(C) At an employment agency
(D) At a dry cleaner's

대화가 일어나는 곳은 어디이겠는가?
(A) 옷 가게
(B) 커피숍
(C) 직업 소개소
(D) 세탁소

어휘　employment agency 직업 소개소 dry cleaner's 세탁소

해설　전체 내용 관련 – 대화 장소

대화 맨 처음에 여자가 드라이클리닝을 추가로 맡기고 싶은 셔츠가 있다(I have a shirt that I'd like to add to my dry cleaning order)면서, 커피 얼룩을 지워달라(It has a coffee stain, and I was hoping you could remove it)고 했다. 따라서 세탁소에서 일어난 대화임을 알 수 있으므로, 정답은 (D)이다.

36
What is the woman doing on Thursday?
(A) Interviewing for a job
(B) Picking up a coworker
(C) Visiting a friend
(D) Leaving on a business trip

여자는 목요일에 무엇을 할 것인가?
(A) 취업 면접 보기
(B) 동료 직원 데리러 가기
(C) 친구 방문하기
(D) 출장 가기

어휘　coworker 직장 동료, 동료 직원 business trip 출장

해설　세부사항 관련 – 여자가 목요일에 할 일

여자의 두 번째 대사에서 목요일에 있을 취업 면접에서 그 셔츠와 양복을 입고 싶었다(I was hoping I could wear the shirt and suit to a job interview I have on Thursday)고 했으므로, 여자는 목요일에 취업 면접을 볼 것임을 알 수 있다. 따라서 정답은 (A)이다.

>> Paraphrasing　대화의 a job interview
　　　　　　　　→ 정답의 Interviewing for a job

37
What does the man offer to do?
(A) Exchange a purchase
(B) Provide express service
(C) Make a reservation
(D) Order a special product

남자는 무엇을 해주겠다고 하는가?
(A) 구입품 교환
(B) 빠른 서비스 제공
(C) 예약
(D) 특별 상품 주문

어휘　exchange 교환하다 make a reservation 예약하다 special product 특산품

해설　세부사항 관련 – 남자의 제안 사항

대화 마지막에서 면접 때 셔츠와 양복을 입었으면 좋겠다면서 빨리 처리해 달라는 여자의 요청에 남자는 지금 바로 작업을 시작해서 내일까지 준비해 두겠다(I'll start working on them right away so that both are ready by tomorrow)고 했다. 따라서 정답은 (B)이다.

38-40

M-Cn　Hi, this is Roger from Jefferson Repair Services. ³⁸**I was supposed to come to your office to fix an air conditioner this afternoon**, but my current job is taking longer than expected. I won't be able to make it there until about six P.M.

W-Am　Thanks for letting me know. Everyone at our office leaves around five-thirty, but ³⁹**the building security officer will be here all night. I'll ask him to let you in.**

M-Cn　Thanks, I'd appreciate that. And when I'm done with the repair, ⁴⁰**should I just leave the invoice with him?**

W-Am　Actually, ⁴⁰**could you send it to me by e-mail?** I think that would be better.

남:　안녕하세요, 제퍼슨 수리 서비스의 로저입니다. **오늘 오후에 에어컨을 수리하러 귀하의 사무실을 방문하기로 되어 있는데**, 지금 하고 있는 일이 예상보다 시간이 오래 걸려서요. 저녁 6시는 지나야 방문할 수 있을 거 같습니다.

여:	알려주셔서 감사합니다. 사무실 전 직원이 5시 30분경 퇴근하지만, **건물 경비원이 밤새 여기 있을 겁니다. 그에게 당신을 들여보내라고 요청해 둘게요.**
남:	감사합니다. 그렇게 해주시면 좋죠. 그리고 수리가 다 끝나면, **청구서를 경비원에게 주면 될까요?**
여:	사실, **청구서는 이메일로 제게 보내주시겠어요?** 그 편이 더 좋을 거 같습니다.

어휘	repair 수리; 수리하다 be supposed to + 동사원형 ~하기로 되어 있다 fix 수리하다, 고치다 make it 시간에 맞춰 가다 building security officer 경비실 직원 let ~ in ~을 들여보내다 be done with ~을 끝내다 invoice 송장, 청구서

38
Why will the man visit the woman's office?
(A) **To make a repair**
(B) To pick up a package
(C) To give a presentation
(D) To set up a workstation

남자가 여자의 사무실을 방문할 이유는 무엇인가?
(A) **수리하기 위해**
(B) 소포를 찾아가기 위해
(C) 프레젠테이션을 하기 위해
(D) 작업 공간을 설치하기 위해

어휘 package 소포, 꾸러미 pick up 찾아가다, 가져 가다 set up 설치하다 workstation 워크스테이션, 작업 공간

해설 세부사항 관련 – 남자가 여자의 사무실을 방문할 이유

대화 맨 처음에 남자가 여자에게 오늘 오후에 에어컨을 수리하러 사무실을 방문하기로 했다(I was supposed to come to your office to fix an air conditioner this afternoon)고 말했으므로, 정답은 (A)이다.

▶ Paraphrasing 대화의 to fix → 정답의 To make a repair

39
What does the woman say she will do?
(A) Reserve a conference room
(B) Meet a customer
(C) **Talk to a security officer**
(D) Review an estimate

여자는 무엇을 할 것이라고 말하는가?
(A) 회의실 예약하기
(B) 고객 만나기
(C) **경비원에게 말하기**
(D) 견적서 검토하기

어휘 reserve 예약하다 conference room 회의실 review 검토하다 estimate 견적(서)

해설 세부사항 관련 – 여자가 할 일

여자의 첫 번째 대사에서 사무실 전 직원이 5시 30분경 퇴근하니까 건물 경비 직원에게 남자가 들어갈 수 있도록 이야기해 놓겠다(the building security officer will be here all night. I'll ask him to let you in)고 했다. 따라서 정답은 (C)이다.

40
What does the woman ask the man to e-mail her?
(A) A survey
(B) A report
(C) **An invoice**
(D) An agenda

여자는 남자에게 무엇을 이메일로 보내달라고 요청하는가?
(A) 설문조사
(B) 보고서
(C) **청구서**
(D) 안건

해설 세부사항 관련 – 여자의 요청 사항

대화 마지막에서 청구서를 경비 직원에게 주면 될지(should I just leave the invoice with him)를 묻는 남자의 질문에, 여자는 이메일로 보내달라(could you send it to me by e-mail)고 요청했다. 따라서 정답은 (C)이다.

41-43 3인 대화

M-Au	Hi, welcome to Royal Stationery. How may I help you?
W-Am	Well, I was wondering if you could help me find something. I have to mail some photographs, so **41I need some large envelopes that won't bend**.
M-Au	Hmm…I'm not sure if we have those here. Let me ask my colleague… Hey, Omar, do you know if we have card-stock envelopes?
M-Cn	**42Yeah, we do, just not on this floor.** Let me show you. Follow me, please.
W-Am	Oh, great. And do you know if there's a post office nearby? I need to send the photos today.
M-Cn	**43Actually, we have a shipping kiosk inside our store.** It's right by the shipping supplies.
W-Am	That's perfect. Thanks!

남1:	안녕하세요, 로열 문구점에 오신 것을 환영합니다. 무엇을 도와드릴까요?
여:	글쎄요, 물품 찾는 것 좀 도와주시겠어요? 우편으로 사진을 좀 보내야 하는데, **구겨지지 않는 큰 봉투가 필요해요.**
남1:	음…, 여기에 그런 게 있을지 모르겠네요. 동료에게 물어볼게요…. 이봐, 오마, 우리 카드로 만든 봉투가 있나요?
남2:	**네, 있어요, 단지 이 층에 없어서 그렇죠.** 제가 안내해 드릴게요. 저를 따라오세요.
여:	오, 잘됐군요. 그리고 근처에 우체국이 있나요? 오늘 이 사진들을 보내야 하거든요.

남2: 실은, 우리 매장 내에 택배 기계가 있어요. 배송용 물품 바로 옆에 있어요. 여: 정말 다행이네요. 고마워요!
어휘 stationery 문구점, 문구류   bend 구부러지다 colleague 동료   card-stock (명함) 인쇄용지, 카드지 shipping 발송, 배송   shipping kiosk 택배 기계 supplies 공급품, 물품

41

What is the woman shopping for?

(A) Envelopes
(B) Art supplies
(C) Books
(D) Office equipment

여자는 무엇을 사고 있는가?
(A) 봉투
(B) 미술용품
(C) 책
(D) 사무기기

어휘 art supplies 미술용품   equipment 장비, 기기

해설 세부사항 관련 – 여자가 사려고 하는 것
여자의 첫 번째 대사에서 우편으로 사진을 좀 보내야 한다면서 구겨지지 않는 큰 봉투가 필요하다(I need some large envelopes that won't bend)고 했으므로, 정답은 (A)이다.

42

What does Omar say about an item?

(A) It is out of stock.
(B) It is located on a different floor.
(C) It is being sold at a reduced price.
(D) It has received positive customer reviews.

오마는 물품에 대해 뭐라고 말하는가?
(A) 품절이다.
(B) 다른 층에 있다.
(C) 할인된 가격으로 판매 중이다.
(D) 긍정적인 고객 평가를 받았다.

어휘 out of stock 품절인   at a reduced price 할인된 가격으로
positive 긍정적인

해설 세부사항 관련 – 오마가 물품에 대해 말한 것
두 번째 남자의 첫 대사에서 카드지로 만든 봉투가 있기는 하지만 이 층에는 없다(Yeah, we do, just not on this floor)면서 자신이 안내할 테니 따라오라고 했다. 따라서 정답은 (B)이다.

> ▶▶ Paraphrasing   대화의 **not on this floor**
>   → 정답의 **on a different floor**

43

What additional service does Omar mention?

(A) Equipment upgrades
(B) Online purchasing
(C) In-store mailing
(D) Free returns

오마는 어떤 부가 서비스를 언급하는가?
(A) 장비 업그레이드
(B) 온라인 구입
(C) 매장 내 우편 발송
(D) 무료 반품

어휘 additional 추가의, 부가적인   in-store 매장 내의   return 반품, 환불

해설 세부사항 관련 – 오마가 언급하는 부가 서비스
근처에 우체국이 있는지를 묻는 여자의 질문에 오마는 매장 내에 택배 기계가 있다(we have a shipping kiosk inside our store)고 했으므로, 정답은 (C)이다.

> ▶▶ Paraphrasing   대화의 **a shipping kiosk inside our store**
>   → 정답의 **In-store mailing**

44-46

W-Br	I spoke with Sam Jenkins on the phone this morning. ⁴⁴, ⁴⁵**We had invited him to be our keynote speaker at the conference in August, but it turns out he's not able to come after all.**
M-Cn	Really? That's a pity. We need to find a replacement pretty quickly then. Remember, the conference programs are going to be printed next week.
W-Br	Would you mind looking through your contacts and coming up with a few good alternates?
M-Cn	Actually, I know the perfect person— Carmen Vasquez....She'd attract a big audience and is a fantastic speaker. ⁴⁶**I'll call her now and let you know what her response is.**

여: 오늘 아침에 샘 젠킨스 씨와 통화했어요. **우리는 8월에 있을 회의에 기조연설자로 그를 초대했는데, 결국 그가 올 수 없대요.**

남: 정말요? 유감이네요. 빨리 대체할 사람을 찾아야 해요. 다음 주에 회의 프로그램을 인쇄한다고요.

여: 연락처를 쭉 살펴보고 대체할 만한 괜찮은 사람을 몇 명 찾아봐 주시겠어요?

남: 실은, 딱 맞는 사람을 알아요. 카르멘 바스케스 씨요…. 그녀는 많은 청중을 모을 수 있을 거예요. 게다가 훌륭한 연사예요. **내가 지금 그녀에게 전화해 보고 그녀의 대답을 알려 드릴게요.**

어휘 keynote speaker 기조연설자 turn out 결과가 ~이 되다, ~으로 판명되다 replacement 후임자, 대체하는 것 look through ~을 훑어보다 contact 연락, 연줄 come up with ~을 찾아내다, 생각해내다 alternate 대리인, 대체 인력 attract ~의 관심을 끌다, 유인하다 fantastic 환상적인, 아주 멋진 response 응답, 반응

44

What are the speakers organizing?
(A) A television interview
(B) A dinner party
(C) A concert
(D) **A conference**

화자들은 무엇을 준비하고 있는가?
(A) TV 인터뷰
(B) 저녁 만찬
(C) 음악회
(D) 회의

어휘 organize 준비하다, 조직하다

해설 전체 내용 관련 - 화자들이 준비하고 있는 것

여자는 첫 대사에서 8월에 있을 회의에 샘 젠킨스 씨를 기조연설자로 초대했는데, 그가 올 수 없다(We had invited him to be our keynote speaker at the conference in August, but it turns out he's not able to come after all)고 말했다. 따라서 화자들이 회의를 준비하고 있음을 알 수 있으므로, 정답은 (D)이다.

45

What problem does the woman mention?
(A) **A speaker has canceled.**
(B) A venue has been closed.
(C) A flight was delayed.
(D) A delivery was not made.

여자는 어떤 문제를 언급하는가?
(A) 강연자가 취소했다.
(B) 장소가 폐쇄되었다.
(C) 항공편이 지연되었다.
(D) 배달이 되지 않았다.

어휘 venue 장소, 개최지 delay 지연하다, 연기하다

해설 세부사항 관련 - 여자가 언급하는 문제점

여자는 첫 대사에서 샘 젠킨스 씨가 8월에 있을 회의에 올 수 없다(it turns out he's not able to come after all)고 했으므로, 정답은 (A)이다.

▶▶ Paraphrasing 대화의 he's not able to come
→ 정답의 A speaker has canceled.

46

What most likely will the man do next?
(A) Send an e-mail
(B) Prepare a presentation
(C) **Make a phone call**
(D) Buy some tickets

남자는 다음에 무엇을 하겠는가?
(A) 이메일을 보낸다
(B) 프레젠테이션을 준비한다
(C) 전화를 건다
(D) 티켓을 구입한다

어휘 make a phone call 전화를 걸다

해설 세부사항 관련 - 남자의 다음 행동

대화의 맨 마지막에서 남자는 적합한 강연자가 있다면서, 카르멘 바스케스 씨에게 전화해 보고 대답을 알려주겠다(I'll call her now and let you know what her response is)고 했다. 따라서 남자가 다음에 할 일은 카르멘 바스케스 씨에게 전화를 거는 일이므로, 정답은 (C)이다.

▶▶ Paraphrasing 대화의 call → 정답의 Make a phone call

47-49

W-Am Hi, Carlos. **47**Did you see the new schedule for next month's fitness classes? I scheduled you to teach the two classes you requested.

M-Au Oh wow, thanks. Hmm, I see the two classes are back-to-back.

W-Am Yes, is that a problem?

M-Au Well, **48**the aerobics class is scheduled to start right after my weight-lifting class. This means there's only five minutes to put away the exercise equipment and get ready for the next class, and who can do that?

W-Am Ahh, good point. **48, 49**Why don't I just change the start time of your aerobics class? Let's have it start ten minutes later.

여: 안녕하세요, 칼로스. 다음 달 피트니스 강좌 새 시간표 봤어요? 당신이 요청한 두 강좌를 가르치도록 시간표를 짰어요.
남: 오, 와, 감사해요. 음, 두 강좌가 연달아 있네요.
여: 네, 그게 문제인가요?
남: 음, 역기 강좌 바로 뒤에 에어로빅 강좌가 시작되는 일정이네요. 이러면 운동 장비를 치우고 다음 강좌를 준비할 시간이 5분밖에 없어요. 그런데 누가 그걸 할 수 있겠어요?
여: 아, 좋은 지적이에요. 에어로빅 강좌 시작 시간을 바꿀까요? 10분 후에 시작하는 것으로 하죠.

어휘 back-to-back 연속적인, 잇따라 weight-lifting 역도, 역기 put away 치우다 exercise equipment 운동 장비[기기]

47

Where most likely do the speakers work?
(A) At a sporting goods store
(B) At a hospital
(C) At a warehouse
(D) At a fitness center

화자들은 어디에서 근무하겠는가?
(A) 스포츠용품 매장
(B) 병원
(C) 창고
(D) 헬스클럽

어휘 sporting goods 스포츠용품 warehouse 창고

해설 전체 내용 관련 – 화자들의 근무지

대화 맨 처음에 여자가 남자에게 다음 달 피트니스 강좌 시간표를 봤는지(Did you see the new schedule for next month's fitness classes) 물었으며, 남자가 요청한 두 강좌를 가르치도록 시간표를 짰다(I scheduled you to teach the two classes you requested)고 했다. 따라서 화자들이 헬스클럽에 근무한다는 것을 알 수 있으므로, 정답은 (D) 이다.

48

What does the man imply when he says, "and who can do that"?
(A) He is asking for a volunteer.
(B) He wants to know the name of a staff member.
(C) He thinks a task is impossible.
(D) He is interested in an applicant's qualifications.

남자가 "그런데 누가 그걸 할 수 있겠어요"라고 말한 의도는 무엇인가?
(A) 자원봉사를 요청하고 있다.
(B) 직원의 이름을 알고 싶어한다.
(C) 업무가 불가능하다고 생각한다.
(D) 지원자의 자격 요건에 관심이 있다.

어휘 volunteer 자원봉사자 applicant 지원자, 신청자 qualification 자질, 자격

해설 화자의 의도 파악 – 누가 그걸 할 수 있는지를 묻는 말의 의도

남자의 두 번째 대사에서 역기 강좌 바로 뒤에 에어로빅 강좌가 시작되어서, 운동 장비를 치우고 다음 강좌를 준비할 시간이 5분밖에 없다(~there's only five minutes to put away the exercise equipment and get ready for the next class)고 했다. 또, 이어지는 여자의 대사에서 에어로빅 강습 시작 시간을 10분 후에 시작하는 것으로 바꾸자(Let's have it start ten minutes later)고 제안했다. 따라서 남자가 누가 그걸 할 수 있겠냐고 물은 의도는, 업무가 불가능하다는 뜻임을 알 수 있으므로 정답은 (C)이다.

49

What does the woman offer to do?
(A) Change a schedule
(B) Check the inventory
(C) Clean up a work space
(D) Respond to an inquiry

여자는 무엇을 하겠다고 하는가?
(A) 일정 변경
(B) 재고 목록 확인
(C) 업무 공간 정리
(D) 문의 답변

어휘 inventory 재고 목록, 재고품 clean up 청소하다, 정돈하다 inquiry 문의, 질문

해설 세부사항 관련 – 여자의 제안 사항

여자의 마지막 대사에서 에어로빅 강습 시작 시간을 10분 후에 시작하는 것으로 바꾸자(Let's have it start ten minutes later)고 제안했으므로, 정답은 (A)이다.

> **Paraphrasing** 대화의 have it start ten minutes later
> → 정답의 Change a schedule

50-52

W-Am Craig, ⁵⁰**I have to print copies of the quarterly earnings report for the board meeting next week. Have you made the updates to it yet?**

M-Cn I'm still working on some of the final figures. ⁵¹**The accounting software was down for maintenance all day yesterday, so I'm a little behind.** When do you need it by?

W-Am By the end of the day, if possible. ⁵²**I have to pick up some board members at the airport on Monday morning,** so I want to get the report finished up this week.

여: 크레이그, 다음 주에 있을 이사회 회의에 필요한 분기별 수익 보고서를 출력해야 해요. 이미 업데이트는 했죠?

남: 아직 최종 수치를 작업하고 있어요. 점검 때문에 어제 하루 종일 회계 소프트웨어가 작동이 안 되는 바람에 조금 늦어졌어요. 언제까지 필요하세요?

여: 가능하면 오늘 퇴근 전까지요. 월요일 오전에 임원들을 모시러 공항으로 가야 해서, 이번 주에 보고서 작성을 끝내려고요.

어휘 quarterly 연 4회의, 분기별의 earnings 소득, 수익 board meeting 이사회 회의 work on ~에 대해 작업하다 figures 수치 maintenance 관리, 유지 보수 by the end of the day 오늘 퇴근 전까지 pick up (차로) 데리러 가다, 마중 나가다 board member 이사, 임원

50

What are the speakers discussing?
(A) Selecting a new board member
(B) Setting up an e-mail account
(C) Submitting an itinerary
(D) Preparing a report

화자들은 무엇에 관해 논의하고 있는가?
(A) 신임 이사 선정
(B) 이메일 계정 설정
(C) 여행 일정표 제출
(D) 보고서 준비

어휘 submit 제출하다 itinerary 여행 일정표

해설 전체 내용 관련 – 대화의 주제
여자의 첫 번째 대사에서 다음 주에 있을 이사회 회의에 필요한 분기별 수익 보고서를 출력해야 한다(I have to print copies of the quarterly earnings report for the board meeting next week)면서 업데이트 했는지(Have you made the updates to it yet)를 물었다. 따라서 화자들은 보고서 준비에 대한 이야기를 나누고 있으므로 정답은 (D)이다.

▶ Paraphrasing 대화의 print copies of the quarterly earnings report → 정답의 Preparing a report

51

Why was the man unable to complete a task?
(A) A newsletter contained an error.
(B) Quarterly sales had declined.
(C) Some software was not working.
(D) A colleague was unavailable.

남자가 작업을 완료할 수 없었던 이유는 무엇인가?
(A) 소식지에 오류가 있었다.
(B) 분기별 매출이 감소했다.
(C) 소프트웨어가 작동하지 않았다.
(D) 동료를 만날 수 없었다.

어휘 newsletter 뉴스레터, 소식지 decline 감소하다, 하락하다
colleague 직장 동료 unavailable 만날 수 없는, 도움이 되지 않는

해설 세부사항 관련 – 남자가 작업을 완료할 수 없었던 이유
남자의 대사에서 점검 때문에 어제 하루 종일 회계 소프트웨어가 작동이 안 되는 바람에 조금 늦어졌다(The accounting software was down for maintenance all day yesterday, so I'm a little behind)고 했으므로, 정답은 (C)이다.

▶ Paraphrasing 대화의 The accounting software was down → 정답의 Some software was not working.

52

What does the woman say she will do on Monday?
(A) Go to the airport
(B) Change a reservation
(C) Contact the technology department
(D) Mail a contract to a client

여자는 월요일에 무엇을 할 것이라고 말하는가?
(A) 공항에 가기
(B) 예약 변경하기
(C) 기술부에 연락하기
(D) 고객에게 계약서 우송하기

어휘 reservation 예약 contact 연락하다 contract 계약(서)

해설 세부사항 관련 – 여자가 할 행동
여자는 마지막 대사에서 월요일 오전에 임원들을 모시러 공항으로 가야 한다(I have to pick up some board members at the airport on Monday morning)고 했으므로, 여자는 월요일에 공항에 갈 것임을 알 수 있다. 따라서, 정답은 (A)이다.

53-55 3인 대화

M-Au	Hi, my name is Karl Brommer. **53, 54 I called earlier to have my medical records printed because I need to bring a copy with me when I move to London next month**.
W-Br	OK, let me see, sir. Who is your doctor?
M-Au	Doctor Patel.
W-Br	All right. Yes. **54 I think my colleague Maria printed them earlier today.** One moment ... Maria?
W-Am	Yes?
W-Br	You printed Mr. Brommer's records earlier, right?
W-Am	Yes. **55 I just need you to sign this release form before I give these to you**.
M-Au	Of course. Do you have a pen?
남	안녕하세요, 저는 칼 브라머입니다. 요전에 제 진료 기록을 출력해 달라고 전화 드렸어요. 다음 달에 런던으로 이사 갈 때 한 부 가지고 가야 해서요.
여1	알겠습니다. 담당 의사가 누구인가요?
남	파텔 박사입니다.
여1	알겠습니다. 동료인 마리아가 오늘 아까 출력해 둔 것 같아요. 잠깐만요… 마리아?
여2	네?
여1	아까 브라머 씨의 진료 기록 출력해 두었죠, 그렇죠?
여2	네. **이걸 드리기 전에 열람 동의서에 서명하셔야 해요.**
남	네. 펜 있으세요?

어휘 medical records 진료[의료] 기록 colleague 직장 동료 sign 서명하다 release form 열람 동의서

53

What does the man say he will do next month?
(A) Finish a health course
(B) Attend a medical conference
(C) Go on vacation
(D) Move to another city

남자는 다음 달에 무엇을 할 것이라고 말하는가?
(A) 보건 강좌 이수하기
(B) 의료 학회 참석하기
(C) 휴가 가기
(D) 다른 도시로 이사 가기

TEST 3

해설 세부사항 관련 – 남자가 다음 달에 할 일

남자의 첫 번째 대사에서 다음 달에 런던으로 이사 갈 때(when I move to London next month) 가지고 가야 해서 진료 기록 출력물이 필요하다고 했다. 따라서 남자는 다음 달에 다른 도시로 이사 갈 것임을 알 수 있으므로, 정답은 (D)이다.

> ▶▶ Paraphrasing 대화의 move to London
> → 정답의 Move to another city

54

According to the conversation, what did Maria do earlier?

(A) She changed an appointment.
(B) She ordered a prescription.
(C) She printed some documents.
(D) She examined a patient.

대화에 따르면, 마리아는 좀 전에 무엇을 했는가?
(A) 약속을 변경했다.
(B) 처방된 약을 주문했다.
(C) 문서를 출력했다.
(D) 환자를 진찰했다.

어휘 appointment 약속 prescription 처방전, 처방된 약 document 문서, 서류 examine 진찰하다

해설 세부사항 관련 – 마리아가 한 일

요전에 진료 기록을 출력해 달라고 전화했다는 남자의 말에, 첫 번째 여자의 두 번째 대사에서 동료인 마리아가 아까 출력해 둔 것 같다(I think my colleague Maria printed them earlier today)고 했다. 따라서 마리아가 남자의 진료 기록을 출력했음을 알 수 있으므로, 정답은 (C)이다.

> ▶▶ Paraphrasing 대화의 medical records
> → 정답의 some documents

55

What does Maria ask the man to do?

(A) Make a payment
(B) Sign a form
(C) Sit in a waiting room
(D) Call a pharmacy

마리아는 남자에게 무엇을 해달라고 요청하는가?
(A) 지불하기
(B) 양식에 서명하기
(C) 대기실에 앉기
(D) 약국에 전화 걸기

어휘 make a payment 지불하다 waiting room 대기실 pharmacy 약국

해설 세부사항 관련 – 마리아의 요청 사항

대화 마지막에서 마리아는 진료 기록 출력물을 주기 전에 열람 동의서에 서명해 달라(I just need you to sign this release form before I give these to you)고 요청했으므로, 정답은 (B)이다.

> ▶▶ Paraphrasing 대화의 sign this release form
> → 정답의 Sign a form

56-58

M-Cn	Hello. ⁵⁶I ordered a briefcase through your Web site on March tenth, and I just noticed on my credit card statement that the charge appeared two times.
W-Br	I'm sorry, sir. ⁵⁷We were having trouble with our Internet server on that date. As a result, some online transactions were duplicated.
M-Cn	Oh, really?
W-Br	Yes. We're in the process of issuing refunds—but I can put yours through right now if you'd like.
M-Cn	OK, that'd be great. Thanks very much.
W-Br	You're welcome. Um, after I take care of this for you, ⁵⁸would you mind participating in our customer survey?
M-Cn	Yeah, sure, I can do that.
남	안녕하세요. 3월 10일에 웹사이트에서 서류 가방을 주문했는데, 방금 신용카드 명세서를 보니 두 번 청구됐네요.
여	죄송합니다, 고객님. 그날 저희 인터넷 서버에 문제가 있었어요. 그 결과 일부 온라인 거래가 이중으로 처리되었어요.
남	오, 정말요?
여	네. 저희는 현재 환불 처리 중인데, 원하신다면 고객님 것을 바로 처리해 드릴 수 있습니다.
남	네, 그렇게 해 주세요. 정말 감사합니다.
여	별말씀요. 음, 제가 이것을 처리해 드린 후에, 저희 고객 여론 조사에 참여해 주시겠어요?
남	네, 물론이죠, 참여할 수 있습니다.

어휘 briefcase 서류 가방 credit card statement 신용카드 명세서 charge 요금, 청구; 청구하다 transaction 거래, 처리 duplicate 이중으로 하다, 중복하다 in the process of ~의 과정 중인, 과정에서 issue 발행하다, 발부하다 refund 환불, 상환 put through ~을 실행하다, 성취하다 take care of ~을 처리하다, 돌보다 participate in ~에 참가하다, 참석하다 customer survey 고객 여론[설문] 조사

56

Why is the man calling?

(A) He would like a product catalog.
(B) He has not received his order.
(C) He needs to know a store's address.
(D) He was charged twice for a purchase.

남자가 전화를 건 이유는 무엇인가?
(A) 제품 카탈로그를 원한다.
(B) 주문품을 받지 못했다.
(C) 가게 주소를 알아야 한다.
(D) 구매가 이중으로 청구되었다.

어휘 product catalog 제품 카탈로그 order 주문(품); 주문하다

해설 전체 내용 관련 – 전화를 건 이유

대화 맨 처음에 남자가 웹사이트에서 서류 가방을 주문했는데, 신용카드 명세서에 두 번 청구되었다(I just noticed on my credit card statement that the charge appeared two times)고 했다. 따라서 정답은 (D)이다.

> **Paraphrasing** 대화의 the charge appeared two times
> → 정답의 was charged twice for a purchase

57

What does the woman explain about?
(A) A current renovation
(B) An expired credit card
(C) A technical problem
(D) A shortage of merchandise

여자는 무엇에 관해 설명하는가?
(A) 현재 진행중인 수리
(B) 만료된 신용카드
(C) 기술적인 문제
(D) 상품 부족

어휘 renovation 수리, 개조 expired 만료된, 기한이 지난 shortage 부족 merchandise 상품, 재고품

해설 세부사항 관련 – 여자가 설명하는 것

여자의 첫 번째 대사에서 인터넷 서버에 문제가 있어서(We were having trouble with our Internet server on that date), 일부 온라인 거래가 이중으로 처리되었다(some online transactions were duplicated)고 했다. 따라서 여자는 남자에게 기술적인 문제에 대해 설명하고 있으므로 정답은 (C)이다.

> **Paraphrasing** 대화의 trouble with our Internet server
> → 정답의 A technical problem

58

What does the woman ask the man to do?
(A) Keep a receipt
(B) Answer survey questions
(C) Shop at a different location
(D) Provide an item number

여자는 남자에게 무엇을 해달라고 요청하는가?
(A) 영수증 보관하기
(B) 설문 조사 질문에 답변하기
(C) 다른 매장에서 쇼핑하기
(D) 제품 번호 알려주기

어휘 receipt 영수증

해설 세부사항 관련 – 여자의 요청 사항

여자는 마지막 대사에서 고객 여론 조사에 참여해달라(would you mind participating in our customer survey)고 요청하고 있다. 따라서 여자가 남자에게 요청한 것은 설문 조사에 응하는 것임을 알 수 있으므로, 정답은 (B)이다.

> **Paraphrasing** 대화의 participating in our customer survey
> → 정답의 Answer survey questions

59-61

W-Br Hey, Jun. It's Mina. ⁵⁹**I'm here trying to get in to the building, but when I scan my ID badge, the door won't open.**

M-Au OK. This happened to a few other people today. ⁶⁰**If you give me your employee ID number, I'll reenter your credentials into the security system.** After that, the badge scanner should recognize your ID. It'll only take a minute.

W-Br Yeah, but ⁶¹**can you just let me in first? I'm really in a hurry.**

M-Au There's a policy against that. ⁶¹**I'd have to fill out a report....**Let me just reenter your information. It really will only take a minute.

여: 안녕하세요, 준. 미나예요. **여기 건물에 들어가려고 하는데, 신분증을 스캔했는데도 문이 열리지 않아요.**
남: 알겠어요. 오늘 다른 사람 몇 명에게도 이런 일이 있었어요. **사원 번호를 알려 주시면, 보안 장치에 당신 정보를 다시 입력할게요.** 그러면, 신분증 스캐너가 당신 신분증을 인식할 거예요. 잠깐이면 됩니다.
여: 네, 그런데 먼저 저 좀 들어가게 해 줄 수 있어요? 정말 급해서요.
남: 그건 규정에 위배됩니다. 보고서를 작성해야 해서요… 정보만 다시 입력할게요. 정말 잠깐이면 됩니다.

어휘 ID badge 신분증 employee ID number 사원 번호 reenter 다시 입력하다, 재입력하다 credential 자격(증), 자격 인증(서) security system 보안 장치[시스템] in a hurry 급한, 서두르는 policy 방침, 정책 fill out ~을 작성하다

59

Where most likely is the woman?
(A) At a building entrance
(B) On a train platform
(C) In a conference room
(D) In an elevator

여자는 어디에 있겠는가?
(A) 건물 입구
(B) 기차 승강장
(C) 회의실
(D) 엘리베이터

어휘 entrance 입구   platform 승강장, 플랫폼

해설 세부사항 관련 – 여자가 있는 장소
여자의 첫 번째 대사에서 건물에 들어가려고(I'm here trying to get in to the building) 하는데, 문이 열리지 않는다(but when I scan my ID badge, the door won't open)고 했다. 따라서 여자는 건물 입구에 있다는 것을 알 수 있으므로, 정답은 (A)이다.

60

What information does the man ask for?
(A) A password
(B) An employee number
(C) A name
(D) A company address

남자는 무슨 정보를 요청하는가?
(A) 비밀번호
(B) 사원 번호
(C) 이름
(D) 회사 주소

어휘 password 패스워드, 비밀번호

해설 세부사항 관련 – 남자가 요청하는 것
남자의 첫 번째 대사에서 사원 번호를 알려 주면(If you give me your employee ID number), 보안 장치에 정보를 다시 입력하겠다(I'll reenter your credentials into the security system)고 했다. 따라서 남자가 요청한 정보는 사원 번호임을 알 수 있으므로, 정답은 (B)이다.

61

Why does the man say, "There's a policy against that"?
(A) To make a recommendation
(B) To criticize a mistake
(C) To refuse a request
(D) To ask for clarification

남자가 "그건 규정에 위배됩니다"라고 말한 이유는 무엇인가?
(A) 추천하기 위해
(B) 실수를 질책하기 위해
(C) 요청을 거절하기 위해
(D) 설명을 요청하기 위해

어휘 criticize 비판하다, 질책하다   clarification 설명, 해명

해설 화자의 의도 파악 – 규정에 위배된다는 말의 의도
대화의 마지막 부분에서 여자가 급하다면서 먼저 들어갈 수 있게 해달라(can you just let me in first? I'm really in a hurry)고 요청하자, 남자는 그건 규정에 위배된다며 정보를 재입력하는 데 잠깐이면 된다(I'd have to fill out a report....Let me just reenter your information. It really will only take a minute)고 했다. 따라서, 여자의 요청을 거절하기 위한 의도로 말한 것이므로, 정답은 (C)이다.

62-64 대화 + 좌석 배치도

W-Am Excuse me, sir— **62I think you might be sitting in my seat. My ticket says I'm supposed to be in seat A by the window.**

M-Cn **63I'm sure I'm in 14A.** Let's look at your boarding pass. Hmm, I see the problem. **63You're seated right behind me.**

W-Am Oh, thanks, but...would you mind changing places with me? My colleague's going to be sitting in 14B, and we have some business to discuss on the trip.

M-Cn Sure, that's fine. I just want a window seat. **64We probably should tell the flight attendant about the switch, though.**

여: 실례합니다만, 제 자리에 앉아 계신 것 같군요. 제 티켓을 보면 제 자리가 창가 쪽 A입니다.

남: 제 자리가 14A가 맞죠. 탑승권 좀 보죠. 음, 문제가 무엇인지 알겠습니다. 당신 좌석은 바로 제 뒷자리입니다.

여: 오, 감사합니다. 그런데, 저와 자리를 바꿔 주실 수 있으세요? 제 동료가 14B에 앉을 건데, 가면서 논의해야 할 용건이 있어서요.

남: 네, 좋습니다. 저는 창가 쪽 좌석이면 됩니다. 하지만, 승무원에게 자리를 바꿨다고 알려줘야 할 거예요.

어휘 be supposed to + 동사원형 ~하기로 되어 있다
boarding pass (항공기의) 탑승권   colleague 직장 동료
window seat 창가 좌석   flight attendant 승무원

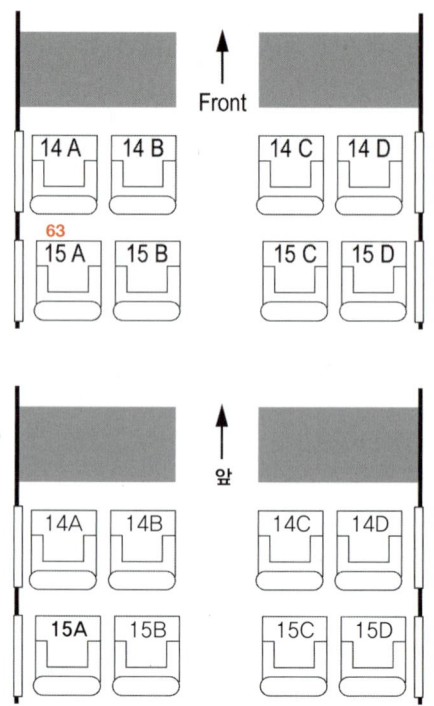

62

What is the purpose of the conversation?

(A) To explain a procedure
(B) To resolve a problem
(C) To improve a service
(D) To negotiate a price

대화의 목적은 무엇인가?

(A) 절차를 설명하기 위해
(B) 문제를 해결하기 위해
(C) 서비스를 개선하기 위해
(D) 가격을 협상하기 위해

어휘 procedure 절차, 진행 resolve (문제 등을) 해결하다 negotiate 협상하다

해설 전체 내용 관련 – 대화의 목적

여자의 첫 번째 대사에서 여자는 남자에게 자기 자리에 앉은 것 같다(I think you might be sitting in my seat)면서 자기 자리가 창가 A(My ticket says I'm supposed to be in seat A by the window)라고 했다. 따라서 대화의 목적은 자리 문제를 해결하기 위한 것임을 알 수 있으므로, 정답은 (B)이다.

63

Look at the graphic. Which seat was the woman originally assigned to?

(A) 14A
(B) 14B
(C) 15A
(D) 15C

시각 정보에 의하면, 여자는 원래 어느 자리에 배정 받았는가?

(A) 14A
(B) 14B
(C) 15A
(D) 15C

어휘 assigned to ~에게 배정된[지정된]

해설 시각 정보 연계 – 여자의 원래 자리

남자의 첫 번째 대사에서 남자의 자리는 14A이며(I'm sure I'm in 14A) 이며, 여자의 자리는 남자의 바로 뒷자리(You're seated right behind me)라고 했다. 좌석배치도를 보면, 14A의 바로 뒷자리는 15A이므로, 여자의 원래 자리는 15A임을 알 수 있다. 따라서 정답은 (C)이다.

64

What does the man recommend doing?

(A) Checking an airport arrival monitor
(B) Asking about a meal selection
(C) Requesting a discount voucher
(D) Notifying flight staff of a change

남자는 무엇을 하라고 권하는가?

(A) 공항의 도착 모니터 확인하기
(B) 선택 가능한 식사 메뉴에 대해 문의하기
(C) 할인 쿠폰 요청하기
(D) 승무원에게 변경사항 알리기

어휘 selection 선택 가능한 것들 discount voucher 할인 쿠폰 notify 알리다, 통지하다

해설 세부사항 관련 – 남자의 권유 사항

대화 맨 마지막에서 남자는 승무원에게 자리를 바꿨다고 알려주어야 한다(We probably should tell the flight attendant about the switch, though)고 했다. 따라서 정답은 (D)이다.

> **▶▶ Paraphrasing** 대화의 tell the flight attendant about the switch
> → 정답의 Notifying flight staff of a change

65-67 대화 + 일정표

W-Br Hi, Arlo. How's the townhouse renovation project going?

M-Cn Good! **⁶⁵The house is old, but it doesn't have any structural problems—we've made a lot of progress.**

W-Br Great! I'd really like to put this property on the market in the beginning of April—it's the best time to sell a house. Will all the work be completed by then?

M-Cn Let me check my calendar. So…we've just completed the floor installation, and **⁶⁶we're going to start painting next week.** So yes, we should be done by the end of March.

W-Br OK! **⁶⁷Could you send me some information about your total expenses?** It'll help me come up with a price for the house.

여: 안녕하세요, 알로. 타운하우스 보수 공사는 어떻게 돼 가고 있어요?

남: 잘 되고 있어요! **집이 낡기는 했지만, 구조적인 문제가 없어서, 많이 진척되었어요.**

여: 잘됐군요! 4월 초에는 이 부동산을 시장에 내놓고 싶어요. 그 때가 집을 팔기에 최적기여서요. 모든 공사가 그때까지는 완료되겠죠?

남: 일정을 확인해 볼게요. 그건 그렇고 … 막 바닥 설치를 끝냈어요. **그리고 다음 주에는 페인트칠을 시작할 거예요.** 그러니까, 맞아요, 3월 말까지 끝내야 해요.

여: 좋아요! **내게 총 비용에 대한 자료를 좀 보내 주시겠어요?** 집 매매가를 정하는 데 도움이 될 거예요.

어휘 renovation 수리, 개조 structural 구조상의, 구조적인 make progress 진행하다, 전진하다 put ~ on the market ~을 팔려고 내놓다, 시장에 내놓다 property 부동산 complete 완성하다, 완공하다 floor 바닥, 마루 installation 설치 expense 비용 come up with ~을 찾아내다, 생각해내다, 제시하다

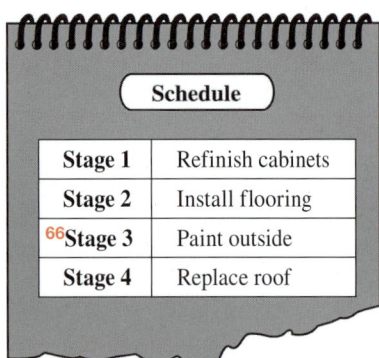

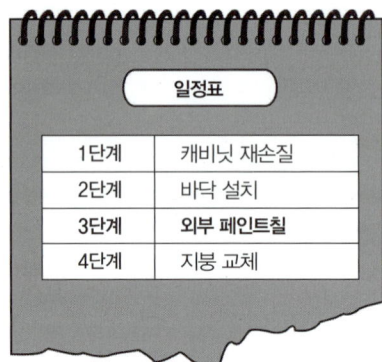

어휘 refinish (목재·가구 등의) 표면을 재손질하다   replace 대체하다, 교체하다

65
What most likely is the man's profession?
(A) Landscape architect
(B) Construction manager
(C) Plumber
(D) Hardware store owner

남자의 직업은 무엇이겠는가?
(A) 조경사
(B) 현장소장
(C) 배관공
(D) 철물점 주인

어휘 landscape architect 조경사   construction 건설, 공사
plumber 배관공   hardware store 철물점

해설 전체 내용 관련 – 남자의 직업

타운하우스 공사의 진척도를 묻는 여자의 질문에, 남자는 첫 번째 대사에서 집이 낡기는 했지만, 구조적인 문제가 없어서 많이 진전되었다(The house is old, but it doesn't have any structural problems—we've made a lot of progress)고 했다. 따라서 남자는 건물 공사를 담당하는 현장소장임을 알 수 있으므로, 정답은 (B)이다.

66
Look at the graphic. What stage of the renovation will begin next week?
(A) Stage 1
(B) Stage 2
(C) Stage 3
(D) Stage 4

시각 정보에 의하면, 다음 주에는 어느 단계의 보수 공사를 시작할 것인가?
(A) 1단계
(B) 2단계
(C) 3단계
(D) 4단계

해설 시각 정보 연계 – 다음 주 공사 단계

남자의 두 번째 대사에서 다음 주에는 페인트칠을 시작할 것(we're going to start painting next week)이라고 했다. 공사 일정표를 보면, 외부 페인트칠은 3단계(Stage 3 Paint outside)이므로, 정답은 (C)이다.

67
What does the woman ask the man to send?
(A) An invitation
(B) A list of costs
(C) Some photos
(D) A Web site address

여자는 남자에게 무엇을 보내라고 요청하는가?
(A) 초대장
(B) 비용 목록
(C) 사진
(D) 웹사이트 주소

해설 세부사항 관련 – 여자의 요청 사항

대화 맨 마지막에서 여자는 총 비용에 대한 자료를 보내달라(Could you send me some information about your total expenses)고 요청하고 있으므로, 정답은 (B)이다.

▶ Paraphrasing   대화의 some information about your total expenses → 정답의 A list of costs

68-70 대화 + 원그래프

M-Au **68Judy, did you know we're considering buying Yantz Foods?** I just read the report—have you seen it?

W-Am No, not yet. What does it say?

M-Au Well, we still wouldn't be the biggest company in the industry, but we'd be much more competitive. The first page shows the industry market shares.

W-Am So, **⁶⁹it looks like we're already the second biggest,** and acquiring Yantz Foods will definitely keep our market share larger than Bowlton's.

M-Au That's right. I think acquiring the company would be the right move.

W-Am Well, now that I'm reading the report, **⁷⁰I'm not sure....I see that Yantz's profits went down last quarter—maybe it isn't such a good idea.**

남: 주디, 우리가 얀츠 푸즈 매수를 고려하고 있다는 걸 알았어요? 방금 보도기사를 읽어 봤는데, 당신도 봤어요?

여: 아니요, 아직이요. 뭐라고 되어 있는데요?

남: 음, 그래도 여전히 우리가 업계에서 가장 큰 회사는 아니지만, 훨씬 더 경쟁력을 갖게 되겠군요. 첫 페이지에 업계 시장 점유율이 있어요.

여: 그런데, **이미 우리가 두 번째로 가장 큰 회사 같군요. 얀츠 푸즈를 매수하면 분명 시장 점유율에서 계속 볼튼을 앞지르겠군요.**

남: 맞아요. 회사를 매수하기로 한 것은 옳은 행보 같아요.

여: 음, 지금 보도기사를 보고 있는데, **잘 모르겠어요 … 지난 분기 얀츠의 수익이 감소했네요. 어쩌면 썩 좋은 생각은 아닐 수도 있어요.**

어휘 industry 산업, 업계   competitive 경쟁력 있는, 뒤지지 않는   market share 시장 점유율   acquire 인수하다, 매입하다   definitely 확실히, 틀림없이   profit 이익, 수익   quarter 분기

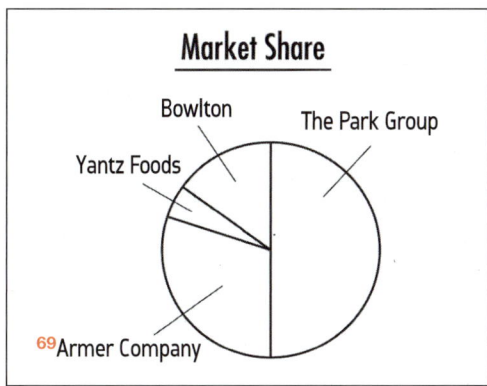

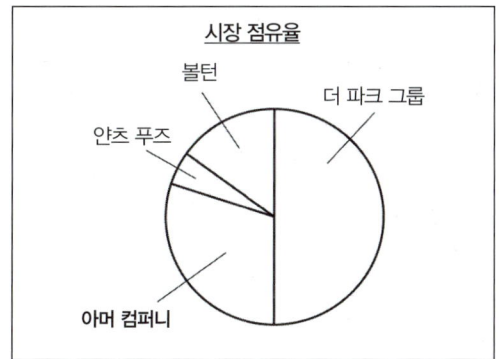

68
What are the speakers mainly discussing?
(A) A marketing campaign
(B) A business acquisition
(C) An annual budget
(D) Employment figures

화자들은 주로 무엇에 관해 논의하고 있는가?
(A) 마케팅 캠페인
(B) 사업체 인수
(C) 연간 예산
(D) 취업률

어휘 acquisition (기업) 인수   annual 연례의, 1년의   budget 예산(안)   figures 수치   employment figures 취업률

해설 전체 내용 관련 – 대화의 주제

대화 맨 처음에 남자가 여자에게 얀츠 푸즈 매수를 고려 중이라는 것을 알았는지(did you know we're considering buying Yantz Foods) 묻고 있다. 따라서 화자들이 사업체 인수에 대해 이야기하고 있음을 알 수 있으므로, 정답은 (B)이다.

▸▸ Paraphrasing   대화의 buying Yantz Foods, acquiring Yantz Foods → 정답의 A business acquisition

69
Look at the graphic. Where do the speakers work?
(A) Armer Company
(B) Yantz Foods
(C) Bowlton
(D) The Park Group

시각 정보에 의하면, 화자들은 어디에서 근무하는가?
(A) 아머 컴퍼니
(B) 얀츠 푸즈
(C) 볼턴
(D) 더 파크 그룹

해설 시각 정보 연계 – 화자들의 근무지

여자의 두 번째 대사에서 자신들의 회사가 두 번째로 시장 점유율이 큰 회사(it looks like we're already the second biggest)라고 했다. 원그래프를 보면 시장 점유율이 두 번째로 큰 회사는 아머 컴퍼니이다. 따라서 화자들이 근무하는 곳은 아머 컴퍼니임을 알 수 있으므로, 정답은 (A)이다.

70
Why does the woman say she is not convinced?
(A) The man is not familiar with a business strategy.
(B) Some figures are not accurate.
(C) She does not want to hire new employees.
(D) A company's profits have decreased.

여자가 확신하지 못한다고 말하는 이유는 무엇인가?
(A) 남자가 사업 전략을 잘 모른다.
(B) 일부 수치가 정확하지 않다.
(C) 여자는 신입 사원 채용을 원하지 않는다.
(D) 회사의 수익이 감소했다.

어휘 strategy 전략 accurate 정확한 hire 채용하다

해설 세부사항 관련 – 여자가 확신하지 못하는 이유

대화 맨 마지막에서 여자는 지난 분기 얀츠의 수익이 감소했다(I'm not sure…. I see that Yantz's profits went down last quarter)면서, 얀츠 푸즈를 매수하는 것이 썩 좋은 생각이 아닐 수도 있다(maybe it isn't such a good idea)고 했다. 따라서 여자가 확신하지 못하는 이유는, 얀츠 푸즈의 수익이 감소했기 때문임을 알 수 있으므로 정답은 (D)이다.

> ▶ Paraphrasing 대화의 sure → 질문의 convinced
> 대화의 Yantz's profits went down → 정답의 A company's profits have decreased.

PART 4

71-73 광고

> W-Br Do you have old computers, mobile phones, or other electronic devices you don't use anymore? ⁷¹Why not bring them to Ortega Electronics? We'll take your used electronics and recycle them for you. ⁷²And when you donate your old devices to us, you'll receive a coupon for fifteen percent off any purchase at any of our stores. ⁷³For a list of all our locations, visit our Web site at www.ortegaelectronics.com.
>
> 더 이상 사용하지 않는 오래된 컴퓨터, 휴대전화나 다른 전자기기를 가지고 계세요? 그 제품들을 오르테가 일렉트로닉스에 가져 오시겠어요? 여러분의 오래된 전자제품을 받아서 그 제품들을 재활용할 것입니다. 저희에게 여러분의 오래된 기기를 기부해 주시면, 저희 모든 매장에서 제품을 구입하실 때 15% 할인 받을 수 있는 쿠폰을 드립니다. 전체 매장의 위치를 확인하시려면, 저희 웹사이트 www.ortegaelectronics.com을 방문하세요.
>
> 어휘 electronic device 전자기기, 전자기구 electronics 전자제품 donate 기부하다 purchase 구입(하다), 구매(하다) location 장소, 위치

71
What service is being advertised?
(A) A training course
(B) A recycling program
(C) Appliance repair
(D) Express delivery

어떤 서비스를 광고하고 있는가?
(A) 교육 과정
(B) 재활용 프로그램
(C) 가전제품 수리
(D) 빠른 운송

어휘 appliance 가전제품, 전자기구 repair 수리(하다) delivery 배달, 운송

해설 전체 내용 관련 – 광고 중인 서비스

지문 초반부에서 더 이상 사용하지 않는 전자기기를 오르테가 일렉트로닉스에 가져오면 그 제품들을 재활용할 것(Why not bring them to Ortega Electronics? We'll take your used electronics and recycle them for you)이라고 했다. 전자제품 재활용 프로그램을 광고하고 있으므로, 정답은 (B)이다.

72
How can listeners receive a discount?
(A) By making a donation
(B) By using a promotional code
(C) By registering in advance
(D) By referring a friend

청자들은 어떻게 할인을 받을 수 있는가?
(A) 기증을 해서
(B) 쿠폰 번호를 사용해서
(C) 사전 등록해서
(D) 친구를 추천해서

어휘 promotional code (상품, 할인 등을 받기 위해 입력하는) 쿠폰 번호 register 등록하다 in advance 미리, 사전에

해설 세부사항 관련 – 할인을 받을 수 있는 방법

지문 중반부에서 오래된 전자기기를 기증하면, 15% 할인 쿠폰을 준다(And when you donate your old devices to us, you'll receive a coupon for fifteen percent off any purchase at any of our stores)고 했으므로, 정답은 (A)이다.

> ▶ Paraphrasing 지문의 donate → 정답의 making a donation

73
What does the speaker say is available on a Web site?
(A) An application form
(B) A price list
(C) An instructional video
(D) A list of locations

화자는 웹사이트에서 무엇을 이용할 수 있다고 말하는가?
(A) 신청서
(B) 가격 목록
(C) 교육용 비디오
(D) 위치 목록

어휘 application form 신청서 instructional 교육용의

해설 세부사항 관련 – 웹사이트에서 이용할 수 있는 것

지문 맨 마지막에서 매장 위치를 확인하려면, 웹사이트를 방문하라(For

a list of all our locations, visit our Web site at www.ortegaelectronics.com)고 했으므로, 정답은 (D)이다.

74-76 공지

M-Au ⁷⁴**Attention, travelers. The three P.M. Bliss Airlines flight to Madrid has been canceled.** We regret the inconvenience this may cause you and ⁷⁵**ask that you please proceed to the information desk in front of gate three to speak to an airline representative**. Bliss Airlines will make every effort to book you on a different flight and get you on your way to your final destination. ⁷⁶**While you're waiting, a representative will come around and provide you with complimentary snacks and drinks**. Again, we apologize for the cancellation. And thank you for flying with Bliss Airlines.

여행객 여러분에게 알려 드립니다. 마드리드행 블리스 항공 오후 3시 항공편이 결항되었습니다. 여러분에게 불편을 끼쳐 드려 죄송하며, **3번 게이트 앞의 안내창구로 가셔서 항공사 직원과 이야기 하십시오.** 블리스 항공은 다른 비행편을 예약해서 여러분이 최종 목적지까지 가실 수 있도록 최선의 노력을 다하겠습니다. **기다리시는 동안 직원이 돌아다니면서 무료 간식과 음료를 제공해 드릴 것입니다.** 다시 한 번 결항에 대해 사과 드립니다. 그리고 블리스 항공을 이용해 주셔서 감사합니다.

어휘 cancel 취소하다 inconvenience 불편 proceed to ~로 가다 information desk 안내소, 안내창구 representative 직원 make every effort to + 동사원형 ~하려고 최선의 노력을 하다 book 예약하다 final destination 최종 목적지 complimentary 무료의 apologize for ~에 대해 사과하다 cancellation 취소

74

Where is the announcement being made?
(A) At a bus terminal
(B) At a train station
(C) At a shopping mall
(D) At an airport

안내 방송이 나오는 장소는 어디인가?
(A) 버스 터미널
(B) 기차역
(C) 쇼핑몰
(D) 공항

해설 전체 내용 관련 - 안내 방송이 나오는 장소

지문 맨 처음에서 여행객(Attention, travelers)에게 알리는 안내방송임을 알 수 있으며, 이어지는 문장에서 마드리드행 블리스 항공 오후 3시 항공편이 결항되었다(The three P.M. Bliss Airlines flight to Madrid has been canceled)고 했다. 따라서 공항에서 항공편 결항을 알리는 안내방송임을 알 수 있으므로, 정답은 (D)이다.

75

What does the speaker ask listeners to do?
(A) Return at a later time
(B) Speak to a representative
(C) Validate a ticket
(D) Register online

화자는 청자들에게 무엇을 하라고 요청하는가?
(A) 나중에 다시 오기
(B) 직원에게 이야기하기
(C) 티켓 확인하기
(D) 온라인으로 등록하기

어휘 validate 입증하다, 유효하게 하다

해설 세부사항 관련 - 화자의 요청 사항

지문 초반부에 화자는 불편을 끼친 점에 사과하며, 3번 게이트 앞의 안내창구로 가서 항공사 직원과 이야기하라고 요청(ask that you please proceed to the information desk in front of gate three to speak to an airline representative)하고 있다. 따라서 정답은 (B)이다.

76

According to the speaker, what will be distributed?
(A) Refreshments
(B) Area maps
(C) Schedules
(D) Hotel vouchers

화자에 따르면, 무엇을 나누어 줄 것인가?
(A) 다과
(B) 지역 지도
(C) 일정표
(D) 호텔 숙박권

어휘 distribute 나누어 주다, 분배하다 voucher 쿠폰, 상품권

해설 세부사항 관련 - 나누어 줄 것

지문 후반부에서 기다리는 동안 직원이 돌아다니면서 무료 간식과 음료를 나누어 줄 것(While you're waiting, a representative will come around and provide you with complimentary snacks and drinks)이라고 했으므로, 정답은 (A)이다.

▶▶ Paraphrasing 지문의 snacks and drinks
→ 정답의 Refreshments

77-79 전화 메시지

W-Am Hi, it's Susan. ⁷⁷**Are you available to meet tomorrow morning?** ⁷⁸**We should get a start on hiring a manager for our new restaurant.** You know, the grand opening is in two months. ⁷⁸, ⁷⁹**We have a lot of résumés to read through, so I'll e-mail you the most promising ones now**. And then, when we meet, we'll discuss which candidates you want to interview. Let me know if this works for you. Thanks.

TEST 3 **81**

안녕하세요, 수잔이에요. **내일 오전에 만나고 싶은데 시간 있어요?** 새 레스토랑의 매니저 채용하는 일을 시작해야 해요. 있잖아요, **개업이 두 달 후예요.** 검토해야 할 이력서들이 많은데, 가장 유망한 지원자들의 이력서를 제가 지금 이메일로 보낼게요. 그런 다음 만나서 당신이 면접 보고 싶은 지원자들이 누구인지 얘기해 봐요. 이렇게 하면 될지 알려 주세요. 고마워요.

> 어휘 available 틈이 나는, 시간이 나는   hire 채용하다, 고용하다
> grand opening 개장, 개업(식)   résumé 이력서   read through ~을 꼼꼼히 읽다   promising 전도 유망한, 기대되는   candidate 지원자, 후보자

77
What is the purpose of the message?
(A) To apply for a job
(B) To volunteer for a task
(C) To arrange a meeting
(D) To confirm an order

메시지의 목적은 무엇인가?
(A) 일자리에 지원하기 위해
(B) 업무에 자원하기 위해
(C) 회의 일정을 잡기 위해
(D) 주문을 확인하기 위해

어휘 apply for ~에 지원하다   volunteer 자원하다, 자원봉사하다
arrange 정하다, 준비하다   confirm 확인하다

해설 전체 내용 관련 – 전화 통화의 목적
지문 초반부에서 내일 오전에 만날 시간 있는지(Are you available to meet tomorrow morning?)를 물으며, 새 레스토랑 매니저를 채용해야 한다(We should get a start on hiring a manager for our new restaurant)고 했다. 따라서 화자는 채용에 관한 회의를 하려고 시간을 묻고 있음을 알 수 있으므로 정답은 (C)이다.

> ▶▶ Paraphrasing   지문의 meet tomorrow morning
> → 정답의 arrange a meeting

78
What does the speaker imply when she says, "the grand opening is in two months"?
(A) She should reschedule an appointment.
(B) She wants the listener to reserve a room.
(C) A project will be completed on time.
(D) A decision must be made quickly.

화자가 "개업이 두 달 후예요"라고 말한 의도는 무엇인가?
(A) 약속 일정을 다시 잡아야 한다.
(B) 청자가 방을 예약하길 원한다.
(C) 프로젝트는 제시간에 끝날 것이다.
(D) 빨리 결정을 내려야 한다.

어휘 reschedule 일정을 다시 잡다   reserve 예약하다   complete 완성하다, 끝내다   on time 제때에, 제시간에

해설 화자의 의도 파악 – 개업이 두 달 후라는 말의 의도
인용문 바로 앞에서 새 레스토랑의 매니저 채용하는 일을 시작해야 한다(We should get a start on hiring a manager for our new restaurant)고 했으며, 인용문 뒤에서 검토해야 할 이력서들이 많다(We have a lot of résumés to read through)면서 가장 유망한 지원자들의 이력서를 이메일로 보내겠다(I'll e-mail you the most promising ones now)고 했다. 따라서 개업이 두 달 후라는 말이 의도하는 것은, 빨리 결정을 내려 신임 매니저를 채용해야 한다는 것이므로 정답은 (D)이다.

79
What most likely will the speaker do next?
(A) Fill out an application
(B) Complete a survey
(C) E-mail some documents
(D) Make some phone calls

화자는 다음에 무엇을 하겠는가?
(A) 지원서 작성하기
(B) 설문조사 끝내기
(C) 이메일로 문서 보내기
(D) 전화 걸기

어휘 fill out ~을 작성하다   application 신청(서), 지원(서)   document 문서, 서류   make a phone call 전화를 걸다

해설 세부사항 관련 – 화자의 다음 행동
지문 후반부에서 검토해야 할 이력서들이 많다(We have a lot of résumés to read through)면서 가장 기대되는 지원자들의 이력서를 지금 이메일로 보내겠다(I'll e-mail you the most promising ones now)고 했다. 따라서 화자는 다음에 이메일에 이력서를 보낼 것임을 알 수 있으므로, 정답은 (C)이다.

80-82 담화

> M-Au Good morning, everybody. **80 I hope your time here as interns at our art gallery has been a good experience for you so far.** Today I want you to help us publicize the upcoming photography exhibition. It's the latest collection of works by the artist Jettrin Sakda. **81 So I'd like each of you to take two hundred fliers with you today and distribute them around the area.** In addition to handing them out to pedestrians, you'll be visiting hotels and other businesses that have agreed to display our fliers for us. Don't worry, **82 I'll give you a map where I've circled the places I want you to go.** Please be back at the gallery at five P.M. See you later!

안녕하세요, 여러분. **지금까지 여기 저희 미술관에서 인턴 사원으로 보낸 시간이 여러분에게 좋은 경험이 되었기를 바랍니다.** 오늘은 여러분이 다가오는 사진 전시회 홍보를 도와주시기를 바랍니다. 예술가인 제트린 사크다의 최신 작품 모음 전시회입니다. **그러니 여러분 각자 오늘 200장의 전단지를 가져가 주변 지역에 배포해 주세요.** 보행자들에게 배포하

는 것 외에, 우리 전단지를 진열하기로 동의한 호텔이나 다른 사업체도 방문하게 될 것입니다. 걱정하지 마세요, **여러분이 가야 할 곳에 동그라미를 쳐 둔 약도를 나누어 드릴 겁니다.** 오후 5시까지 미술관으로 돌아오세요. 나중에 뵙겠습니다!

어휘 art gallery 미술관, 화랑 publicize 공표하다, 알리다 upcoming 다가오는 exhibition 전시회 collection 수집품, 소장품 work (예술) 작품 flier 광고 전단(= flyer) distribute 배포하다 hand out ~을 나눠 주다 pedestrian 보행자 display 전시하다, 진열하다

80
Where do the listeners work?
(A) **At an art gallery**
(B) At a hotel
(C) At a tourist office
(D) At a camera shop

청자들은 어디에서 근무하는가?
(A) 미술관
(B) 호텔
(C) 관광 안내소
(D) 카메라 가게

어휘 tourist office 관광 안내소

해설 전체 내용 관련 – 청자들의 근무지
지문 초반부에서 화자는 청자들에게 미술관에서 인턴 사원으로 보낸 시간이 좋은 경험이 되었기를 바란다(I hope your time here as interns at our art gallery has been a good experience for you so far)고 했다. 따라서 청자들은 미술관에서 근무하는 인턴 사원임을 알 수 있으므로, 정답은 (A)이다.

81
What will the listeners be doing today?
(A) Designing a logo
(B) Giving tours
(C) **Distributing fliers**
(D) Taking photographs

청자들은 오늘 무엇을 할 것인가?
(A) 로고 디자인
(B) 견학 시켜주기
(C) **전단지 배포하기**
(D) 사진 촬영하기

해설 세부사항 관련 – 청자들이 오늘 할 일
지문 중반부에서 화자는 청자들에게 오늘 200장의 전단지를 가져가 주변 지역에 배포해 달라(So I'd like each of you to take two hundred fliers with you today and distribute them around the area)고 했다. 따라서 청자들은 오늘 전단지를 배포할 것임을 알 수 있으므로, 정답은 (C)이다.

82
What has the speaker done for the listeners?
(A) Paid for their lunch
(B) Provided museum tickets
(C) Ordered uniforms
(D) **Marked locations on a map**

화자는 청자들을 위해 무엇을 했는가?
(A) 점심값 지불
(B) 박물관 입장권 제공
(C) 유니폼 주문
(D) **지도에 위치 표시**

해설 세부사항 관련 – 화자가 청자들을 위해 할 일
지문 후반부에서 화자는 청자들이 가야 할 곳에 동그라미를 쳐 둔 약도를 나누어 줄 테니(I'll give you a map where I've circled the places I want you to go) 걱정하지 말라고 했으므로, 정답은 (D)이다.

▸▸ **Paraphrasing** 지문의 circled the places
→ 정답의 Marked locations

83-85 회의 발췌

W-Am **83, 84As president of this agency, I'm proud to officially announce that we've been nominated for this year's Advertising Excellence Award.** This is a tribute to the hard work of everybody in this room. But I specifically want to point out the work that Luisa Perez and her team did on the Norton's Baked Goods campaign. **85This campaign was so original that the bakery's revenue increased by twenty percent.** I'd like to ask Ms. Perez to talk about what inspired her and her team for this stellar ad campaign.

이 기관의 장으로서, 우리가 올해의 우수 광고상 후보로 선정된 것을 공식적으로 발표하게 되어 자랑스럽습니다. 이는 이 방에 있는 모든 사람들의 노고에 대한 선물입니다. 하지만 특히 루이사 페레즈와 그녀의 팀이 노턴 베이크트 굿즈 캠페인에 들인 노고에 대해 짚고 넘어가고 싶습니다. 이 캠페인은 아주 독창적이어서 제과점의 수익이 20% 증가했습니다. 이렇게 뛰어난 광고 캠페인을 만들도록 그녀와 그녀의 팀에게 영감을 준 것이 무엇인지 페레즈 씨에게 이야기 해달라고 부탁하고 싶군요.

어휘 agency 기관, 회사 officially 공식적으로 nominate (중요한 역할·수상자·지위 등의 후보자로) 선정하다, 지명하다 tribute (감사·존경·칭찬 따위의) 표시, 찬사, 선물 specifically 특히, 구체적으로 original 독창적인 revenue 수익, 소득 inspire 고무시키다, 영감을 주다 stellar 일류의, 뛰어난

83

What kind of business does the speaker work for?
(A) A local bakery
(B) A corporate law firm
(C) A department store
(D) An advertising agency

화자는 어떤 업체에서 일하는가?
(A) 지역 제과점
(B) 기업 법률 회사
(C) 백화점
(D) 광고회사

어휘 corporate 기업의   law firm 법률 회사   advertising agency 광고회사

해설 전체 내용 관련 – 화자가 근무하는 회사의 업종
지문 맨 처음에 화자가 기관의 장으로서, 올해의 우수 광고상 후보로 선정된 것을 발표하게 되어 자랑스럽다(As president of this agency, I'm proud to officially announce that we've been nominated for this year's Advertising Excellence Award)고 했으므로, 화자는 광고회사 사장임을 알 수 있다. 따라서 정답은 (D)이다.

84

What is the speaker announcing?
(A) An employee promotion
(B) An award nomination
(C) A new partnership
(D) An upcoming fund-raiser

화자는 무엇을 발표하는가?
(A) 직원 승진
(B) 수상 후보 선정
(C) 새로운 협업
(D) 다가오는 모금 행사

어휘 promotion 승진   nomination 선정   partnership 협력, 공동 사업   upcoming 다가오는   fund-raiser 모금 행사

해설 전체 내용 관련 – 발표의 내용
지문 맨 처음에 화자가 사장으로서, 올해의 우수 광고상 후보로 선정된 것을 발표하게 되어 자랑스럽다(As president of this agency, I'm proud to officially announce that we've been nominated for this year's Advertising Excellence Award)고 했으므로, 정답은 (B)이다.

> **Paraphrasing**   지문의 nominated for this year's Advertising Excellence Award → 정답의 An award nomination

85

What does the speaker say about Luisa Perez's project?
(A) It helped a client increase profits.
(B) It made use of new technology.
(C) It promoted collaboration across departments.
(D) It led to changes to a company policy.

화자가 루이사 페레즈의 프로젝트에 대해 이야기한 것은?
(A) 고객의 수익 증가에 도움이 됐다.
(B) 새로운 기술을 이용했다.
(C) 부서간 협력을 증진했다.
(D) 회사 방침에 변화를 가져왔다.

어휘 make use of ~을 이용하다   collaboration 협조, 제휴   policy 방침, 규정

해설 세부사항 관련 – 루이사 페레즈의 프로젝트에 대한 화자의 언급
지문 후반부에서 루이사 페레즈의 광고 캠페인이 아주 독창적이어서 제과점의 수익이 20% 증가했다(This campaign was so original that the bakery's revenue increased by twenty percent)고 했다. 따라서 정답은 (A)이다.

> **Paraphrasing**   지문의 revenue → 정답의 profits

86-88 담화

W-Br Thanks for coming today, everyone. **86We'll be going over some of the customer survey results for our new food mixer, the Gellick 500.** As you all know, this mixer includes a lot of great new features, and our customers really love them. According to the survey, **87the most popular feature of the mixer is that some parts can be detached, making it easier to clean than our last model.** But **88because of all the added features, the user's manual is currently about twenty pages long, 88so the editors will be working on that this week.**

모두들 오늘 와 주셔서 감사합니다. 우리의 신제품 믹서기인 젤릭 500에 대한 고객 설문 조사 결과를 살펴보겠습니다. 여러분 모두 아시는 대로, 이 믹서기는 신기능을 많이 갖추고 있으며, 우리 고객들은 그 기능들을 아주 좋아합니다. 설문 조사에 따르면, 믹서기의 가장 인기 있는 기능은 일부 부속품을 분리할 수 있어서 예전 모델보다 청소하기에 훨씬 쉽다는 점입니다. 하지만 추가된 모든 기능들 때문에, 현재 사용 설명서가 거의 20페이지 분량입니다. 그래서 편집자들이 이번 주에 이에 대해 조치할 예정입니다.

어휘 go over ~을 검토하다   customer survey 고객 여론[설문] 조사   features 특징, 기능   parts 부품, 부속품   detach 분리시키다   user's manual 사용자 매뉴얼, 사용 설명서   currently 현재   editor 편집자

86

What is the main topic of the meeting?
(A) A magazine article
(B) Survey results
(C) A competitor's product
(D) A new supplier

회의의 주제는 무엇인가?
(A) 잡지 기사
(B) 설문 조사 결과
(C) 경쟁업체의 제품
(D) 새로운 공급업체

어휘 competitor 경쟁업체 supplier 공급업체

해설 전체 내용 관련 – 회의 주제
지문 초반부에 신제품 믹서기인 젤릭 500에 대한 고객 설문 조사 결과를 살펴보겠다(We'll be going over some of the customer survey results for our new food mixer, the Gellick 500)고 했으므로, 회의의 주제는 설문 조사 결과임을 알 수 있다. 따라서 정답은 (B)이다.

87

What feature of the product does the speaker mention?
(A) Color options
(B) Durability
(C) Removable parts
(D) Preprogrammed settings

화자는 제품의 어떤 기능에 대해 언급하는가?
(A) 색상 옵션
(B) 내구성
(C) 분리 가능한 부품
(D) 사전 프로그램되어 있는 설정

어휘 durability 내구성, 내구력 removable 제거할 수 있는, 떼어낼 수 있는

해설 세부사항 관련 – 화자가 언급하는 기능
지문 중반부에서 설문 조사에 따르면, 믹서기의 가장 인기 있는 기능은 일부 부속품을 분리할 수 있어서(the most popular feature of the mixer is that some parts can be detached) 예전 모델보다 청소하기 쉬운 점이라고 했다. 따라서 정답은 (C)이다.

> ▶ Paraphrasing 지문의 some parts can be detached
> → 정답의 Removable parts

88

What does the speaker imply when she says, "the user's manual is currently about twenty pages long"?
(A) The manual can be viewed online.
(B) The manual should be shortened.
(C) Page numbers will be added to the manual.
(D) Customers should read the manual carefully.

화자가 "현재 사용 설명서가 거의 20페이지 분량입니다"라고 말한 의도는 무엇인가?
(A) 사용 설명서를 온라인에서 볼 수 있다.
(B) 사용 설명서를 줄여야 한다.
(C) 사용 설명서에 페이지 번호를 추가할 것이다.
(D) 고객들은 사용 설명서를 주의 깊게 읽어야 한다.

어휘 view 보다 shorten 줄이다

해설 화자의 의도 파악 – 사용 설명서가 거의 20페이지 분량이라는 말의 의도
현재의 20페이지 분량은 기능들이 추가되었기 때문이고(because of all the added features), 인용문 뒤에서 이번 주 편집자들이 사용 설명서에 대해 조치를 취할 것이다(the editors will be working on that this week)라고 했다. 따라서 사용 설명서가 너무 길어 줄여야 한다는 의미를 내포하고 있으므로 정답은 (B)이다.

89-91 회의 발췌

> **M-Cn** Welcome to this meeting of Mill City Parks Alliance. **[89]As you know, we've been working to create a park in the town center, [90]but unfortunately, we're still short on funds.** We've received donations from some community groups to assist in buying trees to plant in the park, but we still need additional funds for purchasing playground equipment and benches. I think we should contact some local businesses to see if they'd be willing to make a donation. **[91]So what I'd like us to do now is come up with a list of shop and restaurant owners who might be interested in helping with this project.**

밀 시티 공원 연합 회의에 오신 여러분, 반갑습니다. 여러분도 알다시피, 우리는 도심에 공원을 조성하려고 애쓰고 있습니다만, 안타깝게도 여전히 자금이 부족합니다. 일부 지역사회 단체로부터 기부를 받아 공원에 심을 나무를 구입했지만, 운동장 장비와 벤치를 구입하려면 기금이 더 필요합니다. 지역 업체들에게 연락을 해서 기부할 의향이 있는지 알아봐야 할 것 같습니다. 그래서 이 프로젝트를 돕는 일에 관심이 있을 법한 상점과 식당 주인들의 목록을 지금 작성했으면 합니다.

> **어휘** alliance 연합, 동맹 unfortunately 안타깝게도 be short on ~가 부족하다 fund 기금, 자금 donation 기부, 기증 community 지역사회 assist 돕다, 지원하다 plant 심다 additional 추가의, 부가적인 purchase 구입하다, 구매하다 playground 운동장, 놀이터 equipment 장비, 기기 contact 연락하다 make a donation 기부하다, 기증하다 come up with ~을 찾아내다, 생각해내다

89

What is the talk mainly about?
(A) Attracting employers
(B) Building a park
(C) Planning a celebration
(D) Analyzing traffic patterns

담화의 주요 내용은 무엇인가?
(A) 고용주 유치하기
(B) 공원 조성하기
(C) 축하 행사 계획하기
(D) 교통 패턴 분석하기

어휘 attract 유인하다, 유치하다 analyze 분석하다

해설 전체 내용 관련 – 담화의 주제
지문 초반부에서 화자는 밀 시티 공원 연합 회의 참석자들을 환영한 후에, 도심에 공원을 조성하려고 애쓰고 있다(we've been working to create a park in the town center)고 했으므로, 정답은 (B)이다.

> ▶ **Paraphrasing** 지문의 to create a park
> → 정답의 Building a park

90
What problem does the speaker mention?
(A) Delayed permits
(B) Broken equipment
(C) Scheduling conflicts
(D) Lack of funds

화자가 언급한 문제는 무엇인가?
(A) 지연된 허가
(B) 고장 난 장비
(C) 겹치는 일정
(D) 자금 부족

어휘 permit 허가, 허가증   conflict 충돌, 갈등

해설 세부사항 관련 – 화자가 언급하는 문제점
지문 초반부에서 도심에 공원을 조성하려고 애쓰고 있는데, 안타깝게도 여전히 자금이 부족하다(but unfortunately, we're still short on funds)고 했다. 따라서 정답은 (D)이다.

> ▶ **Paraphrasing** 지문의 short on funds
> → 정답의 Lack of funds

91
What are listeners asked to do?
(A) Conduct a survey
(B) Choose a location
(C) Make a list of business owners
(D) Purchase some supplies

청자들은 무엇을 하라고 요청 받는가?
(A) 설문 조사 실시
(B) 장소 선정
(C) 업주 목록 작성
(D) 물품 구입

어휘 conduct 수행하다, 실시하다   make a list of ~ 목록을 작성하다   supplies 공급품

해설 세부사항 관련 – 청자들이 요청 받은 사항
지문 맨 마지막 문장에서 화자는 청자에게 프로젝트를 도와줄 법한 상점과 식당 주인들의 목록을 작성하라(So what I'd like us to do now is come up with a list of shop and restaurant owners who might be interested in helping with this project)고 요청했다. 따라서 정답은 (C)이다.

> ▶ **Paraphrasing** 지문의 come up with a list of shop and restaurant owners
> → 정답의 Make a list of business owners

92-94 공지

M-Au Hello, everyone. **⁹²Thanks for coming to the Williams Staffing Agency today. We specialize in the placement of employees in temporary and long-term positions in a variety of companies from accounting to manufacturing.** Today you'll meet individually with our personal recruiters. They're industry specialists who can give you some guidance as they match your skills to the needs of the companies you'd be best suited for. **⁹³As you can see, all the seats here in this waiting room are filled today, so this might take some time.... ⁹³,⁹⁴ While you wait, could you help us move things along by making a copy of your photo ID card?** The copy machine is right over here.

안녕하세요, 여러분. **오늘 윌리엄스 채용업체에 와 주셔서 감사합니다. 저희는 회계에서 제조에 이르기까지 다양한 회사의 임시직이나 장기직에 직원을 배치하는 일을 전문으로 합니다.** 오늘 여러분은 개별적으로 저희 인사 담당자를 만나게 됩니다. 그들은 여러분을 지도해줄 업계 전문가들로, 여러분에게 가장 적합한 회사의 요구에 맞추어 여러분의 역량에 어울리는 회사를 연결해 줍니다. 보시다시피, 오늘 여기 대기실 자리가 꽉 찼습니다. 그러니 시간이 좀 걸릴 수도 있습니다… 기다리시는 동안 저희가 진행하는 데 도움이 되도록 사진이 부착된 신분증을 복사해 주시겠습니까? 복사기는 바로 여기에 있습니다.

어휘 staffing agency 채용업체   specialize in ~을 전문으로 하다   placement 배치, 직업 소개   temporary 임시의   long-term 장기의, 장기적인   accounting 회계, 경리   manufacturing 제조, 제작   individually 개인적으로, 개별적으로   recruiter 채용자, 채용 담당관   specialist 전문가   guidance 안내, 지도   suit ~에 적합하다   photo ID card 사진이 부착된 신분증   copy machine 복사기

92
What type of business does the speaker work for?
(A) An accounting firm
(B) A manufacturing company
(C) An employment agency
(D) A health clinic

화자는 어떤 업체에서 일하는가?
(A) 회계사무소
(B) 제조회사
(C) 채용업체
(D) 개인 병원

해설 전체 내용 관련 – 화자가 근무하는 회사의 업종

지문 두 번째 문장에서 화자의 회사 이름이 윌리엄스 스태핑 에이전시(Williams Staffing Agency)이고, 다양한 회사에 직원을 배치하는 일을 전문으로 한다(We specialize in the placement of employees in temporary and long-term positions in a variety of companies from accounting to manufacturing)고 했다. 따라서 화자는 채용업체에서 근무한다는 것을 알 수 있으므로, 정답은 (C)이다.

▶▶ Paraphrasing 지문의 Williams Staffing Agency
→ 정답의 An employment agency

93

What does the speaker imply when he says, "this might take some time"?

(A) He is suggesting that the listeners return later.
(B) He hopes the listeners will be patient.
(C) He is pointing out that the office will close soon.
(D) He recommends that a project date be extended.

화자가 "시간이 좀 걸릴 수도 있습니다"라고 말한 의도는 무엇인가?
(A) 청자들에게 나중에 다시 오라고 제안하고 있다.
(B) 청자들이 인내심을 가지고 기다려 주기를 바란다.
(C) 사무실이 곧 문을 닫는다는 점을 지적하고 있다.
(D) 프로젝트 날짜를 연장하기를 권한다.

어휘 point out 지적하다 extend 연장하다

해설 화자의 의도 파악 – 시간이 좀 걸릴 수도 있다라는 말의 의도

인용문 앞에서 오늘 대기실 자리가 꽉 찼다(all the seats here in this waiting room are filled today)고 했고, 인용문 뒤에서는 일이 빨리 진행될 수 있도록 기다리는 동안 사진이 부착된 신분증을 복사해달라(While you wait, could you help us move things along by making a copy of your photo ID card)고 요청했다. 따라서 시간이 걸릴 수 있으니, 인내심을 가지고 기다려 달라는 의도로 표현했으므로 정답은 (B)이다.

94

What does the speaker ask the listeners to do?
(A) Submit their résumés
(B) Confirm their contact information
(C) Make a copy of their identification
(D) Fill out some paperwork

화자는 청자들에게 무엇을 해달라고 요청하는가?
(A) 이력서 제출하기
(B) 연락처 확인하기
(C) 신분증 복사하기
(D) 서류 작성하기

어휘 submit 제출하다 résumé 이력서 confirm 확인하다 contact information 연락처 fill out ~을 작성하다 paperwork 서류(작성), 서류 업무

해설 세부사항 관련 – 화자의 요청 사항

지문 후반부에서 기다리는 동안 사진이 부착된 신분증을 복사해달라(could you help us move things along by making a copy of your photo ID card)고 요청했으므로, 정답은 (C)이다.

▶▶ Paraphrasing 지문의 your photo ID card
→ 정답의 their identification

95-97 녹음 메시지 + 주문서

W-Am Hello, this message is for Tim Falcon. I'm following up on the weekly order you just sent us because ⁹⁵I was surprised by the number of coffee cups you requested—you usually don't want so many. I'll correct the number to match your usual order. Call me back if that's not OK. By the way, ⁹⁶I'll be away on vacation next week. ⁹⁷If anything comes up, you can call Igor—he'll be covering my accounts while I'm gone.

안녕하세요, 팀 팔콘에게 남기는 메시지입니다. 저희에게 보내주신 주간 주문을 처리하고 있는데, 요청하신 커피 잔 개수에 놀라요. 보통 그렇게 많이 주문하지 않으셨거든요. 보통 주문하시던 수량에 맞추어 개수를 정정하겠습니다. 그렇지 않다면 제게 다시 전화 주세요. 그런데, 저는 다음 주에 휴가라 자리를 비웁니다. 무슨 일이 있으시면, 이고르에게 전화 주세요. 제가 자리를 비우는 동안 그가 제 거래처를 담당합니다.

어휘 follow up on ~을 적절히 처리하다, (경과나 과정 등을) 알아보다 weekly 주 단위의, 매 주 order 주문(품); 주문하다 match ~에 맞추다 call back (나중에) 다시 전화하다 on vacation 휴가중인 come up (기회나 문제 등이) 생기다 cover 다루다, 포함하다 account 거래(처), 고객

Order form	
Item	Quantity
T-shirts	100
Postcards	150
⁹⁵Coffee cups	500
Candy bars	700

주문서	
품목	수량
티셔츠	100
엽서	150
커피 잔	**500**
초코바	700

어휘 order form 주문서, 주문양식 candy bar 초코바

95

Look at the graphic. Which quantity on the order form will be changed?

(A) 100
(B) 150
(C) 500
(D) 700

시각 정보에 의하면, 주문서의 어떤 수량이 변경될 것인가?

(A) 100
(B) 150
(C) 500
(D) 700

해설 시각 정보 연계 – 정정할 수량

지문 초반부에서 화자는 주문 받은 커피 잔의 개수에 놀랐다(I was surprised by the number of coffee cups you requested)면서, 보통 그렇게 많이 주문하지 않으니(you usually don't want so many) 평소 주문하던 수량에 맞추어 개수를 정정하겠다(I'll correct the number to match your usual order)고 했다. 주문서를 보면 커피 잔의 수량은 500(Coffee cups 500)이므로, 정답은 (C)이다.

96

What is the speaker doing next week?

(A) She is going on a vacation.
(B) She is giving a product demonstration.
(C) She is inspecting a facility.
(D) She is starting a new job.

화자는 다음 주에 무엇을 할 것인가?

(A) 휴가를 갈 것이다.
(B) 제품 시연을 할 것이다.
(C) 시설을 점검할 것이다.
(D) 새로운 일을 시작할 것이다.

어휘 product demonstration 제품 시연   inspect 점검하다, 시찰하다   facility 시설, 설비

해설 세부사항 관련 – 화자가 다음 주에 할 일

지문 후반부에서 화자는 다음 주에 휴가를 가서 자리를 비울 예정(I'll be away on vacation next week)이라고 했으므로, 정답은 (A)이다.

▶ Paraphrasing   지문의 will be away on vacation
→ 정답의 is going on a vacation

97

What does the speaker say about Igor?

(A) He will enter some data into a system.
(B) He will print an invoice.
(C) He will be training a new employee.
(D) He will be taking care of some accounts.

화자는 이고르에 대해 뭐라고 말하는가?

(A) 시스템에 데이터를 입력할 것이다.
(B) 송장을 출력할 것이다.
(C) 신입 사원을 교육할 것이다.
(D) 일부 거래처를 담당할 것이다.

어휘 enter 입력하다   invoice 인보이스, 송장   take care of ~을 처리하다, 돌보다

해설 세부사항 관련 – 화자가 이고르에 관해 언급한 것

지문 후반부에서 화자는 자신이 자리를 비운 사이 이고르가 화자의 거래처를 담당할 것(he'll be covering my accounts while I'm gone)이라면서, 무슨 일이 있으면 이고르에게 전화하라고 했다. 따라서 정답은 (D)이다.

▶ Paraphrasing   지문의 covering my accounts
→ 정답의 taking care of some accounts

98-100 공지 + 그래프

M-Cn I'd like to start off today's meeting by thanking you for taking our survey. **98Here at R&M Auto Factory, we're committed to employee satisfaction.** We received a lot of suggestions for improving our factory's cafeteria, so let's take a look at those results now. As you can see, we'd all like a larger dining area, but we just can't afford an expansion right now. **99We can, however, address the second most popular suggestion, so we'll start working on that immediately.** And, as a token of our thanks, **100everyone who filled out the survey will receive a voucher for a free lunch.**

오늘 회의에 앞서 설문 조사에 응해주셔서 감사합니다. 저희 R&M 자동차 공장에서는 직원 만족도를 높이는 데 전념하고 있습니다. 우리는 공장의 구내식당을 개선하는 것에 관한 제안을 많이 받았으며, 지금 그 결과를 살펴보겠습니다. 보시다시피, 우리 모두 식당 공간이 더 넓었으면 하지만, 지금 당장 확장할 여유는 없습니다. 하지만 두 번째로 많았던 제안은 해결할 수 있습니다. 그러니 지금 즉시 처리에 착수하겠습니다. 그리고 감사의 뜻으로, 설문을 작성하신 모든 분에게 무료 점심 식사권을 드리겠습니다.

어휘 start off 출발하다, 시작하다   be committed to ~에 헌신하다, 전념하다   employee satisfaction 직원 만족(도)   afford ~을 살 수 있다, ~할 여유가 있다   expansion 확장   address 처리[해결]하다, 다루다   as a token of ~의 표시로서, ~의 증거로   fill out ~을 작성하다   voucher 쿠폰   free 무료의

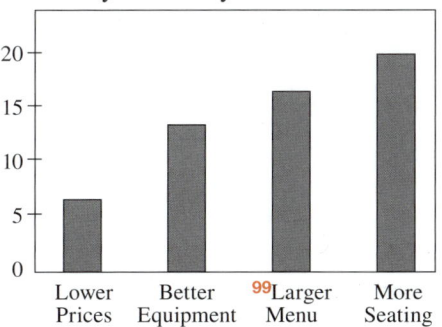

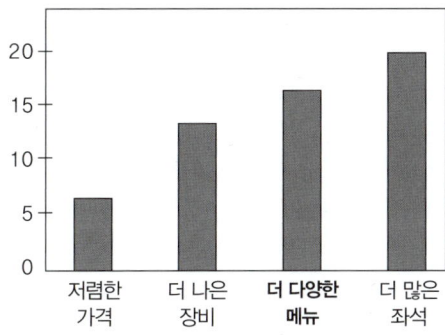

98
Where does the talk take place?

(A) At a restaurant
(B) At a factory
(C) At a supermarket
(D) At a repair shop

담화가 일어나는 장소는 어디인가?
(A) 식당
(B) 공장
(C) 슈퍼마켓
(D) 수리점

어휘 repair shop 수리점, 정비소

해설 전체 내용 관련 – 담화 장소
지문 초반부에서 R&M 자동차 공장은 직원 만족도를 높이는 데 전념하고 있다(Here at R&M Auto Factory, we're committed to employee satisfaction)고 했으므로, 공장에서 일어난 담화임을 알 수 있다. 따라서 정답은 (B)이다.

99
Look at the graphic. Which suggestion will the company begin to work on?

(A) Lower prices
(B) Better equipment
(C) Larger menu
(D) More seating

시각 정보에 의하면, 회사는 어떤 제안에 대한 작업을 진행할 것인가?
(A) 저렴한 가격
(B) 더 나은 장비
(C) 더 다양한 메뉴
(D) 더 많은 좌석

해설 시각 정보 연계 – 회사에서 진행할 제안
지문 후반부에서 두 번째로 많았던 제안을 해결할 것(We can, however, address the second most popular suggestion)이라고 했다. 설문 조사 결과 그래프를 보면, 두 번째로 가장 많은 표를 받은 제안은 더 다양한 메뉴(Larger Menu)이다. 따라서 정답은 (C)이다.

100
What will employees receive for completing the survey?

(A) A complimentary meal
(B) A company shirt
(C) A store gift card
(D) A cash prize

직원들은 설문 조사를 작성한 대가로 무엇을 받을 것인가?
(A) 무료 식사
(B) 회사 셔츠
(C) 매장 상품권
(D) 상금

어휘 complimentary 무료의 cash prize 상금

해설 세부사항 관련 – 설문 작성자가 받을 것
지문 마지막 문장에서 감사의 뜻으로, 설문을 작성한 모든 사람들은 무료 점심 식사권을 받을 것(everyone who filled out the survey will receive a voucher for a free lunch)이라고 했다. 따라서 정답은 (A)이다.

▶▶ Paraphrasing   지문의 a voucher for a free lunch
→ 정답의 A complimentary meal

TEST 4

1 (B)	2 (B)	3 (A)	4 (C)	5 (D)
6 (D)	7 (B)	8 (C)	9 (A)	10 (A)
11 (B)	12 (C)	13 (C)	14 (C)	15 (B)
16 (B)	17 (C)	18 (A)	19 (A)	20 (C)
21 (A)	22 (B)	23 (C)	24 (C)	25 (C)
26 (B)	27 (C)	28 (C)	29 (A)	30 (A)
31 (B)	32 (C)	33 (D)	34 (B)	35 (C)
36 (D)	37 (C)	38 (A)	39 (B)	40 (A)
41 (C)	42 (A)	43 (A)	44 (D)	45 (B)
46 (B)	47 (A)	48 (D)	49 (B)	50 (D)
51 (C)	52 (B)	53 (C)	54 (C)	55 (D)
56 (B)	57 (A)	58 (C)	59 (B)	60 (C)
61 (D)	62 (C)	63 (A)	64 (B)	65 (C)
66 (D)	67 (B)	68 (A)	69 (C)	70 (D)
71 (A)	72 (B)	73 (D)	74 (A)	75 (B)
76 (C)	77 (D)	78 (A)	79 (A)	80 (C)
81 (D)	82 (A)	83 (C)	84 (B)	85 (A)
86 (C)	87 (A)	88 (D)	89 (A)	90 (C)
91 (A)	92 (B)	93 (C)	94 (D)	95 (C)
96 (C)	97 (A)	98 (D)	99 (B)	100 (C)

PART 1

1 W-Br

(A) A man is putting up a tent.
(B) A man is holding a piece of wood.
(C) A man is changing a tire.
(D) A man is clearing off a picnic table.

(A) 한 남자가 텐트를 세우고 있다.
(B) 한 남자가 목재를 들고 있다.
(C) 한 남자가 타이어를 교체하고 있다.
(D) 한 남자가 피크닉 테이블을 치우고 있다.

어휘 put up 세우다   clear off 치우다

해설 1인 등장 사진 – 사람의 동작 묘사
(A) 동사 오답. 사진에 텐트가 보이지만 남자가 텐트를 치고 있는(putting up a tent) 모습은 아니므로 오답.
(B) 정답. 남자가 목재를 들고 있는(holding a piece of wood) 모습이므로 정답.
(C) 사진에 없는 명사를 이용한 오답. 사진에 타이어(tire)가 보이지 않으므로 오답.
(D) 동사 오답. 남자가 피크닉 테이블을 치우고 있는(clearing off a picnic table) 모습이 아니므로 오답.

2 M-Au

(A) Some people are carrying suitcases.
(B) Some people are waiting in a lobby.
(C) Some people are putting on jackets.
(D) Some people are entering a hotel.

(A) 몇 사람이 여행 가방을 옮기고 있다.
(B) 몇 사람이 로비에서 기다리고 있다.
(C) 몇 사람이 재킷을 입고 있는 중이다.
(D) 몇 사람이 호텔에 들어서고 있다.

어휘 carry 나르다   suitcase 여행 가방   put on ~을 입다   enter 들어가다

해설 2인 이상 등장 사진 – 사람의 동작 묘사
(A) 동사 오답. 사진에 여행가방이 보이지만, 사람들이 여행 가방을 옮기고 있는(carrying suitcases) 모습은 아니므로 오답.
(B) 정답. 사람들이 로비에서 기다리고 있는(waiting in a lobby) 모습이므로 정답.
(C) 동사 오답. 사람들이 재킷을 이미 입은 상태이지 입고 있는 중(putting on jackets)이 아니므로 오답.
(D) 동사 오답. 사람들이 호텔에 들어서고 있는(entering a hotel) 모습이 아니므로 오답.

3 W-Am

(A) A bag has been placed on the floor.
(B) The woman is putting a note on the bulletin board.
(C) A newspaper has been spread out on the carpet.
(D) The woman is arranging pillows on a sofa.

(A) 가방이 바닥에 놓여 있다.
(B) 여자가 게시판에 쪽지를 붙이고 있다.
(C) 신문이 카펫 위에 펼쳐져 있다.
(D) 여자가 소파 위에 쿠션을 정리하고 있다.

어휘 place 위치시키다, 놓다   note 메모, 쪽지   bulletin board 게시판   spread out 널리 퍼지다   arrange 정리하다   pillow 베개, 쿠션

해설 1인 등장 사진 – 사람 또는 사물 중심 묘사
(A) 정답. 가방이 바닥에 놓여 있는(has been placed on the floor) 상태이므로 정답.
(B) 사진에 없는 명사를 이용한 오답. 사진에 게시판(bulletin board)이 보이지 않으므로 오답.
(C) 전치사구 오답. 사진에 신문이 보이지만 카펫 위에(on the carpet) 펼쳐져 있는 상태가 아니므로 오답.

(D) 동사 오답. 여자가 소파 위에 쿠션을 정리하고 있는(arranging pillows on a sofa) 모습이 아니므로 오답.

4 M-Au

(A) A desk is covered with papers.
(B) Some chairs are stacked in a corner.
(C) **Two computers are set up next to each other.**
(D) The office is being painted.

(A) 책상이 종이들로 덮여 있다.
(B) 의자 몇 개가 모퉁이에 쌓여 있다.
(C) 컴퓨터 두 대가 나란히 설치되어 있다.
(D) 사무실이 페인트칠되고 있다.

어휘 be covered with ~로 덮여있다   stack 쌓다   corner 모퉁이   set up 설치하다   next to each other 나란히

해설 실내 사물/배경 묘사 사진 – 다양한 사물의 위치 묘사

(A) 동사 오답. 책상이 종이들로 덮여 있는(is covered with papers) 상태가 아니므로 오답.
(B) 동사 오답. 사진에 의자가 있지만 모퉁이에 쌓여 있는(are stacked in a corner) 상태가 아니므로 오답.
(C) 정답. 컴퓨터 두 대가 나란히 설치되어 있는(are set up next to each other) 모습이므로 정답.
(D) 동사 오답. 사무실이 페인트칠되고 있는(being painted) 모습이 아니므로 오답.

5 W-Br

(A) Some vehicles are parked in a garage.
(B) Some trees are being planted on a street.
(C) A ladder is lying on the ground.
(D) A streetlamp is being repaired.

(A) 차량 몇 대가 차고에 주차되어 있다.
(B) 나무 몇 그루가 거리에 심어지고 있는 중이다.
(C) 사다리가 땅에 가로 놓여 있다.
(D) 가로등이 수리되는 중이다.

어휘 vehicle 차량   park 주차하다   garage 차고   plant 심다   ladder 사다리   lie (기다랗게 가로) 놓여 있다   ground 땅   streetlamp 가로등   repair 수리하다

해설 2인 이상 등장 사진 – 사람 또는 사물 중심 묘사

(A) 동사 오답. 사진에 차들이 있지만 차고에 주차되어 있는(are parked in a garage) 상태가 아니므로 오답.
(B) 동사 오답. 사진에 나무가 있지만 거리에 심어지고 있는(being planted on a street) 모습이 아니므로 오답.
(C) 동사 오답. 사다리가 세워져 있지 땅에 가로 놓여 있는(lying on the ground) 모습이 아니므로 오답.
(D) 정답. 가로등이 수리되고 있는(being repaired) 모습이므로 정답.

6 M-Cn

(A) Some cyclists are riding past a building.
(B) Some scaffolding has been erected against a stone wall.
(C) A woman is walking under an archway.
(D) Some bicycles have been parked along a railing.

(A) 자전거를 탄 사람들이 건물을 지나가고 있다.
(B) 발판 몇 개가 돌담에 기대어 세워져 있다.
(C) 한 여자가 아치형 입구 아래로 걸어가고 있다.
(D) 자전거 몇 대가 난간을 따라 주차되어 있다.

어휘 cyclist 자전거 타는 사람, 사이클리스트   past ~을 지나서   scaffolding 발판   erect 건립하다   against a stone wall 돌담에 기대어   archway 아치형 입구   railing 난간, 철책

해설 1인 등장 사진 – 사람 또는 사물 중심 묘사

(A) 사진에 없는 명사를 이용한 오답. 사진에 자전거 탄 사람(cyclist)이 보이지 않으므로 오답.
(B) 사진에 없는 명사를 이용한 오답. 사진에 발판(scaffolding)이 보이지 않으므로 오답.
(C) 동사 오답. 여자가 아치형 입구 아래로 걸어가고 있는(walking under an archway) 모습이 아니므로 오답.
(D) 정답. 자전거 몇 대가 난간을 따라 주차되어 있는(have been parked along a railing) 상태이므로 정답.

PART 2

7

M-Cn How long will it take to ship this item?
W-Am (A) Sure, I can take it.
       (B) Three to four days.
       (C) Shipping is free.

이 제품을 배송하는 데 얼마나 걸리나요?
(A) 물론이죠, 제가 가져갈게요.
(B) 사나흘이요.
(C) 배송은 무료예요.

어휘 ship 배송하다   item 제품, 품목   free 무료의

해설 배송에 걸리는 시간을 묻는 How long 의문문
(A) 단어 반복 오답. 질문의 take를 반복한 오답.
(B) 정답. 제품 배송에 걸리는 시간을 물어보는 질문에 Three to four days라는 구체적인 기간을 언급하고 있으므로 정답.
(C) 파생어 오답. 질문의 ship과 파생어 관계인 shipping을 이용한 오답.

8

M-Cn Who approved the budget estimate?
W-Br (A) That sounds like a good idea.
(B) About five thousand dollars.
(C) The section head did.

누가 예산안을 승인했나요?
(A) 좋은 생각 같아요.
(B) 약 5천 달러요.
(C) 부장님이 했어요.

어휘 approve 승인하다   budget 예산   estimate 추정, 예상
section head 부장

해설 승인자를 묻는 Who 의문문
(A) 질문과 상관 없는 오답. 승인자를 묻는 질문에 좋은 생각 같다라는 답변은 질문의 맥락에서 벗어난 것이므로 오답.
(B) 연상 단어 오답. 질문의 budget estimate으로 연상 가능한 five thousand dollars를 이용한 오답.
(C) 정답. 승인자가 누구인지 묻는 질문에 부장이라는 직책으로 답했으므로 정답.

9

M-Au When will the museum's renovation project be completed?
M-Cn **(A) Not until the end of April.**
(B) Yes, I sent the completed form yesterday.
(C) The museum is nearby.

박물관 수리 공사는 언제 완료되나요?
(A) 4월 말이요.
(B) 네, 어제 작성한 양식을 보냈어요.
(C) 박물관이 근처에 있어요.

어휘 renovation 혁신, 개조, 리모델링   project 계획, 프로젝트
complete 완성하다, 작성하다   form 양식   nearby 근처의

해설 프로젝트 완료 시점을 묻는 When 의문문
(A) 정답. 박물관 리모델링 프로젝트 완료 시점을 묻는 질문에 4월 말이라는 구체적인 시점으로 응답하고 있으므로 정답.
(B) Yes/No 불가 오답. When 의문문에 Yes/No 응답은 불가능하므로 오답.
(C) 단어 반복 오답. 질문에 나온 museum을 반복 이용한 오답.

10

W-Am Has the new sales manager been named yet?
W-Br **(A) I'm hoping it'll be Ms. Diaz.**
(B) There's a 25 percent discount today.
(C) The topic is time management.

신임 영업부장이 벌써 지명되었나요?
(A) 디아즈 씨가 되었으면 해요.
(B) 오늘 25퍼센트 할인이 돼요.
(C) 주제는 시간 관리예요.

어휘 sales manager 영업부장   name 지명하다   yet 아직, 벌써
topic 주제   management 관리

해설 지명 여부를 묻는 조동사(have) Yes/No 의문문
(A) 정답. 새로운 영업부장이 지명되었는지의 여부를 묻는 질문에 디아즈 씨가 되길 바란다고 우회적으로 부정적인 응답을 하고 있으므로 정답.
(B) 연상 단어 오답. 질문의 sales에 대하여 할인 판매 측면에서 연상 가능한 discount를 이용한 오답.
(C) 파생어 오답. 질문의 manager와 파생어 관계인 management를 이용한 오답.

11

M-Cn I thought the workshop was very useful.
W-Am (A) That could work.
(B) Yes, I learned a lot.
(C) It's new, not used.

워크숍이 매우 유용했던 거 같아요.
(A) 그래도 되겠네요.
(B) 네, 저도 많이 배웠어요.
(C) 중고가 아니라 새것이에요.

어휘 useful 유용한   work 효과가 있다   used 중고의

해설 사실/정보 전달의 평서문
(A) 유사 발음 오답. 질문의 workshop과 부분적으로 발음이 같은 work를 이용한 오답.
(B) 정답. 워크숍이 유용했다는 말에 먼저 Yes라는 긍정적인 응답을 한 후, 많이 배웠다라고 부연 설명을 하고 있으므로 정답.
(C) 파생어 오답. 질문의 useful과 파생어 관계인 used를 이용한 오답.

12

M-Au Why has Makoto called this staff meeting?
M-Cn (A) I met them yesterday.
(B) Please call back at a later time.
(C) Because the quarterly results were disappointing.

마코토는 왜 이 직원 회의를 소집했나요?
(A) 나는 어제 그들을 만났어요.
(B) 나중에 전화주세요.
(C) 분기 실적이 실망스러웠기 때문에요.

어휘 call 요청하다   staff meeting 직원 회의   at a later time 나중에
quarterly 분기별   result 결과   disappointing 실망스러운

해설 회의 소집 이유를 묻는 Why 의문문
(A) 파생어 오답. 질문의 meeting과 파생어 관계인 met을 이용한 오답.
(B) 단어 반복 오답. 질문의 called를 동사 원형(call)으로 반복 이용한 오답.
(C) 정답. 직원 회의 소집 이유를 묻는 질문에 분기 실적이 실망스러웠다는 구체적인 이유를 제시하고 있으므로 정답.

13
W-Br　How soon will you be finished with the marketing report?
M-Cn　(A) Yes, he said he would.
　　　(B) It's not open today.
　　　(C) In about an hour.

마케팅 보고서를 얼마나 빨리 마무리할 수 있나요?
(A) 네, 그가 하겠다고 했어요.
(B) 오늘은 열지 않아요.
(C) 약 한 시간 후에요.

어휘　marketing report 마케팅 보고서

해설 보고서 마무리 시점을 묻는 How soon 의문문
(A) Yes/No 불가 오답. How soon 의문문에 Yes/No 응답이 불가능하기 때문에 오답.
(B) 질문과 상관 없는 오답. 마케팅 보고서 마무리 시점을 묻는 질문에 오늘은 열지 않는다는 답변은 질문의 맥락에서 벗어난 것이므로 오답.
(C) 정답. 마케팅 보고서를 얼마나 빨리 마무리할 수 있는지 묻는 질문에 한 시간 후라는 구체적인 시점을 제시하고 있으므로 정답.

14
M-Au　What time can we check in to the hotel tomorrow?
W-Am　(A) At the front desk.
　　　(B) I usually pay with cash.
　　　(C) Any time after two.

내일 호텔 체크인은 몇 시에 할 수 있나요?
(A) 프런트 데스크에서요.
(B) 보통 현금으로 지불해요.
(C) 2시 이후 언제든지요.

어휘　pay 지불하다　cash 현금

해설 체크인 시간을 묻는 What time 의문문
(A) 연상 단어 오답. 질문의 hotel에서 연상 가능한 front desk를 이용한 오답.
(B) 연상 단어 오답. 질문의 check에 대해 계산서 측면에서 연상 가능한 pay with cash를 이용한 오답.
(C) 정답. 호텔 체크인 시간을 물어보는 질문에 2시 이후 언제든지라는 구체적인 기준 시간을 언급하고 있으므로 정답.

15
W-Br　Where's the closest dry cleaners?
M-Au　(A) Yes, it closed at six.
　　　(B) There's one on Eleventh Street.
　　　(C) They're definitely cleaner now.

가장 가까운 세탁소는 어디 있나요?
(A) 네, 6시에 문을 닫아요.
(B) 11번가에 하나 있어요.
(C) 그것들은 이제 확실히 더 깨끗하네요.

어휘　closest 가장 가까운　dry cleaner 드라이클리닝 업소, 세탁소　definitely 분명히

해설 세탁소 위치를 묻는 Where 의문문
(A) Yes/No 불가 오답. Where 의문문에 Yes/No 응답이 불가능하기 때문에 오답.
(B) 정답. 가장 가까운 세탁소 위치를 묻는 질문에 11번가라는 구체적인 장소를 제시하고 있으므로 정답.
(C) 파생어 오답. 질문의 cleaners와 파생어 관계인 cleaner(형용사 clean의 비교급)를 이용한 오답.

16
W-Br　If you have the time, you should travel by train rather than by air.
W-Am　(A) Training ends tomorrow.
　　　(B) Thanks, I'll definitely consider it.
　　　(C) May I see your ticket?

시간이 넉넉하면, 비행기보다는 기차로 여행해야 해요.
(A) 교육은 내일 끝나요.
(B) 고마워요, 꼭 참고 할게요.
(C) 표를 보여주시겠어요?

어휘　rather than ~보다는　by air 비행기로　training 교육　consider 고려하다, 심사숙고 하다

해설 제안/권유의 평서문
(A) 유사 발음 오답. 평서문의 train과 일부 발음이 유사한 training을 이용한 오답.
(B) 정답. 비행기보다는 기차로 여행하라는 제안에 먼저 Thanks라고 응답한 후, 꼭 참고하겠다며 부연 설명을 하고 있으므로 정답.
(C) 연상 단어 오답. 질문의 train에서 연상 가능한 ticket을 이용한 오답.

17
M-Au　Where can we display these new product samples?
W-Br　(A) A variety of colors.
　　　(B) From a new supplier.
　　　(C) In the glass case by the register.

신제품 샘플을 어디에 진열할까요?
(A) 다양한 색채요.
(B) 새 공급업자로부터요.
(C) 금전 등록기 옆 유리 케이스 안에요.

어휘 display 진열하다   product 제품   sample 샘플, 표본
　　 a variety of 다양한   supplier 공급업자   case 상자   register
　　 금전 등록기

해설 샘플 진열 장소를 묻는 Where 의문문
(A) 질문과 상관 없는 오답. 신제품 샘플 진열 위치를 묻는 질문에 다양한 색채라는 답변은 질문의 맥락에서 벗어난 것이므로 오답.
(B) 단어 반복 오답. 질문에 나온 new를 반복 이용한 오답.
(C) 정답. 신제품 샘플 진열 위치를 묻는 질문에 금전 등록기 옆 유리 케이스라는 구체적인 장소를 언급하고 있으므로 정답.

18

W-Am　Will the office party be catered, or do you want me to reserve a restaurant?
M-Au　**(A) Luís hired a caterer.**
　　　(B) Until the end of the month.
　　　(C) They're running late.

　　　회식을 위해 출장 뷔페를 부를까요 아니면 식당을 예약할까요?
　　　(A) 루이스가 출장 뷔페 업체를 고용했어요.
　　　(B) 이달 말까지요.
　　　(C) 그들이 늦어지고 있어요.

어휘 office party 회식   cater 음식을 공급하다   reserve 예약하다
　　 hire 고용하다   caterer (행사의) 음식 공급 업체, 출장 뷔페 업체
　　 run late 늦어지다

해설 문장을 연결한 선택의문문
(A) 정답. 회식을 위해 출장 뷔페와 식당 예약 중 어느 쪽을 원하는지에 대해 루이스가 출장 뷔페 업체를 고용했다고 응답했으므로 정답.
(B) 질문과 상관 없는 오답. 회식을 위해 출장 뷔페와 식당 예약 중 어느 쪽을 원하는지에 대해 이달 말까지라는 답변은 질문의 맥락에서 벗어난 것이므로 오답.
(C) 질문과 상관 없는 오답. they가 가리키는 대상이 질문에 없으므로 오답.

19

W-Br　What do you think of the proposed floor plan?
M-Au　**(A) It's a good design.**
　　　(B) The architecture firm.
　　　(C) It needs to be swept.

　　　제안된 평면도에 대해 어떻게 생각하나요?
　　　(A) 좋은 디자인이에요.
　　　(B) 건축 회사요.
　　　(C) 쓸어야 해요.

어휘 proposed 제안된   floor plan 평면도   architecture firm 건축 회사   sweep 쓸다

해설 평면도에 대한 의견을 묻는 What 의문문
(A) 정답. 평면도를 어떻게 생각하는지 묻는 질문에 좋은 디자인이라는 긍정적인 응답을 하고 있으므로 정답.
(B) 연상 단어 오답. 질문의 floor plan에서 연상 가능한 architecture를 이용한 오답.
(C) 연상 단어 오답. 질문의 floor에 대해 바닥을 쓰는 측면에서 연상 가능한 be swept를 이용한 오답.

20

M-Cn　Did Carol give you the key to the warehouse?
W-Am　(A) They work at the hardware store.
　　　(B) She won't be home then.
　　　(C) I thought you had one.

　　　캐롤이 당신에게 창고 열쇠를 주었나요?
　　　(A) 그들은 철물점에서 일해요.
　　　(B) 그녀는 그때 집에 없을 거예요.
　　　(C) 당신한테 있는 줄 알았는데요.

어휘 warehouse 창고   hardware store 철물점

해설 창고 열쇠를 주었는지 여부를 묻는 조동사(did) Yes/No 의문문
(A) 질문과 상관 없는 오답. They가 가리키는 대상이 질문에 없으므로 오답.
(B) 질문과 상관 없는 오답. 캐롤이 창고 열쇠를 주었는지 묻는 질문에 그녀는 집에 없을 것이라는 답변은 질문의 맥락에서 벗어난 것이므로 오답.
(C) 정답. 캐롤이 창고 열쇠를 주었는지 묻는 질문에 당신한테 있는 줄 알았다는 말로 주지 않았다는 의미를 우회적으로 전달한 것이므로 정답.

21

M-Au　Should I open a window?
M-Cn　**(A) I'll turn the air-conditioning on.**
　　　(B) The weather forecast.
　　　(C) That one is, too.

　　　창문을 열어야 하나요?
　　　(A) 에어컨을 켤게요.
　　　(B) 일기 예보요.
　　　(C) 저것도요.

어휘 air-conditioning 에어컨   forecast 예보

해설 제안/권유의 의문문
(A) 정답. 창문을 열어야 하는지 묻는 질문에 에어컨을 켜겠다는 대안을 제시한 응답이므로 정답.
(B) 질문과 상관 없는 오답. 창문을 열어야 하는지 묻는 질문에 일기 예보라는 답변은 질문의 맥락에서 벗어난 것이므로 오답.
(C) 연상 단어 오답. open a window를 듣고 저 창문도 연다고 잘못 이해했을 때 연상 가능한 That one is, too를 이용한 오답.

22

W-Am　Our manager will be retiring in July.
W-Br　(A) A two-year contract.
　　　(B) She'll certainly be missed.
　　　(C) We already booked it.

우리 매니저가 7월에 은퇴해요.
(A) 2년 계약이요.
(B) 그녀가 정말 보고 싶을 거예요.
(C) 우리는 이미 예약했어요.

어휘 manager 매니저, 경영자 retire 은퇴하다 contract 계약 certainly 확실히 miss 그리워하다 book 예약하다

해설 사실/정보 전달의 평서문
(A) 연상 단어 오답. 질문의 be retiring에 대해 근무 기간 측면에서 연상 가능한 two-year contract를 이용한 오답.
(B) 정답. 매니저가 은퇴한다는 말에 그녀가 보고 싶을 것이라는 응답을 하고 있으므로 정답.
(C) 질문과 상관 없는 오답. 매니저가 은퇴한다는 말에 우리는 이미 예약 했다라는 답변은 질문의 맥락에서 벗어난 것이므로 오답.

23

M-Cn Is this morning's meeting on-site, or is it a teleconference?
W-Am (A) From ten to eleven.
(B) That's what he said.
(C) The meeting invitation has the details.

오늘 아침 회의는 현장에 모여서 하나요 아니면 화상 회의인가요?
(A) 10시부터 11시까지요.
(B) 그게 그가 한 말이에요.
(C) 회의 초대장에 자세한 내용이 있어요.

어휘 on-site 현장의 teleconference 화상 회의 invitation 초대장 details 세부 사항

해설 문장을 연결한 선택의문문
(A) 질문과 상관 없는 오답. How long이나 When 의문문에 대한 응답이므로 오답.
(B) 질문과 상관 없는 오답. he가 가리키는 대상이 의문문에 없으므로 오답.
(C) 정답. 현장 회의와 화상 회의 중 어느 쪽인지에 대해 회의 초대장에 자세한 내용이 있다고 응답해 그것을 확인할 것을 우회적으로 제안하고 있으므로 정답.

24

W-Br You can attend the awards ceremony on Thursday evening, can't you?
M-Cn (A) They're in the report.
(B) Almost fifty people were in attendance.
(C) I'm working the night shift all week.

목요일 저녁 시상식에 참석할 수 있죠, 그렇죠?
(A) 그것들은 보고서에 있어요.
(B) 거의 50명이 참석했어요.
(C) 일주일 내내 야간 근무를 하고 있어요.

어휘 attend 참석하다 awards ceremony 시상식 almost 거의 attendance 참석, 출석 shift 교대 근무 all week 일주일 내내

해설 시상식 참석 여부를 확인하는 부가의문문
(A) 질문과 상관 없는 오답. They가 가리키는 대상이 질문에 없으므로 오답.
(B) 파생어 오답. 질문의 attend와 파생어 관계인 attendance를 이용한 오답.
(C) 정답. 목요일 저녁 시상식 참석여부를 묻는 질문에 일주일 내내 야간 근무를 한다는 말로 참석이 불가능함을 간접적으로 나타내고 있으므로 정답.

25

W-Am Didn't you begin your career writing at a newspaper?
M-Au (A) The career center opens at noon.
(B) Take a right at the next corner.
(C) Yes, it was an incredible experience.

신문사에서 글을 쓰면서 경력을 시작하지 않았나요?
(A) 진로교육 센터는 정오에 문을 열어요.
(B) 다음 모퉁이에서 우회전하세요.
(C) 네, 정말 놀라운 경험이었어요.

어휘 career 경력, 직장 생활 take a right 우회전 하다 incredible 믿을 수 없는 experience 경험

해설 직장 생활을 시작한 계기를 묻는 부정의문문
(A) 단어 반복 오답. 질문에 나온 career를 반복 이용한 오답.
(B) 유사 발음 오답. 질문의 writing과 부분적으로 발음이 같은 right를 이용한 오답.
(C) 정답. 신문사에서 글을 쓴 것을 계기로 경력을 시작하게 되었는지를 물어보는 것에 먼저 Yes로 긍정적 응답을 한 후, 정말 놀라운 경험이었다는 부연 설명을 하고 있으므로 정답.

26

W-Br Why did you bring your laptop to the meeting?
M-Cn (A) Not until two o'clock.
(B) Oh, isn't it allowed?
(C) At the top of the stairs.

왜 노트북 컴퓨터를 회의에 가져왔나요?
(A) 2시까지요.
(B) 어, 허용되지 않나요?
(C) 계단 꼭대기에요.

어휘 laptop 노트북 컴퓨터 allow 허용하다 stair 계단

해설 노트북 컴퓨터를 회의에 가져온 이유를 묻는 Why 의문문
(A) 질문과 상관 없는 오답. How long 의문문 또는 When 의문문에 대한 응답이므로 오답.
(B) 정답. 노트북 컴퓨터를 회의실로 가져온 이유를 묻는 질문에 그것이 허용되지 않냐고 되묻는 응답이므로 정답.
(C) 유사 발음 오답. 질문의 laptop과 부분적으로 발음이 같은 top을 이용한 오답.

27
W-Am We'd like you to present your research at the next directors meeting.
M-Cn (A) Conference room C.
(B) Yes, yesterday after lunch.
(C) Sure, I'm happy to give an update.

다음 이사회의에서 연구 발표를 해주셨으면 합니다.
(A) C 회의실이요.
(B) 네, 어제 점심식사 후에요.
(C) 물론이죠, 최신 정보를 주게 되어 기쁘네요.

어휘 present 발표하다 research 연구 directors meeting 이사회의 conference room 회의실 update 업데이트, 갱신

해설 부탁/요청의 평서문
(A) 연상 단어 오답. 질문의 meeting에 대해 장소 측면에서 연상 가능한 Conference room C를 이용한 오답.
(B) 질문과 상관 없는 오답. 이사회의에서 연구 발표를 해달라는 요청에 Yes라는 긍정의 응답을 한 후, 어제 점심식사 후라는 답변은 질문의 맥락에서 벗어난 것이므로 오답.
(C) 정답. 이사회의에서 연구 발표를 해달라는 요청에 Sure로 긍정적 응답을 한 후, 최신 정보를 주게 되어 기쁘다는 부연 설명을 하고 있으므로 정답.

28
M-Au Is it going to be much longer to see the doctor?
W-Am (A) I plan to watch that show today.
(B) About twenty-five kilometers.
(C) Sorry, it's been a very busy day.

의사의 진찰을 받으려면 훨씬 더 오래 있어야 하나요?
(A) 오늘 그 쇼를 볼 계획이에요.
(B) 약 25 킬로미터요.
(C) 죄송해요, 무척 바쁜 하루네요.

어휘 see the doctor 의사의 진찰을 받다 plan to ~할 계획이다

해설 진찰을 오래 기다려야 하는지를 묻는 Be동사 Yes/No 의문문
(A) 연상 단어 오답. 질문의 see에 대해 보다라는 동의어 측면에서 연상 가능한 watch를 이용한 오답.
(B) 연상 단어 오답. 질문의 longer에 대해 길이 측면에서 연상 가능한 twenty-five kilometers를 이용한 오답.
(C) 정답. 의사 진찰을 더 오래 기다려야 하는지를 묻는 질문에 먼저 Sorry라고 사과한 후, 무척 바쁜 하루라는 부연 설명을 하고 있으므로 정답.

29
M-Cn Didn't we just call maintenance about this printer?
W-Br **(A) Don't tell me it's broken again.**
(B) Twelve copies on colored paper.
(C) No, my office is on the main floor.

방금 인쇄기 때문에 관리팀에 전화하지 않았나요?
(A) 설마 또 고장 난 건 아니겠죠.
(B) 컬러 용지에 12부요.
(C) 아니요, 내 사무실은 1층에 있어요.

어휘 maintenance 관리, 유지 보수 broken 고장 난 colored 색깔이 있는 main floor 1층

해설 보수 요청 여부를 묻는 부정의문문
(A) 정답. 인쇄기 때문에 관리팀에 전화하지 않았느냐는 물음에 설마 또 고장 난 건 아닐 거라며 자주 고장 나는 것에 불평하고 있으므로 정답.
(B) 연상 단어 오답. 질문의 printer에 대해 인쇄 매수 측면에서 연상 가능한 Twelve copies를 이용한 오답.
(C) 질문과 상관 없는 오답. 프린터기 유지 보수를 요청했는지에 대해 자기 사무실은 1층에 있다는 답변은 질문의 맥락에서 벗어난 것이므로 오답.

30
W-Am When will I be reimbursed for my travel expenses?
M-Au **(A) Have they been approved?**
(B) The Compton Hotel.
(C) Four hundred seventy dollars.

여행 경비는 언제 환급 받을 수 있나요?
(A) 경비 승인을 받았나요?
(B) 콤튼 호텔이요.
(C) 470달러요.

어휘 reimburse 배상하다, 환급해주다 expense 경비, 비용 approve 승인하다

해설 여행 경비 환급 시기를 묻는 When 의문문
(A) 정답. 여행 경비 환급 시기를 묻는 질문에 경비 승인을 받았냐고 다시 묻고 있으므로 정답.
(B) 연상 단어 오답. 질문의 travel에서 연상 가능한 Hotel을 이용한 오답.
(C) 질문과 상관 없는 오답. 금액을 묻는 How much 의문문에 대한 응답이므로 오답.

31
M-Cn You haven't taken inventory yet, have you?
W-Br (A) Go ahead, take some.
(B) Was I supposed to?
(C) Yes, I have that one already.

재고 조사를 아직 다 안 했죠, 그렇죠?
(A) 주저 말고 몇 개 가져가세요.
(B) 제가 해야 했나요?
(C) 네, 그건 이미 갖고 있어요.

어휘 take inventory 재고 조사를 하다 go ahead ~을 밀고 나가다 be supposed to ~하도록 되어있다

해설 재고 조사 여부를 확인하는 부가의문문
(A) 파생어 오답. 질문의 taken과 파생어 관계인 take를 이용한 오답.
(B) 정답. 재고 조사 여부를 묻는 질문에 본인이 하기로 했었는지를 되물음으로써 부정적 응답을 하고 있으므로 정답.
(C) 단어 반복 오답. 질문에 나온 have를 반복 이용한 오답.

PART 3

32-34

> W-Br Hi, Mr. Maksood. ³²**Since you regularly buy bulk foods from us for your restaurant**, I wanted to tell you about a new product we're selling: Harcourt Black Beans.
>
> M-Au ³³**You know, the black beans we use now are very flavorful, and that's important to me. I worry that if we switch to a different brand, our dishes won't taste as good.**
>
> W-Br Well, several of our customers have tried Harcourt Black Beans, and they've been very happy—especially since the beans only cost three dollars per kilogram.
>
> M-Au ³⁴**In that case, why don't you add a ten-kilogram bag to my order this week so I can test them in my recipes?**
>
> 여: 안녕하세요, 맥수드 씨. 고객님 식당에서 식자재를 대량으로 정기 구매해 주시는지라, 저희가 판매하고 있는 신제품인 하코트 블랙빈즈에 대해 안내 드리려 합니다.
>
> 남: 아시겠지만, 현재 사용하는 블랙빈은 아주 풍미가 좋아요. 그리고 그 점은 저에게 중요하지요. 다른 상표로 바꾸면 음식 맛이 전보다 못할까 걱정되네요.
>
> 여: 음, 몇몇 고객이 하코트 블랙빈을 먹어 보셨는데 아주 만족해 하셨어요. 특히 킬로그램당 3 달러밖에 안 돼서 특히 그러셨죠.
>
> 남: 그렇다면, 요리에 한번 넣어 보게 이번 주 주문품에 10 킬로그램짜리를 하나 추가해 주시겠어요?
>
> 어휘 regularly 정기적으로 bulk 대량 product 제품 black bean 블랙빈 flavorful 풍미 있는, 맛 좋은 switch 변환하다 brand 상표 dish 요리 taste 맛이 나다 several 몇몇의 customer 고객 especially 특히 in that case 그렇다면 add 추가하다 recipe 조리법

32

Where does the man work?
(A) At a delivery service
(B) At an advertising agency
(C) At a restaurant
(D) At a bank

남자는 어디에서 일하는가?
(A) 택배회사
(B) 광고 대행사
(C) 식당
(D) 은행

어휘 delivery service 택배회사 advertising agency 광고 대행사

해설 전체 내용 관련 – 남자의 근무지

첫 번째 대사에서 여자가 남자에게 남자의 식당(your restaurant)에서 정기적으로 식자재를 대량 구매해(Since you regularly buy bulk foods from us), 신제품에 대해 알려주고 싶다고 했으므로 정답은 (C)이다.

33

What does the man say is important to him?
(A) Attracting new investors
(B) Meeting work schedules
(C) Opening a new location
(D) Using reliable brands

남자는 무엇이 중요하다고 말하는가?
(A) 신규 투자자 유치
(B) 근무 일정 맞추기
(C) 새 지점 열기
(D) 믿을 만한 상표 사용하기

어휘 attract 끌어들이다 investor 투자자 meet 맞추다 new location 새 지점 reliable 믿을만한 brand 상표

해설 세부사항 관련 – 남자가 중요하게 여기는 사항

남자는 현재 사용하는 블랙빈이 풍미가 좋고 그 점이 중요하다(You know, the black beans we use now are very flavorful, and that's important to me)면서 다른 상표로 바꾸면 음식 맛이 전만큼 못할까 걱정(I worry that if we switch to a different brand, our dishes won't taste as good)이라고 했으므로 정답은 (D)이다.

34

What does the man say he will do?
(A) Check an inventory list
(B) Try a new product
(C) Ask some colleagues for advice
(D) Distribute some brochures

남자는 무엇을 할 것이라고 말하는가?
(A) 재고 목록 확인
(B) 신제품 써보기
(C) 동료들에게 조언 부탁
(D) 소책자 배포

어휘 inventory 재고 colleague 동료 distribute 배포하다 brochure (안내, 광고용) 소책자

해설 세부사항 관련 – 남자가 할 일

남자의 마지막 대사에서 요리에 한번 넣어보게 주문품에 10킬로그램짜리를 추가해 주겠냐(In that case, why don't you add a ten-kilogram bag to my order this week so I can test them in my recipes?)고 했다. 신제품을 써보겠다는 의미이므로 정답은 (B)이다.

> ▶ Paraphrasing 대화의 **test them in my recipes**
>   → 정답의 **Try a new product**

35-37

M-Cn ³⁵**Marie, did you hear the news about our company merger with Geller Technical Solutions?** It's scheduled to happen before the end of the year.

W-Am Yes, I saw that on the company Web site. ³⁶**And we'll have a new office, too. I was just talking to the regional manager who said that they're opening it soon.** Our combined department will be split between the existing New York office and the new one in Los Angeles.

M-Cn That's true. I saw Mr. Endo this morning and he said ³⁷**they'll be flying our new colleagues here to New York next month so that we can all meet each other.**

남: 마리, 우리 회사가 젤러 테크니컬 솔루션즈와 합병한다는 소식 들었어요? 연말 전에 합병될 예정이에요.

여: 네, 회사 웹사이트에서 봤어요. **사무소도 새로 생긴대요. 지역 매니저와 방금 이야기했는데 사무소를 곧 연다고 했어요.** 합병된 우리 부서는 기존 뉴욕 사무소와 새로운 로스앤젤레스 사무소로 나누어질 거예요.

남: 맞아요. 오늘 아침에 엔도 씨를 만났는데 **다음 달에 새 직장동료들을 여기 뉴욕으로 데려와 서로 인사 시킨다고 해요.**

어휘 merger 합병 be scheduled to ~하기로 예정되어 있다 the end of the year 연말 office 사무소 regional manager 지역 매니저 combined 결합된, 합동의 department 부서 split 나누다 existing 기존의 colleague 동료 each other 서로

35

What change are the speakers discussing?
(A) An updated vacation policy
(B) A technology upgrade
(C) A company merger
(D) An office renovation

화자들은 어떤 변화에 대해 말하는가?
(A) 최신 휴가 정책
(B) 기술 업그레이드
(C) 회사 합병
(D) 사무실 리모델링

어휘 updated 최신의 policy 정책 upgrade 개선, 업그레이드 merger 합병 renovation 수리, 리모델링

해설 전체 내용 관련 – 화자들이 말하는 변화 내용

남자가 젤러 테크니컬 솔루션즈와의 합병 소식 들었는지(Marie, did you hear the news about our company merger with Geller Technical Solutions)를 여자에게 물으며 대화가 시작되고 있다. 따라서 남자와 여자가 회사 합병에 대해 이야기하고 있음을 알 수 있으므로 정답은 (C)이다.

36

What does the woman say will happen because of the change?
(A) Managers will have to attend a workshop.
(B) Work hours will be more flexible.
(C) An employee handbook will be revised.
(D) Another branch location will open.

여자는 변화로 무슨 일이 있을 것이라고 말하는가?
(A) 관리자는 워크숍에 참석해야 한다.
(B) 근무 시간이 더 유연해진다.
(C) 직원 안내서가 개정된다.
(D) 다른 곳에 사무소가 문을 연다.

어휘 attend 참석하다 work hours 근무 시간 flexible 유연한 employee 직원 handbook 편람, 안내서 revise 개정하다 branch location 지사, 사무소

해설 세부사항 관련 – 변화로 일어날 일

여자는 사무소도 새로 생긴다(we'll have a new office, too)면서 지역 매니저가 그 사무소를 곧 열거(I was just talking to the regional manager who said that they're opening it soon)라고 했으므로 정답은 (D)이다.

> **Paraphrasing** 대화의 we'll have a new office
> → 정답의 Another branch location will open.

37

What will take place next month?
(A) A product launch
(B) An annual survey
(C) Staff introductions
(D) Contract negotiations

다음 달에 무슨 일이 있는가?
(A) 제품 출시
(B) 연례 설문조사
(C) 직원 소개
(D) 계약 협상

어휘 take place 일어나다, 발생하다 launch 출시 annual 연례의 survey 설문조사 staff 직원 introduction 소개 contract 계약 negotiation 협상

해설 세부사항 관련 – 다음 달에 있을 일

대화 마지막에 남자가 다음 달에 새 직장동료들을 여기 뉴욕으로 데려와 서로 만날 수 있다(they'll be flying our new colleagues here to New York next month so that we can all meet each other)고 했으므로 정답은 (C)이다.

> **Paraphrasing** 대화의 we can all meet each other
> → 정답의 Staff introductions

38-40

M-Au	Laura, I have to reschedule our meeting on Monday. **38 I'll be in Toronto next week, preparing for the grand opening of our new store there.**
W-Br	I understand. Getting the store ready for its big opening will keep you busy. But … **39 can we meet right when you get back? The quarterly budget needs to be finalized by the end of this month.**
M-Au	Sure—I'll be back in the office a week from Monday, so we can work on the budget that morning.
W-Br	Thanks. By the way, **40 I used to live in Toronto—I'd be happy to give you some recommendations for places to visit in your free time.**
남:	로라, 월요일 회의 일정을 다시 잡아야 해요. **다음 주에 토론토에 가서 신규 매장 개장 준비를 해야 해요.**
여:	알겠어요. 개장에 맞춰 매장을 준비하느라 계속 바쁘겠네요. 그런데… **토론토에서 돌아오자마자 바로 회의를 할 수 있을까요? 분기별 예산안을 이달 말까지 확정해야 해요.**
남:	물론이죠. 월요일에 가서 그 다음주 월요일에 돌아오니까 아침부터 예산안을 논의할 수 있어요.
여:	고마워요. 그건 그렇고, **전에 토론토에 살았어요. 시간 날 때 방문할 만한 곳을 추천해 주고 싶어요.**
어휘	reschedule 일정을 다시 잡다 prepare for ~을 준비하다 grand opening 개장, 개점 get back 돌아오다 quarterly 분기별의 budget 예산 finalize 완결하다 work on ~에 매달려 일하다 used to ~였었다 recommendation 추천 free time 여가시간

38

Why will the man go to Toronto next week?

(A) To organize a store opening
(B) To attend a training session
(C) To recruit job candidates
(D) To inspect production facilities

남자는 왜 다음 주에 토론토에 가는가?

(A) 개장 준비
(B) 교육 참석
(C) 구직자 모집
(D) 생산 시설 검사

어휘 organize 준비하다 attend 참석하다 training session 교육 recruit 모집하다 candidate 후보자 job candidate 구직자 inspect 검사하다 production 생산 facility 시설

해설 세부사항 관련 – 남자가 토론토에 가는 이유

남자는 다음 주에 토론토에 가서 신규 매장 개장 준비를 한다(I'll be in Toronto next week, preparing for the grand opening of our new store there)고 했으므로 정답은 (A)이다.

▶▶ Paraphrasing 대화의 preparing for the grand opening of our new store → 정답의 organize a store opening

39

What is the woman concerned about?

(A) Arranging a travel itinerary
(B) Meeting a deadline
(C) Managing a team
(D) Giving an acceptance speech

여자는 무엇을 걱정하는가?

(A) 여행 일정 짜기
(B) 마감일 지키기
(C) 팀 관리하기
(D) 수락 연설하기

어휘 be concerned about ~을 걱정하다, 관심을 가지다 arrange 준비하다 itinerary 여행 일정 meet a deadline 마감일을 지키다 manage 관리하다 acceptance speech 수락 연설

해설 세부사항 관련 – 여자의 우려 사항

여자는 토론토에서 돌아오자마자 바로 회의를 할 수 있는지(But … can we meet right when you get back)를 물어보고, 분기별 예산안을 이달 말까지 확정해야 한다(The quarterly budget needs to be finalized by the end of this month)고 말했다. 따라서 예산안 마감일을 걱정하고 있다는 것을 알 수 있으므로 정답은 (B)이다.

▶▶ Paraphrasing 대화의 needs to be finalized by the end of this month → 정답의 Meeting a deadline

40

What does the woman offer the man?

(A) Tourism advice
(B) Assistance with a client
(C) A ride to the airport
(D) Financial recommendations

여자는 남자에게 무엇을 제안하는가?

(A) 여행 조언
(B) 고객 돕기
(C) 공항까지 태워주기
(D) 재정 관련 추천

어휘 offer 제안하다 tourism 관광 assistance 도움 client 고객 ride 탈것 financial 재정적인 recommendation 추천

해설 세부사항 관련 – 여자의 제안 사항

마지막 대사에서 여자는 전에 토론토에 살았다면서 방문할 만한 곳을 추천해 주고 싶다(I used to live in Toronto—I'd be happy to give you some recommendations for places to visit in your free time)고 했으므로 정답은 (A)이다.

▶▶ Paraphrasing 대화의 some recommendations for places to visit → 정답의 Tourism advice

41-43 3인 대화

M-Cn Aziz and Heather, **⁴¹take a look at the layout for the next issue of our cooking magazine. I'm concerned about some photos.**

M-Au Sure. Which ones?

M-Cn **⁴²The photos for the "Science of Baking" article, on pages 52 to 56. They look out of focus.**

W-Am Can I take a look? ... Hmm, **⁴²the fact that they're blurry means they're probably low-resolution files.** Are those the only versions of the photos the photographer sent us?

M-Au I'm checking on that right now in the original e-mail he sent ... yep, looks like it.

W-Am Okay. **⁴³I'll e-mail him and ask him to send better resolution files as soon as possible.**

남1: 아지즈, 헤더. 우리 요리 잡지 다음 호 레이아웃을 좀 보세요. 사진 몇 장이 좀 걱정되네요.
남2: 물론이죠. 어떤 사진이죠?
남1: 52페이지부터 56페이지까지 있는 "베이킹의 과학" 기사에 있는 사진이요. 초점이 안 맞는 것 같아요.
여: 좀 봐도 될까요?… 흠, 사진이 흐릿한 건 아마도 저해상도 파일이어서 그럴 거예요. 이 사진이 사진가가 보낸 유일한 버전인가요?
남2: 사진가가 보낸 원본 이메일을 바로 확인해 볼게요… 네, 유일한 버전이네요.
여: 좋아요. 사진가에게 이메일을 보내서 가능한 빨리 해상도가 더 높은 파일을 보내달라고 할게요.

어휘 take a look at ~을 보다   layout 레이아웃, 배치   article 기사   out of focus 초점이 맞지 않는   blurry 흐릿한   resolution 해상도   version ~판, 버전   photographer 사진작가

41

Where do the speakers most likely work?

(A) At a café
(B) At a bookstore
(C) At a magazine publisher
(D) At an art gallery

화자들은 어디에서 일하겠는가?
(A) 카페
(B) 서점
(C) 잡지 출판사
(D) 미술관

어휘 bookstore 서점   publisher 출판인, 출판사   art gallery 미술관

해설 전체 내용 관련 – 화자들의 근무지
남자가 우리 요리 잡지 다음 호 레이아웃을 좀 보라고 하며 사진 몇 장이 걱정된다(take a look at the layout for the next issue of our cooking magazine. I'm concerned about some photos)고 했다. 따라서 화자들이 잡지 출판사에서 일하고 있다는 것을 알 수 있으므로 정답은 (C)이다.

42

What problem is being discussed?

(A) Some images are blurry.
(B) Some customers are unhappy.
(C) An exhibit is incomplete.
(D) An event was canceled.

어떤 문제가 논의되고 있는가?
(A) 일부 이미지가 흐릿하다.
(B) 고객 몇 사람이 불만이 있다.
(C) 전시회가 불완전하다.
(D) 행사가 취소되었다.

어휘 blurry 흐릿한   customer 고객   exhibit 전시회   incomplete 불완전한, 미완성의   event 행사   cancel 취소하다

해설 세부사항 관련 – 논의되고 있는 문제
첫 번째 남자의 두 번째 대사에서 특정 기사의 사진 초점이 안 맞는 것 같다(The photos for the "Science of Baking" article, on pages 52 to 56. They look out of focus)고 했다. 이에 여자가 사진이 흐릿한 건 아마도 저해상도 파일이어서 그렇다(the fact that they're blurry means they're probably low-resolution files)고 했다. 화자들이 흐릿한 사진에 대해서 논의하고 있다는 것을 알 수 있으므로 정답은 (A)이다.

▶▶ Paraphrasing   대화의 **They look out of focus**
→ 정답의 **Some images are blurry.**

43

What will the woman most likely do next?

(A) Contact a photographer
(B) Write an article
(C) Update a Web site
(D) Revise a schedule

여자는 다음에 무엇을 하겠는가?
(A) 사진가에게 연락하기
(B) 기사 쓰기
(C) 웹사이트 업데이트하기
(D) 일정 수정하기

어휘 contact 연락하다   article 기사   revise 변경하다, 수정하다

해설 세부사항 관련 – 여자가 다음에 할 일
여자는 사진가에게 이메일을 보내 가능한 빨리 해상도가 더 높은 파일을 보내달라고 요청하겠다(I'll e-mail him and ask him to send better resolution files as soon as possible)고 했으므로 정답은 (A)이다.

▶▶ Paraphrasing   대화의 **e-mail** → 정답의 **Contact**

44-46

W-Br Hello. **44I brought my car in to have the tires replaced, and I've been waiting for almost two hours.** Do you know when it will be ready?

M-Cn I'm sorry. **45One of our technicians is out sick today. We're working as fast as we can, but there are still a few customers ahead of you.**

W-Br Hmm, OK. **46I have an appointment downtown this afternoon, and I'm worried that I might not make it.** I didn't realize this would take so long.

M-Cn **46Actually, we have a shuttle that can take you there. If you add your name to this list, we'll notify you when the shuttle is here.**

여: 안녕하세요. 타이어를 교체하려고 차를 가져왔는데 거의 2시간째 기다리고 있어요. 언제쯤 준비될까요?

남: 죄송합니다. 기술자 한 명이 오늘 아파서 결근했어요. 최대한 빨리 일하고 있지만 아직 고객님 앞에 두어 명의 고객이 있어요.

여: 흠, 좋아요. 오늘 오후 시내에서 약속이 있는데 약속에 못 갈까 봐 걱정이네요. 이렇게 오래 걸릴지 몰랐어요.

남: 사실은, 고객님을 시내로 데려다 줄 셔틀이 있어요. 성함을 이 목록에 올리시면, 셔틀이 왔을 때 알려드릴게요.

어휘 replace 교체하다 technician 기술자 customer 고객 ahead of ~에 앞서 appointment 약속 downtown 시내에 realize 알아채다 actually 사실은 shuttle 정기 왕복 버스 add 추가하다 notify 알리다

44

Where is the conversation taking place?
(A) At a computer service center
(B) At a parking garage
(C) At a health clinic
(D) At an automobile repair shop

대화는 어디에서 일어나고 있는가?
(A) 컴퓨터 서비스 센터
(B) 주차장
(C) 진료소
(D) 카센터

어휘 parking garage 주차장 health clinic 진료소 automobile repair shop 자동차 수리소, 카센터

해설 전체 내용 관련 – 대화가 일어나는 장소

첫 번째 대사에서 여자는 타이어를 교체하려고 거의 2시간째 기다리고 있다(I brought my car in to have the tires replaced, and I've been waiting for almost two hours)고 했다. 따라서 대화가 카센터에서 일어나고 있음을 알 수 있으므로 정답은 (D)이다.

45

What problem does the man mention?
(A) A part is out of stock.
(B) A business is understaffed.
(C) A reservation has been lost.
(D) A route has a lot of traffic.

남자는 어떤 문제를 언급하는가?
(A) 부품 하나가 품절이다.
(B) 사업장에 일손이 부족하다.
(C) 예약을 찾을 수 없다.
(D) 도로 한 곳이 교통이 혼잡하다.

어휘 part 부품 out of stock 품절 understaffed 인원이 부족한 reservation 예약 lost 되찾을 수 없는, 놓쳐 버린 route 길, 노선 traffic 교통량

해설 세부사항 관련 – 남자가 언급하는 문제

남자는 기술자 한 명이 아파서 결근했다(One of our technicians is out sick today)면서 최대한 빨리 일하고 있지만 아직 손님 앞에 몇 명의 고객이 더 있다(We're working as fast as we can, but there are still a few customers ahead of you)고 말했다. 따라서 일손이 부족하다는 것을 알 수 있으므로 정답은 (B)이다.

46

What will the woman probably do?
(A) Cancel an appointment
(B) Take a shuttle
(C) Request a price estimate
(D) Contact a supervisor

여자는 무엇을 하겠는가?
(A) 약속 취소
(B) 셔틀 탑승
(C) 가격 견적서 요청
(D) 관리자 연락

어휘 request 요청하다 estimate 견적서 contact 연락하다 supervisor 관리자

해설 세부사항 관련 – 여자가 할 일

여자는 오늘 오후 시내에서 약속이 있는데 약속에 못 갈까 봐 걱정(I have an appointment downtown this afternoon, and I'm worried that I might not make it)이라고 했다. 이어 남자가 시내로 가는 셔틀이 있으니 이름을 목록에 올리면, 셔틀이 왔을 때 알려주겠다(Actually, we have a shuttle that can take you there. If you add your name to this list, we'll notify you when the shuttle is here)고 했으므로 정답은 (B)이다.

47-49 3인 대화

W-Am **47Before we finish our meeting today, let's talk about the open position for customer support manager.** Jürgen, what do you think about our pool of candidates?

M-Cn	We've received a lot of applications from outside the company, **⁴⁸but I hope we can give one of our current service representatives a chance to move up into management.** A few of them have applied too.
W-Am	OK. And Kristina, what do you think?
W-Br	I agree with Jürgen. We had four of our own people apply for the position. **⁴⁹Why don't we take another look at their most recent performance results to help us make a decision?**
W-Am	Good idea. **⁴⁹Let me get their folders so we can start reviewing them.**

여1: 오늘 회의를 마치기 전에, 고객 지원 부서 매니저 자리에 대해 얘기해 봅시다. 유르겐, 후보자들에 대해 어떻게 생각하나요?
남: 회사 외부에서 지원서를 많이 받았지만 현재 서비스 부서 직원들 중 한 명에게 관리직으로 승진할 기회를 주었으면 해요. 그 중 몇몇도 지원했어요.
여1: 좋아요. 크리스티나, 당신은 어떻게 생각해요?
여2: 유르겐과 같은 의견이에요. 우리 회사 직원 4명이 그 자리에 지원했어요. 그들의 가장 최근 실적을 살펴보고 결정하는 것이 어떨까요?
여1: 좋은 생각이에요. 실적을 살펴보게 그 직원들의 서류철을 가져올게요.

어휘 open position 비어있는 자리, 공석 customer support manager 고객 지원 매니저 pool 이용 가능 인력 candidate 후보자 receive 받다 application 지원서 outside ~밖에 current 현재의 representative 직원 management 경영진 apply 지원하다 recent 최근의 performance 성과 result 결과 make a decision 결정하다 folder 서류철 review 검토하다

47
What are the speakers discussing?
(A) Filling a job opening
(B) Planning a customer presentation
(C) Organizing a research committee
(D) Revising some sales figures

화자들은 무엇을 논의하고 있는가?
(A) 공석에 인력 채용하기
(B) 고객 프레젠테이션 계획하기
(C) 연구 위원회 구성하기
(D) 일부 판매 수치 수정하기

어휘 fill 채우다 job opening 일자리 presentation 발표 organize 조직하다 committee 위원회 revise 수정하다 sales figures 판매 수치

해설 전체 내용 관련 – 화자들의 논의 사항
첫 번째 여자가 회의를 마치기 전에, 고객 지원 부서 매니저 자리에 대해 얘기하자(Before we finish our meeting today, let's talk about the open position for customer support manager)고 했으므로 정답은 (A)이다.

▶ Paraphrasing 대화의 the open position for customer support manager → 정답의 a job opening

48
What does the man say he hopes to do?
(A) Change a vacation policy
(B) Move to a new facility
(C) Win a client contract
(D) Promote an employee

남자는 무엇을 하고 싶다고 말하는가?
(A) 휴가 정책 변경
(B) 새 시설로 이동
(C) 고객의 계약 수주
(D) 직원 승진

어휘 policy 정책 facility 시설 win a contract 계약을 체결하다 promote 승진시키다 employee 직원

해설 세부사항 관련 – 남자가 희망하는 사항
남자가 현재 고객 지원 부서 직원들 중 한 명에게 관리직으로 승진할 기회를 주었으면 한다(I hope we can give one of our current service representatives a chance to move up into management)고 했으므로 정답은 (D)이다.

▶ Paraphrasing 대화의 give one of our current service representatives a chance to move up into management → 정답의 Promote an employee

49
What will the speakers most likely do next?
(A) Watch a video
(B) Review some documents
(C) Contact a manager
(D) Submit some questions

화자들은 다음에 무엇을 하겠는가?
(A) 비디오 보기
(B) 서류 검토
(C) 매니저에게 연락
(D) 질문하기

어휘 document 서류 submit 제출하다

해설 세부사항 관련 – 화자들이 할 일
두 번째 여자가 가장 최근 실적을 살펴보고 결정하는 것이 어떤지(Why don't we take another look at their most recent performance results to help us make a decision?)를 물었고, 이어 첫 번째 여자가 직원들의 서류철을 가져오겠다(Let me get their folders so we can start reviewing them)고 했다. 따라서 서류를 검토할 것이라는 것을 알 수 있으므로 정답은 (B)이다.

50-52

M-Au Ms. Zhao, ⁵⁰I just finished inspecting the equipment and it looks like the conveyor belt on the packaging machine should be replaced.

W-Br Thanks for checking on that. But … do you think we could wait to replace it for a little while? ⁵¹We've got a tight schedule here at the factory for the next couple of weeks— a lot of orders are being shipped out.

M-Au The top layer of rubber is wearing thin in several places, so ⁵²I think we'd better take care of it today. It shouldn't take long, though. I'm pretty sure I'll only need an hour to put a new belt on the machine.

남: 자오 씨, 장비 검사를 방금 마쳤는데 포장기 컨베이어 벨트를 교체해야 할 것 같네요.

여: 확인해 주셔서 감사해요. 그런데… 교체를 조금 미루어도 괜찮을까요? 다음 2주 동안 여기 공장 일정이 좀 빠듯해요. 대량 주문이 발송되어야 하거든요.

남: 고무 맨 위층 몇 군데가 얇게 마모되었어요. 그래서 오늘 처리하는 게 나을 것 같아요. 오래 걸리지도 않아요. 포장기에 새 벨트를 끼우는 데 1시간이면 충분해요.

어휘 inspect 검사하다 equipment 장치, 장비 conveyor belt 컨베이어 벨트 packaging machine 포장기 replace 교체하다 for a little while 잠깐 동안 tight 빠듯한 factory 공장 ship 실어 나르다 layer 막, 층, 겹 rubber 고무 wear 닳다, 해어지다 take care of ~을 돌보다, 처리하다 pretty 꽤

50

What does the man say he recently did?
(A) Placed an order
(B) Made a delivery
(C) Requested time off
(D) Conducted an inspection

남자는 최근에 무엇을 했다고 말하는가?
(A) 주문했다
(B) 배달했다
(C) 휴가를 신청했다
(D) 검사를 실시했다

어휘 place an order 주문하다 request 요청하다 time off 휴가 conduct 실시하다 inspection 검사

해설 세부사항 관련 – 남자가 최근에 한 일

첫 번째 대사에서 남자가 방금 장비 검사를 마쳤다(I just finished inspecting the equipment)고 했으므로 정답은 (D)이다.

51

Where is the conversation taking place?
(A) At an airport
(B) At a construction site
(C) At a factory
(D) At a clothing store

대화는 어디에서 이루어지고 있는가?
(A) 공항
(B) 건설 현장
(C) 공장
(D) 옷 가게

어휘 construction site 건설 현장 clothing 의복

해설 전체 내용 관련 – 대화가 이루어지는 장소

여자는 교체를 미룰 수 있는지를 물으며 대량 주문이 있어서 다음 2주간 여기 공장 일정이 빠듯하다(We've got a tight schedule here at the factory for the next couple of weeks—a lot of orders are being shipped out)고 했다. 따라서 이곳은 공장이므로 정답은 (C)이다.

52

What does the man recommend doing today?
(A) Confirming a reservation
(B) Replacing a machine part
(C) Hiring additional employees
(D) Reducing some prices

남자는 오늘 무엇을 하라고 권하는가?
(A) 예약 확인
(B) 기계 부품 교체
(C) 추가 직원 고용
(D) 일부 가격 인하

어휘 confirm 확인하다 reservation 예약 part 부품 hire 고용하다 additional 추가적인 reduce 인하하다

해설 세부사항 관련 – 남자가 권하는 사항

남자는 오늘 처리하는 게 나을 것 같다(I think we'd better take care of it today)며 새 벨트를 끼우는데 1시간이면 충분하다(I'm pretty sure I'll only need an hour to put a new belt on the machine)고 했으므로 정답은 (B)이다.

▶ Paraphrasing 대화의 to put a new belt on the machine
→ 정답의 Replacing a machine part

53-55

W-Am Jerry, ⁵³you know how we paint each apartment before new tenants move in? It's getting to be a problem because our maintenance workers can't always get to it right away.

M-Au We should hire a professional painting company to come in to do that work.

TEST 4 103

W-Am **54We considered that before, but we thought it would be too expensive.**

M-Au Yes, but that was quite a while ago. 53, 54**We manage more apartments now.**

W-Am That's true. Even without painting, our staff is already busy dealing with an increase in maintenance requests.

M-Au Right. 55**And that's why it would be better to contract the work out. I'll call some painting companies right now for some price estimates.**

여: 제리, 새 세입자가 입주하기 전에 각 아파트 페인트 도색 작업을 어떻게 해야 하는지 알아요? 유지 보수 직원들이 늘 업무에 바로 착수할 수 있는 건 아니라서 문제가 될 거예요.

남: 와서 그 일을 해줄 전문 도색 업체를 고용해야 해요.

여: 전에도 그 방법을 고려했지만 너무 비쌀 거라고 생각했죠.

남: 네, 그렇지만 그건 꽤 오래 전이었어요. 지금은 우리가 더 많은 아파트를 관리하잖아요.

여: 그건 사실이에요. 페인트 도색 작업이 아니라도, 직원들이 늘어난 유지 보수 요청을 처리하느라 지금도 바빠요.

남: 맞아요. 그러니까 그 작업을 외주로 돌리는 편이 나아요. 지금 당장 도색 업체 몇 군데에 전화해서 가격 견적을 받아볼게요.

어휘 tenant 세입자 move in 이사 들어오다 maintenance 유지보수 get to ~에 착수하다 hire 채용하다 professional 전문가의 consider 고려하다 expensive 비싼 quite a while ago 꽤 오래 전에 manage 관리하다 staff 직원 be busy -ing ~하느라 바쁘다 deal with ~을 다루다 increase in ~에서의 증가 request 요청 contract 계약하다 estimate 견적서

53
Where do the speakers most likely work?
(A) At a moving company
(B) At a construction firm
(C) At an apartment management office
(D) At a commercial cleaning service

화자들은 어디에서 근무하겠는가?
(A) 이삿짐 센터
(B) 건설 회사
(C) 아파트 관리 사무소
(D) 상업 청소 용역 업체

어휘 moving company 이삿짐 센터 construction 건설 firm 회사 management office 관리 사무소 commercial 상업의, 민간의 cleaning service 청소 서비스

해설 전체 내용 관련 – 화자들의 근무지

첫 번째 대사에서 여자가 새 세입자들이 입주하기 전에 아파트 페인트 도색 작업을 어떻게 할지(you know how we paint each apartment before new tenants move in) 물으며, 유지 보수 직원들이 늘 업무에 바로 착수할 수 있는 건 아니라서 문제가 될 거(It's getting to be a problem because our maintenance workers can't always get to it right away)라고 했다. 이어 두 번째 대사에서 남자는 지금은 더 많은 아파트를 관리한다(We manage more apartments now)고 했다. 따라서 화자들이 아파트 관리 사무소에 근무한다는 것을 알 수 있으므로 정답은 (C)이다.

54
What does the man imply when he says, "but that was quite a while ago"?
(A) A deadline is approaching.
(B) A procedure has been improved.
(C) A decision should be reconsidered.
(D) A database should be updated.

남자가 "그렇지만 그건 꽤 오래 전이었어요"라고 말하는 의도는 무엇인가?
(A) 마감 기한이 다가온다.
(B) 절차가 개선되었다.
(C) 결정을 재고해야 한다.
(D) 데이터베이스가 업데이트되어야 한다.

어휘 deadline 마감 일자 approach 다가오다 procedure 절차 improve 개선하다 reconsider 재고하다

해설 화자의 의도 파악 – 그렇지만 그건 꽤 오래 전이었다라고 말한 의도

인용문 앞에서 전에도 그 방법을 고려했지만 너무 비쌀 거라고 생각했다(We considered that before, but we thought it would be too expensive)고 했다. 인용문 뒤에서는 지금은 더 많은 아파트를 관리한다(We manage more apartments now)고 말하며 이전과는 사정이 달라졌다는 점을 언급한다. 즉 인용문은 지금은 상황이 다르므로 그 당시 결정을 재고해야 한다는 의미이므로 정답은 (C)이다.

55
What will the man do next?
(A) Review some applications
(B) Inspect some properties
(C) Make some deliveries
(D) Research some prices

남자는 다음에 무엇을 할 것인가?
(A) 지원서 검토
(B) 건물 점검
(C) 배달
(D) 가격 조사

어휘 review 검토하다 application 지원서 inspect 점검하다 property 부동산, 건물 delivery 배달 research 연구하다

해설 세부사항 관련 – 남자가 다음에 할 일

남자는 외주를 의뢰하는 편이 더 낫다며, 지금 당장 도색 업체들의 가격 견적을 받아보겠다(And that's why it would be better to contract the work out. I'll call some painting companies right now for some price estimates)고 했으므로 정답은 (D)이다.

▶▶ Paraphrasing 대화의 call some painting companies right now for some price estimates
→ 정답의 Research some prices

56-58

W-Am: Bill, I've been thinking— **⁵⁶you should attend the Southeast Technology Expo next month. We're sending a team to promote the company's EX300 television, and you should join them.**

M-Cn: **⁵⁷Sure, but I haven't done much marketing of that product. I've spent more time creating advertisements for some of our other television models.**

W-Am: I know, but I think it would be a good experience for you. **⁵⁸I've already prepared the presentation**, so I'll send you a copy. You'll have plenty of time to review it in advance of the conference.

여: 빌, 생각해 봤는데요, 빌이 다음 달 사우스이스트 테크놀로지 엑스포에 참석하면 좋을 것 같아요. 우리 회사 EX300 TV 홍보팀을 파견하니까, 그 팀에 합류하세요.

남: 물론이죠, 그런데 그 제품 마케팅은 많이 하지 않았어요. 우리 회사의 다른 TV 모델들의 광고를 만드는 데 더 많은 시간을 할애했거든요.

여: 저도 알고 있어요, 하지만 당신에게 좋은 경험이 될 거예요. 이미 발표 준비를 해두었으니, 사본을 보내드릴게요. 회의 시작 전에 검토할 시간이 충분할 거예요.

어휘: attend 참석하다 promote 홍보하다 join 합류하다 market (상품을) 내놓다, 광고하다 spend time -ing ~하는 데 시간을 보내다 advertisement 광고 experience 경험 prepare 준비하다 presentation 발표 copy 사본 plenty of ~이 많은 review 검토하다 in advance of ~에 앞서 conference 회의

56

What does the woman ask the man to do?
(A) Visit company headquarters
(B) Participate in a conference
(C) Complete a technical design
(D) Submit a proposal

여자는 남자에게 무엇을 하라고 요청하는가?
(A) 본사 방문
(B) 회의 참가
(C) 기술 설계 완료
(D) 제안서 제출

어휘: headquarters 본사 participate in ~에 참여하다 conference (여러 날 동안 열리는 대규모) 회의 complete 완성하다 submit 제출하다 proposal 제안

해설: 전체 내용 관련 – 여자가 남자에게 요청하는 사항

여자는 남자에게 다음 달 사우스이스트 테크놀로지 엑스포에 참석하면 좋을 것 같다(you should attend the Southeast Technology Expo next month)며, 회사 EX300 TV 홍보팀에 합류하라(We're sending a team to promote the company's EX300 television, and you should join them)고 했다. 회의 참가를 요청하고 있다는 것을 알 수 있으므로 정답은 (B)이다.

▶▶ Paraphrasing 대화의 attend the Southeast Technology Expo → 정답의 Participate in a conference

57

Why is the man concerned?
(A) He is not very familiar with a product.
(B) He has not registered for a conference.
(C) He has missed an important deadline.
(D) He was planning to take a vacation.

남자는 왜 걱정하는가?
(A) 제품에 익숙하지 않다.
(B) 회의에 등록하지 않았다.
(C) 중요한 마감 기한을 놓쳤다.
(D) 휴가를 계획하고 있었다.

어휘: be familiar with ~에 친숙하다 register for ~에 등록하다 miss 놓치다 deadline 마감 시간 take a vacation 휴가를 가다

해설: 세부사항 관련 – 남자가 걱정하는 이유

남자는 여자에게 그 제품에 대한 마케팅은 많이 하지 않았고, 다른 TV 모델들의 광고를 만드는데 더 많은 시간을 할애했다(Sure, but I haven't done much marketing of that product. I've spent more time creating advertisements for some of our other television models)고 말했다. 따라서 제품에 익숙하지 않다는 의미이므로 정답은 (A)이다.

▶▶ Paraphrasing 대화의 haven't done much marketing of that product → 정답의 is not very familiar with a product

58

What does the woman say she has already done?
(A) Provided feedback from a meeting
(B) Designed a new product
(C) Prepared a presentation
(D) Made a hotel reservation

여자는 이미 무엇을 했다고 말하는가?
(A) 회의 피드백 제공
(B) 신제품 디자인
(C) 발표 준비
(D) 호텔 예약

어휘: provide 제공하다 make a reservation 예약하다

해설: 세부사항 관련 – 여자가 이미 한 일

여자가 남자에게 발표 준비를 이미 해두었다(I've already prepared the presentation)고 했으므로 정답은 (C)이다.

59-61

M-Au: Bruce Koplow here for KQRF radio. **⁵⁹Joining me today is economist Janine Kang, author of *Best Practices in Investing*.** So Janine ... tell us about your book.

W-Am Sure. I wrote it to help investors with little experience understand how to manage their finances.

M-Au ⁶⁰If you could give our listeners one piece of advice right now, what would it be?

W-Am Do your research! Don't invest until you learn as much as possible. ⁶¹I explain more in my book, so you'll just have to find out on your own! It comes out tomorrow.

남: KQRF 라디오의 브루스 코플로우입니다. 오늘 〈최상의 투자 습관〉의 저자, 경제전문가 제닌 강씨가 함께 하셨습니다. 제닌 씨… 저서에 대해 말씀 부탁 드립니다.

여: 물론이죠. 저는 경험이 거의 없는 투자자들이 재정 관리 방법을 이해하는 데 도움을 주고자 이 책을 썼습니다.

남: 우리 청취자들에게 지금 조언을 해주신다면, 어떤 게 있을까요?

여: 연구를 하십시오! 가능한 한 많이 배울 때까지 투자하지 마세요. 제 책에서 더 많은 내용을 설명하고 있으니, 여러분들 스스로 알아내기만 하면 됩니다! 책은 내일 출간됩니다.

어휘 economist 경제학자 author 저자 investor 투자자 experience 경험 finance 자금 one piece of advice 충고 한 마디 research 조사 invest 투자하다 as much as possible 가능한 많이 find out 알아내다 on your own 혼자 힘으로

59

What is the woman's area of expertise?
(A) Product development
(B) Finance
(C) Marketing
(D) Business law

여자의 전문 분야는 무엇인가?
(A) 제품 개발
(B) 금융
(C) 마케팅
(D) 상법

어휘 product 제품 development 개발 finance 금융 business law 상법

해설 전체 내용 관련 – 여자의 전문 분야

남자는 여자를 〈최상의 투자 습관〉의 저자이자 경제전문가(Joining me today is economist Janine Kang, author of Best Practices in Investing)라고 소개했으므로 정답은 (B)이다.

60

What does the man ask the woman to do?
(A) Come back tomorrow
(B) Demonstrate a process
(C) Give some advice
(D) Teach a course

남자는 여자에게 무엇을 하라고 요청하는가?
(A) 내일 재방문
(B) 과정 시연하기
(C) 조언하기
(D) 강의하기

어휘 demonstrate 보여주다 process 과정, 절차 advice 조언 course 강의

해설 세부사항 관련 – 남자가 여자에게 요청하는 사항

남자가 여자에게 청취자들에게 지금 어떤 조언을 줄 수 있는지(If you could give our listeners one piece of advice right now, what would it be)를 물었으므로 정답은 (C)이다.

61

Why does the woman say, "you'll just have to find out on your own"?
(A) To apologize for giving incorrect information
(B) To express regret about missing an event
(C) To invite listeners to participate in a study
(D) To encourage listeners to read her book

여자는 왜 "여러분들 스스로 알아내기만 하면 됩니다"라고 말하는가?
(A) 부정확한 정보 제공에 대해 사과하기 위해
(B) 행사를 놓친 것에 대한 아쉬움을 표현하기 위해
(C) 청취자들이 연구에 참여하도록 권하기 위해
(D) 청취자들에게 그녀의 책을 읽도록 권유하기 위해

어휘 apologize for ~에 대해 사과하다 incorrect 부정확한 express 표현하다 regret 후회, 아쉬움 miss 놓치다 invite 초대하다, 권하다 participate in ~에 참여하다 study 연구 encourage 권장하다

해설 화자의 의도 파악 – 여러분들 스스로 알아내기만 하면 될 거라는 말의 의미

인용문의 앞 문장에서 여자가 자신의 책에서 더 많은 내용을 설명하고 있다(I explain more in my book, so)고 했다. 즉 문맥상 이 인용문은 여자의 책을 읽으면서 청취자들이 스스로 알아내면 된다는 의미이므로 정답은 (D)이다.

62-64 대화 + 일정표

M-Cn ⁶²Eileen, I just had a call from Tollberg Industries about the flower arrangements they ordered for their banquet tomorrow. ⁶³They'd like to have four more centerpieces, in addition to the ten they originally requested.

W-Br Oh. I think we have enough flowers to do that. We might have to change the time of the delivery, though. Right now it's scheduled for the morning, but we'll need more time to do the extra arrangements.

M-Cn **64** Well, I'm sure the Crawford Apartments wouldn't mind getting the flowers for their lobby earlier in the day. Let's move them to the morning and give that delivery time to Tollberg Industries.

남: 에일린, 톨버그 인더스트리즈에서 내일 연회를 위해 주문한 꽃꽂이에 대해 전화가 왔어요. 원래 요청한 중앙 장식품 열 개 외에, 추가로 네 개 더 주문하고 싶다고 하네요.

여: 아, 그러기에 충분한 꽃이 있는 것 같아요. 그렇지만 배달 시간은 변경해야 할 지도 몰라요. 아침 배송 예정이지만, 추가로 꽃꽂이를 하려면 시간이 더 필요할 거예요.

남: 음, 크로포드 아파트 로비에 둘 꽃은 그날 오전에 배달해도 괜찮을 거예요. 크로포드 배달을 오전으로 옮기고, 그 시간에 톨버그 인더스트리즈 배달을 하도록 하죠.

어휘 | flower arrangement 꽃꽂이 banquet 연회 centerpiece 중앙 장식물 in addition to ~에 더하여 originally 원래, 본래 request 요청하다 extra 추가의

AFTERNOON DELIVERY SCHEDULE

Regency Hotel _____ 1 P.M.
64Crawford Apartments _____ 2 P.M.
Golden Banquet Hall _____ 3 P.M.
Master Plan Industries _____ 4 P.M.

오후 배달 일정

리젠시 호텔 _____ 오후 1시
크로포드 아파트 _____ **오후 2시**
골든 연회장 _____ 오후 3시
매스터 플랜 인더스트리즈 _____ 오후 4시

62
Where do the speakers most likely work?
(A) At a landscaping firm
(B) At a moving company
(C) At a florist shop
(D) At a catering business

화자들은 어디에서 근무하겠는가?
(A) 조경 업체
(B) 이삿짐 센터
(C) 꽃가게
(D) 출장 뷔페 업체

어휘 | landscaping 조경 firm 회사 florist shop 꽃가게 catering 출장 뷔페

해설 | 전체 내용 관련 – 화자들의 근무지

남자는 여자에게 톨버그 인더스트리즈에서 내일 연회를 위해 주문한 꽃꽂이에 대해 전화가 왔다(Eileen, I just had a call from Tollberg Industries about the flower arrangements they ordered for their banquet tomorrow)고 말했다. 따라서 화자들이 꽃가게에서 근무한다는 것을 알 수 있으므로 정답은 (C)이다.

63
What did Tollberg Industries call about?
(A) Increasing the size of an order
(B) Changing the time of an event
(C) Receiving some product samples
(D) Replacing some defective equipment

톨버그 인더스트리즈는 무슨 일로 전화를 걸었는가?
(A) 주문량 늘리기
(B) 행사 시간 변경
(C) 제품 샘플 수령
(D) 결함 장비 교체

어휘 | replace 대체하다 defective 결함이 있는 equipment 장비

해설 | 세부사항 관련 – 톨버그 인더스트리즈가 전화한 이유

남자가 여자에게 고객이 원래 요청한 중앙 장식품 열 개 외에, 추가로 네 개 더 주문하고 싶어한다(They'd like to have four more centerpieces, in addition to the ten they originally requested)고 했으므로 정답은 (A)이다.

▶ Paraphrasing 대화의 to have four more centerpieces, in addition to the ten they originally requested
→ 정답의 Increasing the size of an order

64
Look at the graphic. When will the Tollberg Industries delivery most likely be made?
(A) At 1 P.M.
(B) At 2 P.M.
(C) At 3 P.M.
(D) At 4 P.M.

시각 정보에 의하면, 톨버그 인더스트리즈의 배송은 언제 이루어지겠는가?
(A) 오후 1시
(B) 오후 2시
(C) 오후 3시
(D) 오후 4시

해설 | 시각 정보 연계 – 톨버그 인더스트리즈의 배송 시간

남자는 크로포드 아파트 로비에 둘 꽃은 그날 오전에 배달해도 괜찮을 거라며 크로포드 배달을 오전으로 옮기고, 그 시간에 톨버그 인더스트리즈 배달을 하자(Well, I'm sure the Crawford Apartments wouldn't mind getting the flowers for their lobby earlier in the day. Let's move them to the morning and give that delivery time to Tollberg Industries)고 했다. 오후 배달 일정을 보면, 크로포드 아파트는 오후 2시 배달 예정이었으므로 정답은 (B)이다.

65-67 대화 + 호텔 안내도

W-Br	**65**Thank you for staying at the Murphey Hotel. Now that I've checked you in, do you have any questions about our facilities?
M-Cn	I'm attending the Milton Engineering Convention. This is my first time here, and I'm not sure where the meeting rooms are.
W-Br	This brochure shows what's located on each floor.
M-Cn	Thanks. **66**One more thing: is there some place in the hotel where I can copy some documents for a presentation I'll be making this afternoon?
W-Br	**67**Yes, the Business Center. It's open twenty-four hours a day.
M-Cn	**67**Good. I'll head up there now.
여	머피 호텔에 투숙해 주셔서 감사합니다. 이제 고객님의 투숙 수속은 마쳤습니다. 호텔 시설에 대해 질문 있으신가요?
남	저는 밀턴 엔지니어링 컨벤션에 참석할 예정인데요. 이번이 처음인데 회의실이 어디에 있는지 잘 모르겠어요.
여	이 소책자를 보시면 각 층에 무엇이 있는지 아실 수 있어요.
남	감사합니다. 한 가지 더 있는데요, 오후 발표에 필요한 문서를 복사할 수 있는 곳이 호텔에 있나요?
여	네, 비즈니스 센터가 있어요. 하루 24시간 열려 있습니다.
남	좋네요. 지금 거기로 가야겠어요.

어휘   now that ~이기 때문에   check in 투숙 수속을 밟다, 체크인하다   facility 시설   attend 참석하다   meeting room 회의실   brochure 책자   locate 위치하다   make a presentation 발표하다   head 가다, 향하다

MURPHEY HOTEL

Floor 1	Lobby
67Floor 2	Business Center
Floor 3	Meeting Rooms
Floor 4	Fitness Center
Floors 5–10	Guest Rooms

머피 호텔

1층	로비
2층	비즈니스 센터
3층	회의실
4층	피트니스 센터
5–10층	객실

65

What most likely is the woman's job?

(A) Tour guide
(B) Catering manager
(C) Front-desk clerk
(D) Conference organizer

여자의 직업은 무엇이겠는가?

(A) 관광 안내원
(B) 출장 뷔페 관리자
(C) 안내 데스크 직원
(D) 회의 주최자

어휘   front-desk 안내 데스크   clerk 직원   conference 회의   organizer 주최자

해설   전체 내용 관련 - 여자의 직업

여자가 남자에게 머피 호텔에 투숙해 주어 감사하다며 투숙 수속을 마쳤으니 호텔 시설에 대해 질문이 있는지(Thank you for staying at the Murphey Hotel. Now that I've checked you in, do you have any questions about our facilities)를 물었다. 따라서 정답은 (C)이다.

66

What does the man say he needs to do?

(A) Revise a schedule
(B) Check a machine
(C) Call his office
(D) Make some copies

남자는 무엇을 해야 한다고 말하는가?

(A) 일정 수정
(B) 기계 점검
(C) 사무실에 전화하기
(D) 복사하기

어휘   revise 수정하다   make a copy 복사하다

해설   세부사항 관련 - 남자가 할 일

남자는 발표에 필요한 문서를 복사할 수 있는 곳이 호텔에 있는지(One more thing: is there some place in the hotel where I can copy some documents for a presentation I'll be making this afternoon)를 묻고 있으므로 정답은 (D)이다.

> ▶▶ Paraphrasing   대화의 copy some documents
> → 정답의 Make some copies

67

Look at the graphic. Which floor will the man go to next?

(A) Floor 1
(B) Floor 2
(C) Floor 3
(D) Floor 4

시각 정보에 의하면, 남자는 다음에 몇 층으로 갈 것인가?
(A) 1층
(B) 2층
(C) 3층
(D) 4층

해설 시각 정보 연계 – 남자가 갈 층수

여자의 마지막 대사에서 남자에게 비즈니스 센터(the Business Center)가 있다고 했고 이에 남자가 잘됐다며 지금 거기로 가야겠다(Good. I'll head up there now)고 했다. 머피 호텔 안내도를 보면, 비즈니스 센터는 2층에 있으므로 정답은 (B)이다.

68-70 대화 + 가격표

W-Am	Hello, I'm Dr. Monica Fanciulli. I'm calling about the Delvin Institute Medical Research Conference. **68 I want to register, but your Web site is down again.**
M-Au	I'm sorry for the inconvenience, Dr. Fanciulli. **69 I can take your registration over the phone. Will you be attending both days of our conference?**
W-Am	**69 No, I'm just interested in the second day, and I am a Delvin Institute member.**
M-Au	OK, fine, **70 and if you give me your membership ID number, we'll make sure you get the discount.**
W-Am	Of course. Uh…give me a second while I get my ID card.

여: 안녕하세요, 전 모니카 판출리 박사입니다. 델빈 인스티튜트 메디컬 리서치 컨퍼런스에 대해 전화했습니다. **등록하고 싶은데 웹사이트가 또 다운되네요.**
남: 불편을 끼쳐드려 죄송합니다, 판출리 박사님. **전화로 등록해 드릴 수 있습니다. 회의 양일간 모두 참석 하시겠습니까?**
여: **아니요. 저는 둘째 날에만 관심이 있고요, 델빈 인스티튜트 회원이에요.**
남: 알겠습니다. 회원 번호를 알려 주시면 할인 받도록 확실히 조치하겠습니다.
여: 물론이죠. 어… 잠시만요 회원 카드를 가져 오는 동안 잠시만 기다려주세요.

어휘 register 등록하다 down 작동이 안 되는, 다운된 inconvenience 불편 registration 등록 attend 참가하다 conference 회의 interested in ~에 관심 있는 membership 회원 discount 할인 ID card 신분증

Delvin Institute Conference Fees		
Day 1 only	member	$75
	non-member	$85
69 Day 2 only	member	$90
	non-member	$100
Both days	member	$150
	non-member	$160

델빈 인스티튜트 컨퍼런스 참가비		
첫째 날만	회원	75달러
	비회원	85달러
둘째 날	회원	90달러
	비회원	100달러
양일	회원	150달러
	비회원	160달러

68

What problem does the woman mention?
(A) A Web site is not working.
(B) A bill is incorrect.
(C) Some records are missing.
(D) Some staff are unavailable.

여자는 무슨 문제를 언급하는가?
(A) 웹사이트가 작동하지 않는다.
(B) 청구서가 정확하지 않다.
(C) 일부 기록이 누락되었다.
(D) 일부 직원을 만날 수 없다.

어휘 work 작동되다 bill 청구서 incorrect 부정확한 unavailable 이용 불가능한

해설 전체 내용 관련 – 여자가 언급하는 문제

여자가 남자에게 등록하고 싶은데 웹사이트가 또 다운됐다(I want to register, but your Web site is down again)고 했다. 웹사이트가 작동하지 않는다는 것을 알 수 있으므로 정답은 (A)이다.

> **Paraphrasing** 대화의 your Web site is down
> → 정답의 A Web site is not working

69

Look at the graphic. How much will the woman most likely pay?
(A) $75
(B) $85
(C) $90
(D) $100

시각 정보에 의하면, 여자는 얼마를 지불하겠는가?
(A) 75달러
(B) 85달러
(C) 90달러
(D) 100달러

해설 시각 정보 연계 – 여자가 지불할 금액

남자가 전화로 등록해 줄 수 있다며 회의 양일간 모두 참석할건지(I can take your registration over the phone. Will you be attending both days of our conference?)를 물었다. 이어 여자가 두 번째 날에만 관심이 있고, 델빈 인스티튜트 회원(No, I'm just interested in the second day, and I am a Delvin Institute member)이라고 했다. 델빈 인스티튜트 컨퍼런스 참가비를 보면, 회의 둘째 날 회원은 90달러로 되어 있으므로 정답은 (C)이다.

TEST 4

70

What does the man ask the woman to provide?

(A) A meal preference
(B) A hospital name
(C) A product specification
(D) An identification number

남자는 여자에게 무엇을 제공할 것을 요청하는가?

(A) 선호하는 식사
(B) 병원 이름
(C) 제품 사양
(D) 회원 번호

어휘 meal 식사 preference 선호 specification 사양
identification number 신원 증명 번호, 비밀 번호

해설 세부사항 관련 – 남자가 여자에게 요청하는 것

남자가 여자에게 회원 번호를 알려 주면 할인 혜택을 받을 수 있다(and if you give me your membership ID number, we'll make sure you get the discount)고 했으므로 정답은 (D)이다.

> ▶ Paraphrasing 대화의 your membership ID number
> → 정답의 An identification number

PART 4

71-73 광고

> M-Cn **71**Are you a frequent international traveler who needs reliable mobile phone service? Then switch to CBA Top Mobile. **72**Our phone service is available in over one hundred and fifty countries and includes texting and calling from those countries. **73**For comments from our many satisfied users, visit our Web site and click on "Reviews." Traveling and staying connected has never been easier.
>
> 잦은 해외 여행 때문에 신뢰할 수 있는 이동 전화 서비스가 필요하십니까? 그렇다면 CBA 탑 모바일로 바꾸십시오. 저희 전화 서비스는 150개국 이상에서 이용 가능하며 이들 국가에서 보내는 전화 및 문자 서비스를 포함합니다. 저희 서비스에 만족한 여러 사용자의 의견을 보시려면, 웹사이트를 방문하여 "후기"를 클릭하십시오. 여행 중 연락 상태를 유지하기가 더 이상 쉬울 수가 없습니다.
>
> 어휘 frequent 잦은, 빈번한 international 국제적인 traveler 여행가 reliable 믿을 수 있는, 신뢰할 수 있는 switch to ~로 바꾸다 available 구할 수 있는, 이용할 수 있는 comment 논평, 언급 connect 잇다, 연락하다

71

What service is being advertised?

(A) A mobile phone service
(B) An express shipping service
(C) A financial advising service
(D) A computer repair service

어떤 서비스가 광고되고 있는가?

(A) 이동 전화 서비스
(B) 특송 서비스
(C) 금융 자문 서비스
(D) 컴퓨터 수리 서비스

어휘 express 급행의, 신속한 shipping 운송 financial 금융의, 재정의 advise 조언하다 repair 수리

해설 전체 내용 관련 – 광고 대상 서비스

지문 도입부에서 잦은 해외 여행 때문에 신뢰할 수 있는 이동 전화 서비스가 필요하다면 CBA 탑 모바일로 바꾸라(Are you a frequent international traveler who needs reliable mobile phone service? Then switch to CBA Top Mobile)고 했다. 따라서 이동 전화 서비스를 광고하고 있다는 것을 알 수 있으므로 정답은 (A)이다.

72

What does the speaker emphasize about the service?

(A) It has a five-year warranty.
(B) It is available in many countries.
(C) It is the fastest on the market.
(D) It has competitive prices.

화자는 서비스에 대해 무엇을 강조하는가?

(A) 5년 보증을 해준다.
(B) 여러 국가에서 이용 가능하다.
(C) 시중에서 가장 빠르다.
(D) 가격 경쟁력이 있다.

어휘 warranty 품질 보증 available 이용할 수 있는 competitive 경쟁력 있는

해설 세부사항 관련 – 서비스 강조 사항

지문 중반부에서 탑 모바일 전화 서비스는 150개국 이상에서 이용 가능하며 이들 국가에서 보내는 전화 및 문자 서비스를 포함한다(Our phone service is available in over one hundred and fifty countries and includes texting and calling from those countries)고 했다. 따라서 여러 국가에서 이용 가능하다는 것을 알 수 있으므로 정답은 (B)이다.

> ▶ Paraphrasing 지문의 over one hundred and fifty countries → 정답의 many countries

73

What does the speaker say can be found on the Web site?

(A) A price list
(B) Hours of operation
(C) Product descriptions
(D) User reviews

화자는 웹사이트에서 무엇을 찾을 수 있다고 말하는가?
(A) 가격 목록
(B) 영업 시간
(C) 제품 설명
(D) 사용자 후기

어휘 operation 운영, 영업 description 설명 review 후기

해설 세부사항 관련 – 웹사이트에서 찾을 수 있는 것
지문 후반부에서 서비스에 만족한 사용자의 의견을 보려면, 웹사이트를 방문하여 "후기"를 클릭하라(For comments from our many satisfied users, visit our Web site and click on "Reviews")고 했으므로 정답은 (D)이다.

> Paraphrasing 지문의 comments from our many satisfied users → 정답의 User reviews

74-76 전화 메시지

W-Am Hi Jalil. **74**This is Kira calling from Seaside Dental. **75**You have an appointment for next week, but you asked me to let you know if an earlier appointment opened up. Well, I'm calling because we just had a cancellation for this afternoon at four o'clock, so you can see the dentist today if you can come in then. Please call as soon as possible to let me know. **76**Also, remember, that our office is in a different location now. We're in the same building, but we've moved to the ground floor.

안녕하세요 자릴 씨. 씨사이드 덴탈의 키라입니다. 다음 주로 예약하셨지만 그보다 빠른 날짜에 예약이 비는지 알려 달라고 요청하셨죠. 저, 마침 오늘 오후 4시 예약이 취소되어서 전화 드렸어요. 그 시간에 내원 가능하시면 오늘 치과 진료를 받으실 수 있습니다. 가능한 빨리 알려주세요. 또한 저희 진료실이 다른 위치에 있다는 점 기억해주세요. 같은 건물에 있지만 1층으로 이전했습니다.

어휘 have an appointment 약속하다, 예약하다 cancellation 취소 dentist 치과 의사 as soon as possible 가능한 빨리 location 위치, 장소 ground floor 1층

74

Where does the speaker work?
(A) At a dental office
(B) At a laboratory
(C) At a real estate firm
(D) At an employment agency

화자는 어디에서 근무하는가?
(A) 치과
(B) 실험실
(C) 부동산
(D) 직업 소개소

어휘 dental office 치과 laboratory 실험실 real estate 부동산 employment 고용 agency 대행사

해설 전체 내용 관련 – 화자의 근무지
지문 초반부에서 화자는 씨사이드 덴탈의 키라(This is Kira calling from Seaside Dental)라고 자신을 소개했다. 따라서 화자가 치과에서 근무하고 있다는 것을 알 수 있으므로 정답은 (A)이다.

75

Why is the speaker calling?
(A) To give driving directions
(B) To offer a different appointment time
(C) To explain some billing information
(D) To discuss some test results

화자는 왜 전화하고 있는가?
(A) 운전 경로를 알려주기 위해
(B) 다른 예약 시간을 제의하기 위해
(C) 청구 정보를 설명하기 위해
(D) 검사 결과를 논의하기 위해

어휘 driving directions 운전 경로 offer 제공하다, 제의하다 appointment 약속, 예약 billing information 청구 정보

해설 세부사항 관련 – 화자가 전화하는 이유
청자는 자신이 예약한 다음 주 보다 빠른 날짜에 예약이 비는지 알려 달라고 요청했는데(You have an appointment for next week, but you asked me to let you know if an earlier appointment opened up), 오늘 오후 4시 예약이 취소되어 전화했고, 그 시간에 오면 진료를 받을 수 있다(Well, I'm calling because we just had a cancellation for this afternoon at four o'clock, so you can see the dentist today if you can come in then)고 했다. 따라서 정답은 (B)이다.

> Paraphrasing 지문의 let you know if an earlier appointment opened up → 정답의 offer a different appointment time

76

What does the speaker say has recently changed?
(A) A registration requirement
(B) A fee schedule
(C) A business location
(D) A staff member's hours

화자는 최근에 무엇이 변경되었다고 말하는가?
(A) 등록 요건
(B) 진료비 명세서
(C) 사업장 위치
(D) 직원의 근무 시간

어휘 registration 등록 requirement 요건 fee 수수료 schedule (가격·요금 등을 나열한) 표, 명세서

해설 세부사항 관련 – 최근 변경된 사항
지문 후반부에 화자가 청자에게 진료실이 현재 다른 곳에 위치해 있다는 점을 기억하라(Also, remember, that our office is in a different location now)면서, 같은 건물에 있지만 1층으로 이전했다(We're in the same building, but we've moved to the ground floor)고 했으므로 정답은 (C)이다.

77-79 방송

> M-Au Welcome to WBY Radio's weekly small-business report. **77Our first story is about recent developments in Rider Industries, the country's leading manufacturer of cleaning supplies.** **78Last year Rider's market research team found that many consumers preferred to use products that are safe for the environment. As a result, Rider introduced a line of all-natural cleaning supplies. The new line of Green products has been so successful that Rider's sales have gone up by 19 percent.** **79The company forecasts even greater profits after it launches a digital and print advertising campaign in September.**
>
> WBY 라디오의 주간 소기업 보도에 오신 것을 환영합니다. 첫 번째 이야기는 국내 청소용품의 선두 제조사인 라이더 인더스트리즈의 최근 개발 상황에 관한 것입니다. 지난해 라이더 사의 시장 조사팀은 많은 소비자들이 환경에 안전한 제품을 선호한다는 것을 밝혀냈습니다. 그 결과, 라이더 사는 완전 천연 청소 용품 라인을 선보인 바 있습니다. 신규 라인 저공해 제품은 대성공을 거두어 라이더 사의 매출이 19% 상승했습니다. 라이더 사는 9월 디지털 및 인쇄 광고 캠페인이 시작되면 더 큰 수익을 거두리라 예측합니다.
>
> 어휘 weekly 주간의 small-business 소기업 recent 최근의 development 개발 leading 선두의 manufacturer 제조업체 cleaning supplies 청소 용품 market research 시장 조사 consumer 소비자 as a result 결과적으로 introduce 소개하다 natural 자연의, 천연의 green product 저공해 상품(환경 오염이나 파괴를 적게 일으키는 제품) sales 판매 go up by ~만큼 상승하다 forecast 예측하다 profit 수익 launch 출시하다 advertising campaign 광고 캠페인

77
What does Rider Industries make?
(A) Kitchen appliances
(B) Electric vehicles
(C) Gardening supplies
(D) Cleaning products

라이더 인더스트리즈는 무엇을 제조하는가?
(A) 주방 가전 용품
(B) 전기 자동차
(C) 원예용품
(D) 청소용품

어휘 appliance 가전 제품 electric 전기의 vehicle 자동차 gardening 원예

해설 전체 내용 관련 - 라이더 인더스트리즈가 제조하는 제품
화자는 첫 번째 이야기는 국내 청소 용품의 선두 제조사인 라이더 인더스트리즈의 최근 개발 상황에 관한 것(Our first story is about recent developments in Rider Industries, the country's leading manufacturer of cleaning supplies)이라고 했으므로 정답은 (D)이다.

> ▶▶ Paraphrasing 지문의 cleaning supplies
>   → 정답의 Cleaning products

78
What do customers like about the new line of merchandise?
(A) It is environmentally friendly.
(B) It is reasonably priced.
(C) It has attractive packaging.
(D) It comes in a variety of sizes.

고객들은 신상품 라인에서 무엇을 마음에 들어 하는가?
(A) 환경 친화적이다.
(B) 가격이 합리적이다.
(C) 포장이 멋지다.
(D) 크기가 다양하다.

어휘 environmentally friendly 환경 친화적인 reasonably 합리적으로 price 가격을 책정하다 attractive 멋진, 매력적인 packaging 포장 a variety of 다양한

해설 세부사항 관련 - 고객들이 신상품라인에서 마음에 들어 하는 점
화자는 지난해 라이더 사가 많은 소비자들이 환경에 안전한 제품을 선호한다는 것을 밝혀낸 후 천연 청소용품 라인을 선보였고(Last year Rider's market research team found that many consumers preferred to use products that are safe for the environment. As a result, Rider introduced a line of all-natural cleaning supplies), 신규 라인이 대 성공을 거두어서 라이더 매출이 19% 상승했다(The new line of Green products has been so successful that Rider's sales have gone up by 19 percent)고 했으므로 정답은 (A)이다.

> ▶▶ Paraphrasing 지문의 safe for the environment
>   → 정답의 environmentally friendly

79
According to the speaker, what will happen in September?
(A) A live radio interview will be held.
(B) An advertising campaign will be launched.
(C) An international trade show will take place.
(D) A company-wide training program will begin.

화자에 의하면, 9월에 무슨 일이 있을 것인가?
(A) 생방송 라디오 인터뷰가 있을 것이다.
(B) 광고 캠페인이 시작될 것이다.
(C) 국제 무역 박람회가 열릴 것이다.
(D) 전사 교육 프로그램이 시작될 것이다.

어휘 live 생방송의 be held 열리다 trade show 무역 박람회 take place 개최되다 company-wide 전사적인

해설 세부사항 관련 - 9월에 있을 일
화자는 라이더 사가 9월 디지털 및 인쇄 광고 캠페인이 시작되면 더 큰 수익을 거두리라 예측한다(The company forecasts even greater profits after it launches a digital and print advertising campaign in September)고 했으므로 정답은 (B)이다.

80-82 회의 발췌

W-Br **80**I called this staff meeting to tell you about some changes we've made here at the stationery store in preparation for the start of the school year. **80, 81**We've arranged displays with our best-selling items—like pens and notebooks—towards the front of the store to make them easier for shoppers to find. And speaking of popular items, a lot of customers will be looking for pencil cases, and I'm aware there aren't many in stock. **82**I ordered more from our supplier a month ago, but it's a busy time of year. There's really nothing we can do, so please ask customers to come back at a later time.

새 학년 시작을 준비하며 우리 문구점의 몇 가지 변경 사항을 알리려고 이번 직원회의를 소집했습니다. 고객들이 쉽게 찾을 수 있도록 상점 앞쪽에 펜과 공책 같은 가장 잘 팔리는 품목을 진열해 놓았습니다. 인기 품목에 대해 말하자면, 많은 고객들이 필통을 찾겠지만 재고가 많지 않은 상태입니다. 한 달 전, 공급업체에 주문을 더 했지만, 지금이 연중 바쁜 때지요. 우리가 어떻게 할 수 있는 방법이 없으니 고객들에게 나중에 다시 방문하도록 요청하십시오.

어휘 staff meeting 직원 회의 stationery store 문구점 in preparation for ~에 대비하여 arrange 준비하다 display 전시(하다) best-selling 가장 잘 팔리는 shopper 쇼핑객, 고객 speaking of ~에 관해서 말한다면 pencil case 필통 aware ~을 알고 있는 in stock 재고로 order 주문하다 supplier 공급 업체

80
What type of merchandise does the store sell?
(A) Hiking gear
(B) Furniture
(C) Writing supplies
(D) Clothing

상점은 어떤 상품을 판매하는가?
(A) 하이킹 장비
(B) 가구
(C) 필기 도구
(D) 의류

어휘 gear 장비, 장치 furniture 가구 clothing 옷, 의복

해설 전체 내용 관련 – 판매 상품 유형

화자는 새 학년 시작을 준비하며, 문구점의 몇 가지 변경 사항을 알리고자 직원회의를 소집했다(I called this staff meeting to tell you about some changes we've made here at the stationery store in preparation for the start of the school year)고 했다. 이어 문구점에서 가장 잘 팔리는 품목이 펜과 공책(like pens and notebooks)이라고 언급했으므로 정답은 (C)이다.

▶▶ Paraphrasing 지문의 pens and notebooks → 정답의 Writing supplies

81
Why have store displays been rearranged?
(A) To prepare for renovations
(B) To promote some new products
(C) To make space for discounted stock
(D) To make popular items more accessible

매장 진열이 재배치된 이유는?
(A) 개보수를 준비하기 위해
(B) 신제품을 홍보하기 위해
(C) 할인제품을 놓을 자리를 마련하기 위해
(D) 인기 품목을 쉽게 찾도록 하기 위해

어휘 renovation 개조, 보수 promote 홍보하다 discount 할인하다 stock 재고품 accessible 접근 가능한

해설 세부사항 관련 – 매장 디스플레이의 재배치 이유

화자는 고객들이 쉽게 찾을 수 있도록 상점 앞쪽에 펜과 공책 같은 가장 잘 팔리는 품목을 전시해 놓았다(We've arranged displays with our best-selling items—like pens and notebooks—towards the front of the store to make them easier for shoppers to find)고 했으므로 정답은 (D)이다.

▶▶ Paraphrasing 지문의 make them easier for shoppers to find → 정답의 make popular items more accessible

82
What does the speaker imply when she says, "it's a busy time of year"?
(A) An order has been delayed.
(B) Store hours should be extended.
(C) A delivery service has been successful.
(D) Additional employees should be hired.

화자가 "지금이 연중 바쁜 때지요"라고 말하는 의도는 무엇인가?
(A) 주문품이 지연되었다.
(B) 매장 영업 시간이 연장되어야 한다.
(C) 배달 서비스가 성공적이었다.
(D) 추가 직원을 고용해야 한다.

어휘 delay 연기하다 extend 연장하다 additional 추가의 hire 고용하다

해설 화자의 의도 파악 – 연중 바쁜 때라고 말한 의도

화자는 재고가 많지 않아 한 달 전, 공급업체에 주문을 더 했지만(I ordered more from our supplier a month ago), 지금이 바쁜 때라서 우리가 어떻게 할 수 있는 방법이 없으니 고객들에게 나중에 방문하도록 요청하라(There's really nothing we can do, so please ask customers to come back at a later time)고 했다. 즉 주문을 했음에도 주문품이 금방 도착할 수 없다는 의미이므로 정답은 (A)이다.

83-85 여행 정보

> **M-Au** My name is Ned, and I'll be your guide on today's zoo tour. The fenced pathways will lead us past areas where our animals are allowed to roam free. ⁸³I'm sure you'll be impressed with the natural habitats that have been carefully recreated for our zoo animals to live in. ⁸⁴At the end of the tour, we'll visit the gift shop, where I suggest you pick up a copy of *All Our Animals*, a guidebook that has beautiful pictures of the animals you'll see today. ⁸⁵And please remember, don't make phone calls on your cell phone during the tour.
>
> 제 이름은 네드이고, 오늘 동물원 투어 안내해드리겠습니다. 울타리를 친 오솔길을 따라가면 동물들이 자유롭게 돌아다닐 수 있는 구역이 나옵니다. 여러분은 동물원의 동물들이 지낼 수 있도록 세심하게 재현된 자연 서식지에 깊은 인상을 받을 것입니다. 관람이 끝나면 기념품 가게를 방문하겠습니다. 오늘 볼 동물들의 아름다운 사진이 담긴 안내 책자인 〈우리 동물 전집〉 구입을 권합니다. 그리고 관람 중에는 전화를 걸지 않도록 유의해 주십시오.

> 어휘 guide 안내인 fence 울타리를 치다 pathway 좁은 길, 경로 lead 안내하다, 이끌다 roam 돌아다니다, 배회하다 impress with ~로 감탄시키다 natural habitat 자연 서식지 recreate 되살리다 a copy of ~의 한 권 guidebook 편람, 안내서 make a phone call 전화를 걸다

83

According to the speaker, what is impressive about the zoo?
(A) It was featured in a documentary.
(B) It is fully funded by the government.
(C) Animals live in natural habitats.
(D) Research is conducted on site.

화자에 따르면, 동물원에서 무엇이 인상적인가?
(A) 다큐멘터리에 나왔다.
(B) 정부가 전액을 지원한다.
(C) 동물들이 자연 서식지에서 지낸다.
(D) 연구가 현장에서 수행된다.

어휘 feature 나오다, 특집으로 다루다 fully 전적으로 fund 자금을 대다 natural habitat 자연 서식지 research 연구 conduct 수행하다 on site 현지의, 현장의

해설 세부사항 관련 – 동물원에 대해 인상적인 사항
화자는 청자들에게 동물원의 동물들이 지낼 수 있도록 세심하게 재현된 자연 서식지에 깊은 인상을 받을 것(I'm sure you'll be impressed with the natural habitats that have been carefully recreated for our zoo animals to live in)이라고 했으므로 정답은 (C)이다.

84

What does the speaker recommend doing after the tour?
(A) Signing up for a newsletter
(B) Purchasing a book
(C) Meeting with a scientist
(D) Watching a short film

화자는 관람 후에 무엇을 하기를 권하는가?
(A) 소식지 신청
(B) 도서 구입
(C) 과학자와의 만남
(D) 단편 영화 감상

어휘 sign up for ~을 신청하다 newsletter 소식지 purchase 구매하다 short film 단편 영화

해설 세부사항 관련 – 관람 후에 하도록 권하는 일
화자는 관람 후에는 기념품 가게를 방문할 것이며, 거기서 오늘 볼 동물들의 아름다운 사진이 담긴 안내 책자인 〈우리 동물 전집〉 구입을 권한다(At the end of the tour, we'll visit the gift shop, where I suggest you pick up a copy of *All Our Animals*, a guidebook that has beautiful pictures of the animals you'll see today)고 했으므로 정답은 (B)이다.

> ▶▶ Paraphrasing   지문의 pick up a copy of *All Our Animals*
>   → 정답의 Purchasing a book

85

What does the speaker say is not allowed during the tour?
(A) Making phone calls
(B) Taking photos
(C) Feeding the animals
(D) Leaving the group

화자는 관람 중에는 무엇이 허락되지 않는다고 말하는가?
(A) 전화 걸기
(B) 사진 촬영
(C) 동물에게 먹이주기
(D) 그룹에서 이탈

어휘 make a phone call 전화를 걸다 take a photo 사진을 찍다 feed 먹이를 주다

해설 세부사항 관련 – 관람 중 금지 사항
관람 중에는 전화를 걸지 않도록 유의하라(And please remember, don't make phone calls on your cell phone during the tour)고 했으므로 정답은 (A)이다.

86-88 회의 발췌

> **M-Cn** Thanks for coming to today's meeting. ⁸⁶First, I'd like to congratulate you on the Rivera Shoes account. As you know, last quarter our

agency launched an ad campaign for our client **Rivera Athletic Shoes**. It featured soccer star Giovanni Casati. **87Today I can share with you the news that since those ads were released, Rivera has seen sales increase by almost forty percent. I've been in this industry a long time, and I've never seen anything like it.** To keep the momentum going, we're going to bring back Giovanni for another series of ads. **88His training schedule is pretty tight, but we're hoping to set up a photo shoot with him sometime in April.**

오늘 회의에 참석해 주셔서 감사합니다. 먼저 리베라 슈즈 광고건에 대해 축하 드립니다. 아시다시피 지난 분기에 우리회사는 고객인 리베라 운동화에 대한 광고 캠페인을 시작했습니다. 그 광고에는 축구 스타 조반니 카사티가 출연했습니다. 오늘 저는 그 광고가 나간 후 리베라 판매량이 거의 40% 증가했다는 소식을 여러분과 공유하겠습니다. 저는 오랫동안 이 업계에 종사해 왔는데, 이런 일은 본 적이 없습니다. 이 여세를 유지하기 위해 조반니 씨를 다시 불러 다른 광고 시리즈를 할 예정입니다. 그의 훈련 일정은 꽤 빡빡하지만, 4월쯤 그와 사진 촬영 일정이 잡히길 희망하고 있습니다.

어휘 congratulate on ~을 축하하다 account (광고업체에 의뢰된) 일, 광고주 quarter 분기 agency 대리점 launch 시작하다 ad campaign 광고 캠페인 client 고객 feature 특별히 포함하다, 특징으로 삼다 share 공유하다 release 발표하다, 공개하다 industry 산업 momentum 여세 training schedule 훈련 일정 tight 빡빡한 photo shoot 사진 촬영

86
Where do the listeners most likely work?
(A) At a shoe store
(B) At a fitness center
(C) At an advertising agency
(D) At a sports magazine

청자들은 어디에서 근무하겠는가?
(A) 구두 가게
(B) 피트니스 센터
(C) 광고 회사
(D) 스포츠 잡지사

어휘 fitness center 피트니스 센터, 헬스클럽 advertising agency 광고 대행사

해설 전체 내용 관련 – 청자들의 근무지
화자는 리베라 슈즈 광고건에 대해 축하하며 지난 분기에 회사가 리베라 운동화에 대한 광고 캠페인을 시작했다(First, I'd like to congratulate you on the Rivera Shoes account. As you know, last quarter our agency launched an ad campaign for our client Rivera Athletic Shoes)고 말했다. 따라서 청자들이 광고 회사에 근무한다는 것을 알 수 있으므로 정답은 (C)이다.

87
What does the speaker imply when he says, "I've never seen anything like it"?
(A) He is impressed by some news.
(B) He is unfamiliar with a product.
(C) He is confused by a suggestion.
(D) He is looking for some sales figures.

화자가 "이런 일은 본 적이 없습니다"라고 말하는 의도는 무엇인가?
(A) 소식에 깊은 인상을 받았다.
(B) 제품에 익숙하지 않다.
(C) 제안으로 인해 혼란스럽다.
(D) 판매 수치를 찾고 있다.

어휘 impress 깊은 인상을 주다 unfamiliar with ~에 익숙하지 못한 confuse 혼란스럽게 하다 figure 수치

해설 화자의 의도 파악 – 이런 일을 본 적이 없다는 말의 의미
화자는 그 광고가 나간 후 리베라 판매량이 거의 40% 증가했다는 소식을 공유하며(Today I can share with you the news that since those ads were released, Rivera has seen sales increase by almost forty percent), 오랫동안 이 업계에서 종사해 왔는데(I've been in this industry a long time) 이런 일을 본 적이 없다고 했다. 즉 이 인용문은 광고 효과로 매출이 이렇게까지 증가한 일이 지금까지 없었고 따라서 이 소식에 깊은 인상을 받았다는 의미이므로 정답은 (A)이다.

88
What does the speaker hope to schedule in April?
(A) An awards banquet
(B) An autograph signing
(C) A training session
(D) A photo session

화자는 4월에 무슨 일정을 잡기를 바라는가?
(A) 시상식 연회
(B) 사인회
(C) 교육
(D) 사진 촬영

어휘 award 상 banquet 연회, 만찬 autograph (유명인의) 사인 training session 교육 photo session 사진 촬영

해설 세부사항 관련 – 4월에 바라는 일정
지문 후반부에서 화자는 그의 훈련 일정은 꽤 빡빡하지만, 4월쯤 사진 촬영 일정이 잡히길 희망한다(His training schedule is pretty tight, but we're hoping to set up a photo shoot with him sometime in April)고 했으므로 정답은 (D)이다.

▶▶ Paraphrasing 지문의 a photo shoot
→ 정답의 A photo session

TEST 4

89-91 전화 메시지

W-Am Hi, Ms. Patel. This is Shelly from Valley Landscape Company. [89]I was working on your property today, and I took a look at the area where you wanted me to plant a flower garden. [89, 90]Well, the problem is, that area doesn't get much sun, so only a few types of flowers will grow there. I know you really liked the flowers you chose for that spot, but I hope you can be flexible. [91]I left a catalog in your mailbox, and I suggest you look it over. I'd like to finish landscaping your yard this week, so please call me back and let me know your decision as soon as possible.

안녕하세요, 파텔 씨. 벨리 랜드스케이프 컴퍼니의 셀리입니다. 오늘 고객님 댁에서 일할 때, 고객님이 꽃밭 자리로 원했던 곳을 살펴보았습니다. 음, 문제는 그곳에 햇빛이 잘 들지 않기 때문에 몇 종류의 꽃만이 자랄 수 있다는 것입니다. 고객님이 그 자리에 심으려 하는 꽃을 정말로 마음에 들어 한다는 것을 알고 있지만, 융통성을 발휘해 주셨으면 합니다. 우체통에 카탈로그를 남겨 두었으니 검토해 보세요. 이번 주에 마당 조경 작업을 마무리하고 싶습니다. 가능한 빨리 전화 주셔서 결정 사항을 알려주십시오.

어휘 property 부동산 take a look at ~을 보다, 살펴보다 plant 심다 flower garden 꽃밭 spot 곳, 장소 flexible 유연한, 융통성 있는 catalog 카탈로그 look over ~을 살펴보다 landscape 조경을 하다 yard 마당

89
Why is the speaker calling the customer?
(A) To discuss a problem with a project
(B) To confirm an upcoming meeting
(C) To offer a discount
(D) To apologize for a delayed order

화자는 왜 고객에게 전화하고 있는가?
(A) 공사 관련 문제 논의
(B) 곧 열리는 회의 확인
(C) 할인 제공
(D) 주문품 지연에 대한 사과

어휘 confirm 확인하다 upcoming 곧 있을 offer 제공하다 apologize for ~에 대해 사과하다 delay 미루다 order 주문(품)

해설 전체 내용 관련 – 전화를 건 목적
화자가 오늘 청자의 집에서 일할 때 꽃밭 자리로 원했던 곳을 살펴 보았더니(I was working on your property today, and I took a look at the area where you wanted me to plant a flower garden), 햇빛이 잘 들지 않는 곳이라 몇 종류의 꽃만이 자란다는 문제가 있다(Well, the problem is, that area doesn't get much sun, so only a few types of flowers will grow there)고 했다. 꽃밭 공사 관련 문제 논의로 전화 했다는 것을 알 수 있으므로 정답은 (A)이다.

90
What does the speaker imply when she says, "I hope you can be flexible"?
(A) A different worker will complete a project.
(B) A deadline will not be met.
(C) A product selection should be changed.
(D) A price is higher than expected.

화자가 "융통성을 발휘해 주셨으면 합니다"라고 말하는 의도는 무엇인가?
(A) 다른 직원이 공사를 완료할 것이다.
(B) 마감 기한을 맞추지 못할 것이다.
(C) 제품 선택을 변경해야 한다.
(D) 가격이 예상보다 높다.

어휘 complete 완성하다 meet a deadline 마감 기일을 맞추다

해설 화자의 의도 파악 – 융통성을 발휘해 달라고 한 말의 의미
화자가 청자에게 그곳에 햇빛이 잘 들지 않기 때문에 몇 종류의 꽃만이 자랄 수 있는 문제가 있다며, 청자가 그 자리에 심으려 하는 꽃을 정말로 마음에 들어 한다는 것을 알고 있지만(Well, the problem is, that area doesn't get much sun, so only a few types of flowers will grow there. I know you really liked the flowers you chose for that spot), 융통성을 발휘해 달라고 했다. 즉, 이 인용문은 선택한 꽃만 고집하지 말고 그곳에서 자라기에 적합한 꽃들로 바꿔보라는 의미이므로 정답은 (C)이다.

91
What did the speaker leave for the customer?
(A) A catalog
(B) A customer survey
(C) An invoice
(D) A business card

화자는 고객에게 무엇을 남겼는가?
(A) 카탈로그
(B) 고객 설문 조사
(C) 송장
(D) 명함

어휘 survey 설문 조사 invoice 청구서, 송장 business card 명함

해설 세부사항 관련 – 고객에게 남긴 것
후반부에서 화자는 우체통에 카탈로그를 남겨 두었으니 검토해 보라(I left a catalog in your mailbox, and I suggest you look it over)고 했으므로 정답은 (A)이다.

92-94 회의 발췌

M-Au Before we conclude this management meeting, [92]I want to remind you that the company's computer network will be unavailable starting Friday evening at eight o'clock. Our technology service team will be installing several software updates over the weekend and should be finished by Sunday. [93]There are special instructions for shutting down computers on Friday and logging back into the system on Monday, so I'd like each of you to e-mail the employees you manage to let them know. I'll forward you the link to the instructions right after this meeting. **94**If you get any questions related to this update, please ask employees to contact Oliver Wilson, the IT specialist in charge of this project.

간부 회의를 마치기 전에, 금요일 저녁 8시부터 회사의 컴퓨터 네트워크를 사용할 수 없음을 알려드립니다. 기술 서비스 팀이 주말 동안 몇 가지 소프트웨어 업데이트를 설치하는데 일요일까지 완료할 것입니다. 금요일에 컴퓨터를 종료하고 월요일에 시스템에 다시 로그인하는 특별 지침이 있으므로, 여러분이 관리하는 직원들에게 이메일을 발송해 알려주시기 바랍니다. 본 회의 직후, 지침에 대한 링크를 전달해 드리겠습니다. 해당 업데이트와 관련하여 질문을 받으면, 직원에게 본 프로젝트를 담당하는 IT 전문가인 올리버 윌슨에게 문의하라고 해주십시오.

어휘 conclude 결론을 내리다   management meeting 간부 회의   remind 상기시키다   unavailable 이용할 수 없는   technology service 기술 서비스   install 설치하다   instruction 설명, 지시   shut down 정지시키다   employee 직원   manage 관리하다   forward 전달하다   right after 즉시, 곧바로   related 관계된   update 갱신하다   contact 연락하다   specialist 전문가   in charge of ~를 담당하는

92
According to the speaker, what will begin on Friday?
(A) A trade show
(B) A software update
(C) A job fair
(D) A board meeting

화자에 의하면, 금요일에 무엇이 시작될 것인가?
(A) 무역 박람회
(B) 소프트웨어 업데이트
(C) 취업 박람회
(D) 이사회 회의

어휘 trade show 무역 박람회   job fair 취업 박람회   board 이사회

해설 전체 내용 관련 – 금요일에 시작되는 것

지문 초반부에서 금요일 저녁 8시부터 회사의 컴퓨터 네트워크를 사용할 수 없고(I want to remind you that the company's computer network will be unavailable starting Friday evening at eight o'clock), 기술 서비스 팀이 주말 동안 몇 가지 소프트웨어 업데이트를 설치하는데 일요일까지 완료할 것(Our technology service team will be installing several software updates over the weekend and should be finished by Sunday)이라고 했으므로 정답은 (B)이다.

93
What does the speaker ask listeners to do?
(A) Attend an awards ceremony
(B) Register for a training session
(C) Share instructions with their employees
(D) Change their e-mail account passwords

화자는 청자들에게 무엇을 하라고 요청하는가?
(A) 시상식 참석
(B) 교육 등록
(C) 부하 직원과 지시 사항 공유
(D) 이메일 계정 암호 변경

어휘 awards ceremony 시상식   register for ~에 등록하다   share 공유하다   instruction 지시 사항   account 계정   password 비밀 번호

해설 세부사항 관련 – 화자의 요청 사항

화자는 금요일에 컴퓨터를 종료하고 월요일에 시스템에 다시 로그인하는 특별 지침이 있으므로, 관리하는 직원들에게 이메일을 발송해서 알리라(There are special instructions for shutting down computers on Friday and logging back into the system on Monday, so I'd like each of you to e-mail the employees you manage to let them know)고 했으므로 정답은 (C)이다.

94
Who is Oliver Wilson?
(A) A hiring manager
(B) A marketing expert
(C) A sales associate
(D) A technology specialist

올리버 윌슨은 누구인가?
(A) 인사 부장
(B) 마케팅 전문가
(C) 영업 사원
(D) 기술 전문가

어휘 hire 고용하다   expert 전문가   sales associate 영업 사원   specialist 전문가

해설 세부사항 관련 – 올리버 윌슨의 신분

후반부에서 화자는 해당 업데이트와 관련하여 질문을 받으면, 본 프로젝트를 담당하는 IT 전문가인 올리버 윌슨에게 문의하도록 하라(If you get any questions related to this update, please ask employees to contact Oliver Wilson, the IT specialist in charge of this project)고 했다. 올리버 윌슨이 기술 전문가임을 알 수 있으므로 정답은 (D)이다.

▶ Paraphrasing   지문의 the IT specialist
→ 정답의 A technology specialist

95-97 여행 정보 + 소책자

W-Br Can I have everyone's attention at the front of the bus? Well, I hope you enjoyed your lunch at Emmon's Café. As I mentioned earlier, **95**it first opened in 1882, and has been operating longer than any other restaurant in Carter City. **96**Now, if you look out the windows on the left, you'll see that we're entering the Carter Nature Preserve. And according to our schedule, we're right on time. We'll be spending about two hours here, and

TEST 4 117

it might rain so be sure to grab your jackets. ⁹⁷**As you get off the bus, I'll pass out booklets with information about the plants and birds you'll be seeing in the preserve.**

버스 앞에서 잠시 여러분께 안내 말씀 드리고자 합니다. 자, 에몬스 카페에서 점심 맛있게 드셨기를 바랍니다. 앞서 언급했듯이, 1882년에 처음 문을 연 에몬스 카페는 카터 시티에서 가장 오래된 식당입니다. 자, 왼쪽의 창문을 보시면 우리가 카터 자연보존구역에 들어서고 있다는 것을 알 수 있습니다. 일정에 따라 제시간에 도착했습니다. 우리는 여기서 약 2시간을 보낼 겁니다. 비가 내릴지도 모르니 재킷을 챙기십시오. 버스에서 내리면 이 보존구역에서 볼 수 있는 식물과 새에 대한 정보가 담긴 소책자를 나누어 드리겠습니다.

어휘 operate 운영하다 according to ~에 따르면 on time 정시에 be sure to 반드시 ~ 하다 grab 잡다 get off 내리다 pass out 건네다 booklet 소책자 plant 식물 preserve (수렵, 낚시 금지 구역) 자연 보존 구역

Tour Schedule	
Museum Visit	10:00 A.M.
Lunch	12:30 P.M.
⁹⁶Nature Walk	1:30 P.M.
Theater Performance	4:00 P.M.

관광 일정	
박물관 방문	오전 10:00
점심	오후 12:30
자연 산책	오후 1:30
연극 공연	오후 4:00

95
What does the speaker say about Emmon's Café?
(A) It serves traditional food.
(B) It has multiple locations in the area.
(C) It is the oldest restaurant in the city.
(D) It has recently won an award.

화자는 에몬스 카페에 관해 무엇이라고 말하는가?
(A) 전통 음식을 제공한다.
(B) 그 지역 여러 곳에 위치해 있다.
(C) 그 도시에서 가장 오래된 식당이다.
(D) 최근 수상했다.

어휘 traditional 전통적인 multiple 다수의 win an award 상을 타다

해설 세부사항 관련 – 에몬스 카페에 관한 사항

화자는 1882년에 처음 문을 연 에몬스 카페는 카터 시티에서 가장 오래된 식당(As I mentioned earlier, it first opened in 1882, and has been operating longer than any other restaurant in Carter City)이라고 했으므로 정답은 (C)이다.

▶▶ Paraphrasing 지문의 has been operating longer than any other restaurant in Carter City
→ 정답의 is the oldest restaurant in the city

96
Look at the graphic. What time is this talk most likely being given?
(A) At 10:00 A.M.
(B) At 12:30 P.M.
(C) At 1:30 P.M.
(D) At 4:00 P.M.

시각 정보에 의하면, 화자는 몇 시에 이 안내를 발표하고 있겠는가?
(A) 오전 10시 (B) 오후 12시 30 분
(C) 오후 1시 30 분 (D) 오후 4시

해설 시각 정보 연계 – 안내 발표 시간

지문 중반부에서 왼쪽의 창문을 보면 카터 자연보존구역에 들어서고 있다는 것을 알 수 있다(Now, if you look out the windows on the left, you'll see that we're entering the Carter Nature Preserve)며 일정에 따라 제 시간에 도착했고 약 2시간을 여기에서 보낼 것(And according to our schedule, we're right on time. We'll be spending about two hours here)이라고 했다. 따라서 카터 자연보존구역에서 산책하리라는 것을 예상할 수 있고 관광 일정을 보면, 자연 산책은 오후 1시 30분이므로 정답은 (C)이다.

97
What does the speaker say she will distribute?
(A) Informational booklets
(B) Umbrellas
(C) Bottles of water
(D) Maps

화자는 무엇을 배포할 것이라고 말하는가?
(A) 정보 소책자 (B) 우산
(C) 생수 (D) 지도

어휘 informational 정보의 booklet 소책자

해설 세부사항 관련 – 화자가 배포할 것

지문 후반부에서 버스에서 내리면 보존구역에서 볼 수 있는 식물과 새에 대한 정보가 담긴 소책자를 나누어 주겠다(As you get off the bus, I'll pass out booklets with information about the plants and birds you'll be seeing in the preserve)고 했으므로 정답은 (A)이다.

▶▶ Paraphrasing 지문의 booklets with information
→ 정답의 Informational booklets

98-100 방송 + 지도

M-Cn And now for the Radford City sports news! ⁹⁸**We were all disappointed that the championship basketball game between our own Eagles and the Bulldogs was canceled last Saturday night because of the big snowstorm.** The game has been rescheduled for this Thursday evening at seven o'clock at the Radford Arena. Tickets are going fast, but ⁹⁹don't worry if you can't get a ticket—you can watch the game on the local television channel. Snow removal is ongoing, and all parking areas at the arena will be open except one. ¹⁰⁰**The area that'll be closed is the one closest to Main Street.** Go Eagles!

이제 레드포드 시티 스포츠 뉴스 시간입니다! **심한 눈보라 때문에 지난 토요일 밤 우리 이글스와 불독스 사이의 챔피언십 농구 경기가 취소되는 바람에 모두 실망했습니다.** 경기는 오는 목요일 저녁 7시 레드포드 아레나에서 열리는 것으로 재조정되었습니다. 티켓은 빨리 팔리지만, **티켓을 못 구해도 걱정하지 마십시오. 지역 TV 채널에서 경기를 볼 수 있습니다.** 제설 작업이 진행 중이며 한 곳을 제외한 경기장의 모든 주차 공간이 개방됩니다. **폐쇄될 구역은 메인 스트리트에서 가장 가까운 구역입니다.** 이글스 파이팅!

어휘 disappoint 실망시키다 championship 챔피언십 대회 snowstorm 눈보라 reschedule 일정을 변경하다 local 지역의 channel 채널 snow removal 제설 ongoing 계속 진행 중인 parking area 주차장 except 제외하고는 closest to ~에 가장 가까운 go (응원) 파이팅

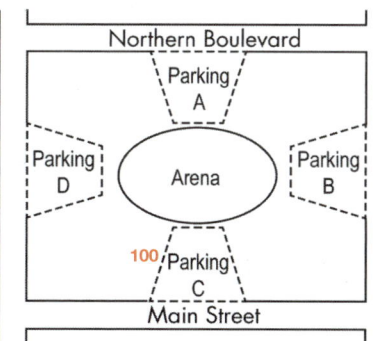

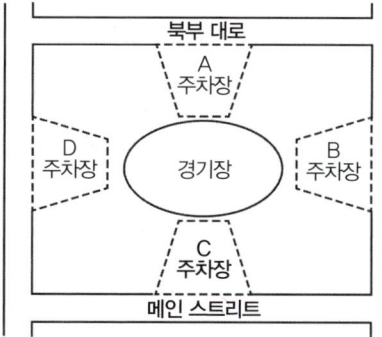

98

Why was a basketball game rescheduled?
(A) Some players were ill.
(B) A team bus broke down.
(C) The arena was being repaired.
(D) The weather was bad.

농구 경기는 왜 일정이 조정되었는가?
(A) 몇몇 선수들이 아팠다.　　(B) 팀 버스가 고장 났다.
(C) 경기장이 수리되고 있었다.　**(D) 날씨가 좋지 않았다.**

어휘 break down 고장 나다 arena 경기장 repair 수리하다

해설 전체 내용 관련 – 경기 일정이 조정된 이유

화자는 심한 눈보라 때문에 지난 토요일 밤 이글스와 불독스 사이의 챔피언십 농구 경기가 취소되어 실망했다(We were all disappointed that the championship basketball game between our own Eagles and the Bulldogs was canceled last Saturday night because of the big snowstorm)고 한 뒤, 오는 목요일 저녁 7시 레드포드 아레나에서 열리는 것으로 재조정되었다(The game has been rescheduled for this Thursday evening at seven o'clock at the Radford Arena)고 했으므로 정답은 (D)이다.

▶▶ Paraphrasing　지문의 the big snowstorm
　　　　　　　　→ 정답의 The weather was bad.

99

According to the speaker, why might a listener watch a game on television?
(A) If a snowstorm is predicted
(B) If tickets have been sold out
(C) If there is no available parking
(D) If the game is being played out of town

화자에 따르면, 청자가 TV에서 경기를 볼 수 있는 이유는?
(A) 눈보라가 예상되는 경우
(B) 티켓이 매진된 경우
(C) 이용 가능한 주차 공간이 없는 경우
(D) 경기가 도시 밖에서 열리는 경우

어휘 predict 예측하다　sold out 매진된, 다 팔린

해설 세부사항 관련 – TV에서 경기를 볼 수 있는 이유

화자는 티켓을 못 구해도 걱정하지 말라(don't worry if you can't get a ticket)면서, 지역 TV 채널에서 경기를 볼 수 있다(you can watch the game on the local television channel)고 했으므로 정답은 (B)이다.

▶▶ Paraphrasing　지문의 you can't get a ticket
　　　　　　　　→ 정답의 tickets have been sold out

100

Look at the graphic. Which parking area will be closed?
(A) Parking A
(B) Parking B
(C) Parking C
(D) Parking D

시각 정보에 의하면, 어떤 주차장이 폐쇄되는가?
(A) A 주차장　　　　(B) B 주차장
(C) C 주차장　　　(D) D 주차장

해설 시각 정보 연계 – 폐쇄될 주차장

지문 후반부에서 폐쇄될 구역은 메인 스트리트에서 가장 가까운 구역(The area that'll be closed is the one closest to Main Street)이라고 했다. 지도를 보면, 메인 스트리트에서 가장 가까운 주차장은 C 주차장이므로 정답은 (C)이다.

TEST 5

1 (C)	2 (C)	3 (B)	4 (B)	5 (D)
6 (A)	7 (C)	8 (B)	9 (B)	10 (A)
11 (B)	12 (B)	13 (B)	14 (A)	15 (A)
16 (C)	17 (B)	18 (A)	19 (C)	20 (B)
21 (C)	22 (B)	23 (C)	24 (C)	25 (A)
26 (B)	27 (A)	28 (A)	29 (A)	30 (C)
31 (A)	32 (B)	33 (C)	34 (D)	35 (A)
36 (D)	37 (C)	38 (C)	39 (D)	40 (A)
41 (B)	42 (D)	43 (A)	44 (C)	45 (B)
46 (D)	47 (A)	48 (B)	49 (D)	50 (B)
51 (A)	52 (C)	53 (B)	54 (D)	55 (D)
56 (A)	57 (D)	58 (B)	59 (C)	60 (D)
61 (C)	62 (C)	63 (A)	64 (D)	65 (D)
66 (C)	67 (B)	68 (A)	69 (B)	70 (C)
71 (B)	72 (C)	73 (D)	74 (A)	75 (C)
76 (A)	77 (C)	78 (B)	79 (C)	80 (D)
81 (C)	82 (B)	83 (C)	84 (B)	85 (A)
86 (A)	87 (B)	88 (A)	89 (D)	90 (C)
91 (B)	92 (C)	93 (B)	94 (A)	95 (C)
96 (D)	97 (D)	98 (C)	99 (B)	100 (B)

PART 1

1 M-Cn

(A) She's tying her shoelaces.
(B) She's holding a cup.
(C) She's reading under an umbrella.
(D) She's jogging through a park.

(A) 여자가 신발 끈을 묶고 있다.
(B) 여자가 컵을 들고 있다.
(C) 여자가 파라솔 아래에서 읽고 있다.
(D) 여자가 공원을 통과해 조깅하고 있다.

어휘 tie one's shoelaces 신발 끈을 묶다   hold 들다   umbrella 파라솔, 우산

해설 1인 등장 사진 – 사람의 동작 묘사
(A) 동사 오답. 여자가 신발 끈을 묶는(tying her shoelaces) 동작을 하고 있지 않으므로 오답.
(B) 동사 오답. 컵은 테이블 위에 놓여 있고 여자가 들고 있지(holding a cup) 않으므로 오답.
(C) 정답. 여자가 파라솔 아래서(under an umbrella) 고개를 숙이고 뭔가를 읽고 있는(reading) 모습이므로 정답.
(D) 동사 오답. 여자가 가만히 앉아 있는 상태로 조깅하고(jogging) 있는 모습이 아니므로 오답.

2 W-Br

(A) Some people are packing their suitcases.
(B) Some people are walking along a street.
(C) Some people are boarding an airplane.
(D) Some people are sitting in a waiting area.

(A) 몇 사람들이 여행 가방을 꾸리고 있다.
(B) 몇 사람들이 길을 따라 걷고 있다.
(C) 몇 사람들이 비행기에 탑승하고 있다.
(D) 몇 사람들이 대합실에 앉아 있다.

어휘 pack one's suitcase 여행 가방을 꾸리다   walk along a street 길을 따라 걷다   board an airplane 비행기에 탑승하다   waiting area 대합실, 대기실

해설 2인 이상 등장 사진 – 사람들의 동작 묘사
(A) 동사 오답. 여행 가방을 꾸리고 있는(packing their suitcases) 모습은 찾아볼 수 없으므로 오답.
(B) 동사 오답. 사람들이 길을 따라 걷고 있는(walking along a street) 것은 아니므로 오답.
(C) 정답. 짐을 들거나 맨 사람들이 비행기에 탑승하고(boarding an airplane) 있는 모습이므로 정답.
(D) 동사 오답. 대합실(waiting area)이 아닌 실외 사진으로 모두 서서 이동 중이고 앉아 있는(sitting) 사람은 없으므로 오답.

3 M-Au

(A) Items have been placed in a shopping cart.
(B) Some vegetables are on display in a store.
(C) Ceiling lights are being installed.
(D) Flowers are being planted in pots.

(A) 물품들이 쇼핑 카트 안에 놓여 있다.
(B) 채소들이 상점 안에 진열되어 있다.
(C) 천장 조명들이 설치되고 있다.
(D) 꽃들이 화분에 심어지고 있다.

어휘 item 물품, 물건   place 놓다   vegetable 채소   be on display 진열되어 있다   ceiling light 천장 조명   install 설치하다   plant 심다   pot 화분

해설 사물/배경 사진 – 사물의 상태 묘사
(A) 사진에 없는 명사를 이용한 오답. 쇼핑 카트(a shopping cart)는 찾아볼 수 없으므로 오답.
(B) 정답. 상점 안에 채소들이 진열되어 있는(Some vegetables are on display) 모습이므로 정답.
(C) 사진에 없는 명사를 이용한 오답. 사진에 천장 조명들(Ceiling lights)이 보이지 않으므로 오답.
(D) 사진에 없는 명사를 이용한 오답. 사진에 꽃들(Flowers)이 보이지 않고 꽃들을 심는(being planted) 동작을 하는 사람도 찾아볼 수 없으므로 오답.

어휘 give a presentation 발표를 하다   pack (짐을) 싸다, 포장하다
    be spread out 펼쳐져 있다
해설 2인 이상 등장 사진 – 사람 또는 사물 중심 묘사
(A) 동사 오답. 여자 한 명은 앉아 있고, 한 명은 책을 들고 있는 모습으로 발표를 하고 있는(giving a presentation) 여자는 없으므로 오답.
(B) 동사 오답. 여자 한 명은 앉아 있고, 한 명은 책을 들고 있는 모습으로 커피를 마시고 있는(drinking coffee) 여자는 없으므로 오답.
(C) 동사 오답. 카운터 위와 책꽂이에 꽂힌 책들은 보이지만 상자에 채워진(are packed in boxes) 책들은 찾아볼 수 없으므로 오답.
(D) 정답. 카운터 위에 책 몇 권이 흩어져 놓여 있는(are spread out) 모습이므로 정답.

4 M-Cn

(A) There are papers piled on a chair.
(B) There are cabinets above a computer monitor.
(C) The man is opening a window.
(D) The man is reaching for a telephone.

(A) 의자 위에 종이들이 쌓여 있다.
(B) 컴퓨터 모니터 위에 캐비닛이 있다.
(C) 남자가 창문을 열고 있다.
(D) 남자가 전화기에 손을 뻗고 있다.

어휘 piled 쌓인   open a window 창문을 열다   reach for ~에 손을 뻗다   telephone 전화기
해설 1인 등장 사진 – 사람 또는 사물 중심 묘사
(A) 전치사구 오답. 종이들이 쌓여 있는(papers piled) 곳은 의자(chair)가 아닌 책상이므로 오답.
(B) 정답. 컴퓨터 모니터 위로(above a computer monitor) 문이 닫힌 캐비닛들(cabinets)이 보이므로 정답.
(C) 사진에 없는 명사를 이용한 오답. 창문(a window)의 모습은 보이지 않으므로 오답.
(D) 명사 오답. 남자가 손을 뻗어 전화기(a telephone)가 아닌 서랍을 열고 있는 모습이므로 오답.

6 W-Br

(A) Some vendors are selling merchandise.
(B) Some people are putting up a tent.
(C) Two men are shaking hands.
(D) A woman is clearing off a table.

(A) 몇몇 노점상들이 상품을 팔고 있다.
(B) 몇 사람이 텐트를 치고 있다.
(C) 두 남자가 악수를 하고 있다.
(D) 한 여자가 테이블을 치우고 있다.

어휘 vendor 노점상, 행상인   merchandise 상품, 물품   put up a tent 텐트를 치다   shake hands 악수하다   clear off ~을 치우다
해설 2인 이상 등장 사진 – 사람의 동작 묘사
(A) 정답. 사람들이 야외 천막 아래에서 물건을 살펴보고 판매하는(selling merchandise) 모습이므로 정답.
(B) 동사 오답. 야외 천막은 이미 세워진 상태로 사람들이 텐트를 치는(putting up a tent) 동작은 하고 있지 않으므로 오답.
(C) 동사 오답. 물건을 살펴보고 있을 뿐 악수하는(shaking hands) 모습은 찾아볼 수 없으므로 오답.
(D) 동사 오답. 테이블 위에 물건이 놓여 있는 상태로 여자가 테이블을 치우는(clearing off a table) 동작은 하고 있지 않으므로 오답.

5 W-Am

(A) One of the women is giving a presentation.
(B) One of the women is drinking coffee.
(C) Some books are packed in boxes.
(D) Some books are spread out on a counter.

(A) 여자들 중 한 명이 발표를 하고 있다.
(B) 여자들 중 한 명이 커피를 마시고 있다.
(C) 책 몇 권이 상자 안에 채워져 있다.
(D) 책 몇 권이 카운터 위에 흩어져 있다.

PART 2

7

M-Cn What time are we meeting with the architect?
W-Br (A) No, but they usually do.
      (B) The new sports arena.
      (C) Right after lunch.

우리가 건축가와 몇 시에 만나는 건가요?
(A) 아니요, 하지만 그들은 대개 그래요.
(B) 새로운 스포츠 경기장이요.
(C) 점심 식사 직후에요.

어휘 architect 건축가   sports arena 스포츠 경기장   right after 직후에

해설 건축가와 만나는 시간을 묻는 What time 의문문
(A) Yes/No 불가 오답. What 의문문에는 Yes/No 응답이 불가능하므로 오답.
(B) 질문과 상관없는 오답. 장소를 묻는 질문일 경우 가능한 답변이므로 오답.
(C) 정답. 시간을 묻는 질문에 점심 시간 직후라고 정확한 시점을 알려주고 있으므로 정답.

8

W-Am Do you want to apply for our store's discount card?
W-Br　(A) The shipment arrived yesterday.
　　　(B) Yes, that would be great.
　　　(C) My car is in the repair shop.

저희 매장 할인 카드를 신청하고 싶으신가요?
　(A) 수송품이 어제 도착했어요.
　(B) 네, 그러면 좋겠어요.
　(C) 제 차가 정비소에 있어요.

어휘 apply for ~을 신청하다   shipment 선적, 수송품   repair shop 정비소, 수리점

해설 매장 할인 카드를 신청하고 싶은지 묻는 조동사(do) Yes/No 의문문
(A) 질문과 상관없는 오답. 신청을 원하는지 묻는 질문에 선적 도착 소식을 알리는 답변은 맥락에서 벗어난 것이므로 오답.
(B) 정답. 원한다는 의미로 Yes라고 한 후, 그러면 좋겠다고 덧붙이고 있으므로 정답.
(C) 연상 단어 오답. 질문의 store에서 연상 가능한 유사 단어인 shop을 이용한 오답.

9

W-Am The storage room is locked, isn't it?
M-Cn　(A) Mostly boxes of books.
　　　(B) Yes, but Ms. Kim has a key.
　　　(C) There should be plenty of room.

창고가 잠겨 있죠, 그렇지 않나요?
　(A) 대부분 책 상자들이요.
　(B) 네, 하지만 김 씨가 열쇠를 가지고 있어요.
　(C) 많은 공간이 있어야 해요.

어휘 storage room 창고   be locked 잠기다   plenty of 많은, 충분한   room 공간

해설 창고가 잠겨 있음을 확인하는 부가의문문
(A) 질문과 상관없는 답변. 창고가 잠긴 것과 무관한 책 박스들을 언급한 오답.
(B) 정답. 잠겨 있다는 의미로 Yes라고 한 후, 열쇠를 가진 사람(Ms. Kim)을 알려주고 있으므로 정답.
(C) 단어 반복 오답. 질문의 room을 반복 이용한 오답.

10

W-Br When will the new television model be released?
M-Au　**(A) Probably in late October.**
　　　(B) Yes, an updated version.
　　　(C) It's one of my favorite shows.

새로운 텔레비전 모델이 언제 출시될까요?
　(A) 아마도 10월 말이에요.
　(B) 네, 업데이트된 버전이요.
　(C) 제가 좋아하는 프로그램들 중 하나예요.

어휘 be released 출시되다, 공개되다   late 말의, 늦은

해설 언제 출시될지 묻는 When 의문문
(A) 정답. 출시될 대략적인 시점인 10월 말이라고 알려주고 있으므로 정답.
(B) Yes/No 불가 오답. When 의문문에는 Yes/No 응답이 불가능하므로 오답.
(C) 연상 단어 오답. 질문의 television에서 연상 가능한 shows를 이용한 오답.

11

W-Am How do I get to the post office?
M-Cn　(A) No, she doesn't have any letters.
　　　(B) Sorry, I'm not from around here.
　　　(C) During my break.

우체국에 어떻게 갈 수 있나요?
　(A) 아니요, 그녀에게 온 편지는 없어요.
　(B) 죄송하지만, 저는 여기 살지 않아요.
　(C) 제 휴식 동안에요.

어휘 get to ~에 이르다, 가다   be from ~출신이다   break 휴식

해설 우체국에 갈 방법을 묻는 How 의문문
(A) Yes/No 불가 오답. How 의문문에는 Yes/No 응답이 불가능하므로 오답.
(B) 정답. 미안하다고 한 후, 여기 살지 않아서 모른다는 뜻을 표하고 있으므로 정답.
(C) 질문과 상관없는 오답. 우체국을 가는 방법을 묻는 질문에 휴식 동안 이라는 답변은 맥락에서 벗어난 것이므로 오답.

12

M-Au Would you mind holding your class in room 215 tonight?
W-Br　(A) I thought he graduated last semester.
　　　(B) Sure, I can do that.
　　　(C) Yes, they're new textbooks.

오늘 밤 215호실에서 수업을 하셔도 괜찮으실까요?
　(A) 저는 그가 지난 학기에 졸업했다고 생각했어요.
　(B) 그럼요, 그럴 수 있어요.
　(C) 네, 그것들은 새 교과서들이에요.

어휘 hold one's class 수업을 하다[열다]   graduate 졸업하다   semester 학기   textbook 교과서

해설 제안/권유의 의문문
(A) 연상 단어 오답. 질문의 class에서 연상 가능한 graduated와 semester를 이용한 오답.
(B) 정답. 제안에 승낙한 후, 그렇게 할 수 있다고 덧붙이고 있으므로 정답.
(C) 연상 단어 오답. 질문의 class에서 연상 가능한 textbooks를 이용한 오답.

13

W-Am　Where did you work previously?
M-Au　(A) From eight thirty to five.
　　　(B) At a law firm in Toronto.
　　　(C) No, I'm going afterward.

이전에 어디서 일하셨나요?
(A) 8시 30분부터 5시까지요.
(B) 토론토의 한 법률 사무소에서요.
(C) 아니요, 저는 나중에 갈게요.

어휘　previously 이전의　law firm 법률 사무소　afterward 나중에

해설 어디서 일했었는지 묻는 Where 의문문
(A) 질문과 상관없는 오답. 특정 시점을 묻는 When 의문문에 가능한 응답이므로 오답.
(B) 정답. 일했던 곳이 법률 사무소였다고 알려주고 있으므로 정답.
(C) Yes/No 불가 오답. Where 의문문에는 Yes/No 응답이 불가능하므로 오답.

14

M-Cn　Isn't your dental appointment this afternoon?
W-Am　**(A) Oh, thanks for reminding me.**
　　　(B) She's an experienced dentist.
　　　(C) It was much higher than that.

당신 치과 예약이 오늘 오후 아닌가요?
(A) 아, 일깨워줘서 고마워요.
(B) 그녀는 노련한 치과 의사예요.
(C) 그보다 훨씬 더 높았어요.

어휘　dental appointment 치과 예약　remind 상기시키다
　　　experienced 경험 많은, 숙련된　dentist 치과 의사

해설 예약을 확인하는 부정의문문
(A) 정답. 예약 시간을 확인하는 물음에, 그것을 일깨워준 것에 대해 감사를 표하고 있으므로 정답.
(B) 연상 단어 오답. 질문의 dental에서 연상 가능한 dentist를 이용한 오답.
(C) 질문과 상관없는 오답. 치과 예약이 오늘 오후인지 묻는 질문에 그보다 훨씬 더 높았다며 맥락에서 벗어난 답변을 하고 있으므로 오답.

15

W-Br　Should we sit at a table in the cafeteria or go out to the patio?
W-Am　**(A) Is it warm enough to go outside?**
　　　(B) Just some coffee.
　　　(C) Yes, stack the tables please.

카페테리아의 테이블에 앉을까요 아니면 테라스로 나갈까요?
(A) 밖으로 나가기에 충분히 따뜻한가요?
(B) 그냥 커피 조금이요.
(C) 네, 테이블들을 쌓으세요.

어휘　go out 나가다　patio 야외 테라스　stack 쌓다

해설 구를 연결한 선택의문문
(A) 정답. 카페테리아와 테라스 중 어디에 앉을지를 묻는 질문에 야외는 춥지 않을지 되물어 테라스에 앉는 것에 대한 부정적인 의견을 나타내고 있으므로 정답.
(B) 연상 단어 오답. 질문의 cafeteria에서 연상 가능한 coffee를 이용한 오답.
(C) 단어 반복 오답. 질문의 a table을 복수인 tables로 반복 이용한 오답.

16

W-Br　Why don't you try restarting the computer?
M-Cn　(A) The number for technical assistance.
　　　(B) Depending on when it was finished.
　　　(C) I already did that.

컴퓨터를 다시 시작해 보는 것이 어떤가요?
(A) 기술 지원을 위한 번호요.
(B) 그것이 언제 마무리되었는지에 달려 있어요.
(C) 이미 그렇게 했어요.

어휘　restart 다시 시작하다　technical assistance 기술 지원
　　　depend on ~에 달려 있다

해설 제안/권유의 의문문
(A) 연상 단어 오답. 질문의 computer에서 연상 가능한 technical assistance를 이용한 오답.
(B) 연상 단어 오답. 질문의 restarting에서 연상 가능한 finished를 이용한 오답.
(C) 정답. 다시 시작해 볼 것을 제안하는 말에 그것을 이미 해봤다고 말하고 있으므로 정답.

17

M-Au　Where would you recommend going for vegetarian food?
W-Br　(A) I received her supervisor's recommendation.
　　　(B) There's a great place on Main Street.
　　　(C) A reservation for twelve.

채식주의자 음식이라면 어디에 가라고 추천하시겠어요?
(A) 저는 그녀의 상사의 추천을 받았어요.
(B) 메인 스트리트에 아주 좋은 곳이 있어요.
(C) 열두 명 예약이요.

어휘 recommend 추천하다, 권하다　vegetarian 채식주의자
receive one's recommendation 추천을 받다　supervisor 관리자, 상사　reservation 예약

해설 추천할 장소를 묻는 Where 의문문
(A) 파생어 오답. 질문의 동사 recommend와 파생어 관계인 명사 recommendation을 이용한 오답.
(B) 정답. 추천 장소를 묻는 질문에 아주 좋은 곳이 있다고 알려주고 있으므로 정답.
(C) 연상 단어 오답. 질문의 vegetarian food에서 연상 가능한 reservation을 이용한 오답.

18

W-Am　Please read this manual before tomorrow's training session.
M-Au　**(A) I'll be sure to look it over.**
　　　(B) It's a new transmission.
　　　(C) I saw him at the station.

　　내일 교육 시간 전에 이 안내책자를 읽어주세요.
　　(A) 그것을 꼭 살펴볼게요.
　　(B) 새로운 전송 장치예요.
　　(C) 제가 역에서 그를 봤어요.

어휘 manual 매뉴얼, 안내책자　look over 살펴보다, 훑어보다　transmission 전송, 전송 장치

해설 부탁/요청의 평서문
(A) 정답. 평서문의 manual을 it으로 받아 꼭 살펴보겠다고 확답하고 있으므로 정답.
(B) 연상 단어 오답. 질문의 manual에서 연상 가능한 transmission을 이용한 오답.
(C) 유사 발음 오답. 질문의 session과 발음이 유사한 station을 이용한 오답.

19

W-Br　Ms. Jones usually arrives at the office at seven forty-five, doesn't she?
M-Au　(A) For the transportation department.
　　　(B) No, I ordered nine.
　　　(C) Traffic's really heavy today.

　　존스 씨는 보통 7시 45분에 사무실에 도착하잖아요, 그렇지 않나요?
　　(A) 교통부를 위해서요.
　　(B) 아니요, 제가 9개 주문했어요.
　　(C) 오늘 교통 체증이 아주 심해요.

어휘 transportation department 교통부, 교통국　order 주문하다　traffic is heavy 교통 체증이 심하다

해설 존스 씨가 보통 사무실에 도착하는 시간을 확인하는 부가의문문
(A) 질문과 상관없는 답변. 사무실 도착 시간을 확인하는 질문과 무관한 교통부를 언급한 오답.
(B) 질문과 상관없는 오답. 존스 씨에 관한 물음에 3인칭이 아닌 1인칭 주어(I)로 답한 오답.
(C) 정답. 사무실 도착 시간과 관련하여 심한 교통 체증을 이유로 평소보다 도착이 늦어지는 것임을 알려주고 있으므로 정답.

20

M-Au　Where did the company president decide to open a new branch?
W-Am　(A) Sales were high.
　　　(B) In New Delhi.
　　　(C) On November twenty-ninth.

　　회사 회장님이 어디에 새 지점을 개설하기로 결정하셨나요?
　　(A) 매출이 높았어요.
　　(B) 뉴델리예요.
　　(C) 11월 29일에요.

어휘 president 회장　branch 지점, 지사　sales 매출, 영업

해설 새 지점을 열 장소를 묻는 Where 의문문
(A) 연상 단어 오답. 질문의 company와 branch에서 연상 가능한 Sales를 이용한 오답.
(B) 정답. 장소를 나타내는 전치사 In을 이용하여 새 지사를 열기로 결정한 구체적인 장소(New Delhi)를 알려주고 있으므로 정답.
(C) 질문과 상관없는 오답. 시점을 묻는 When 의문문에서 가능한 응답이므로 오답.

21

M-Au　We're selecting new furniture for the waiting area.
W-Br　(A) Where's the waiter?
　　　(B) A new director was selected.
　　　(C) Harold's Furniture Store isn't expensive.

　　저희는 대기실에 둘 새로운 가구를 고르고 있어요.
　　(A) 웨이터는 어디 있죠?
　　(B) 새로운 이사가 선정되었어요.
　　(C) 해롤드의 가구점이 비싸지 않아요.

어휘 select 고르다, 선정하다　furniture 가구　waiting area 대기실, 대합실　director 이사, 감독

해설 새 가구를 고르고 있는 사실을 알리는 평서문
(A) 파생어 오답. 평서문의 waiting과 파생어 관계인 waiter를 이용한 오답.
(B) 단어 반복 오답. 평서문의 동명사 형태인 selecting을 과거분사 형태인 selected로 반복 이용한 오답.
(C) 정답. 가구를 고르는 것과 관련하여 비싸지 않은 특정한 가구점(Harold's Furniture Store)을 알려주고 있으므로 정답.

22

M-Cn　Why are these instructions so complicated?
W-Am　(A) Thanks for coming in early today.
　　　(B) I've asked Mark to simplify them.
　　　(C) We have enough copies for everyone.

이 설명들이 왜 이렇게 복잡하죠?
(A) 오늘 일찍 와 줘서 고마워요.
(B) 제가 마크에게 그것들을 단순화하라고 요청했어요.
(C) 모두에게 줄 사본을 충분히 가지고 있어요.

어휘 instruction 설명, 지시 사항 complicated 복잡한 simplify 단순화하다, 간단히 하다 copy 사본

해설 설명이 복잡한 이유를 묻는 Why 의문문
(A) 질문과 상관없는 오답. 이유를 묻는 질문과 무관하게 감사를 표하고 있으므로 오답.
(B) 정답. 너무 복잡하다는 것을 인정하는 의미로 그렇기 때문에 단순화하도록 요청했다는 사실을 알리고 있으므로 정답.
(C) 연상 단어 오답. 질문의 instructions에서 연상 가능한 copies를 이용한 오답.

23

W-Br Which event space would you like to use?
M-Cn (A) Let's try for mid-September.
(B) We should hire them.
(C) I like the one we used last year.

어떤 이벤트 공간을 이용하고 싶은가요?
(A) 9월 중순으로 하도록 하죠.
(B) 우리는 그들을 고용해야 해요.
(C) 저는 작년에 이용했던 곳이 좋아요.

어휘 mid-September 9월 중순 hire 고용하다

해설 원하는 이벤트 공간을 묻는 Which 의문문
(A) 연상 단어 오답. 질문의 event에서 연상 가능한 시점(mid-September)을 언급한 오답.
(B) 질문과 상관없는 오답. 원하는 이벤트 공간을 묻는 질문과 무관하게 고용에 관해 이야기하고 있으므로 오답.
(C) 정답. 부정대명사 one을 이용하여 작년에 이용했던 곳이 좋다고 의견을 표하고 있으므로 정답.

24

M-Cn Who's writing the software development proposal?
W-Am (A) We're open twenty-four hours.
(B) At seven o'clock on Monday.
(C) That assignment hasn't been given out.

누가 소프트웨어 개발 제안서를 작성하고 있나요?
(A) 저희는 24시간 문을 열어요.
(B) 월요일 7시 정각이에요.
(C) 그 업무는 아직 할당되지 않았어요.

어휘 development proposal 개발 제안서 assignment 업무, 과제

해설 개발 제안서 작성자를 묻는 Who 의문문
(A) 질문과 상관없는 오답. 영업 시간을 묻는 When 의문문에 가능한 답변이므로 오답.
(B) 질문과 상관없는 오답. 시점을 묻는 When 의문문에 가능한 답변이므로 오답.
(C) 정답. 질문의 제안서 작성 업무가 아직 누구에게도 할당되지 않은 상황임을 알려주고 있으므로 정답.

25

W-Am Have you sent out the invitations to Mr. Ito's retirement party?
M-Au **(A) We never received the guest list.**
(B) I'm planning on going, too.
(C) Outside of the conference center.

이토 씨의 퇴직 기념 파티 초대장을 보냈나요?
(A) 저희는 손님 목록을 받지 못했어요.
(B) 저도 갈 계획이에요.
(C) 컨퍼런스 센터 밖이요.

어휘 send out the invitations 초대장을 보내다 retirement party 퇴직 기념 파티 outside 밖의, 외부의

해설 초대장을 보냈는지 묻는 조동사(have) 의문문
(A) 정답. 초대장을 보내는 것과 관련하여 손님 목록을 받지 못했다는 말로, 보내지 않았다는 것을 우회적으로 알리고 있으므로 정답.
(B) 연상 단어 오답. 질문의 retirement party와 관련하여 연상 가능한 것으로 갈 계획을 언급하고 있으므로 오답.
(C) 질문과 상관없는 오답. 장소를 묻는 Where 의문문에 가능한 응답이므로 오답.

26

M-Cn When will the taxi come to take us to the airport?
W-Am (A) In front of the hotel.
(B) There is a shuttle bus that goes there.
(C) Because it needs updating.

우리를 공항에 데려다 줄 택시가 언제 올까요?
(A) 호텔 앞에요.
(B) 그곳에 가는 셔틀 버스가 있어요.
(C) 그것은 업데이트가 필요하기 때문이에요.

어휘 in front of ~앞에

해설 택시가 언제 올지 묻는 When 의문문
(A) 질문과 상관없는 오답. 장소를 묻는 Where 의문문에 가능한 답변이므로 오답.
(B) 정답. 공항에 데려다 줄 교통 수단과 관련하여, 택시 대신 셔틀 버스가 있다고 알려주고 있으므로 정답.
(C) 질문과 상관없는 오답. 이유를 묻는 Why 의문문에 가능한 답변이므로 오답.

27

M-Au I don't recommend using that printer.
W-Am **(A) The repair person just finished working on it.**
(B) On the top shelf in the supply closet.
(C) Fifty copies, stapled please.

지금 그 프린터 쓰면 안 될 텐데요.
(A) 수리공이 막 작업을 끝냈어요.
(B) 비품 서랍장의 맨 위 선반에요.
(C) 50부, 스테이플러로 찍어 주세요.

어휘 recommend 권하다, 추천하다 repair person 수리공 work on 작업하다, 수리하다 supply closet 비품 서랍장 stapled 스테이플러로 찍은

해설 특정 프린터 사용을 권하지 않는다는 평서문
(A) 정답. 사용을 권하지 않는 프린터와 관련하여 수리공이 막 작업을 끝내 이용 가능한 상황임을 알리고 있으므로 정답.
(B) 질문과 상관없는 오답. 프린터 사용과 무관한 내용으로 장소를 묻는 Where 의문문에 가능한 답변이므로 오답.
(C) 연상 단어 오답. 질문의 printer에서 연상 가능한 copies, stapled를 이용한 오답.

28

W-Br The speech shouldn't last longer than ten minutes, should it?
M-Au **(A) No, it should be fairly brief.**
(B) Yes, it was quite informative.
(C) No, you can walk there.

연설은 10분보다 길게 지속되면 안 되잖아요, 그렇죠?
(A) 네, 꽤 짧아야 해요.
(B) 아니요, 그것은 아주 유익했어요.
(C) 네, 거기에 걸어갈 수 있어요.

어휘 speech 연설 last 지속되다 fairly 꽤, 상당히 brief 짧은, 간단한 informative 유익한

해설 연설의 길이를 확인하는 부정의문문
(A) 정답. 연설이 10분보다 길어서는 안 된다는 의미로 No라고 한 후, 그 길이와 관련하여 꽤 짧아야 한다고 덧붙여 알려주고 있으므로 정답.
(B) 연상 단어 오답. 질문의 speech에서 연상 가능한 informative를 이용한 오답.
(C) 질문과 상관없는 오답. 연설 길이를 확인해 묻는 질문에 거기에 걸어갈 수 있다며 맥락에서 벗어난 대답을 하고 있으므로 오답.

29

M-Cn How can I order advance tickets for the orchestra performance?
W-Br **(A) They're available on our Web site.**
(B) Yes, his order is here.
(C) My performance review went very well.

오케스트라 공연에 사전 티켓을 어떻게 주문할 수 있나요?
(A) 그것들은 저희 웹사이트에서 구입 가능해요.
(B) 네, 그의 주문품이 여기 있어요.
(C) 제 업무 평가는 아주 좋았어요.

어휘 advance ticket 사전 티켓, 예매권 performance 공연, 연주 available 구입 가능한 order 주문, 주문품 performance review 업무 평가, 인사 고과 go well 잘되다

해설 사전 티켓 주문 방법을 묻는 How 의문문
(A) 정답. 사전 티켓 주문과 관련하여 구입 가능한 곳(our Web site)을 구체적으로 알려주고 있으므로 정답.
(B) Yes/No 불가 오답. How 의문문에는 Yes/No 응답이 불가능하므로 오답.
(C) 단어 반복 오답. 질문의 '공연, 연주'라는 뜻의 명사 performance를 '업적, 성과'라는 의미로 반복 사용한 오답.

30

M-Au Haven't those sales figures been updated yet?
W-Br (A) I'll have some, thanks.
(B) They're actually half price.
(C) We finished doing that last week.

그 매출 수치가 아직도 업데이트되지 않았나요?
(A) 저는 조금만 먹을 게요, 고마워요.
(B) 그것들은 실제로 반값이에요.
(C) 저희가 지난주에 그것을 끝냈어요.

어휘 sales figures 매출 수치, 매출액 actually 실제로, 사실상 half price 반값

해설 업데이트 여부를 확인해 묻는 부정의문문
(A) 질문과 상관없는 오답. 질문과 무관한 내용으로 some이 가리키는 대상을 알 수 없으므로 오답.
(B) 연상 단어 오답. 질문의 sales figures에서 연상 가능한 half price를 사용한 오답.
(C) 정답. 매출 수치 업데이트와 관련하여 그 작업을 지난주에 끝냈다고 알려주고 있으므로 정답.

31

W-Am We really received a lot of submissions for the design contest.
M-Cn **(A) I know, it'll be difficult to make a decision.**
(B) The entry fee has already been posted.
(C) A nonnegotiable deadline.

우리가 디자인 콘테스트에 정말로 많은 출품작들을 받았어요.
(A) 알아요, 결정하기 어려울 거예요.
(B) 참가비는 이미 게시되었어요.
(C) 타협할 수 없는 마감일이요.

어휘 submission 제출, 출품 make a decision 결정을 하다 entry fee 참가비 post 게시하다 nonnegotiable 타협할 수 없는 deadline 마감일

해설 사실/정보 전달의 평서문
(A) 정답. 출품작을 많이 받았다는 사실을 알리는 말에, 안다고 답한 후, 그래서 결정하기 어려울 것이라는 의견을 덧붙이고 있으므로 정답.
(B) 연상 단어 오답. 평서문의 submissions에서 연상 가능한 entry fee를 이용한 오답.
(C) 연상 단어 오답. 평서문의 contest에서 연상 가능한 deadline을 이용한 오답.

PART 3
32-34

M-Au Hi, ³²**I'd like a ticket to the museum's special Egyptian art exhibit.** I've heard wonderful things about it.

W-Am I'm sorry. That exhibit's very popular, and ³³**we've already sold out of tickets for the morning.** We still have some available for this afternoon, though.

M-Au I can't wait that long. I'll have to come back a different day. Can I reserve a ticket in advance?

W-Am We do offer advance sales, but only for museum members. ³⁴**If you don't have a membership, you can sign up for one here.**

M-Au Oh, good. ³⁴**I'll do that right now.**

남: 안녕하세요, **박물관의 특별 이집트 미술 전시회 표를 사고 싶은데요.** 그것에 대해 아주 좋은 이야기를 들었어요.
여: 죄송합니다. 그 전시회는 아주 인기가 높아서 **오전 표는 벌써 매진되었어요.** 오늘 오후 표는 아직 몇 장 있어요.
남: 그렇게 오래 기다릴 수 없는데, 다른 날 다시 와야겠네요. 표를 미리 예약할 수 있나요?
여: 사전 판매를 제공하지만, 박물관 회원들에 한해서만요. **회원권이 없으시면, 여기서 신청하실 수 있어요.**
남: 아, 잘됐네요. 지금 바로 할게요.

어휘 art exhibit 미술 전시회 sold out 매진된 available 구입 가능한 reserve 예약하다 in advance 미리 advance sales 사전 판매 sign up for ~을 신청하다, 등록하다

32
Where is the conversation taking place?
(A) At a park
(B) At a museum
(C) At a theater
(D) At a car dealership

대화는 어디에서 일어나고 있나?
(A) 공원
(B) 박물관
(C) 극장
(D) 자동차 영업소

해설 전체 내용 관련 - 대화의 장소
남자의 첫 번째 대사에서 박물관의 특별 이집트 미술 전시회 표를 사고 싶다(I'd like a ticket to the museum's special Egyptian art exhibit)고 했으므로, 전시회를 보기 위해 박물관에 온 것임을 알 수 있으므로 정답은 (B)이다.

33
Why does the woman apologize?
(A) An office is about to close.
(B) An event has been canceled.
(C) Some tickets are unavailable.
(D) Some prices have increased.

여자는 왜 사과하는가?
(A) 사무실이 막 문을 닫으려고 한다.
(B) 행사가 취소되었다.
(C) 일부 표를 구입할 수 없다.
(D) 일부 가격이 상승했다.

해설 세부 사항 관련 - 여자가 사과하는 이유
여자의 첫 번째 대사에서 오전 표는 벌써 매진되었다(we've already sold out of tickets for the morning)고 했으므로 정답은 (C)이다.

▶ Paraphrasing 대화의 sold out → 정답의 unavailable

34
What does the man say he will do next?
(A) Phone a friend
(B) Register a complaint
(C) Go to a different location
(D) Sign up for a membership

남자는 다음에 무엇을 할 것이라고 말하는가?
(A) 친구에게 전화하기
(B) 불만 표명하기
(C) 다른 장소로 가기
(D) 회원 가입하기

해설 세부 사항 관련 - 남자의 다음 행동
여자의 마지막 대사에서 회원권이 없으면, 여기서 신청할 수 있다(If you don't have a membership, you can sign up for one here)고 했고, 이에 남자가 바로 하겠다(I'll do that right now)고 응답했으므로 정답은 (D)이다.

35-37

> M-Cn: Hi, Charlotte. Sorry to interrupt, but **35 I've got a management meeting tomorrow about expenses for next quarter**, and ... I'm waiting for the department budget proposal.
>
> W-Br: I just finished. The only issue is with the estimated cost of office supplies for next year. Based on the requests I've received, **36 we'll need to increase our office supply spending by quite a bit.**
>
> M-Cn: Oh, that's not good. There's not very much flexibility for increasing our spending right now. **37 I'll bring this up at the meeting. Let's see what the other managers think about trying to renegotiate our contracts with the vendors we buy office supplies from.** Hopefully we can get lower rates.
>
> 남: 안녕하세요, 샬롯. 방해해서 미안한데, 제가 내일 다음 분기 비용에 관한 간부 회의가 있어서… 부서의 예산 제안서를 기다리고 있어요.
>
> 여: 막 끝냈어요. 유일한 문제는 내년 사무 용품 예상 비용인데요. 제가 받았던 요청에 기반하여, 사무 용품 지출을 꽤 많이 늘려야 할 거예요.
>
> 남: 아, 그건 좋지 않은데요. 지금은 지출을 늘릴 만큼 예산에 신축성이 없어요. 제가 회의 때 이 문제를 제기할 게요. 우리가 사무 용품을 구입하는 판매처들과 계약을 재협상하려는 노력에 대해 다른 매니저들이 어떻게 생각하는지 알아보죠. 잘되면 더 낮은 금액을 얻어낼 수도 있으니까요.
>
> 어휘: interrupt 방해하다 management meeting 간부 회의 expenses 비용, 지출 quarter 분기 budget proposal 예산 제안서 issue 문제, 사안 estimated cost 예상 비용 office supplies 사무 용품 based on ~에 기반하여 increase 늘리다 spending 지출 flexibility 유연성 bring up 제기하다 renegotiate 재협상하다 contract 계약 vendor 판매 회사 hopefully 바라건대, 잘되면 rate 금액

35

Why does the man say, "I'm waiting for the department budget proposal"?

(A) To request a document from the woman
(B) To ask for a deadline extension
(C) To inform the woman about a scheduling change
(D) To explain why he cannot make a decision

남자는 왜 "부서의 예산 제안서를 기다리고 있어요"라고 말하는가?
(A) 여자에게 서류를 요청하기 위해
(B) 마감 기한 연장을 요구하기 위해
(C) 여자에게 일정 변경을 알리기 위해
(D) 그가 결정할 수 없는 이유를 설명하기 위해

해설 화자의 의도 파악 – 부서의 예산 제안서를 기다리고 있다는 말의 의미

인용문 앞에서 내일 다음 분기 비용에 관한 간부 회의가 있다(I've got a management meeting tomorrow about expenses for next quarter)고 말한 것을 통해, 여자로부터 내일 있을 간부 회의에 필요한 예산 제안서를 받아야 하는 상황임을 알 수 있으므로 정답은 (A)이다.

> ▶ Paraphrasing 대화의 budget proposal
> → 정답의 a document

36

What does the woman say about an office supplies estimate?

(A) It was already approved.
(B) It contained some mistakes.
(C) It was misplaced.
(D) It is higher than expected.

여자는 사무 용품 견적에 대해 뭐라고 말하는가?
(A) 그것은 이미 승인되었다.
(B) 몇 가지 오류가 있었다.
(C) 그것은 잘못된 곳에 있었다.
(D) 그것은 예상보다 높다.

해설 세부 사항 관련 – 사무 용품 견적에 대한 여자의 의견

여자의 대사 후반부에 사무 용품 지출을 꽤 많이 늘려야 한다(we'll need to increase our office supply spending by quite a bit)고 했으므로 정답은 (D)이다.

37

What will the man discuss at a meeting?

(A) Product quality testing
(B) Candidates for a job
(C) Contracts with vendors
(D) Design modifications

남자는 회의에서 무엇을 논의할 것인가?
(A) 제품 품질 테스트
(B) 구직 지원자들
(C) 판매처들과의 계약
(D) 디자인 수정

해설 세부 사항 관련 – 남자가 논의할 내용

후반부에서 남자는 사무 용품을 구입하는 판매처들과 계약을 재협상하려는 노력에 대해 다른 매니저들이 어떻게 생각하는지 알아보자(Let's see what the other managers think about trying to renegotiate our contracts with the vendors we buy office supplies from)고 했으므로 정답은 (C)이다.

38-40

> M-Au: **38 Heidi, you're the coordinator for the new-hire orientation, right? 39 I wanted to check in with you about the three new bank tellers.** Did you still want me to go over the benefits with them?

W-Am Yes. **39They'll be trained in the banking software system on Monday morning**, and I was hoping you could give your presentation right after lunch that afternoon.

M-Au Hmm… I was afraid of that. I just scheduled another meeting on Monday at one P.M. Is there any way you can have me go first in the morning?

W-Am Well, we can't really change the schedule at this point. **40But I'll ask Rob to cover for you,** don't worry.

M-Au Thanks Heidi, I appreciate it.

남: 하이디, 당신이 신규 채용자 오리엔테이션을 준비하죠, 그렇죠? 신입 은행원 세 명에 관해 당신에게 확인하고 싶었어요. 여전히 제가 그들과 복지 혜택에 관해 검토했으면 했나요?

여: 네. 그들은 월요일 아침에 은행 소프트웨어 시스템에 관해 교육 받을 예정인데, 그날 점심 식사 직후에 당신이 발표해 주었으면 했어요.

남: 흠… 그게 걱정스러웠어요. 제가 막 월요일 오후 1시에 다른 회의 일정을 잡았거든요. 제가 오전에 먼저 할 수 있는 방법이 있을까요?

여: 음, 이 시점에서는 정말 일정을 변경할 수가 없어요. 하지만 제가 롭에게 당신을 대신해 달라고 부탁할게요. 걱정 말아요.

남: 고마워요 하이디, 그렇게 해준다니 감사해요.

어휘 new-hire 신규 채용자 bank teller 은행 직원 go over 검토하다 benefits 복지 혜택 give one's presentation 발표를 하다 go first 먼저 하다 at this point 이 시점에 cover for ~를 대신하다 appreciate 고마워하다, 감사하다

38

What is the woman coordinating?
(A) A company banquet
(B) A grand opening
(C) A new-hire orientation
(D) A yearly budget meeting

여자는 무엇을 준비하고 있나?
(A) 회사 연회
(B) 대 개장
(C) 신규 채용자 오리엔테이션
(D) 연례 예산 회의

해설 세부 사항 관련 – 여자가 준비하는 것

남자가 여자에게 당신이 신규 채용자 오리엔테이션을 준비하느냐(Heidi, you're the coordinator for the new-hire orientation, right)고 확인하고 있으므로 정답은 (C)이다.

39

Where do the speakers most likely work?
(A) At an insurance company
(B) At a department store
(C) At a business school
(D) At a bank

화자들은 어디에서 일하겠는가?
(A) 보험 회사
(B) 백화점
(C) 경영 대학원
(D) 은행

해설 전체 내용 관련 – 화자들의 근무지

남자가 여자에게 신입 은행원 세 명에 관해 당신에게 확인하고 싶었다(I wanted to check in with you about the three new bank tellers)고 했고, 여자가 그들은 월요일 아침에 은행 소프트웨어 시스템에 관해 교육 받을 것(They'll be trained in the banking software system on Monday morning)이라고 했다. 따라서, 화자들은 은행 직원임을 유추할 수 있으므로 정답은 (D)이다.

40

What does the woman offer to do?
(A) Find another presenter
(B) Confirm an order
(C) Book a venue
(D) Prepare a contract

여자는 무엇을 하겠다고 제안하는가?
(A) 다른 발표자 찾기
(B) 주문 확인하기
(C) 장소 예약하기
(D) 계약서 준비하기

해설 세부 사항 관련 – 여자가 제안하는 것

후반부에서 일정 조정을 요청하는 남자에게 여자가 이 시점에서는 정말 일정을 변경할 수 없다며, 롭에게 당신을 대신해 달라고 부탁하겠다(But I'll ask Rob to cover for you)고 했으므로 정답은 (A)이다.

▶ Paraphrasing 대화의 ask Rob to cover for you
→ 정답의 Find another presenter

41-43 3인 대화

W-Am I'm so glad you're both here! **41 We need to plan our strategy for next month's business exposition.** So, what should we focus on first?

W-Br Well, our advertising agency only has a booth at the exposition for two days, so we really want to make a strong impression.

TEST 5 129

M-Cn	[42] **I think we should put together a pamphlet with samples of our successful ad campaigns and testimonials from our clients.** Can you work on the pamphlet with me, Susan?
W-Br	Yes, [43] **but I'm a little worried about the tight deadline.** We'll need to get it to the printers by next week in order to have it in time for the expo.
여1:	두 사람 다 와 줘서 정말 기뻐요! **우리가 다음 달 비즈니스 박람회를 위한 전략을 세워야 하잖아요.** 그럼, 우선 무엇에 중점을 둬야 할까요?
여2:	음, 우리 광고 대행사가 박람회에서 이틀만 부스를 여니까, 정말로 강렬한 인상을 주고 싶어요.
남:	**우리의 성공적인 광고 캠페인 샘플과 고객들의 추천 글을 모아 팸플릿을 준비해야 합니다.** 저랑 같이 팸플릿 작업을 할 수 있나요, 수잔?
여2:	네, **그런데 빠듯한 마감일이 좀 걱정되네요.** 박람회를 위해 제시간에 받으려면 다음 주까지 인쇄업체들에 보내야 할 거예요.
어휘	plan one's strategy 전략을 세우다　exposition 박람회, 전시회　focus on ~에 중점을 두다　advertising agency 광고 대행사　make a strong impression 강렬한 인상을 주다　put together 합쳐서 준비하다, 만들다　testimonials 추천 글　tight 빠듯한　deadline 마감일　printer 인쇄업체, 인쇄업자　in time 제때, 제시간에

41
What is the conversation mainly about?
(A) Organizing a training session
(B) Preparing for a business exposition
(C) Finding a guest speaker for a convention
(D) Creating an employee handbook

대화는 주로 무엇에 관한 것인가?
(A) 교육 세션 준비하기
(B) 비즈니스 박람회 준비하기
(C) 컨벤션을 위한 초청 연사 찾기
(D) 직원 안내서 만들기

해설　전체 내용 관련 – 대화의 주제

첫 번째 여자의 첫 대사에서 우리가 다음 달 비즈니스 박람회를 위한 전략을 세워야 한다(We need to plan our strategy for next month's business exposition)고 한 후, 박람회 참가에 필요한 것들에 관해 이야기하고 있으므로 정답은 (B)이다.

42
What does the man suggest doing?
(A) Printing a large sign
(B) Revising a timetable
(C) Sending out invitations
(D) Making a pamphlet

남자는 무엇을 하자고 제안하는가?
(A) 대형 표지판 인쇄하기
(B) 시간표 수정하기
(C) 초대장 보내기
(D) 팸플릿 만들기

해설　세부 사항 관련 – 남자가 제안하는 것

남자의 첫 번째 대사에서 우리의 성공적인 광고 캠페인 샘플과 고객들의 추천 글을 모아 팸플릿을 준비해야 한다(I think we should put together a pamphlet with samples of our successful ad campaigns and testimonials from our clients)고 했으므로 정답은 (D)이다.

> **Paraphrasing**　대화의 put together a pamphlet
> → 정답의 Making a pamphlet

43
What does Susan say she is concerned about?
(A) An approaching deadline
(B) An incomplete order
(C) A canceled reservation
(D) A dissatisfied client

수잔은 무엇이 걱정된다고 말하는가?
(A) 다가오는 마감 기한
(B) 불충분한 주문
(C) 취소된 예약
(D) 불만 있는 고객

해설　세부 사항 관련 – 수잔이 우려하는 것

후반부에 수잔이 빠듯한 마감일이 좀 걱정된다(I'm a little worried about the tight deadline)고 했으므로 정답은 (A)이다.

44-46

W-Br	Hi. [44]**I saw some shoes on display, but I don't know how much they cost. Can you help me?**
M-Au	Sure. Which pair of shoes is it?
W-Br	Over here. See, these sandals look great, [45]**but I can't find a price tag.**
M-Au	OK, let me take a look. Can I see the box?
W-Br	Actually, the box isn't on the shelf.
M-Au	All right, [45]**I'll need to find the price on our Web site.** Give me a minute.
여:	안녕하세요. **진열된 신발들을 좀 봤는데 얼마인지 모르겠네요. 도와주실 수 있나요?**
남:	그럼요. 어떤 신발인가요?
여:	여기요. 보시면, 이 샌들이 아주 멋진데, 가격표를 찾을 수가 없네요.
남:	네, 제가 한번 볼게요. 상자를 볼 수 있을까요?
여:	실은, 상자는 선반에 없어요.

남: 알겠습니다. **저희 웹사이트에서 가격을 찾아봐야겠네요.** 잠시만 기다려 주세요.

어휘	on display 진열된, 전시된 price tag 가격표 take a look 한번 보다

44

What does the woman ask the man about?
(A) The model number of a product
(B) The availability of colors
(C) The price of an item
(D) The location of a store

여자는 남자에게 무엇에 관해 묻는가?
(A) 제품의 모델 번호
(B) 색상들의 구입 가능성
(C) 물품의 가격
(D) 상점의 위치

해설 세부 사항 관련 – 여자가 문의하는 것

여자는 첫 대사에서 진열된 신발들을 좀 봤는데 얼마인지 모르겠다(I saw some shoes on display, but I don't know how much they cost)며 도와줄 수 있냐(Can you help me)고 물었으므로 정답은 (C)이다.

▶ Paraphrasing 대화의 how much they cost
→ 정답의 The price

45

Why does the woman say, "these sandals look great"?
(A) To convince a friend to buy shoes
(B) To show interest in making a purchase
(C) To compliment a coworker
(D) To express disagreement

여자는 왜 "이 샌들이 아주 멋진데"라고 말하는가?
(A) 신발을 사고 친구를 설득하기 위해
(B) 구매에 관심이 있음을 보이기 위해
(C) 동료를 칭찬하기 위해
(D) 이견을 표명하기 위해

해설 화자의 의도 파악 – 샌들이 멋지다는 말의 의미

'이 샌들이 아주 멋진데'라고 말한 후 가격표를 찾을 수 없다(I can't find a price tag)고 덧붙인 것을 통해, 멋진 샌들을 구입할 의사가 있어 가격을 알고 싶어함을 알 수 있으므로 정답은 (B)이다.

46

What does the man say he will do?
(A) Print a receipt
(B) Provide a coupon code
(C) Find a brand name
(D) Check a Web site

남자는 무엇을 할 것이라고 말하는가?
(A) 영수증 인쇄하기
(B) 쿠폰 코드 제공하기
(C) 브랜드 이름 찾기
(D) 웹사이트 확인하기

해설 세부 사항 관련 – 남자가 하려는 일

남자가 마지막 대사에서 웹사이트에서 가격을 찾아봐야겠다(I'll need to find the price on our Web site)고 했으므로 정답은 (D)이다.

▶ Paraphrasing 대화의 find the price on our Web site
→ 정답의 Check a Web site

47-49

W-Br	Jhun-soo, **47how's the special order of cakes for the Greenville Café coming along?** They have to be ready for the noon delivery.
M-Cn	I'm a little behind. **48When I turned on the mixing machine this morning, there was a loud creaking noise.** I needed to figure out what the problem was before going any further.
W-Br	Oh, I see. Do you think we'll need to call someone to come and have a look at it?
M-Cn	No, I took care of the problem. I just needed to replace a small part. **49And the cakes should be ready on time for the delivery at noon.**
여:	**준수, 그린빌 카페용 특별 주문 케이크들이 어떻게 되어가고 있죠?** 정오 배달을 위해 준비되어야 하잖아요.
남:	조금 늦어지고 있어요. **오늘 아침에 믹싱기를 켰는데, 삐걱거리는 커다란 소음이 났어요.** 더 쓰기 전에 문제가 뭔지 알아내야 했어요.
여:	아, 그렇군요. 전화해서 누군가에게 와서 봐 달라고 할까요?
남:	아니요, 그 문제는 제가 처리했어요. 그저 작은 부품 하나만 교체하니 됐어요. **그리고 케이크들은 정오 배달을 위해 제시간에 준비될 거예요.**

어휘	special order 특별 주문 delivery 배달 be behind 뒤쳐지다, 늦어지다 turn on 켜다 mixing machine 혼합 기계 creaking noise 삐걱거리는 소음 figure out 알아내다 go further 더 나아가다 take care of 처리하다 replace 교체하다 part 부품 on time 제때, 제시간에

47

Where do the speakers most likely work?
(A) In a bakery
(B) In an appliance store
(C) At a warehouse
(D) At a construction site

화자들은 어디에서 일하겠는가?
(A) 제과점
(B) 가전 제품 매장
(C) 창고
(D) 건설 현장

해설 전체 내용 관련 – 화자들의 직장

초반부에서 여자가 그린빌 카페용 특별 주문 케이크들이 어떻게 되어가고 있는지(how's the special order of cakes for the Greenville Café coming along)를 묻는 질문에, 남자가 그 케이크를 만들며 발생한 문제 및 해결 상황에 관해 이야기하고 있다. 이를 통해, 두 사람은 케이크를 주문 받아 만들어 배달하는 제과점 직원들로 유추할 수 있으므로 정답은 (A)이다.

48

What problem does the man mention?
(A) An employee was late to work.
(B) **A machine was not working properly.**
(C) A shipment was lost.
(D) A customer was not satisfied.

남자가 언급하는 문제는 무엇인가?
(A) 한 직원이 늦게 출근했다.
(B) 기계가 제대로 작동하지 않았다.
(C) 배송품이 분실되었다.
(D) 고객이 만족하지 못했다.

해설 세부 사항 관련 – 남자가 언급하는 문제

남자가 조금 늦어지고 있는 이유로 오늘 아침에 믹싱기를 켰는데, 삐걱거리는 커다란 소음이 났다(When I turned on the mixing machine this morning, there was a loud creaking noise)고 했으므로 정답은 (B)이다.

> Paraphrasing 대화의 there was a loud creaking noise
> → 정답의 not working properly

49

What will happen at noon?
(A) A repair person will arrive.
(B) A display will be set up.
(C) A business will close.
(D) An order will be delivered.

정오에 무슨 일이 있을 것인가?
(A) 수리공이 도착할 것이다.
(B) 진열이 준비될 것이다.
(C) 업체가 문을 닫을 것이다.
(D) 주문품이 배달될 것이다.

해설 세부 사항 관련 – 정오에 있을 일

남자의 마지막 대사에서 케이크들은 정오 배달을 위해 제시간에 준비될 것(And the cakes should be ready on time for the delivery at noon)이라고 했으므로 정답은 (D)이다.

50-52

W-Am Jason? ⁵⁰**I just heard on the radio that there's a big snowstorm heading our way.** The train service may be suspended tomorrow, and I'm scheduled to work an early shift.

M-Au Oh, I'm glad you told me. If the forecast is that bad, other employees won't be able to come to the store either. ⁵¹**I'll decide early tomorrow whether we can open the store or not.**

W-Am ⁵²**Let me know if you need help contacting the rest of the staff in the morning.**

M-Au OK, that would be great. Thanks.

여: 제이슨? 방금 라디오에서 대형 눈보라가 이쪽으로 오고 있다고 들었어요. 내일 열차 운행이 일시 중단될 수도 있는데, 제가 일찍 교대 근무를 할 예정이에요.

남: 아, 말해 줘서 다행이에요. 예보가 그렇게 나쁘다면, 다른 직원들도 매장에 올 수 없겠네요. 제가 내일 일찍 매장을 열 수 있을지 여부를 결정할게요.

여: 아침에 나머지 직원에게 연락하는 데 도움이 필요하면 알려줘요.

남: 알겠어요, 그러면 좋겠네요. 고마워요.

어휘 snowstorm 눈보라 head ~로 향하다 train service 열차 운행 be suspended 일시 중단되다 be scheduled to ~할 예정이다 shift 교대 근무조 forecast 예보 employee 직원 contact 연락하다

50

What problem does the woman mention?
(A) Customer complaints have increased.
(B) Bad weather has been predicted.
(C) Parking in the area is expensive.
(D) The sales forecast is delayed.

여자가 언급하는 문제는 무엇인가?
(A) 고객 불만이 증가했다.
(B) 악천후가 예보되었다.
(C) 그 지역의 주차비가 비싸다.
(D) 판매 예측이 지연되었다.

해설 세부 사항 관련 – 여자가 언급하는 문제

여자의 첫 대사에서 방금 라디오에서 대형 눈보라가 이쪽으로 오고 있다고 들었다(I just heard on the radio that there's a big snowstorm heading our way)고 했으므로 정답은 (B)이다.

> Paraphrasing 대화의 a big snowstorm
> → 정답의 Bad weather

51

What does the man say he will decide tomorrow?

(A) Whether the store will remain closed
(B) Whether additional employees should be hired
(C) When he will launch a new ad campaign
(D) When he will meet with investors

남자는 내일 무엇을 결정할 것이라고 말하는가?
(A) 매장이 문을 닫을지 여부
(B) 추가 직원들이 채용될지 여부
(C) 그가 언제 새 광고 캠페인을 시작할지
(D) 그가 언제 투자자들을 만날지

해설 세부 사항 관련 – 남자가 내일 결정할 일

중반부에서 남자가 내일 일찍 매장을 열 수 있을지 여부를 결정하겠다(I'll decide early tomorrow whether we can open the store or not)고 했으므로 정답은 (A)이다.

▶▶ Paraphrasing 대화의 whether we can open the store or not → 정답의 Whether the store will remain closed

52

What does the woman offer to help the man with?

(A) Organizing a workshop
(B) Making a work schedule
(C) Contacting employees
(D) Calling a consultant

여자가 남자를 돕겠다고 제안하는 것은 무엇인가?
(A) 워크숍 준비하기
(B) 작업 일정 정하기
(C) 직원에게 연락하기
(D) 컨설턴트에게 전화하기

해설 세부 사항 관련 – 여자가 제안하는 도움

여자의 마지막 대사에서 아침에 나머지 직원에게 연락하는 데 도움이 필요하면 알려달라(Let me know if you need help contacting the rest of the staff in the morning)고 했으므로 정답은 (C)이다.

▶▶ Paraphrasing 대화의 the rest of the staff → 정답의 employees

53-55 3인 대화

M-Cn Excuse me. ⁵³My colleague and I heard your announcement over the airport loudspeakers—you're looking for passengers to volunteer to take a later flight to Dallas?

W-Am Yes, this flight is overbooked, so ⁵⁴if you don't mind departing at seven o'clock tonight, I can give you a voucher for three hundred dollars off a future flight.

M-Cn Well, since our meeting isn't until tomorrow, I wouldn't mind getting the discount coupon. Roger, what do you think?

M-Au That's fine with me. ⁵⁵We can just go have dinner while we wait.

W-Am ⁵⁵I'd recommend the Italian restaurant in concourse B—the food's pretty good there. Plus, they have comfortable seating.

남1: 저기요. 제 동료와 제가 공항 스피커에서 나오는 안내 방송을 들었는데요. 더 늦은 댈러스행 비행기를 타겠다고 자원할 승객들을 찾고 계신다고요?
여: 네, 이 항공편이 초과 예약되어서, 오늘 밤 7시에 출발하는 것이 괜찮으시다면, 향후 항공편에 300달러 할인 쿠폰을 드릴 수 있습니다.
남1: 음, 저희 회의가 내일까지는 없기 때문에, 저는 할인 쿠폰을 받는 것이 괜찮은데요. 로저, 어떻게 생각해요?
남2: 저도 괜찮아요. 기다리는 동안 가서 저녁이나 먹죠.
여: 중앙 홀 B에 이탈리아 레스토랑을 추천해 드려요. 거기 음식이 아주 맛있거든요. 게다가 좌석도 편안해요.

어휘 colleague 동료 announcement 안내 방송 loudspeaker 스피커 look for ~을 찾다 passenger 승객 flight 항공편, 비행기 be overbooked 초과 예약되다 depart 출발하다 voucher 쿠폰, 할인권 concourse 중앙 홀 seating 좌석

53

Where is the conversation taking place?

(A) In a hotel
(B) In an airport
(C) At a rental car company
(D) At a travel agency

대화는 어디에서 이루어지고 있나?
(A) 호텔
(B) 공항
(C) 렌터카 회사
(D) 여행사

해설 전체 내용 관련 – 대화의 장소

남자의 첫 대사에서 공항 스피커에서 나오는 안내 방송을 들었다(My colleague and I heard your announcement over the airport loudspeakers)고 한 것에서 airport를 단서로 공항에서 이루어지는 대화임을 알 수 있으므로 정답은 (B)이다.

54

According to the woman, what will the men receive?

(A) A parking pass
(B) A travel guidebook
(C) A rental upgrade
(D) A discount voucher

TEST 5 133

여자에 따르면, 남자들은 무엇을 받을 것인가?
(A) 주차권
(B) 여행 안내서
(C) 대여 업그레이드
(D) 할인 쿠폰

해설 세부 사항 관련 – 남자들이 받게 될 것
여자의 첫 대사에서 오늘 밤 7시에 출발하는 것이 괜찮으시다면, 향후 항공편에 300달러 할인 쿠폰을 드릴 수 있다(if you don't mind departing at seven o'clock tonight, I can give you a voucher for three hundred dollars off a future flight)고 했으므로 정답은 (D)이다.

> Paraphrasing 대화의 a voucher for three hundred dollars off → 정답의 A discount voucher

55
What will the men most likely do next?
(A) Return to their workplace
(B) Change their hotel reservation
(C) Give a presentation
(D) Eat at a restaurant

남자들은 다음에 무엇을 하겠는가?
(A) 그들의 일터로 돌아가기
(B) 호텔 예약 변경하기
(C) 발표하기
(D) 레스토랑에서 식사하기

해설 세부 사항 관련 – 남자들이 다음에 할 일
후반부에 기다리는 동안 가서 저녁이나 먹자(We can just go have dinner while we wait)는 남자의 말에 여자가 중앙 홀 B에 이탈리아 레스토랑을 추천한다(I'd recommend the Italian restaurant in concourse B)고 했으므로, 이후 남자들은 여자가 추천한 레스토랑에서 식사할 것임을 알 수 있다. 따라서 정답은 (D)이다.

> Paraphrasing 대화의 have dinner → 정답의 Eat

56-58

M-Cn	Hi, ⁵⁶I ordered a video camera from you a week ago and it hasn't arrived yet. The tracking number is 17965. ⁵⁶Could you find out what's happened to it?
W-Br	OK, let me check. I can see from our database that a delivery was attempted yesterday, ⁵⁷but it looks like the driver had the wrong address.
M-Cn	But why didn't anyone try to call me? That's not very good customer service. You should have contacted me immediately to confirm my address.
W-Br	You're right, I apologize for that. Let me confirm your information now so I can reschedule the delivery. ⁵⁸And I'll refund the delivery fee to your credit card to compensate you for the inconvenience.

남: 안녕하세요, 제가 일주일 전에 귀사에서 비디오 카메라를 주문했는데, 아직 도착하지 않았어요. 추적 번호가 17965예요. 어떻게 된 건지 알아봐 주시겠어요?
여: 네, 확인해 볼게요. 저희 데이터베이스 상에서 어제 배달이 시도되었던 것을 볼 수 있는데, 운전자가 잘못된 주소를 가지고 있었던 것 같네요.
남: 그런데 왜 누구도 저에게 전화하려 하지 않았죠? 고객 서비스가 별로네요. 즉시 저에게 연락해서 제 주소를 확인하셨어야죠.
여: 맞습니다, 사과 드려요. 배달 일정을 다시 잡도록 지금 제가 귀하의 정보를 확인하겠습니다. 그리고 불편에 대한 보상으로 귀하의 신용 카드로 배송비를 환불해 드릴게요.

어휘 tracking number 추적 번호 find out 알아보다, 알아내다 be attempted 시도되다 contact 연락하다 immediately 즉시 confirm 확인하다 apologize 사과하다 reschedule 일정을 재조정하다 refund 환불하다 delivery fee 배달 요금 credit card 신용 카드 compensate 보상하다 inconvenience 불편

56
Why is the man calling?
(A) To check the status of an order
(B) To provide an updated phone number
(C) To schedule a repair
(D) To inquire about a bill

남자는 왜 전화하고 있는가?
(A) 주문 상태를 확인하기 위해
(B) 업데이트된 전화번호를 제공하기 위해
(C) 수리 일정을 잡기 위해
(D) 청구서에 관해 문의하기 위해

해설 전체 내용 관련 – 전화의 이유
남자가 일주일 전에 귀사에서 비디오 카메라를 주문했는데, 아직 도착하지 않았다(I ordered a video camera from you a week ago and it hasn't arrived yet)며 어떻게 된 건지 알아봐 주겠느냐(Could you find out what's happened to it)고 물었으므로 정답은 (A)이다.

> Paraphrasing 대화의 find out what's happened to it → 정답의 check the status of an order

57
What problem does the woman mention?
(A) An invoice is missing.
(B) A credit card payment was not received.
(C) An address was incorrect.
(D) A product is no longer in stock.

여자가 언급하는 문제는 무엇인가?
(A) 송장이 누락되었다.
(B) 신용 카드 지불을 받지 못했다.
(C) 주소가 올바르지 않다.
(D) 한 제품이 더 이상 재고가 없다.

해설 세부 사항 관련 – 여자가 언급하는 문제점

여자의 첫 대사에서 저희 데이터베이스 상에 어제 배달이 시도되었던 것을 볼 수 있는데, 운전자가 잘못된 주소를 가지고 있었던 것 같다(it looks like the driver had the wrong address)고 했으므로 정답은 (C)이다.

> **Paraphrasing** 대화의 wrong → 정답의 incorrect

58
What does the woman offer to do?
(A) Talk to a supervisor
(B) Provide a refund
(C) Change a password
(D) Add product insurance

여자는 무엇을 하겠다고 제안하는가?
(A) 관리자에게 이야기하기
(B) 환불 제공하기
(C) 비밀번호 변경하기
(D) 제품 보험 추가하기

해설 세부 사항 관련 – 여자의 제안 사항

여자의 마지막 대사에서 불편에 대한 보상으로 신용 카드로 배송비를 환불해 주겠다(And I'll refund the delivery fee to your credit card to compensate you for the inconvenience)고 했으므로 정답은 (B)이다.

> **Paraphrasing** 대화의 refund the delivery fee
> → 정답의 Provide a refund

59-61

M-Au Hi, ⁵⁹earlier I parked my car on the lower level, but I don't have quite enough cash with me to pay. Do you accept credit cards?

W-Am I can't process a credit card here at the exit, but you have two options. There's a payment kiosk on the first floor of the parking garage that does ... or if you can access the Internet, you can pay online using your smart phone.

M-Au Good! ⁶⁰I'll pay online...and what's the Web site address that I should use?

W-Am The address is printed on the back of your parking ticket.

M-Au Thanks!

W-Am No problem. Once you've paid the fee online, ⁶¹you'll get a confirmation code e-mailed to you. Use that number to exit.

남: 안녕하세요, 좀 전에 저층부에 제 차를 주차했는데, 비용을 지불할 현금이 부족해서요. 신용 카드도 받아주시나요?

여: 여기 출구에서는 신용 카드를 처리할 수 없는데, 두 가지 선택사항이 있습니다. 주차장 1층에 납입 키오스크가 하나 있고요… 아니면 인터넷에 접속하실 수 있다면, 스마트폰을 이용해 온라인으로 지불하실 수 있어요.

남: 잘됐네요! **온라인으로 지불할게요**… 그리고 제가 이용해야 하는 웹사이트 주소가 어떻게 되나요?

여: 주소는 주차권 뒤에 인쇄되어 있어요.

남: 감사합니다!

여: 아닙니다. 일단 온라인으로 요금을 지불하시면, **이메일로 확인 코드를 받으실 거예요.** 그 번호를 이용해서 나가세요.

어휘 park 주차하다 lower level 저층부 cash 현금 credit card 신용 카드 process 처리하다 exit 출구; 나가다 payment 납입 parking garage 주차장 access 접속하다 printed 인쇄된 parking ticket 주차권 fee 요금 confirmation 확인

59
Where most likely are the speakers?
(A) In a car repair shop
(B) In a bank
(C) In a parking garage
(D) In a computer store

화자들은 어디에 있겠는가?
(A) 자동차 정비소
(B) 은행
(C) 주차장
(D) 컴퓨터 매장

해설 전체 내용 관련 – 대화의 장소

초반부에서 남자가 좀 전에 저층부에 주차를 했고(earlier I parked my car on the lower level), 현금이 부족한데(I don't have quite enough cash with me to pay) 신용 카드도 받아주느냐(Do you accept credit cards)고 묻고 있으므로 화자들은 주차장에 있음을 알 수 있다. 따라서 정답은 (C)이다.

60
What does the man decide to do?
(A) Return at a later time
(B) Withdraw money from a cash machine
(C) Call a customer service number
(D) Make a payment online

남자가 하기로 결정한 것은 무엇인가?
(A) 나중에 다시 오기
(B) 현금 인출기에서 돈 인출하기
(C) 고객 서비스 번호로 전화하기
(D) 온라인으로 지불하기

해설 세부 사항 관련 – 남자의 결정 사항

중반부에서 여자가 스마트폰을 이용해 온라인으로 지불할 수 있다고 알려주었고, 이에 남자가 온라인으로 지불하겠다(I'll pay online)고 했으므로 정답은 (D)이다.

> **Paraphrasing** 대화의 pay online
> → 정답의 Make a payment online

61

What will be sent to the man?

(A) An account statement
(B) An appointment time
(C) A confirmation number
(D) A warranty offer

남자에게 무엇이 전달될 것인가?
(A) 계좌 명세서
(B) 약속 시간
(C) 확인 번호
(D) 보증 제공

해설 세부 사항 관련 – 남자에게 보내질 것

여자가 남자에게 요금을 지불하면, 이메일로 확인 코드를 받을 것(you'll get a confirmation code e-mailed to you)이라고 했으므로 정답은 (C)이다.

> ▶▶ Paraphrasing 대화의 a confirmation code
> → 정답의 A confirmation number

62-64 대화 + 층별 안내도

M-Cn	Hi. ⁶²**Welcome to Capital Bookshop. Are you looking for something in particular?**
W-Br	Yes, I need a copy of a book called *January's Flight*. My friends and I are starting a book club next month. ⁶³**People say that it's a good one for generating a lot of questions and comments.**
M-Cn	That's true—it's one of my favorites. ⁶⁴**You can find it on the back wall of the store, next to the café.** The books there are arranged by author. Can I help you with anything else?
W-Br	No thanks, but I think I'll browse for a little while.

남: 안녕하세요. 캐피탈 서점에 오신 것을 환영합니다. 특별히 찾으시는 게 있으신가요?
여: 네, 〈1월의 비행〉이라는 책이 한 부 필요해서요. 제 친구들과 제가 다음 달에 독서모임을 시작하거든요. 사람들이 그 책이 질문과 의견을 많이 끌어내기에 좋다고 해서요.
남: 맞습니다. 제가 좋아하는 책 중 하나예요. 카페 옆, 매장 뒤쪽 벽면에서 찾으실 수 있습니다. 거기에 책들이 작가 별로 배열되어 있어요. 뭐 다른 것 도와드릴까요?
여: 괜찮아요, 고마워요. 잠깐 둘러볼까 해요.

어휘	look for ~을 찾다 in particular 특별히, 특히 copy 부, 사본 generate 생성하다, 발생시키다 comment 의견 be arranged 배열되다 author 작가, 저자 browse 둘러보다 for a little while 잠깐 동안

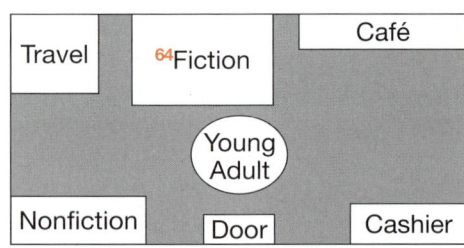

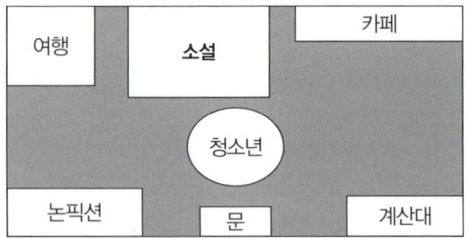

62

Who most likely is the man?

(A) An author
(B) A teacher
(C) A store clerk
(D) A delivery person

남자는 누구이겠는가?
(A) 작가
(B) 교사
(C) 점원
(D) 배달원

해설 전체 내용 관련 – 남자의 직업

남자의 첫 대사에서 캐피탈 서점에 오신 것을 환영한다(Welcome to Capital Bookshop)며, 특별히 찾는 게 있는지(Are you looking for something in particular)를 묻고 있으므로, 남자는 Capital Bookshop의 직원임을 알 수 있다. 따라서 정답은 (C)이다.

63

What does the woman say she heard about the book?

(A) It will provide opportunities for discussion.
(B) It is the first book in a series.
(C) It has been a best seller for many months.
(D) It is difficult for children to understand.

여자는 책에 관해 뭐라고 들었다고 말하는가?
(A) 토론 기회들을 제공할 것이다.
(B) 시리즈의 첫 번째 책이다.
(C) 여러 달 동안 베스트셀러였다.
(D) 어린이들이 이해하기 어렵다.

해설 세부 사항 관련 – 여자가 책에 관해 들은 사실

여자는 사람들이 그 책이 질문과 의견을 많이 끌어내기에 좋다고 했다(People say that it's a good one for generating a lot of questions and comments)며 사실을 전하고 있으므로 정답은 (A)이다.

> ▶ Paraphrasing 대화의 generating a lot of questions and comments → 정답의 provide opportunities for discussion

64

Look at the graphic. In which section is the book that the woman is looking for?

(A) Nonfiction
(B) Young Adult
(C) Travel
(D) Fiction

시각 정보에 의하면, 여자가 찾고 있는 책은 어느 섹션에 있나?
(A) 논픽션
(B) 청소년
(C) 여행
(D) 소설

해설 시각 정보 연계 – 여자가 찾는 책이 있는 위치

남자는 여자가 찾는 책을 카페 옆, 매장 뒤쪽 벽면에서 찾을 수 있다(You can find it on the back wall of the store, next to the café)고 알려주었고, 시각 정보를 보면 Café 옆에 있는 것은 소설(Fiction)이므로 정답은 (D)이다.

65-67 대화 + 평가

W-Am Markus, did you see the article in *Eats and Treats* magazine with the list of the best local restaurants? The article gave our restaurant five stars in the category of menu options. ⁶⁵**As the head chef, you must be proud.**

M-Cn Yes, I saw that article, and I'm glad I decided to revise the menu last spring. It shows that customers appreciate healthy food choices.

W-Am True, but I'm disappointed that some of our ratings weren't better. I'm not surprised that we scored low in the pricing category. ⁶⁶**But, I am surprised by this one—where we only received three stars. We'll have to work on improving that area next year.**

M-Cn Yes, ⁶⁷**it may be a good idea to meet with the staff about this. They may have some ideas for some changes we can make.**

여: 마커스, 〈음식과 기쁨〉 잡지에 최고의 지역 레스토랑들 목록과 함께 실린 기사 봤어요? 그 기사에서 메뉴 선택사항 카테고리에서 우리 레스토랑에 별 다섯 개를 줬어요. **수석 요리사로서, 자랑스러우시겠어요.**

남: 네, 기사 봤어요. 지난봄에 메뉴를 변경하기로 결정해서 다행이에요. 기사에 따르면 고객들이 건강에 좋은 음식 종류를 인정해준다는 거죠.

여: 맞아요, 하지만 저는 몇몇 평가들이 더 좋지 않았던 게 실망스러워요. 가격 카테고리에서 점수가 낮았던 것은 놀랍지 않은데요. 하지만 이 점은 놀랐어요, 우리가 겨우 별 세 개를 받았던 부문이요. 내년에 이 부문을 개선하도록 애써야 할 거예요.

남: 네, 이 점에 관해 직원들을 만나보는 것도 좋겠어요. 우리가 뭘 바꿀 수 있을지에 대한 아이디어가 직원들에게 있을 수 있으니까요.

어휘 article 기사 head chef 수석 요리사 proud 자랑스러운 revise 변경하다 customer 고객 appreciate 인정하다 healthy 건강에 좋은 disappointed 실망스러운 rating 평가, 등급 score low 점수가 낮다 work on ~에 애쓰다 improve 개선하다 area 부문

Blue Waters Restaurant Rating

Atmosphere
★★★★

Prices
★★

⁶⁶Customer Service
★★★

Menu Options
★★★★★

블루 워터스 레스토랑 평가

분위기
★★★★

가격
★★

고객 서비스
★★★

메뉴 선택사항
★★★★★

65

Who most likely is the man?

(A) A financial advisor
(B) A food critic
(C) An editor
(D) A chef

남자는 누구이겠는가?
(A) 재정 고문
(B) 음식 평론가
(C) 편집자
(D) 요리사

해설 세부 사항 관련 – 남자의 직업

여자가 남자에게 수석 요리사로서, 자랑스럽겠다(As the head chef, you must be proud)고 말했으므로, 남자는 수석 요리사임을 알 수 있다. 따라서 정답은 (D)이다.

> ▶ Paraphrasing 대화의 the head chef → 정답의 A chef

66

Look at the graphic. What area does the woman want the restaurant to improve in?

(A) Atmosphere
(B) Prices
(C) Customer service
(D) Menu options

시각 정보에 의하면, 여자는 레스토랑의 어떤 부문이 개선되기를 원하는가?
(A) 분위기
(B) 가격
(C) 고객 서비스
(D) 메뉴 선택사항

해설 시각 정보 연계 – 여자가 개선을 원하는 부문

여자는 별을 세 개만 받았던 부문에 대해 놀랐고(I am surprised by this one—where we only received three stars), 내년에 이 부문을 개선하도록 애써야 할 것(We'll have to work on improving that area next year)이라고 말했다. 시각 정보에서, 별 세 개를 받은 것은 고객 서비스(Customer service)이므로 정답은 (C)이다.

67

What does the man recommend doing?

(A) Renovating a building
(B) Asking employees for suggestions
(C) Offering cooking classes
(D) Providing food samples

남자는 무엇을 하라고 권하는가?
(A) 건물 개조하기
(B) 직원들에게 제안 요청하기
(C) 요리 강좌 제공하기
(D) 음식 샘플 제공하기

해설 세부 사항 관련 – 남자가 권하는 사항

남자는 마지막 대사에서 이 점에 관해 직원들을 만나보는 것도 좋겠다(it may be a good idea to meet with the staff about this)며, 우리가 뭘 바꿀 수 있을지에 대한 아이디어가 직원들에게 있을 수 있다(They may have some ideas for some changes we can make)고 했으므로 정답은 (B)이다.

▶▶ Paraphrasing 대화의 **some ideas** → 정답의 **suggestions**

68-70 대화 + 그림

W-Br **68Today, for your laboratory technician training, we'll discuss monitoring the thermostat batteries.** If the power's too low, we won't know the exact temperature of the equipment.

M-Cn **69Do the thermostats in the lab have spare batteries or a backup power source just in case?**

W-Br No, there's no backup. You'll need to monitor the battery closely. Always check the display screen.

M-Cn When do I change the batteries?

W-Br In your trainee manual, you can see how the battery-power levels will appear on the display. **70Replace batteries when they reach twenty-five percent.** We don't want to replace them any earlier than we have to, but we can't wait until they run out or we may lose valuable data.

여: 오늘, 여러분의 실험실 기술자 교육을 위해, 온도 조절 장치 배터리 관찰에 대해 논의해 보려고 합니다. 전력이 너무 낮을 경우, 장비의 정확한 온도를 알 수 없습니다.

남: 실험실의 온도 조절 장치들에 만약의 경우에 대비한 여분의 배터리나 예비 전력원이 있나요?

여: 아니요, 예비용은 없어요. 배터리를 면밀하게 관찰해야만 합니다. 항상 디스플레이 화면을 확인하세요.

남: 배터리들을 언제 갈아야 하죠?

여: 교육생 안내서에서, 디스플레이에 배터리 전력 수준이 어떻게 나타나는지 보실 수 있는데요. **배터리 수준이 25퍼센트에 도달하면 배터리를 교체하세요.** 필요할 때보다 더 일찍 교체하는 것은 원치 않지만, 배터리가 다 닳거나 귀중한 자료를 잃을 수도 있을 때까지 기다릴 수는 없습니다.

어휘 laboratory 실험실, 연구소 technician 기술자 thermostat 온도 조절 장치 power 전력 exact 정확한 temperature 온도 equipment 장비 spare 여분의 backup 예비의 power source 전력원 just in case 만약의 경우에 closely 면밀하게 trainee 교육생 replace 교체하다 reach 도달하다 run out 다 되다, 다 떨어지다 valuable data 귀중한 자료

Battery Power Level Display

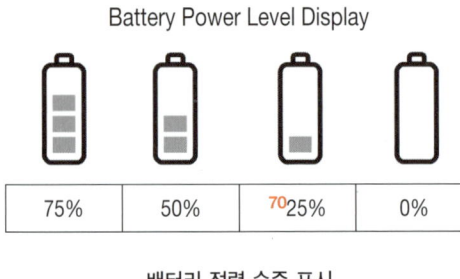

| 75% | 50% | 70**25%** | 0% |

배터리 전력 수준 표시

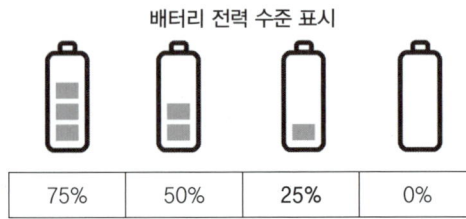

| 75% | 50% | 25% | 0% |

68

What event is taking place?

(A) A training session
(B) A job interview
(C) A management meeting
(D) An award ceremony

어떤 행사가 열리고 있나?
(A) 교육 세션
(B) 취업 면접
(C) 경영진 회의
(D) 시상식

해설 전체 내용 관련 – 진행되는 행사
여자는 첫 대사에서 오늘 여러분의 실험실 기술자 교육을 위해, 온도 조절 장치 배터리 관찰에 대해 논의하겠다(Today, for your laboratory technician training, we'll discuss monitoring the thermostat batteries)고 했으므로 정답은 (A)이다.

69

What does the man ask about?

(A) Experiment results
(B) Alternative power sources
(C) Additional order requests
(D) Different model types

남자는 무엇에 관해 묻는가?
(A) 실험 결과
(B) 대체 전력원
(C) 추가 주문 요청
(D) 다른 모델 유형들

해설 세부 사항 관련 – 남자가 묻는 사항
남자의 첫 대사에서 실험실의 온도 조절 장치들이 여분의 배터리나 예비 전력원이 있는지(Do the thermostats in the lab have spare batteries or a backup power source just in case)를 물었으므로 정답은 (B)이다.

▶ Paraphrasing 대화의 backup power source
→ 정답의 Alternative power sources

70

Look at the graphic. According to the woman, how many bars will be displayed when the battery should be replaced?

(A) Three bars
(B) Two bars
(C) One bar
(D) Zero bars

시각 정보를 보라. 여자에 따르면, 몇 개의 바가 표시될 때 배터리가 교체되어야 하는가?
(A) 바 3개
(B) 바 2개
(C) 바 1개
(D) 바 0개

해설 시각 정보 연계 – 표시될 바의 개수
후반부에서 여자가 배터리 수준이 25퍼센트에 도달하면 배터리를 교체하라(Replace batteries when they reach twenty-five percent)고 했고, 시각 정보에서, 20퍼센트일 때 바의 개수는 1개(One bar)이므로 정답은 (C)이다.

PART 4

71-73 방송

M-Au Good evening listeners! **71Here's your WXRN traffic report.** For anyone traveling near the city center, there are twenty-to thirty-minute delays entering the city, and traffic is backed up on the highways. **72As you know, our city is hosting the regional baseball tournament this week. It begins this afternoon in the stadium,** and attendance is expected to reach around ten thousand. So if you have to commute into the city this week, **73we strongly encourage you to take the bus or the train.**

청취자 여러분 안녕하세요! 여러분의 WXRN 교통 정보입니다. 도심부 인근에서 이동 중인 여러분, 시내 진입이 20-30분 지연되고 있고, 고속도로들도 꽉 막혀 있습니다. 아시다시피, 우리 시가 이번 주에 지역 야구 대회를 개최하는데요. 대회가 오늘 오후 경기장에서 시작되고, 관중 수가 만 명에 이를 것으로 예상됩니다. 그러니 이번 주 시내로 통근하셔야 한다면, 버스나 열차를 타실 것을 강력히 권장합니다.

어휘 traffic report 교통 정보 travel 이동하다 city center 도심부 delay 지연 be backed up 밀려 있다, 꽉 막히다 highway 고속도로 host 주최하다 stadium 경기장 attendance 참석자 수 be expected to ~할 것으로 예상되다 reach 이르다 commute 통근하다 strongly encourage 강력히 권장하다

71

What is the main topic of the broadcast?

(A) A weather report
(B) A traffic update
(C) A celebrity interview
(D) An international news story

방송의 주된 주제는 무엇인가?
(A) 일기 예보
(B) 교통 정보
(C) 유명인 인터뷰
(D) 국제 뉴스 기사

해설 전체 내용 관련 – 방송의 주제
초반부에서 청취자들에게 인사한 후 여러분의 WXRN 교통 정보(Here's your WXRN traffic report)라고 했으므로 정답은 (B)이다.

▶ Paraphrasing 지문의 traffic report → 정답의 traffic update

TEST 5 139

72

According to the speaker, what will begin today?

(A) A conference
(B) A seasonal market
(C) A sports tournament
(D) A concert series

화자에 따르면, 오늘 무엇이 시작될 것인가?

(A) 회의
(B) 계절 시장
(C) 스포츠 대회
(D) 콘서트 시리즈

해설 세부 사항 관련 - 오늘 시작될 것

중반부에서 이번 주에 지역 야구 대회를 개최하는데(As you know, our city is hosting the regional baseball tournament this week) 오늘 오후에 경기장에서 시작된다(It begins this afternoon in the stadium)고 했으므로 정답은 (C)이다.

▶▶ Paraphrasing 지문의 the regional baseball tournament
→ 정답의 A sports tournament

73

What does the speaker suggest that listeners do?

(A) Arrive early
(B) Purchase tickets online
(C) Bring warm clothes
(D) Take public transportation

화자는 청취자들에게 무엇을 하라고 제안하는가?

(A) 일찍 도착하기
(B) 온라인으로 표 구매하기
(C) 따뜻한 옷 가져오기
(D) 대중 교통 이용하기

해설 세부 사항 관련 - 화자가 제안하는 사항

후반부에서 이번 주 시내로 통근한다면, 버스나 열차를 탈 것을 강력히 권한다(we strongly encourage you to take the bus or the train)고 했으므로 정답은 (D)이다.

▶▶ Paraphrasing 지문의 take the bus or the train
→ 정답의 Take public transportation

74-76 안내방송

M-Cn **74**Good afternoon mall patrons. I'd like to direct your attention to the center court of our shopping mall today. In just fifteen minutes, we're inviting you to join us there for a high-energy "Fitness Meets Fashion" show. We'll be showcasing a variety of looks for winter athletic apparel from different stores here in the mall. **75**After the show, there'll be physical trainers on hand for those who have questions about winter gear and how to train outdoors during the cold weather. And one of the clothing companies participating, **76**Urban Olympiad, has just set up a new store on the ground floor. They've opened their doors for the first time today.

안녕하세요 몰 단골 고객 여러분. 오늘 저희 쇼핑몰의 중앙 코트를 주목해 주셨으면 합니다. 단 15분 후에, 활력 넘치는 쇼 "피트니스가 패션을 만나다"에 함께하시도록 여러분을 초대하고자 합니다. 이곳 몰 내 다양한 매장에서 겨울 스포츠 의류의 다양한 모습을 공개합니다. 쇼가 끝나면 겨울 장비와 추운 날씨 동안 야외 훈련 방법에 관해 질문이 있는 분들을 위해 헬스 트레이너들이 자리에 함께합니다. 그리고 참여하는 의류 회사들 중 하나인, 어반 올림피아드가 1층에 막 새로운 매장을 냈습니다. 그들은 오늘 처음으로 문을 열었습니다.

어휘 patron 단골 고객 direct one's attention ~로 주의를 돌리다 high-energy 에너지 넘치는 showcase 공개 행사 a variety of 여러 가지의 athletic apparel 스포츠 의류 physical trainer 헬스 트레이너 be on hand 자리에 함께하다, 참가하다 gear 장비 clothing company 의류 회사 participate 참가하다 set up a new store 새로운 매장을 내다 for the first time 처음으로

74

Where is the announcement taking place?

(A) At a shopping mall
(B) At a ski resort
(C) At a design company headquarters
(D) At a sports stadium

안내방송은 어디에서 이루어지고 있나?

(A) 쇼핑몰
(B) 스키 리조트
(C) 디자인 회사 본사
(D) 스포츠 경기장

해설 전체 내용 관련 - 안내방송의 장소

도입부에서 몰 고객에게 인사하며, 오늘 저희 쇼핑몰의 중앙 코트를 주목해 달라(Good afternoon mall patrons. I'd like to direct your attention to the center court of our shopping mall today)고 했으므로, 쇼핑몰에서 이루어지고 있는 안내방송임을 알 수 있다. 따라서 정답은 (A)이다.

75

What does the speaker say will happen immediately after today's event?

(A) A famous athlete will speak.
(B) A contract will be signed.
(C) Trainers will provide consultations.
(D) Attendees will fill out a survey.

화자는 오늘 행사 직후에 무슨 일이 있을 것이라고 말하는가?

(A) 유명한 운동 선수가 연설을 할 것이다.
(B) 계약이 체결될 것이다.
(C) 트레이너들이 컨설팅을 제공할 것이다.
(D) 참석자들이 설문지를 작성할 것이다.

해설 세부 사항 관련 – 행사 직후에 있을 일

쇼가 끝나면 겨울 장비와 추운 날씨 동안 야외 훈련 방법에 관해 질문이 있는 분들을 위해 헬스 트레이너들이 자리에 함께한다(After the show, there'll be physical trainers on hand for those who have questions about winter gear and how to train outdoors during the cold weather)고 했으므로 정답은 (C)이다.

76

What does the speaker say about Urban Olympiad?
(A) It is now officially open.
(B) It is giving away free tickets.
(C) It has won an award.
(D) It has undergone a merger.

화자는 어반 올림피아드에 관해 뭐라고 말하는가?
(A) 이제 공식적으로 문을 열었다.
(B) 무료 표를 제공하고 있다.
(C) 상을 받았다.
(D) 합병을 거쳤다.

해설 세부 사항 관련 – 어반 올림피아드에 관해 언급된 사항

후반부에서 어반 올림피아드가 1층에 막 새로운 매장을 냈는데(Urban Olympiad, has just set up a new store on the ground floor) 오늘 처음으로 문을 열었다(They've opened their doors for the first time today)고 했으므로 정답은 (A)이다.

▸▸ Paraphrasing 지문의 opened their doors for the first time
→ 정답의 is now officially open

77-79 전화 메시지

W-Br Hello, 77 **I'm calling about a problem I had with your bus service.** I ride the six o'clock bus home from work. 78 **Yesterday evening I waited for the bus for an hour in the rain before giving up and taking a taxi.** I checked your company's Web site for news about delays but there wasn't any current information posted, so I decided to call this information hotline. 79 **Can you tell me if there's been a change to the bus schedule?** I need to know today please, before my work day ends. My phone number is 555-0127. Thanks.

안녕하세요, **귀사의 버스 서비스로 제가 겪은 문제에 관하여 전화 드립니다.** 저는 6시 정각 버스를 타고 회사에서 집으로 가는데요. 어제 저녁 **빗속에서 1시간 동안 버스를 기다리다가 포기하고 택시를 탔습니다.** 귀사의 웹사이트에서 지연에 관한 소식을 확인해 봤지만, 게시된 최신 정보가 없어서, 이 정보 상담 전화로 전화하기로 했습니다. **그 버스 일정에 변화가 있었는지 알려주시겠어요?** 오늘 일이 끝나기 전에 알아야 합니다. 제 전화번호는 555-0127입니다. 감사합니다.

어휘 give up 포기하다 take a taxi 택시를 타다 delay 지연 current 현재의 posted 게시된 hotline 상담 전화

77

What business is the speaker calling?
(A) A doctor's office
(B) A car repair shop
(C) A transportation service
(D) An employment agency

화자는 어떤 업체에 전화하고 있나?
(A) 의사 진료실
(B) 자동차 정비소
(C) 교통 서비스
(D) 채용 대행사

해설 전체 내용 관련 – 화자가 전화하는 업체

초반부에서 귀사의 버스 서비스로 제가 겪은 문제에 관하여 전화 드린다(I'm calling about a problem I had with your bus service)고 했으므로 정답은 (C)이다.

▸▸ Paraphrasing 지문의 your bus service
→ 정답의 A transportation service

78

Why did the speaker take a taxi?
(A) Her car broke down.
(B) Her bus never came.
(C) She was concerned about parking.
(D) She was late for a party.

화자는 왜 택시를 탔는가?
(A) 차가 고장 났다.
(B) 버스가 오지 않았다.
(C) 주차가 걱정되었다.
(D) 파티에 늦었다.

해설 세부 사항 관련 – 화자가 택시를 탄 이유

화자가 어제 저녁 빗속에서 1시간 동안 버스를 기다리다가 포기하고 택시를 탔다(Yesterday evening I waited for the bus for an hour in the rain before giving up and taking a taxi)고 했으므로, 버스가 오지 않아 택시를 탄 것임을 알 수 있으므로 정답은 (B)이다.

79

What would the speaker like to know?
(A) When a business will open
(B) How much a repair will cost
(C) How to get to an event
(D) Whether a schedule has changed

화자는 무엇을 알고 싶어하는가?
(A) 업체가 언제 문을 열지
(B) 수리 비용이 얼마일지
(C) 행사에 어떻게 가야 할지
(D) 일정이 변경되었는지 아닌지

해설 **세부 사항 관련 - 화자가 알고자 하는 정보**
화자가 후반부에서 그 버스 일정에 변화가 있었는지 알려달라(Can you tell me if there's been a change to the bus schedule?)고 했으므로 정답은 (D)이다.

> **Paraphrasing** 지문의 **if there's been a change to the bus schedule** → 정답의 **Whether a schedule has changed**

80-82 공지

> W-Am ⁸⁰**I'd like to start our weekly personnel department meeting with a hiring update for the Dubai office.** As you know, we've been working hard to fill several managerial positions there by the beginning of summer. ⁸¹**So far, we haven't received any applications from qualified candidates outside the company**, and well, **the deadline to submit was May 15.** ⁸¹, ⁸²**So, since several current employees have applied, I want the team to start interviewing them next week.** Please be on the lookout for the interview schedule, which I'll e-mail you shortly.
>
> 우리의 주간 인사 부서 회의를 두바이 사무소 고용에 관한 소식으로 시작하고자 합니다. 아시다시피, 우리가 여름 시작 즈음 그곳에 여러 관리 직책들을 채우고자 열심히 일해 왔는데요. 지금까지 회사 외부에서 자격 있는 지원자들의 지원서를 전혀 받지 못했고, 음, 제출 마감일은 5월 15일이었습니다. 그런데 현직 직원들이 여러 명 지원했기 때문에, 팀이 다음 주에 그들과 면접을 시작했으면 합니다. 면접 일정을 세심히 살펴보세요. 면접 일정은 곧 이메일로 보내겠습니다.

> 어휘 weekly 주간의 personnel department 인사 부서 fill 채우다 managerial position 관리 직책 application 지원서 qualified 자격 있는 candidate 지원자 outside 외부에서 deadline 마감일 submit 제출하다 current 현재의 apply 지원하다 be on the lookout for ~를 세심히 살펴보다 shortly 곧, 금방

80
Who most likely is the speaker?
(A) An accountant
(B) A travel agent
(C) A computer technician
(D) A hiring manager

화자는 누구이겠는가?
(A) 회계사
(B) 여행사 직원
(C) 컴퓨터 기술자
(D) 고용 관리자

해설 **전체 내용 관련 - 화자의 신분**
초반부에서 우리의 주간 인사 부서 회의를 두바이 사무소 고용에 관한 소식으로 시작하고자 한다(I'd like to start our weekly personnel department meeting with a hiring update for the Dubai office)고 했으므로, 화자는 인사 부서에서 고용 관련 업무를 담당하는 사람으로 유추할 수 있으므로 정답은 (D)이다.

81
What does the speaker mean when she says, "the deadline to submit was May 15"?
(A) She missed a good job opportunity.
(B) She needs to verify some details.
(C) She must move forward with a task.
(D) She forgot to notify a colleague.

화자가 "제출 마감일은 5월 15일이었습니다"라고 말한 의도는 무엇인가?
(A) 그녀는 좋은 일자리 기회를 놓쳤다.
(B) 그녀는 몇 가지 세부 사항을 확인해야 한다.
(C) 그녀는 일을 진행해야 한다.
(D) 그녀는 동료에게 알리는 것을 잊어버렸다.

해설 **화자의 의도 파악 - 제출 마감일이 5월 15일이었다는 말의 의미**
화자는 지금까지 회사 외부의 자격 있는 지원자들의 지원서를 받지 못했다(So far, we haven't received any applications from qualified candidates outside the company)고 했고, 제출 마감일이 5월 15일이었다고 언급했다. 뒤이어 현직 직원들이 여러 명 지원했기 때문에 팀이 다음 주에 그들과 면접을 시작했으면 한다(So, since several current employees have applied, I want the team to start interviewing them next week)고 했다. 따라서 제출 마감일은 이미 지났기 때문에 다음 과정인 면접을 진행하자는 의도로 보이므로 정답은 (C)이다.

82
According to the speaker, what will happen next week?
(A) A budget will be reviewed.
(B) Interviews will begin.
(C) Airfares will increase.
(D) A system upgrade will occur.

화자에 따르면, 다음 주에 무슨 일이 있을 것인가?
(A) 예산이 검토될 것이다.
(B) 면접이 시작될 것이다.
(C) 항공 요금이 오를 것이다.
(D) 시스템 업그레이드가 이루어질 것이다.

해설 **세부 사항 관련 - 다음 주에 있을 일**
후반부에서 현직 직원들이 여러 명 지원했기 때문에, 팀이 다음 주에 그들과 면접을 시작했으면 한다(So, since several current employees have applied, I want the team to start interviewing them next week)고 했으므로 정답은 (B)이다.

> **Paraphrasing** 지문의 **start interviewing** → 정답의 **Interviews will begin.**

83-85 회의 발췌

M-Au Welcome to our quarterly staff meeting. First, I want to encourage you to read the business section in today's *Newville Times*. **83You'll see there that we received the award for the best household moving company in the area!** But keep in mind, there's a new moving company opening soon in the city. **84In order to maintain our successful business,** **85we've invested in ten more moving trucks** and hired some new drivers. The trucks are expected to be here by the end of the month.

저희 분기별 직원 회의에 오신 것을 환영합니다. 먼저, 오늘 자 〈뉴빌 타임즈〉의 경제란을 읽어 보실 것을 권하고 싶은데요. **거기서 우리가 지역 내 최고의 가정집 이사 업체로 상을 받았다는 것을 보실 수 있을 것입니다!** 그러나 명심하세요, **시내에 새로운 이사 업체가 곧 문을 엽니다.** 우리 사업이 계속 성공 가도를 달리기 위해 추가로 이사 트럭 10대에 투자하고 새로운 운전기사들도 고용했습니다. 트럭들은 이 달 말까지 여기 도착하리라 예상합니다.

> **어휘** quarterly 분기별의 encourage 권하다, 권장하다 receive the award 상을 받다 household moving company 가정집 이사 업체 keep in mind 명심하다 maintain 유지하다 successful 성공적인 invest 투자하다 hire 고용하다 by the end of the month 이 달 말까지

83
What did the *Newville Times* recently do?
(A) It printed advertisements in color.
(B) It reduced the subscription fee.
(C) It announced award winners.
(D) It merged with another newspaper.

〈뉴빌 타임즈〉는 최근에 무엇을 했나?
(A) 광고들을 컬러로 인쇄했다.
(B) 구독료를 낮췄다.
(C) 수상자들을 발표했다.
(D) 다른 신문사와 합병했다.

해설 세부 사항 관련 – 〈뉴빌 타임즈〉가 한 일

화자는 〈뉴빌 타임즈〉(Newville Times)에서 우리가 지역 내 최고의 가정집 이사 업체로 상을 받았다는 내용을 볼 수 있다(You'll see there that we received the award for the best household moving company in the area)고 했으므로, 뉴빌 타임즈에서 수상자를 발표했음을 알 수 있다. 따라서 정답은 (C)이다.

84
What does the speaker imply when he says, "there's a new moving company opening soon in the city"?
(A) A branch location will be built.
(B) Competition for customers will increase.
(C) More people will move to the area.
(D) Road traffic will worsen.

화자가 "시내에 새로운 이사 업체가 곧 문을 엽니다"라고 말할 때 암시하는 것은?
(A) 한 지점이 건설될 것이다.
(B) 고객 유치 경쟁이 심해질 것이다.
(C) 더 많은 사람들이 그 지역으로 이사할 것이다.
(D) 도로 교통이 악화될 것이다.

해설 화자의 의도 파악 – 시내에 새로운 이사 업체가 문을 연다는 말의 의미

인용구 뒤에 우리 사업이 계속 성공 가도를 달리기 위해(In order to maintain our successful business)라고 덧붙인 것으로 보아, 새로운 업체의 등장에 따른 경쟁으로 인해 성공을 유지해야 하는 상황을 언급한 것임을 알 수 있으므로 정답은 (B)이다.

85
What has the business bought recently?
(A) Vehicles
(B) Cleaning equipment
(C) Office furniture
(D) Computers

업체는 최근에 무엇을 구입했나?
(A) 차량들
(B) 청소 장비들
(C) 사무용 가구
(D) 컴퓨터들

해설 세부 사항 관련 – 업체가 최근 구입한 것

후반부에 추가로 이사 트럭 10대에 투자하고(we've invested in ten more moving trucks) 새로운 운전기사들도 고용했다고 했으므로 정답은 (A)이다.

▶ **Paraphrasing** 지문의 moving trucks → 정답의 Vehicles

86-88 광고

M-Cn Do you regularly use videoconferencing to connect with colleagues working in other locations? Well, then Connectivity 3.0 is the program for you. **87With normal videoconferencing systems, you need to set up special phone numbers, various access codes, and special equipment for your meeting.** Aren't there better ways to use your time? **86With Connectivity 3.0, just download our application onto your smartphone or tablet and you're ready to immediately join your videoconference.** **88Visit our Web site to watch a step-by-step video of how easy it is to use.** Connectivity 3.0—simplify collaboration.

다른 장소에서 일하고 있는 동료들과 연결하기 위해 정기적으로 화상 회의 시스템을 이용하시나요? 음, 그렇다면 커넥티비티 3.0이 여러분을 위한 프로그램입니다. **일반적인 화상 회의 시스템으로는, 회의를 위**

TEST 5

해 특별한 전화 번호와 다양한 접속 코드, 그리고 특수한 장비를 마련해야 하죠. 여러분의 시간을 이용할 더 나은 방법들이 있지 않을까요? 커넥티비티 3.0으로, 그저 여러분의 스마트폰이나 태블릿에 저희 애플리케이션만 다운로드하면 바로 화상 회의에 참여하실 준비가 됩니다. 저희 웹사이트를 방문하여 사용이 얼마나 쉬운지에 관한 단계별 비디오를 보세요. 커넥티비티 3.0은 협업을 간편하게 만들어 줍니다.

> 어휘 regularly 정기적으로 videoconferencing 화상 회의 시스템 connect 연결하다 colleague 동료 normal 일반적인, 보통의 set up 마련하다, 준비하다 various 다양한 access code 접속 코드 equipment 장비 immediately 즉시 step-by-step 단계별의, 단계적인 simplify 단순화하다, 간단하게 만들다 collaboration 협업

86
What is Connectivity 3.0?

(A) A videoconferencing application
(B) A new brand of smartphone
(C) A store security system
(D) An Internet service provider

커넥티비티 3.0은 무엇인가?
(A) 화상 회의 애플리케이션
(B) 새로운 브랜드의 스마트폰
(C) 매장 보안 시스템
(D) 인터넷 서비스 제공업체

해설 전체 내용 관련 - 커넥티비티 3.0이 가리키는 것
중반부에서 커넥티비티 3.0으로는 스마트폰이나 태블릿에 애플리케이션만 다운로드하면 바로 화상 회의에 참여할 준비가 된다(With Connectivity 3.0, just download our application onto your smartphone or tablet and you're ready to immediately join your videoconference)고 했으므로 정답은 (A)이다.

87
What does the speaker mean when he says, "Aren't there better ways to use your time"?

(A) A staff member should join a team.
(B) Other systems are not as efficient.
(C) Employees need more training.
(D) Business hours should be shortened.

화자가 "여러분의 시간을 이용할 더 나은 방법들이 있지 않을까요?"라고 말할 때 의미하는 것은?
(A) 한 직원이 팀에 합류해야 한다.
(B) 다른 시스템들은 효율적이지 않다.
(C) 직원들은 더 많은 교육이 필요하다.
(D) 영업 시간이 단축되어야 한다.

해설 화자의 의도 파악 - 시간을 이용할 더 나은 방법들이 있지 않겠냐고 묻는 말의 의미
일반적인 화상 회의 시스템들로는, 회의를 위해 특별한 전화 번호와 다양한 접속 코드, 그리고 특수한 장비를 마련해야 한다(With normal videoconferencing systems, you need to set up special phone numbers, various access codes, and special equipment for your meeting)고 한 후 덧붙인 말로, 이렇게 많은 것들이 필요한 다른 시스템들의 비효율성을 알리고자 먼저 질문을 던진 것임을 알 수 있다. 따라서 정답은 (B)이다.

88
What does the speaker say listeners can do on a Web site?

(A) View a demonstration
(B) Sign up for updates
(C) Register a product
(D) Make a purchase

화자는 청자들이 웹사이트에서 무엇을 할 수 있다고 말하는가?
(A) 시연을 볼 수 있다
(B) 업데이트를 신청할 수 있다
(C) 제품을 등록할 수 있다
(D) 구매할 수 있다

해설 세부 사항 관련 - 청자들이 웹사이트에서 할 수 있는 일
후반부에서 저희 웹사이트를 방문하여 사용이 얼마나 쉬운지에 관한 단계별 비디오를 보라(Visit our Web site to watch a step-by-step video of how easy it is to use)고 했으므로 정답은 (A)이다.

> ▶▶ Paraphrasing 지문의 a step-by-step video
> → 정답의 a demonstration

89-91 회의 발췌

W-Am **89The first agenda item for this managers meeting concerns the transition to our new inventory tracking software.** The new version of the program is substantially different than the one we've been using. This software will allow us to track every single item in our inventory, regardless of which warehouse it's located in. **90This will benefit our customers by reducing the time it takes to ship their orders to them.** We will start training employees on using the software next week. **91Ms. Jee-Min Han, a trainer from the software company, will be on-site all week to do the training.**

이번 관리자 회의의 첫 번째 안건 항목은 새로운 재고 추적 소프트웨어로 전환하는 것에 관한 내용입니다. 새로운 버전의 프로그램은 우리가 사용해 왔던 것과 상당히 다릅니다. 이 소프트웨어로 물품이 어느 창고에 있는지 상관없이, 재고에 있는 단 하나의 물품까지도 추적할 수 있습니다. **이것으로 주문품 운송에 걸리는 시간이 줄어 우리 고객들에게 도움이 될 것입니다.** 다음 주에 소프트웨어 사용에 관한 직원 교육을 시작하는데요. **소프트웨어 회사의 교육 담당자인 한지민 씨가 일주일 내내 현장에서 교육을 진행할 예정입니다.**

144

어휘 agenda 안건, 의제 item 항목 concern ~에 관한 것이다 transition 전환 inventory tracking 재고 추적 substantially 상당히 regardless of ~에 상관없이 warehouse 창고 be located in ~에 위치해 있다 benefit 도움이 되다 reduce 줄이다 ship 운송하다, 수송하다 trainer 교육 담당자 be on-site 현장에 있다

89
According to the speaker, what will be changing at the company?
(A) How customer complaints are handled
(B) How purchase orders are submitted
(C) How workers' hours are scheduled
(D) How merchandise is tracked

화자에 따르면, 회사에서 바뀌게 될 것은 무엇인가?
(A) 고객 불만을 처리하는 방식
(B) 구매 주문서를 제출하는 방식
(C) 작업 시간 일정을 짜는 방식
(D) 상품을 추적하는 방식

해설 세부 사항 관련 – 회사의 변경 사항
초반부에서 이번 관리자 회의의 첫 번째 안건 항목은 새로운 재고 추적 소프트웨어로 전환하는 것에 관한 내용(The first agenda item for this managers meeting concerns the transition to our new inventory tracking software)이라고 했으므로 정답은 (D)이다.

▶▶ Paraphrasing 지문의 inventory tracking software
→ 정답의 How merchandise is tracked

90
What will the company be able to do for customers?
(A) Lower prices
(B) Offer more products
(C) Reduce delivery times
(D) Extend store hours

회사는 고객들을 위해 무엇을 해줄 수 있을 것인가?
(A) 가격 낮추기
(B) 더 많은 제품 제공하기
(C) 배달 시간 줄이기
(D) 매장 영업 시간 연장하기

해설 세부 사항 관련 – 회사가 고객들에게 해줄 수 있는 일
중반부에 새로운 재고 추적 소프트웨어로 주문품 운송에 걸리는 시간이 줄어 우리 고객들에게 도움이 될 것(This will benefit our customers by reducing the time it takes to ship their orders to them)이라고 했으므로 정답은 (C)이다.

▶▶ Paraphrasing 지문의 the time it takes to ship their orders
→ 정답의 delivery times

91
What will Ms. Han be doing?
(A) Testing equipment
(B) Training employees
(C) Conducting a survey
(D) Checking inventory

한 씨는 무엇을 할 것인가?
(가) 장비 테스트하기
(B) 직원들 교육하기
(C) 설문 조사 실시하기
(D) 재고 확인하기

해설 세부 사항 관련 – 한 씨가 할 일
후반부에서 소프트웨어 회사의 교육 담당자인 한지민 씨가 일주일 내내 현장에서 그 교육을 진행할 예정(Ms. Jee-Min Han, a trainer from the software company, will be on-site all week to do the training)이라고 했으므로 정답은 (B)이다.

92-94 전화 메시지

W-Br Hi, this is Mayu. **92There's a new office space that just came on the market that we haven't advertised yet.** I think you'd really like it. It's right downtown, just like you wanted. **93The only problem may be that the rent is higher than your initial range,** but the office space is larger than the others I have shown you. If you foresee expanding your business, though, it might be something you'd be interested in. **94Now, I'll need you to let me know as soon as you get this message if you are interested.** I can wait to advertise the property until I hear back from you, but I can't hold it for long.

안녕하세요, 저는 마유입니다. **막 시장에 나온 새로운 사무실 공간이 있어서요. 저희가 아직 광고는 하지 않았습니다.** 그곳이 아주 마음에 드실 것 같아서요. 원하셨던 것처럼, 딱 시내에 있습니다. **유일한 문제는 임대료가 귀하의 초기 가격 범위보다 높다는 것인데,** 그 사무실 공간은 제가 보여드렸던 다른 곳들보다 더 큽니다. 귀하의 업체가 확장되리라 예상하신다면, 관심이 있으실 겁니다. **관심이 있으시면 이 메시지를 받자마자 저에게 알려주셔야 합니다.** 귀하로부터 소식을 들을 때까지 부동산 광고를 미룰 수는 있지만, 오래 기다릴 수는 없습니다.

어휘 office space 사무실 공간 come on the market 시중에 나오다 advertise 광고하다 downtown 시내 rent 임대료 initial range 초기 범위 foresee 예상하다 expand 확장되다 as soon as ~하자마자 property 부동산, 건물 hold 잡아두다, 기다리다 for long 오랫동안

92

Who most likely is the speaker?

(A) An architect
(B) A contractor
(C) A real estate agent
(D) A financial consultant

화자는 누구이겠는가?
(A) 건축가
(B) 계약자
(C) 부동산 중개인
(D) 재무 컨설턴트

해설 전체 내용 관련 – 화자의 신분
초반부에서 막 시장에 나온 새로운 사무실 공간이 있고, 아직 광고는 하지 않았다(There's a new office space that just came on the market that we haven't advertised yet)고 했으므로, 화자는 부동산을 다루는 중개인일 것으로 유추할 수 있다. 따라서 정답은 (C)이다.

93

What does the speaker say is a problem?

(A) Some staff have not been trained.
(B) An office is difficult to find.
(C) A project might not be completed on time.
(D) A price is higher than requested.

화자는 무엇이 문제라고 말하는가?
(A) 몇몇 직원들이 교육을 받지 않았다.
(B) 사무실이 찾기가 어렵다.
(C) 프로젝트가 제때 완료되지 않을 수 있다.
(D) 가격이 요청된 것보다 더 높다.

해설 세부 사항 관련 – 화자가 말하는 문제점
중반부에서 유일한 문제는 임대료가 귀하의 초기 가격 범위보다 높다는 것(The only problem may be that the rent is higher than your initial range)이라고 했으므로 정답은 (D)이다.

> ▶ Paraphrasing 지문의 the rent is higher than your initial range → 정답의 A price is higher than requested.

94

What does the speaker ask the listener to do?

(A) Return the call promptly
(B) Review a document carefully
(C) Submit a deposit
(D) Provide a reference

화자가 청자에게 하도록 요청하는 것은 무엇인가?
(A) 즉시 회신 전화하기
(B) 문서를 주의 깊게 검토하기
(C) 보증금 내기
(D) 추천서 제공하기

해설 세부 사항 관련 – 화자의 요청 사항
후반부에서 관심이 있으면 이 메시지를 받자마자 알려 달라(I'll need you to let me know as soon as you get this message if you are interested)고 했으므로 정답은 (A)이다.

95-97 회의 발췌 + 차트

M-Cn OK, everyone, just a quick meeting before we open the ice cream shop today. If you take a look at this chart, you'll see this week's winning ice-cream flavor. ⁹⁵As promised, the flavor that got the most votes will be discounted by 25 percent for a week. ⁹⁶I'd like to thank Tomás again for his creative idea of holding this weekly contest. Our customers have loved this promotion, and it has really increased sales. ⁹⁷I know a lot of you have great ideas too! Remember you can share them with me anytime.

좋습니다, 여러분, 오늘 우리 아이스크림 가게를 열기 전에 잠깐 회의를 하죠. 이 차트를 보시면, 이번 주 우승 아이스크림 맛이 보일 텐데요. 약속대로, 가장 많은 표를 얻은 맛이 한 주 동안 25퍼센트 할인됩니다. 이런 주간 콘테스트를 열자는 창의적인 아이디어에 대해 토마스 씨에게 다시 한 번 감사하고 싶네요. 우리 고객들이 이 판촉행사를 아주 좋아하고, 이것이 정말로 매출을 증가시켰죠. 많은 분들이 훌륭한 아이디어를 가지고 있다는 것을 압니다! 언제든지 저와 아이디어를 나누셔도 된다는 점, 기억하세요.

어휘 take a look at ~을 보다 winning 우승한, 이긴 flavor 맛 as promised 약속대로 be discounted 할인되다 creative 창의적인 hold 열다, 개최하다 customer 고객 promotion 프로모션, 판촉 increase sales 매출을 증가시키다 share 공유하다 anytime 언제든

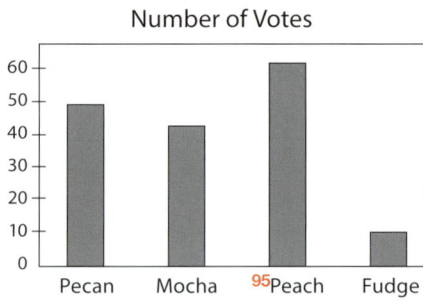

Number of Votes

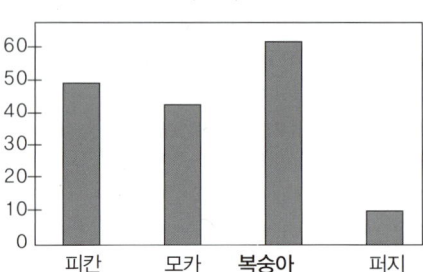

투표수

95

Look at the graphic. Which ice-cream flavor will be discounted this week?

(A) Pecan
(B) Mocha
(C) Peach
(D) Fudge

시각 정보에 의하면, 이번 주에 어떤 아이스크림 맛이 할인될 것인가?
(A) 피칸
(B) 모카
(C) 복숭아
(D) 퍼지

해설 시각 정보 연계 – 할인될 아이스크림의 맛

초반부에서 가장 많은 표를 얻은 맛이 한 주 동안 25퍼센트 할인된다(As promised, the flavor that got the most votes will be discounted by 25 percent for a week)고 했고, 시각 정보에서 가장 많은 표를 얻은 맛은 막대 그래프가 가장 높은 복숭아(Peach)이므로 정답은 (C)이다.

96

Why does the speaker thank Tomás?

(A) He developed new ice-cream flavors.
(B) He submitted an order.
(C) He worked extra hours.
(D) He proposed a sales promotion.

화자는 왜 토마스에게 고마워하는가?
(A) 그가 새로운 아이스크림 맛들을 개발했다.
(B) 그가 주문을 제출했다.
(C) 그가 야근을 했다.
(D) 그가 판촉행사를 제안했다.

해설 세부 사항 관련 – 토마스에게 고마워하는 이유

중반부에서 이런 주간 콘테스트를 열자는 창의적인 아이디어에 대해 토마스 씨에게 다시 한 번 감사 드린다(I'd like to thank Tomás again for his creative idea of holding this weekly contest)고 했으므로 정답은 (D)이다.

97

What does the speaker remind the listeners to do?

(A) Sign up for a task
(B) Put away supplies
(C) Count customer votes
(D) Make some suggestions

화자가 청자들에게 하도록 상기시키는 것은 무엇인가?
(A) 작업 신청하기
(B) 물품들 치우기
(C) 고객 투표 집계하기
(D) 제안하기

해설 세부 사항 관련 – 청자들에게 상기시키는 것

후반부에서 많은 분들이 훌륭한 아이디어를 가지고 있다는 것을 알고(I know a lot of you have great ideas too) 있으며, 언제든지 저와 아이디어를 나누어도 된다는 점을 기억하라(Remember you can share them with me anytime)고 했으므로 정답은 (D)이다.

> ▶▶ Paraphrasing 지문의 great ideas
> → 정답의 some suggestions

98-100 전화 메시지 + 표

M-Au Hi, **98I'm calling from Mansfield Electric Company to remind you that your electricity bill was due Friday, July first. 99Since your payment is ten days overdue, a late fee has been added to your account balance.** Please pay the bill plus your ten-day late fee on our Web site at www.mansfieldelectrical.com. We also offer an auto-payment feature on our Web site. **100If you sign up for this service, you'll be required to provide a credit card or bank account number.** After that, your future bills will be paid automatically on the day they are due. If you have questions about this option, please call us at 555-0128. Thank you.

안녕하세요, 맨스필드 전기 회사에서 귀하의 전기세 납부가 7월 1일, 금요일까지였음을 상기시켜 드리고자 전화 드립니다. 귀하의 납부가 10일 지났기 때문에, 귀하의 계정 잔액에 연체료가 추가되었습니다. 저희 웹사이트 www.mansfieldelectrical.com에서 청구액과 10일 연체료를 납부해 주세요. 저희는 또한 웹사이트에서 자동 납입 기능을 제공합니다. 이 서비스를 신청하시면, 신용 카드나 은행 계좌 번호를 제공해야 합니다. 그 후에, 귀하의 향후 청구액은 기한 날짜에 자동으로 납부됩니다. 이 옵션에 관해 질문이 있으시면 555-0128로 저희에게 전화해 주세요. 감사합니다.

어휘 remind 상기시키다 electricity bill 전기 요금 be due ~까지다 payment 납입 overdue 기한이 지난 late fee 연체료 be added 추가되다 account balance 계정 잔액 auto-payment feature 자동 납입 기능 sign up for 신청하다 credit card 신용 카드 bank account number 은행 계좌 번호 future 향후의 automatically 자동으로

| Late Payment Policy ||
Days Late	Fee
5	$7.50
9910	$15.00
15	$22.50
20	$30.00

체납 정책	
연체일	요금
5	$ 7.50
10	$ 15.00
15	$ 22.50
20	$ 30.00

98
Where does the speaker most likely work?
(A) At a financial institution
(B) At a lighting fixture store
(C) At a utility company
(D) At a library

화자는 어디에서 일하겠는가?
(A) 금융 기관
(B) 조명기구 매장
(C) 공공서비스 회사
(D) 도서관

해설 전체 내용 관련 – 화자의 근무지

초반부에서 맨스필드 전기 회사에서 귀하의 전기세 납부가 7월 1일, 금요일까지였음을 상기시켜 드리고자 전화 드린다(I'm calling from Mansfield Electric Company to remind you that your electricity bill was due Friday, July first)고 한 것으로 보아 화자는 전기 즉, 공공 서비스를 제공하는 회사의 직원임을 알 수 있으므로 정답은 (C)이다.

> **Paraphrasing** 지문의 electricity → 정답의 utility

99
Look at the graphic. How much is the listener's late fee?
(A) $7.50
(B) $15.00
(C) $22.50
(D) $30.00

시각 정보에 의하면, 청자의 연체료는 얼마인가?
(A) 7.50달러
(B) 15.00달러
(C) 22.50달러
(D) 30.00달러

해설 시각 정보 연계 – 청자의 연체료 금액

초반부에서 귀하의 납부가 10일 지났기 때문에, 귀하의 계정 잔액에 연체료가 추가되었다(Since your payment is ten days overdue, a late fee has been added to your account balance)고 했고, 시각 정보를 보면 10일 연체에 부과되는 연체료가 15.00달러($15.00)로 확인되므로 정답은 (B)이다.

100
What must the listener provide to sign up for a service?
(A) Some contact information
(B) Some payment details
(C) An invoice number
(D) An identification card

청자는 서비스를 신청하기 위해 무엇을 제공해야 하는가?
(A) 일부 연락처
(B) 납입 세부 사항
(C) 송장 번호
(D) 신분증

해설 세부 사항 관련 – 청자가 제공해야 하는 것

후반부에서 이 서비스를 신청하시면, 신용 카드나 은행 계좌 번호를 제공해야 한다(If you sign up for this service, you'll be required to provide a credit card or bank account number)고 했으므로 정답은 (B)이다.

> **Paraphrasing** 지문의 a credit card or bank account number → 정답의 payment details